U0915481

2015

中国固定资产投资统计年鉴

Statistical Yearbook of the Chinese Investment in Fixed Assets

国家统计局固定资产投资统计司　编

图书在版编目（CIP）数据

中国固定资产投资统计年鉴. 2015 / 国家统计局固定资产投资统计司编. -- 北京 ：中国统计出版社, 2016.1

ISBN 978-7-5037-7742-4

Ⅰ. ①中… Ⅱ. ①国… Ⅲ. ①固定资产投资－统计资料－中国－2015－年鉴 Ⅳ. ①F832.48-54

中国版本图书馆 CIP 数据核字(2016)第 007194 号

中国固定资产投资统计年鉴—2015

作　　者/国家统计局固定资产投资统计司
责任编辑/佘竞雄
封面设计/李雪燕
出版发行/中国统计出版社
通信地址/北京市丰台区西三环南路甲 6 号　邮政编码/100073
电　　话/邮购（010）63376909　书店（010）68783171
网　　址/http://www.zgtjcbs.com
印　　刷/三河市双峰印刷装订有限公司
经　　销/新华书店
开　　本/880mm×1230mm　1/16
字　　数 470/千字
印　　张/21
版　　别/2016 年 1 月第 1 版
版　　次/2016 年 1 月第 1 次印刷
定　　价/380.00 元

本书附同版本 CD-ROM 一张，光盘内容以书面文字为准。
如有印装差错，由本社发行部调换。

《中国固定资产投资统计年鉴—2015》

编辑委员会

Editorial Board

说　明

《中国固定资产投资统计年鉴—2015》是一部全面反映中国固定资产投资情况的权威资料。本书收集了全国、各省、自治区、直辖市、国民经济各行业 2014 年度有关固定资产投资的统计数据。

《中国固定资产投资统计年鉴—2015》资料来源于 2014 年全国固定资产投资统计报表基层数据库和综合报表。本年鉴资料分为三个部分:

第一部分为全社会固定资产投资。根据固定资产投资（不含农户）数据和农户固定资产投资数据汇总而成。

第二部分为固定资产投资（不含农户）。包括计划总投资 500 万元以上项目（单位）投资和房地产开发投资。

第三部分为农户固定资产投资。农户投资数据来源于国家统计局住户调查办公室抽样调查资料。

各部分内容包括与固定资产投资相关的主要指标，按地区、国民经济各行业、隶属关系、经济类型、建设性质等分组的本年完成投资，总投资规模、新增固定资产、投资到位资金、项目个数及有关建筑面积等指标。

使用本年鉴资料时请注意以下几点:

1.根据第三次全国经济普查结果，对 2013 年全社会固定资产投资额数据进行修订，2014 年投资增速按调整后数据计算。

2.本年鉴各部分按规模分的投资和项目个数中不含房地产开发投资。

3.不分地区固定资产投资数据主要包括跨省、市、区的项目投资，如各部门、中国铁路总公司统一购置的设备、铁路机车、车辆、飞机等。

4.本年鉴资料凡小数点后各项相加不等于总计者，均由于四舍五入的缘故。

5.本年鉴各表中的“空格”表示该项统计指标数据不足本表最小单位数、数据不详或无该项数据。

6.本年鉴资料由国家统计局固定资产投资统计司编制并负责解释。咨询电话: 010-68782475，010-68782961。

由于编辑时间比较仓促，本书难免有一些不妥之处，欢迎广大读者批评指正。

目 录

第一部分 全社会固定资产投资

第二部分 固定资产投资（不含农户）

(一)固定资产投资(不含农户)

(二)房地产开发

第三部分 农户固定资产投资

第一部分
全社会固定资产投资

1-1　全社会固定资产投资主要指标及增长速度

指 标 名 称	2014年	2013年	增长(%)
一、投资总额(亿元)	**512020.65**	**444618.11**	**15.2**
其中：住宅	80615.14	74870.67	7.7
1.按构成分			
建筑安装工程	349789.05	297271.63	17.7
设备工器具购置	101005.22	90612.33	11.5
其他费用	61226.38	56734.15	7.9
2.按产业分			
第一产业	13802.76	11027.44	25.2
第二产业	207684.22	184073.50	12.8
第三产业	290533.67	249517.18	16.4
二、全部建设规模(亿元)			
建设总规模	1522942.06	1346947.74	13.1
自开始建设至本年底累计完成投资	1027301.93	876505.54	17.2
在建总规模	1087608.87	1009988.80	7.7
在建净规模	485676.71	465637.61	4.3
三、新增固定资产(亿元)	**343462.41**	**279765.75**	**22.8**
四、房屋建筑面积(万平方米)			
施工面积	1355559.65	1336287.60	1.4
其中：住宅	689041.18	673163.29	2.4
竣工面积	355068.39	349895.79	1.5
其中：住宅	192545.05	193328.47	-0.4
五、投资实际到位资金小计(亿元)	**543480.55**	**491612.52**	**10.6**
国家预算资金	26745.42	22305.26	19.9
国内贷款	65221.03	59442.04	9.7
利用外资	4052.86	4319.44	-6.2
自筹资金	379737.80	334280.02	13.6
其他资金	67723.44	71265.76	-5.0

注：1.自2013年起，三产划分按《国家统计局关于印发<三次产业划分规定>的通知》(国统字[2012]108号)执行，增速按可比口径计算。
2.根据第三次全国经济普查结果，对2013年全社会固定资产投资额数据进行了修订，增速按修订后数据计算。

1-2 全社会固定资产投资主要指标

指标名称	合计	国有经济	集体经济	私营个体经济
一、投资总额(亿元)	**512020.65**	**137167.68**	**17391.13**	**162141.84**
其中：住宅	80615.14	7599.05	1832.44	28688.60
1.按构成分				
建筑安装工程	349789.05	105377.70	13728.91	104334.46
设备工器具购置	101005.22	16043.85	1764.22	41489.41
其他费用	61226.38	15746.13	1898.01	16317.97
2.按产业分				
第一产业	13802.76	2264.13	693.36	6966.17
第二产业	207684.22	28942.05	3119.31	88859.83
第三产业	290533.67	105961.49	13578.46	66315.84
二、全部建设规模(亿元)				
建设总规模	1522942.06	440683.15	34534.70	381650.36
自开始建设至本年底累计完成投资	1027301.93	284948.91	25492.98	271447.04
在建总规模	1087608.87	332922.11	18400.82	238116.85
在建净规模	485676.71	145964.19	8786.90	111820.45
三、新增固定资产(亿元)	**343462.41**	**89978.83**	**13701.31**	**118475.46**
四、房屋建筑面积(万平方米)				
施工面积	1355559.65	178644.76	42685.67	528843.16
其中：住宅	689041.18	75189.37	14564.66	283223.77
竣工面积	355068.39	44331.08	13101.64	188808.42
其中：住宅	192545.05	20180.33	5280.15	116108.44

1-2 续表

指标名称	联营经济	股份制经济	外商投资经济	港澳台投资经济	其他经济
一、投资总额(亿元)	**601.13**	**147422.43**	**11052.57**	**11934.53**	**24309.35**
其中：住宅	34.57	36085.45	1574.37	3767.59	1033.08
1.按构成分					
建筑安装工程	470.23	95750.49	5674.26	7264.60	17188.40
设备工器具购置	78.53	30214.13	4174.30	2441.23	4799.56
其他费用	52.37	21457.81	1204.01	2228.70	2321.39
2.按产业分					
第一产业	29.92	1926.07	79.91	47.31	1795.88
第二产业	180.13	64581.46	7028.73	4228.82	10743.89
第三产业	391.09	80914.89	3943.92	7658.39	11769.58
二、全部建设规模(亿元)					
建设总规模	1318.25	524309.33	41217.16	53009.61	46219.49
自开始建设至本年底累计完成投资	974.55	346002.33	28222.26	36720.91	33492.95
在建总规模	710.61	401100.64	29849.84	41780.90	24727.10
在建净规模	322.19	177174.78	12317.31	16614.48	12676.41
三、新增固定资产(亿元)	**482.12**	**88372.07**	**7299.09**	**6749.43**	**18404.10**
四、房屋建筑面积(万平方米)					
施工面积	1681.10	492143.00	25954.21	47395.30	38212.46
其中：住宅	729.23	272980.12	11036.51	21851.04	9466.50
竣工面积	690.62	85351.41	5045.53	7277.09	10462.62
其中：住宅	500.47	41573.37	1747.39	3200.38	3954.53

1-3　按结构分全社会固定资产投资情况

指标名称	2014年	2013年	增长(%)
投资总额(亿元)	**512020.65**	**444618.11**	**15.2**
一、固定资产投资(不含农户)			
完成投资	501264.87	434071.45	15.5
建筑安装工程	341154.91	289181.44	18.0
设备、工器具购置	99387.51	88834.26	11.9
其他费用	60722.46	56055.75	8.3
建设总规模	1512186.28	1336401.08	13.2
自开始建设至本年底累计完成投资	1016546.15	865958.87	17.4
本年新增固定资产	333338.99	269780.28	23.6
其中：房地产			
完成投资	95035.61	86013.38	10.5
建筑安装工程	70561.11	63919.25	10.4
设备、工器具购置	1306.91	1250.03	4.6
其他费用	23167.59	20844.10	11.1
建设总规模	493066.50	430922.15	14.4
自开始建设至本年底累计完成投资	330830.08	275881.28	19.9
本年新增固定资产	41251.03	37400.56	10.3
二、农　户			
完成投资	10755.78	10546.66	2.0
建筑安装工程	8634.14	8090.19	6.7
设备、工器具购置	1617.72	1778.07	-9.0
其他费用	503.92	678.41	-25.7
建设总规模	10755.78	10546.66	2.0
自开始建设至本年底累计完成投资	10755.78	10546.66	2.0
本年新增固定资产	10123.42	9985.47	1.4

1-4 各地区全社会固定资产投资建设规模

单位：亿元

地 区	建设总规模	累计完成投资	在建总规模	在建净规模
全国总计	**1522942.06**	**1027301.93**	**1087608.87**	**485676.71**
北 京	36779.21	25666.04	31689.29	10181.67
天 津	32862.34	24575.36	25601.95	9718.42
河 北	73334.24	47982.01	49771.83	24835.05
山 西	37897.68	25265.80	25930.61	11082.96
内蒙古	43907.69	30721.02	28950.49	11890.82
辽 宁	68879.01	50300.25	43826.04	17769.64
吉 林	23327.17	17458.39	12508.92	5464.45
黑龙江	26496.57	17496.08	18114.92	7385.52
上 海	33989.22	21892.35	30971.59	10665.75
江 苏	109540.05	78495.75	71857.32	31634.27
浙 江	84974.39	56092.85	64309.37	28328.89
安 徽	60135.63	41371.27	41089.11	19002.87
福 建	52087.10	38384.55	36918.82	14211.93
江 西	33395.47	23991.65	20696.21	9717.05
山 东	100826.18	71643.01	64358.95	29772.51
河 南	84708.51	53138.82	57404.87	31594.29
湖 北	69795.37	44771.39	51184.53	24617.64
湖 南	50715.60	36514.53	33056.92	14115.29
广 东	102955.43	65929.49	76978.12	35062.99
广 西	39819.22	26290.88	28298.67	13063.31
海 南	14799.42	8720.26	12664.70	6123.27
重 庆	41871.46	28613.12	30921.69	13167.45
四 川	69036.43	46237.07	48982.29	23299.01
贵 州	33369.27	19637.58	27334.14	13810.24
云 南	39749.02	25317.99	31577.84	14850.26
西 藏	2744.44	1825.58	1915.88	886.47
陕 西	49200.83	32696.44	35350.14	16328.81
甘 肃	19531.57	13058.59	12732.17	6231.70
青 海	9963.77	5810.38	8079.28	3874.49
宁 夏	11660.72	6985.70	9083.03	4202.64
新 疆	32613.84	17720.24	25079.30	13315.74
不分地区	31975.21	22697.47	30369.87	9471.32

注：建设总规模为所有施工项目(含本年没有工作量的投资项目)的计划总投资。

1-5　各地区全社会按经济类型分固定资产投资建设规模

单位：亿元

地　　区	合　　计	国有经济	集体经济	私营个体经济
全国总计	**152[illegible]42.06**	**440683.15**	**34534.70**	**381650.36**
北　　京	3[illegible]79.21	10947.73	613.87	1475.66
天　　津	3[illegible]62.34	9533.70	1167.98	5179.74
河　　北	7[illegible]34.24	11667.01	2684.40	26358.56
山　　西	3[illegible]97.68	14256.52	1433.41	9275.06
内 蒙 古	4[illegible]07.69	15267.06	311.72	7879.23
辽　　宁	6[illegible]879.01	13422.02	558.70	22729.26
吉　　林	2[illegible]327.17	5879.69	124.65	5999.15
黑 龙 江	2[illegible]496.57	9156.52	246.03	5936.61
上　　海	3[illegible]989.22	9032.65	215.50	6179.22
江　　苏	1[illegible]540.05	22966.19	3288.42	40163.23
浙　　江	[illegible]974.39	25574.88	2561.33	21188.07
安　　徽	[illegible]135.63	15087.21	540.36	18424.87
福　　建	[illegible]087.10	15443.00	957.69	12342.73
江　　西	[illegible]395.47	7542.53	369.81	12539.67
山　　东	1[illegible]0826.18	13745.01	5702.36	33456.73
河　　南	[illegible]4708.51	10735.87	4416.90	26100.98
湖　　北	[illegible]9795.37	19422.58	1589.59	19139.79
湖　　南	[illegible]0715.60	15131.28	959.46	13928.91
广　　东	[illegible]2955.43	26819.99	2564.22	17905.01
广　　西	[illegible]9819.22	13406.67	464.40	11167.06
海　　南	[illegible]4799.42	3172.01	78.64	1579.51
重　　庆	41871.46	13905.49	317.40	10329.05
四　　川	59036.43	27717.77	598.23	12604.67
贵　　州	33369.27	14214.46	87.24	5800.23
云　　南	39749.02	15777.25	504.41	7752.77
西　　藏	2744.44	1922.94	9.01	349.02
陕　　西	49200.83	18447.18	1264.61	8739.59
甘　　肃	19531.57	8086.33	669.79	4190.26
青　　海	9963.77	4075.89	72.51	1471.77
宁　　夏	11660.72	4443.59	35.92	4731.89
新　　疆	32613.84	11906.92	126.12	6732.06
不分地区	31975.21	31975.21		

1-5 续表

单位：亿元

地区	联营经济	股份制经济	外商投资经济	港澳台投资经济	其他经济
全国总计	**1318.25**	**524309.33**	**41217.16**	**53009.61**	**46219.49**
北京	3.38	19940.20	1667.14	2032.09	99.13
天津	123.48	14143.55	1209.87	973.35	530.68
河北	74.57	27018.95	999.41	959.49	3571.83
山西	36.16	11089.76	214.08	426.10	1166.59
内蒙古	0.83	19268.60	182.03	230.85	767.37
辽宁	27.60	22196.18	3480.99	4974.24	1490.03
吉林	6.55	9711.64	174.89	456.70	973.89
黑龙江	51.55	9500.40	307.74	320.36	977.37
上海	32.98	12416.00	3089.37	2988.24	35.27
江苏	127.57	29214.54	6054.72	6329.96	1395.41
浙江	45.73	27946.05	2658.93	4185.08	814.33
安徽	21.69	22389.29	965.85	1263.40	1442.96
福建	65.38	17472.11	1752.86	3003.76	1049.56
江西	63.79	10838.06	461.12	757.94	822.54
山东	56.27	37817.03	1888.39	2309.47	5850.92
河南	90.72	34171.13	609.24	512.80	8070.87
湖北	21.82	23470.37	1281.76	1629.15	3240.32
湖南	40.31	16448.21	1040.45	1128.34	2038.65
广东	38.39	37835.22	6463.16	9632.42	1697.01
广西	53.80	10974.33	835.63	948.86	1968.48
海南	2.20	7717.82	566.23	1404.01	279.01
重庆	61.01	11657.56	1724.26	2960.28	916.40
四川	103.80	21843.64	1625.40	1645.00	2897.92
贵州	25.81	12092.02	119.60	539.65	490.27
云南	31.49	14588.55	247.30	504.09	343.15
西藏	7.67	245.62	0.06	6.33	203.79
陕西	70.29	17309.74	1242.58	572.86	1553.98
甘肃	17.29	5296.28	57.06	74.75	1139.81
青海	1.11	4085.28	80.71	85.47	91.03
宁夏	0.24	2259.33	61.97	83.08	44.69
新疆	14.78	13351.85	154.37	71.51	256.23
不分地区					

1-6　各地区全社会按经济类型分全部累计完成投资

单位：亿元

地　区	合计	国有经济	集体经济	私营个体经济
全国总计	**1027301.93**	**284948.91**	**25492.98**	**271447.04**
北　京	25666.04	6965.00	396.65	1065.55
天　津	24575.36	7053.91	1082.26	3959.15
河　北	47982.01	7554.54	1999.93	17823.63
山　西	25265.80	9864.26	1147.92	6219.07
内蒙古	30721.02	10298.54	225.27	5615.95
辽　宁	50300.25	9236.87	438.02	17778.23
吉　林	17458.39	4066.18	95.61	4946.89
黑龙江	17496.08	5704.70	131.29	4440.85
上　海	21892.35	5248.12	118.98	4100.27
江　苏	78495.75	15636.58	2545.86	30048.95
浙　江	56092.85	14635.18	1717.17	14564.96
安　徽	41371.27	9765.02	468.37	13703.03
福　建	38384.55	10508.86	777.59	9638.61
江　西	23991.65	5301.15	246.52	9258.02
山　东	71643.01	9503.28	4600.04	24325.57
河　南	53138.82	7094.11	2658.79	16685.98
湖　北	44771.39	11911.96	1070.48	12525.96
湖　南	36514.53	10454.84	752.87	11131.96
广　东	65929.49	14973.02	1883.13	13258.49
广　西	26290.88	8149.48	370.71	8368.46
海　南	8720.26	1918.29	28.70	958.89
重　庆	28613.12	9352.40	202.10	7400.86
四　川	46237.07	16763.08	450.00	9030.85
贵　州	19637.58	8558.88	56.23	3297.33
云　南	25317.99	10039.02	370.01	5108.94
西　藏	1825.58	1327.85	6.85	186.93
陕　西	32696.44	12535.88	989.27	5886.42
甘　肃	13058.59	5629.62	511.26	2721.36
青　海	5810.38	2649.81	44.95	951.44
宁　夏	6985.70	2611.58	28.54	2912.82
新　疆	17720.24	6939.42	77.61	3531.63
不分地区	22697.47	22697.47		

1-6 续表

单位：亿元

地 区	联营经济	股份制经济	外商投资经济	港澳台投资经济	其他经济
全国总计	**974.55**	**346002.33**	**28222.26**	**36720.91**	**33492.95**
北 京	2.62	14657.81	1077.94	1434.08	66.40
天 津	113.72	10099.93	1046.15	771.21	449.04
河 北	30.69	17048.25	666.31	550.94	2307.72
山 西	16.54	6800.27	173.20	227.31	817.23
内蒙古	0.83	13583.91	145.13	145.94	705.46
辽 宁	24.61	15545.91	2438.30	3695.60	1142.71
吉 林	4.88	7087.72	133.60	313.05	810.47
黑龙江	39.27	6115.44	175.85	194.52	694.16
上 海	20.06	8359.15	1979.77	2041.79	24.22
江 苏	119.88	20128.37	4488.35	4363.88	1163.87
浙 江	20.48	19843.15	1763.52	3059.31	489.07
安 徽	20.05	14628.02	724.28	919.51	1142.99
福 建	35.19	13076.72	1169.92	2328.90	848.76
江 西	54.45	7525.21	326.31	602.03	677.97
山 东	51.57	25580.56	1450.40	1634.83	4496.77
河 南	60.25	20675.23	535.66	404.84	5023.96
湖 北	18.33	15147.59	788.85	1032.90	2275.32
湖 南	37.34	11200.01	562.35	671.86	1703.30
广 东	26.03	24254.97	3750.28	6537.46	1246.11
广 西	45.00	6793.74	409.07	569.39	1585.03
海 南	1.70	4346.16	454.29	828.90	183.33
重 庆	58.59	7725.08	1239.28	1949.09	685.74
四 川	64.81	15274.61	1235.00	1234.24	2184.47
贵 州	9.89	7044.63	92.95	343.88	233.79
云 南	14.30	9106.41	193.54	240.73	245.03
西 藏	5.33	174.65	0.06	5.32	118.58
陕 西	49.87	10733.65	937.98	408.81	1154.57
甘 肃	12.40	3311.47	43.24	40.39	788.85
青 海	0.84	1986.44	45.15	72.16	59.58
宁 夏	0.24	1305.19	48.48	49.93	28.92
新 疆	14.78	6842.10	127.04	48.13	139.54
不分地区					

1-7　各地区全社会按主要行业分的固定资产投资

单位：亿元

地　　区	合　　计	农、林、牧、渔业	采矿业	制造业	电力、热力、燃气及水的生产和供应业	建筑业	批发和零售业
全国总计	**512020.65**	**16573.81**	**14538.89**	**167025.29**	**22829.73**	**4125.76**	**15800.15**
北　　京	6924.23	145.81	7.18	303.38	353.12	4.85	33.90
天　　津	10518.19	214.32	314.91	2851.06	277.74	171.43	337.45
河　　北	26671.92	1204.33	659.84	11420.21	1030.25	5.45	879.76
山　　西	12354.53	997.73	1414.82	2678.28	959.66	5.99	254.49
内 蒙 古	17591.83	1125.75	1701.99	5249.35	1849.32	180.16	638.41
辽　　宁	24730.80	662.18	617.38	8869.11	771.83	149.13	1059.98
吉　　林	11339.62	608.51	505.50	5102.85	485.04	213.21	501.93
黑 龙 江	9828.99	841.60	508.42	2610.92	444.09	266.54	501.71
上　　海	6016.43	11.86	0.08	978.40	177.96	0.83	31.86
江　　苏	41938.62	323.32	106.47	19170.38	1018.28	58.75	987.45
浙　　江	24262.77	305.01	45.10	6827.45	1012.27	83.06	432.83
安　　徽	21875.58	666.96	319.20	8378.35	573.05	154.20	797.90
福　　建	18177.86	472.78	247.07	5108.59	909.18	209.53	395.97
江　　西	15079.26	394.65	289.39	7230.64	387.47	85.21	689.24
山　　东	42495.55	1166.28	646.68	18717.70	1280.21	739.18	2050.83
河　　南	30782.17	1343.18	573.96	14112.73	702.21	8.22	981.40
湖　　北	22915.30	639.62	320.01	9146.53	544.16	106.52	633.57
湖　　南	21242.92	811.37	626.23	7157.77	724.33	248.99	870.88
广　　东	26293.93	366.62	248.75	7056.91	1095.51	52.31	848.28
广　　西	13843.22	630.90	337.29	4623.17	625.89	68.44	479.42
海　　南	3112.23	47.39	25.49	166.68	147.44	109.21	54.40
重　　庆	12285.42	414.19	282.62	3214.97	413.67	4.52	210.18
四　　川	23318.57	608.94	423.12	4991.10	1538.88	13.50	577.66
贵　　州	9025.75	135.60	236.06	1215.88	423.20	6.65	105.59
云　　南	11498.53	512.78	383.23	1537.15	866.55	1.60	265.83
西　　藏	1069.23	48.19	52.41	62.06	232.24		9.17
陕　　西	17191.92	891.35	1088.66	3379.58	735.78	126.86	652.70
甘　　肃	7884.13	430.41	403.60	1356.76	905.09	870.95	289.03
青　　海	2861.23	128.13	166.97	699.88	334.81	75.14	22.98
宁　　夏	3173.79	128.69	167.39	789.67	440.26	15.45	53.08
新　　疆	9447.74	295.35	1024.04	2017.81	1481.76	89.90	152.26
不分地区	6268.38		795.02		88.48		

1-7 续表 1

单位：亿元

地区	交通运输、仓储和邮政业	住宿和餐饮业	信息传输、软件和信息技术服务业	金融业	房地产业	租赁和商务服务业	科学研究和技术服务业
全国总计	**43215.67**	**6230.09**	**4110.05**	**1362.97**	**131348.16**	**7965.17**	**4219.12**
北京	767.99	65.06	178.03	54.31	4068.30	47.55	115.82
天津	750.63	66.91	126.43	64.81	2646.05	955.88	168.77
河北	2046.49	242.60	133.47	25.94	5538.74	320.46	207.62
山西	855.69	56.79	58.61	2.34	3039.41	78.84	45.81
内蒙古	1342.49	163.28	246.91	37.88	1987.60	125.79	147.09
辽宁	1808.53	406.75	213.07	105.96	5789.74	557.73	261.03
吉林	779.92	101.09	112.67	56.68	1297.25	116.43	123.83
黑龙江	732.99	201.91	169.44	28.97	1687.36	153.28	92.29
上海	459.24	33.35	110.03	20.54	3224.10	186.58	54.67
江苏	2169.72	424.41	504.89	173.25	10128.61	880.18	606.63
浙江	1736.61	254.79	210.35	92.51	9415.53	447.37	91.49
安徽	1136.69	233.98	150.48	102.39	5845.39	333.33	219.48
福建	1783.70	232.81	141.96	46.59	5606.33	233.22	52.69
江西	703.40	258.06	73.85	33.67	2309.46	270.75	54.40
山东	2196.14	340.58	171.41	83.76	8638.09	670.99	691.13
河南	1427.56	319.04	106.69	28.80	7387.14	311.43	132.62
湖北	1879.69	285.42	84.10	84.21	5560.35	451.74	94.27
湖南	1435.33	288.55	112.38	68.43	4272.14	393.97	206.05
广东	2589.86	472.17	430.79	96.23	9527.95	250.15	164.77
广西	1301.57	232.13	134.63	45.43	2686.73	231.33	70.54
海南	351.24	135.21	27.67	1.59	1663.09	16.43	11.84
重庆	1202.72	194.94	57.84	3.73	4382.42	103.22	29.75
四川	2979.83	371.87	91.83	27.67	7546.91	235.58	83.11
贵州	1319.85	106.97	14.00	2.92	2989.71	81.37	15.15
云南	1538.93	223.99	75.84	6.96	4117.86	78.81	32.15
西藏	209.53	28.12	6.55	12.63	136.85	10.41	11.27
陕西	987.60	298.66	164.29	31.87	5168.45	245.65	338.30
甘肃	793.74	105.34	55.39	17.24	1186.62	77.56	66.23
青海	446.77	18.93	15.03	0.77	462.30	47.77	6.88
宁夏	217.18	14.77	30.85	2.88	907.80	19.62	7.02
新疆	753.53	51.64	100.56	2.03	2129.39	31.74	12.97
不分地区	4510.51						3.44

1-7　续表 2　　单位：亿元

地　　区	水利、环境和公共设施管理业	居民服务、修理和其他服务业	教　育	卫生和社会工作	文化、体育和娱乐业	公共管理、社会保障和社会组织
全国总计	**46225.04**	**2371.71**	**6708.69**	**3991.51**	**6178.36**	**7200.50**
北　京	451.43	11.55	124.24	67.03	80.18	44.01
天　津	1061.86	120.08	180.07	49.70	85.08	75.02
河　北	1865.87	57.72	254.56	231.67	362.84	184.11
山　西	1416.91	52.84	140.70	69.45	171.34	54.83
内蒙古	1956.65	78.55	153.17	116.35	184.29	306.80
辽　宁	2459.34	211.88	254.42	127.35	253.98	151.42
吉　林	819.81	76.94	116.01	84.37	80.70	156.87
黑龙江	926.12	59.98	135.81	141.80	107.78	217.96
上　海	471.41	5.27	107.23	31.83	104.70	6.47
江　苏	3541.34	152.88	479.78	271.44	578.86	361.99
浙　江	2229.35	50.10	340.63	175.39	284.91	228.02
安　徽	1908.47	95.95	235.82	171.22	195.06	357.67
福　建	1787.84	53.40	214.45	118.64	257.89	305.21
江　西	1477.99	70.18	182.44	105.26	251.70	211.50
山　东	2138.99	337.49	518.13	340.00	860.17	907.81
河　南	2179.36	179.93	361.80	244.04	309.47	72.56
湖　北	1894.25	176.69	198.28	177.25	252.95	385.70
湖　南	2564.50	83.13	366.34	226.30	248.03	538.23
广　东	2025.90	49.90	408.52	231.80	260.34	117.20
广　西	1456.37	86.88	308.95	140.89	164.67	218.00
海　南	194.97	0.84	44.18	27.08	65.89	21.59
重　庆	1325.27	25.30	162.44	90.66	83.19	83.79
四　川	2723.12	55.01	411.69	208.02	183.00	247.74
贵　州	2002.14	11.81	205.42	35.29	87.32	30.82
云　南	1138.68	59.56	236.28	101.53	194.14	126.67
西　藏	75.06	17.69	28.82	14.18	12.77	101.30
陕　西	2030.10	77.37	221.65	227.71	203.57	321.78
甘　肃	608.13	86.37	107.19	69.25	140.88	314.34
青　海	230.04	10.51	50.84	13.19	20.25	110.03
宁　夏	260.07	6.19	28.98	28.53	22.50	32.87
新　疆	894.53	9.69	129.87	54.29	69.92	146.45
不分地区	109.19					761.74

1-8 各地区全社会固定资产投资

单位：亿元

地　区	合　计	固定资产投资（不含农户）	房地产开发	农　户
全国总计	**512020.65**	**501264.87**	**95035.61**	**10755.78**
北　京	6924.23	6873.44	3715.33	50.79
天　津	10518.19	10490.37	1699.65	27.82
河　北	26671.92	26147.20	4059.72	524.72
山　西	12354.53	12035.46	1403.55	319.07
内蒙古	17591.83	17437.85	1370.88	153.98
辽　宁	24730.80	24426.83	5301.31	303.97
吉　林	11339.62	11107.94	1030.13	231.68
黑龙江	9828.99	9537.88	1324.09	291.12
上　海	6016.43	6012.97	3206.48	3.46
江　苏	41938.62	41552.75	8240.22	385.87
浙　江	24262.77	23554.76	7262.38	708.01
安　徽	21875.58	21256.29	4338.95	619.28
福　建	18177.86	17869.76	4567.40	308.11
江　西	15079.26	14646.31	1322.49	432.95
山　东	42495.55	41599.13	5817.95	896.42
河　南	30782.17	30012.28	4375.71	769.88
湖　北	22915.30	22441.67	3983.79	473.63
湖　南	21242.92	20548.55	2883.57	694.37
广　东	26293.93	25843.06	7538.45	450.88
广　西	13843.22	13287.61	1338.49	555.61
海　南	3112.23	3039.46	1431.65	72.78
重　庆	12285.42	12140.83	3630.23	144.58
四　川	23318.57	22662.13	4380.09	656.44
贵　州	9025.75	8778.40	2187.67	247.35
云　南	11498.53	11073.81	2846.65	424.72
西　藏	1069.23	1069.23	52.91	
陕　西	17191.92	16840.27	2426.49	351.65
甘　肃	7884.13	7759.63	721.47	124.50
青　海	2861.23	2788.91	338.27	72.32
宁　夏	3173.79	3093.92	654.80	79.87
新　疆	9447.74	9067.79	1014.81	379.95
不分地区	6268.38	6268.38		

1-9　各地区全社会按经济类型分的固定资产投资

单位：亿元

地　　区	合　　计	国有经济	集体经济	私营个体经济
全国总计	**51[illegible]020.65**	**137167.68**	**17391.13**	**162141.84**
北　京	[illegible]924.23	2175.59	142.43	362.58
天　津	1[illegible]518.19	2440.57	834.69	2388.67
河　北	[illegible]671.92	4061.32	1183.87	11187.28
山　西	[illegible]354.53	4074.57	850.01	3356.49
内蒙古	[illegible]591.83	6688.24	141.38	3252.06
辽　宁	2[illegible]730.80	4921.19	287.72	10580.69
吉　林	1[illegible]339.62	2616.38	87.49	3647.79
黑龙江	9828.99	3126.58	96.97	2855.72
上　海	5016.43	1781.10	53.30	1160.46
江　苏	41938.62	8218.77	1805.82	18513.16
浙　江	24262.77	6220.72	1021.27	7605.34
安　徽	21875.58	5174.89	341.14	8472.69
福　建	[illegible]8177.86	5055.49	615.37	5392.55
江　西	5079.26	3318.72	158.78	6347.12
山　东	[illegible]2495.55	5455.94	3380.39	16215.47
河　南	[illegible]0782.17	3883.08	1624.90	10701.98
湖　北	22915.30	4977.61	713.73	8018.69
湖　南	21242.92	5984.40	585.83	7562.43
广　东	26293.93	5700.29	1225.40	6375.62
广　西	13843.22	3885.32	273.14	5036.34
海　南	3112.23	839.83	17.79	389.74
重　庆	12285.42	4222.26	160.49	3634.30
四　川	23318.57	8705.88	289.45	5315.07
贵　州	9025.75	4490.79	26.45	1699.35
云　南	11498.53	4772.87	304.73	2751.05
西　藏	1069.23	740.59	5.35	124.77
陕　西	17191.92	6961.38	687.72	3495.38
甘　肃	7884.13	3546.20	373.97	1760.19
青　海	2861.23	1394.31	19.38	551.02
宁　夏	3173.79	1252.73	16.12	1377.83
新　疆	9447.74	4211.71	66.08	2010.03
不分地区	6268.38	6268.38		

1-9 续表

单位：亿元

地　区	联营经济	股份制经济	外商投资经济	港澳台投资经济	其他经济
全国总计	**601.13**	**147422.43**	**11052.57**	**11934.53**	**24309.35**
北　京	0.54	3626.48	220.09	373.12	23.41
天　津	60.65	3780.94	395.90	256.90	359.87
河　北	15.98	7895.79	338.27	265.69	1723.73
山　西	9.68	3260.62	67.00	109.98	626.19
内蒙古	0.78	6857.55	94.02	83.89	473.92
辽　宁	17.41	6411.01	596.33	1018.37	898.08
吉　林	3.82	4099.42	81.49	88.14	715.08
黑龙江	37.72	3006.47	50.79	85.54	569.20
上　海	6.11	1882.44	620.06	492.64	20.32
江　苏	66.04	8394.37	2485.86	1658.14	796.46
浙　江	8.71	7139.99	741.43	1200.62	324.68
安　徽	15.42	6368.25	300.74	378.98	823.47
福　建	24.14	5254.70	431.05	805.08	599.48
江　西	32.76	4285.63	129.99	267.10	539.14
山　东	43.03	12529.93	802.29	621.17	3447.33
河　南	39.34	10767.24	166.11	139.21	3460.31
湖　北	10.00	7000.26	292.94	354.83	1547.25
湖　南	27.28	5340.64	214.29	208.89	1319.16
广　东	18.99	8903.69	1322.04	1844.35	903.56
广　西	24.37	3105.90	159.99	218.78	1139.39
海　南	0.27	1476.71	117.30	206.36	64.24
重　庆	17.29	2835.84	403.57	474.08	537.59
四　川	47.22	6741.06	354.31	323.52	1542.06
贵　州	4.26	2530.84	25.47	109.30	139.30
云　南	4.25	3268.65	76.26	127.32	193.40
西　藏	0.89	120.55	0.03	0.94	76.11
陕　西	42.21	4611.70	430.03	139.91	823.60
甘　肃	9.20	1657.45	16.37	17.05	503.71
青　海	0.61	798.35	30.59	24.60	42.36
宁　夏	0.24	489.49	6.35	17.67	13.37
新　疆	11.92	2980.45	81.62	22.34	63.58
不分地区					

1-10　各地区全社会建筑安装工程投资

单位：亿元

地　　区	合　　计	国有经济	集体经济	私营个体经济
全国总计	**349[illegible]89.05**	**105377.70**	**13728.91**	**104334.46**
北　　京	[illegible]17.62	1280.32	117.67	203.13
天　　津	[illegible]38.29	1645.49	637.92	1481.43
河　　北	[illegible]33.96	3032.03	832.40	7018.65
山　　西	3[illegible]97.57	3008.88	666.15	2514.64
内 蒙 古	11[illegible]84.63	5168.23	106.71	2185.25
辽　　宁	1[illegible]13.32	4103.59	195.52	6754.50
吉　　林	[illegible]92.80	1853.03	57.40	2026.37
黑 龙 江	[illegible]71.57	2592.86	71.03	1875.63
上　　海	[illegible]713.25	1043.98	46.73	789.04
江　　苏	2[illegible]027.49	6193.85	1496.89	9867.67
浙　　江	1[illegible]359.39	4449.31	820.26	4179.06
安　　徽	1[illegible]475.74	4432.70	285.83	5552.51
福　　建	[illegible]651.71	3936.68	499.10	3584.38
江　　西	[illegible]853.26	2583.12	125.05	4485.96
山　　东	2[illegible]806.86	4067.11	2729.61	10046.41
河　　南	1[illegible]647.86	2996.45	1215.62	6249.71
湖　　北	1[illegible]782.47	3953.88	541.85	5560.80
湖　　南	1[illegible]953.26	4707.68	376.94	5199.47
广　　东	17821.07	4219.11	1029.90	4424.06
广　　西	9270.04	3011.54	202.19	3138.28
海　　南	2292.75	668.21	17.27	327.76
重　　庆	8870.58	3341.41	138.65	2590.65
四　　川	[illegible]7951.75	7194.38	246.91	3985.93
贵　　州	7342.28	3705.34	22.26	1346.60
云　　南	8859.89	3880.93	269.19	2117.72
西　　藏	959.97	678.24	4.64	112.50
陕　　西	[illegible]3338.61	5593.26	593.53	2599.88
甘　　肃	6353.70	3047.35	309.05	1333.58
青　　海	2246.20	1219.85	18.49	408.42
宁　　夏	2285.40	943.99	9.50	983.15
新　　疆	6973.86	3423.05	44.66	1391.30
不分地区	3401.88	3401.88		

1-10 续表

单位：亿元

地　　区	联营经济	股份制经济	外商投资经济	港澳台投资经济	其他经济
全国总计	**470.23**	**95750.49**	**5674.26**	**7264.60**	**17188.40**
北　京	0.49	1600.98	98.82	94.98	21.22
天　津	50.25	2540.86	258.58	178.47	245.29
河　北	11.15	5334.40	173.46	158.52	1173.35
山　西	8.67	2051.32	38.64	26.33	482.94
内蒙古	0.58	3937.33	47.06	32.34	307.13
辽　宁	14.14	4733.91	423.05	871.78	716.83
吉　林	1.51	2316.07	30.81	47.38	360.24
黑龙江	35.72	2226.61	28.35	54.37	387.00
上　海	5.44	1228.22	321.45	265.91	12.47
江　苏	49.81	5025.60	962.54	916.92	514.21
浙　江	7.28	3723.90	382.54	558.13	238.90
安　徽	13.18	4127.38	184.80	237.29	642.06
福　建	22.30	3402.97	256.57	514.87	434.85
江　西	31.58	2936.14	99.27	188.81	403.32
山　东	21.31	7676.51	416.36	429.03	2420.52
河　南	27.97	6790.08	113.23	92.06	2162.74
湖　北	6.91	5033.71	187.18	257.20	1240.95
湖　南	19.21	3463.65	116.54	144.53	925.24
广　东	12.26	5704.59	691.07	1115.29	624.80
广　西	13.52	1969.12	86.78	136.10	712.53
海　南	0.23	1007.83	87.37	142.40	41.67
重　庆	14.98	1906.17	155.50	298.12	425.11
四　川	39.83	4843.09	209.01	199.12	1233.48
贵　州	4.22	2062.31	14.05	74.21	113.29
云　南	2.66	2295.72	55.53	89.91	148.22
西　藏	0.89	90.73	0.03	0.94	72.01
陕　西	34.46	3588.06	184.51	92.09	652.83
甘　肃	7.80	1258.95	10.69	10.20	376.08
青　海	0.57	526.79	21.83	13.67	36.56
宁　夏	0.24	323.99	2.51	10.18	11.84
新　疆	11.05	2023.53	16.13	13.45	50.69
不分地区					

1-11　各地区全社会设备、工器具购置投资

单位：亿元

地　　区	合　　计	国有经济	集体经济	私营个体经济
全国总计	**101005.22**	**16043.85**	**1764.22**	**41489.41**
北　　京	708.44	254.29	2.63	17.94
天　　津	1838.36	222.85	128.40	689.75
河　　北	5845.99	505.60	116.27	2995.06
山　　西	2329.65	624.71	76.98	555.33
内 蒙 古	4725.60	1110.89	28.71	829.87
辽　　宁	5045.41	585.52	56.50	2988.89
吉　　林	3790.05	607.19	24.82	1323.44
黑 龙 江	1961.94	343.06	21.29	848.40
上　　海	624.83	273.18	1.75	81.72
江　　苏	12356.03	1117.43	144.24	6977.71
浙　　江	4093.64	388.53	51.96	1775.17
安　　徽	4639.79	442.52	41.03	2300.03
福　　建	2674.95	321.12	50.11	1143.39
江　　西	2667.80	245.24	18.73	1303.51
山　　东	10866.10	921.93	300.64	4929.22
河　　南	8065.60	525.34	198.93	3483.14
湖　　北	3768.07	574.67	107.18	1729.87
湖　　南	3342.02	499.32	79.44	1586.05
广　　东	4266.45	688.75	78.90	1017.54
广　　西	3204.81	430.58	55.40	1445.15
海　　南	280.53	44.89	0.16	13.13
重　　庆	1271.42	272.59	8.35	437.17
四　　川	2590.48	592.98	27.96	755.75
贵　　州	458.01	175.35	1.35	137.48
云　　南	999.02	326.53	8.35	266.01
西　　藏	69.76	36.21	0.63	4.23
陕　　西	2504.64	825.85	52.46	601.90
甘　　肃	1056.78	288.05	54.09	326.97
青　　海	453.47	116.96	0.83	111.62
宁　　夏	700.31	231.80	6.53	318.80
新　　疆	1914.81	559.48	19.63	495.18
不分地区	1890.45	1890.45		

1-11 续表

单位：亿元

地区	联营经济	股份制经济	外商投资经济	港澳台投资经济	其他经济
全国总计	**78.53**	**30214.13**	**4174.30**	**2441.23**	**4799.56**
北京	0.01	180.72	102.70	149.44	0.71
天津	0.60	585.83	103.11	33.47	74.36
河北	2.48	1666.82	140.04	84.27	335.47
山西	0.86	910.68	14.91	74.73	71.44
内蒙古	0.20	2554.49	40.67	47.53	113.25
辽宁	2.50	1094.89	114.81	58.77	143.53
吉林	0.76	1440.92	50.09	14.31	328.51
黑龙江	0.83	544.63	19.94	21.33	162.46
上海	0.67	67.79	176.97	22.48	0.27
江苏	12.65	2083.55	1350.43	448.00	222.03
浙江	0.84	1301.65	245.90	280.89	48.71
安徽	1.64	1515.71	102.81	91.84	144.20
福建	1.44	766.60	106.41	180.92	104.95
江西	0.49	926.22	23.38	55.18	95.05
山东	18.76	3542.64	319.09	123.59	710.23
河南	7.12	2876.55	40.01	37.15	897.37
湖北	2.80	1049.92	73.63	44.70	185.30
湖南	2.11	896.90	74.77	22.59	180.84
广东	4.91	1508.02	439.86	414.83	113.64
广西	7.57	821.42	53.15	52.85	338.69
海南		172.84	17.55	13.63	18.33
重庆	1.37	298.19	171.92	30.61	51.21
四川	0.88	877.38	70.40	65.68	199.46
贵州		121.50	4.23	8.27	9.84
云南	1.32	359.96	15.46	6.17	15.22
西藏		25.38			3.31
陕西	4.17	639.66	220.42	41.00	119.19
甘肃	0.70	284.85	5.16	1.87	95.08
青海	0.04	205.53	7.56	5.95	4.99
宁夏		133.68	3.68	4.50	1.33
新疆	0.80	759.20	65.23	4.70	10.59
不分地区					

1-12 各地区全社会其他费用投资

单位：亿元

地 区	合 计	国有经济	集体经济	私营个体经济
全国总计	**61226.38**	**15746.13**	**1898.01**	**16317.97**
北 京	2798.18	640.97	22.13	141.51
天 津	1641.54	572.23	68.37	217.48
河 北	3091.97	523.69	235.20	1173.58
山 西	1227.31	440.98	106.87	286.52
内蒙古	1081.59	409.12	5.96	236.94
辽 宁	1872.08	232.08	35.70	837.30
吉 林	856.76	156.16	5.27	297.98
黑龙江	595.49	190.66	4.64	131.69
上 海	1678.35	463.94	4.82	289.70
江 苏	4555.10	907.49	164.70	1667.77
浙 江	5809.73	1382.88	149.06	1651.11
安 徽	1760.05	299.67	14.28	620.14
福 建	2851.21	797.70	66.17	664.78
江 西	1558.20	490.36	15.00	557.65
山 东	3822.58	466.90	350.14	1239.84
河 南	3068.71	361.29	210.36	969.13
湖 北	2364.76	449.06	64.70	728.02
湖 南	2947.64	777.40	129.46	776.91
广 东	4206.42	792.43	116.60	934.02
广 西	1368.36	443.20	15.55	452.91
海 南	538.96	126.73	0.36	48.85
重 庆	2143.41	608.26	13.49	606.48
四 川	2776.34	918.52	14.58	573.39
贵 州	1225.46	610.10	2.84	215.26
云 南	1639.63	565.42	27.19	367.32
西 藏	39.50	26.14	0.09	8.03
陕 西	1348.67	542.28	41.72	293.60
甘 肃	473.66	210.80	10.82	99.64
青 海	161.56	57.51	0.06	30.98
宁 夏	188.08	76.94	0.09	75.88
新 疆	559.06	229.19	1.79	123.54
不分地区	976.06	976.06		

1-12 续表

单位：亿元

地　　区	联营经济	股份制经　济	外商投资经　济	港澳台投资经济	其他经济
全国总计	**52.37**	**21457.81**	**1204.01**	**2228.70**	**2321.39**
北　京	0.03	1844.78	18.57	128.70	1.48
天　津	9.80	654.25	34.21	44.96	40.23
河　北	2.35	894.58	24.78	22.89	214.91
山　西	0.15	298.62	13.44	8.92	71.80
内蒙古		365.72	6.29	4.02	53.55
辽　宁	0.76	582.21	58.47	87.82	37.73
吉　林	1.55	342.43	0.58	26.45	26.34
黑龙江	1.16	235.24	2.51	9.85	19.73
上　海		586.43	121.64	204.25	7.58
江　苏	3.58	1285.22	172.89	293.22	60.22
浙　江	0.58	2114.44	112.99	361.60	37.08
安　徽	0.60	725.16	13.13	49.85	37.22
福　建	0.40	1085.13	68.07	109.29	59.67
江　西	0.69	423.27	7.34	23.11	40.76
山　东	2.97	1310.77	66.83	68.56	316.58
河　南	4.25	1100.62	12.87	9.99	400.20
湖　北	0.29	916.63	32.13	52.94	121.00
湖　南	5.95	980.09	22.98	41.77	213.08
广　东	1.83	1691.08	191.11	314.23	165.11
广　西	3.27	315.36	20.06	29.83	88.17
海　南	0.04	296.04	12.37	50.33	4.24
重　庆	0.94	631.48	76.15	145.35	61.27
四　川	6.51	1020.60	74.91	58.72	109.12
贵　州	0.04	347.04	7.19	26.83	16.16
云　南	0.27	612.98	5.27	31.24	29.95
西　藏		4.45			0.79
陕　西	3.58	383.98	25.11	6.83	51.58
甘　肃	0.70	113.65	0.52	4.98	32.55
青　海		66.03	1.20	4.98	0.80
宁　夏		31.82	0.16	2.99	0.20
新　疆	0.07	197.72	0.26	4.20	2.29
不分地区					

1－23　各地区全社会住宅建设投资

单位：亿元

地　　区	合　　计	国有经济	集体经济	私营个体经济
全国总计	**80615.14**	**7599.05**	**1832.44**	**28688.60**
北　　京	2102.65	194.75	44.97	178.37
天　　津	1292.89	178.46	23.31	197.52
河　　北	3648.80	95.06	98.67	1635.33
山　　西	2004.54	331.16	310.25	869.59
内 蒙 古	1250.50	264.64	11.76	508.82
辽　　宁	4077.20	171.60	10.40	1419.76
吉　　林	841.42	39.34	0.03	334.11
黑 龙 江	1118.67	121.10	1.52	361.03
上　　海	1730.81	146.52	7.77	405.32
江　　苏	6632.95	586.22	100.03	2521.38
浙　　江	5782.44	574.36	117.00	2255.16
安　　徽	3636.29	446.29	36.50	1362.38
福　　建	3277.37	303.83	39.94	955.56
江　　西	1704.95	284.08	16.92	721.71
山　　东	5396.53	320.12	425.62	1686.07
河　　南	4309.79	238.47	165.28	1453.82
湖　　北	3371.89	180.76	42.35	1246.19
湖　　南	2726.55	219.41	7.04	1249.28
广　　东	5907.47	177.33	86.62	1960.60
广　　西	1786.11	128.71	6.04	940.74
海　　南	1242.96	131.89	1.43	214.76
重　　庆	2717.68	285.20	11.76	1044.41
四　　川	4087.56	513.32	38.06	1522.68
贵　　州	1605.50	86.11	0.46	542.95
云　　南	2524.93	332.44	52.96	907.88
西　　藏	61.56	9.67		41.95
陕　　西	2777.02	392.05	144.13	844.10
甘　　肃	770.06	174.77	23.80	265.01
青　　海	331.03	88.34	6.82	155.13
宁　　夏	526.73	100.34		327.03
新　　疆	1368.87	481.32	1.00	559.97
不分地区	1.43	1.43		

1-13 续表

单位：亿元

地　　区	联营经济	股份制经　济	外商投资经　济	港澳台投资经济	其他经济
全国总计	**34.57**	**36085.45**	**1574.37**	**3767.59**	**1033.08**
北　京		1614.75	15.40	43.68	10.73
天　津		785.73	49.42	47.46	11.00
河　北		1739.68	14.84	38.58	26.64
山　西		375.41	2.84	1.95	113.34
内蒙古		452.20	5.72		7.37
辽　宁		1730.00	167.02	572.58	5.83
吉　林		417.25	1.98	42.67	6.05
黑龙江		618.60	2.21	10.00	4.21
上　海		918.80	108.73	143.68	
江　苏	0.30	2561.35	269.11	579.28	15.27
浙　江		2327.02	105.86	357.88	45.16
安　徽	4.09	1564.19	34.43	127.54	60.87
福　建		1644.25	104.73	214.69	14.38
江　西	21.80	571.67	12.24	37.39	39.14
山　东		2521.02	69.26	204.24	170.20
河　南	1.58	2297.11	24.12	35.08	94.34
湖　北		1697.20	43.93	123.93	37.54
湖　南	3.43	1150.49	19.10	59.05	18.75
广　东		2865.26	262.21	485.21	70.25
广　西		600.81	21.36	69.30	19.16
海　南	0.17	729.15	40.76	122.05	2.75
重　庆	1.16	1112.09	46.63	195.23	21.21
四　川	0.80	1727.71	87.58	98.13	99.28
贵　州		935.61	2.23	34.70	3.45
云　南	0.26	1108.68	15.28	58.05	49.39
西　藏		9.82			0.11
陕　西	0.95	1242.77	46.09	57.11	49.84
甘　肃		284.50	0.35	0.17	21.46
青　海		68.18			12.56
宁　夏		92.52	0.95	5.80	0.08
新　疆	0.03	321.67		2.16	2.74
不分地区					

1-14　各地区全社会新增固定资产

地　　区	合　　计	国有经济	集体经济	私营个体经济
全国总计	[illegible]	**89978.83**	**13701.31**	**118475.46**
北　　京	[illegible]	1146.14	119.84	138.99
天　　津	[illegible]	1333.33	712.62	1725.35
河　　北	[illegible]	2842.45	963.63	8738.70
山　　西	[illegible]	3270.61	714.59	2363.63
内 蒙 古	[illegible]	5117.08	133.72	2344.51
辽　　宁	[illegible]	3515.96	223.90	8379.17
吉　　林	[illegible]	2318.53	80.98	3160.90
黑 龙 江	[illegible]	2346.34	83.93	2340.82
上　　海	[illegible]	785.91	23.97	577.57
江　　苏	[illegible]	6097.59	1503.52	15077.94
浙　　江	[illegible]	3415.76	820.75	4720.39
安　　徽	[illegible]	3441.88	275.83	6256.46
福　　建	[illegible]	2954.90	478.23	3697.15
江　　西	[illegible]	2168.15	131.18	4520.98
山　　东	[illegible]	3722.15	2606.53	11922.76
河　　南	[illegible]	2622.47	1142.47	7284.38
湖　　北	[illegible]	2861.62	453.90	5562.41
湖　　南	[illegible]	3779.72	453.02	5820.47
广　　东	[illegible]	4006.44	998.40	4545.73
广　　西	[illegible]	2208.10	208.66	3744.64
海　　南	[illegible]	431.60	3.99	213.35
重　　庆	[illegible]	2978.89	117.91	2438.34
四　　川	[illegible]	6199.59	264.29	3823.35
贵　　州	[illegible]	2213.09	10.76	1049.28
云　　南	[illegible]	2798.98	223.14	1740.22
西　　藏	[illegible]	503.37	3.67	75.94
陕　　西	[illegible]	4451.87	567.43	2458.18
甘　　肃	[illegible]	2482.24	308.49	1257.68
青　　海	[illegible]	767.63	15.11	321.39
宁　　夏	[illegible]	874.97	16.46	937.77
新　　疆	[illegible]	3072.02	40.39	1237.01
不分地区	3249.44	3249.44		

1-14 续表

单位：亿元

地区	联营经济	股份制经济	外商投资经济	港澳台投资经济	其他经济
全国总计	**482.12**	**88372.07**	**7299.09**	**6749.43**	**18404.10**
北京		1587.87	359.08	352.48	23.91
天津	47.57	2365.26	260.25	94.67	311.35
河北	14.80	5213.25	256.10	166.96	1330.77
山西	7.69	2188.21	46.84	44.38	494.49
内蒙古	0.78	4794.26	82.40	61.30	382.77
辽宁	9.49	3800.16	393.86	425.29	725.65
吉林	3.32	3484.70	84.91	38.97	660.91
黑龙江	30.58	2075.93	25.88	43.78	497.65
上海	8.71	889.99	281.41	191.37	1.18
江苏	80.65	5708.39	2014.17	1152.07	704.19
浙江	3.30	4313.74	621.66	513.67	236.50
安徽	14.67	3578.26	168.20	167.19	616.10
福建	7.44	2650.52	370.57	587.02	469.85
江西	47.19	2565.34	64.28	170.28	400.38
山东	45.85	7481.90	510.52	337.88	2519.75
河南	29.34	6624.46	141.40	72.66	2492.10
湖北	6.60	3805.79	93.70	101.84	1015.64
湖南	14.35	3236.94	105.24	90.90	947.63
广东	9.50	5649.42	813.11	1327.54	776.82
广西	17.06	1721.55	77.64	92.62	784.99
海南	0.27	632.11	24.24	79.26	8.42
重庆	15.05	1344.35	114.26	223.17	437.18
四川	20.46	3929.40	162.94	265.35	1204.31
贵州	1.52	1183.08	13.66	59.69	107.39
云南	1.36	1739.31	29.72	15.66	96.38
西藏	0.79	96.39	0.03	4.20	46.06
陕西	25.88	2443.65	96.03	38.61	632.64
甘肃	5.68	1001.78	7.66	6.08	372.67
青海	0.72	270.40	0.44	3.44	36.51
宁夏	0.24	390.87	4.08	17.83	10.61
新疆	11.26	1604.83	74.82	3.25	59.27
不分地区					

1-15 各地区全社会投资实际到位资金

单位：亿元

地 区	本年实际到位资金小计	国家预算资金	国内贷款	利用外资	自筹资金	其他资金
全国总计	**543480.55**	**26745.42**	**65221.03**	**4052.86**	**379737.80**	**67723.44**
北 京	9648.58	859.18	2732.87	28.80	3212.82	2814.91
天 津	11633.98	169.81	2016.26	92.51	7753.56	1601.85
河 北	26321.48	684.74	1966.30	104.86	21687.42	1878.17
山 西	10664.68	625.18	833.69	43.59	8329.83	832.39
内蒙古	17269.45	848.59	1913.90	14.68	13699.02	793.26
辽 宁	26449.04	1111.53	3645.72	180.59	19569.27	1941.92
吉 林	11493.23	290.77	535.41	11.43	9873.77	781.84
黑龙江	10366.86	370.09	219.88	31.45	9109.38	636.06
上 海	7961.62	417.89	2068.08	205.05	3243.55	2027.05
江 苏	47097.73	627.26	5382.22	1152.05	33686.89	6249.31
浙 江	26574.54	1403.62	3766.27	214.53	16666.44	4523.69
安 徽	23176.50	1167.55	1562.22	82.82	17167.85	3196.06
福 建	19142.25	1334.62	2001.37	187.34	12647.45	2971.48
江 西	16790.29	550.66	1206.91	85.81	13079.68	1867.23
山 东	44732.40	818.79	4299.20	342.87	35414.30	3857.24
河 南	30932.72	861.17	4000.91	94.69	23784.40	2191.55
湖 北	24094.34	909.13	2737.84	77.64	18222.95	2146.79
湖 南	22685.39	1149.84	1908.40	55.42	17105.99	2465.74
广 东	30486.27	1366.49	4387.13	405.01	18054.45	6273.19
广 西	14936.44	929.43	1887.40	14.03	10161.03	1944.56
海 南	3551.08	173.55	744.75	15.28	1838.68	778.81
重 庆	14561.37	773.66	2562.13	282.44	7980.80	2962.33
四 川	25231.55	1357.64	2407.47	95.07	16848.02	4523.36
贵 州	9665.01	491.85	1619.97	34.38	5963.74	1555.07
云 南	10269.20	986.79	1226.27	25.93	6538.83	1491.38
西 藏	1248.68	814.10	5.76	1.40	367.63	59.78
陕 西	17154.94	1064.59	1292.30	110.26	12969.93	1717.85
甘 肃	7599.42	844.49	954.50	34.48	4971.50	794.46
青 海	2781.05	530.46	596.01	4.22	1353.80	296.55
宁 夏	2961.70	237.34	733.97	2.85	1608.71	378.83
新 疆	9482.08	1360.97	1314.47	3.13	5819.44	984.07
不分地区	6516.69	1613.66	2691.47	18.26	1006.65	1186.66

1-16 各地区全社会房屋施工面积

单位：万平方米

地　区	合　计	国有经济	集体经济	私营个体经济
全国总计	**1355559.65**	**178644.76**	**42685.67**	**528843.16**
北　京	20570.76	3674.76	848.59	1893.50
天　津	23029.10	4176.42	[illegible]471.80	4785.80
河　北	66068.42	2987.02	[illegible]983.66	29264.94
山　西	32645.05	4635.44	2864.09	15485.68
内蒙古	25542.30	4258.56	109.57	11216.00
辽　宁	68646.30	8157.48	448.89	30012.05
吉　林	18426.03	1512.56	59.42	6482.79
黑龙江	20547.17	3116.67	60.53	6379.14
上　海	18010.06	2096.30	198.06	5021.20
江　苏	112433.46	13629.33	3806.14	54166.27
浙　江	93906.30	15941.03	4775.67	34093.22
安　徽	63985.66	10796.23	593.47	24794.80
福　建	57149.34	9085.29	1085.58	19720.96
江　西	39119.54	5970.61	301.14	16969.73
山　东	110268.20	7542.39	8470.10	42775.78
河　南	89258.19	4990.06	6359.35	34164.47
湖　北	55383.84	5361.89	1366.39	25587.16
湖　南	43123.82	4721.67	433.62	18987.55
广　东	85344.25	5785.64	3437.86	26742.20
广　西	31527.50	3814.01	350.59	16974.47
海　南	9519.00	1451.55	19.76	1936.08
重　庆	35549.45	6164.43	295.35	13869.74
四　川	70053.40	12077.66	689.50	24272.33
贵　州	30576.86	4612.33	54.10	10138.55
云　南	39447.16	6838.60	863.88	17546.97
西　藏	972.32	327.51	1.55	472.99
陕　西	35076.04	7102.27	[illegible]235.14	11076.48
甘　肃	16254.35	4307.15	333.32	5375.15
青　海	5498.88	1365.13	130.75	2590.81
宁　夏	9495.12	1598.90	[illegible]8.07	5766.69
新　疆	27744.92	10159.00	[illegible]9.70	10279.65
不分地区	386.86	386.86		

1-16　续表

单位：万平方米

地　　区	联营经济	股份制经济	外商投资经济	港澳台投资经济	其他经济
全国总计	**[illegible]**	**492143.00**	**25954.21**	**47395.30**	**38212.46**
北　京	[illegible]	12748.23	633.11	608.21	160.04
天　津	[illegible]	10311.25	831.94	853.08	393.96
河　北	[illegible]	28141.63	511.53	547.74	2627.99
山　西	[illegible]	6921.01	189.91	163.08	2385.80
内蒙古	[illegible]	9697.39	99.91	8.76	149.64
辽　宁	[illegible]	21889.35	2693.13	4292.89	957.17
吉　林	[illegible]	9543.59	108.26	503.92	214.21
黑龙江	[illegible]	10062.50	76.37	247.34	586.57
上　海	[illegible]	8297.09	921.89	1442.17	2.25
江　苏	[illegible]	29795.84	4017.59	5989.88	989.23
浙　江	[illegible]	30416.16	2676.68	4604.35	1379.71
安　徽	[illegible]	23448.17	1177.86	1072.62	2068.86
福　建	[illegible]	21345.34	1301.29	3584.75	1019.23
江　西	[illegible]	11856.27	582.47	866.57	1836.76
山　东	[illegible]	38027.87	1360.92	5742.76	6321.44
河　南	[illegible]	35319.95	534.24	847.45	6934.98
湖　北	[illegible]	20234.70	404.85	1025.57	1400.53
湖　南	[illegible]	17151.32	361.91	959.84	478.64
广　东	[illegible]	36794.67	3417.40	7292.15	1861.23
广　西	[illegible]	8545.29	318.34	827.50	695.37
海　南	[illegible]	5347.89	137.54	583.85	41.02
重　庆	[illegible]	11848.74	936.21	2136.77	280.16
四　川	[illegible]	27009.53	1684.92	1829.83	2422.90
贵　州		14980.84	125.84	271.31	393.89
云　南	[illegible]	13052.32	200.09	409.53	532.76
西　藏	[illegible]	93.71			72.63
陕　西	[illegible]	13625.43	556.08	460.91	934.48
甘　肃	[illegible]	5522.20	66.42	68.48	576.54
青　海		1228.70			183.48
宁　夏	1.20	1988.74	12.95	99.67	8.90
新　疆	[illegible]	6897.29	14.55	54.33	302.09
不分地区					

1-17 各地区全社会住宅施工面积

单位：万平方米

地区	合计	国有经济	集体经济	私营个体经济
全国总计	**689041.18**	**75189.37**	**14564.66**	**283223.77**
北京	8629.97	1271.28	239.15	1046.48
天津	8282.17	1114.97	200.06	1265.11
河北	30962.82	934.26	712.11	14530.31
山西	19818.77	2876.63	1695.25	10493.57
内蒙古	14723.89	1880.46	56.49	6908.62
辽宁	32316.77	1635.38	168.85	13524.77
吉林	10042.26	638.17	1.20	3586.82
黑龙江	11745.98	1776.68	12.64	3811.05
上海	8573.04	910.37	67.80	1828.22
江苏	47411.43	4931.61	846.27	19656.75
浙江	36546.62	5422.85	1198.49	14491.34
安徽	32425.70	5596.96	248.41	12442.42
福建	23558.50	2631.64	418.71	8539.50
江西	19738.17	2952.58	126.80	9521.01
山东	53755.34	2711.89	2585.62	22516.99
河南	44616.35	1837.23	2443.53	18622.48
湖北	25994.96	2081.34	375.70	11521.21
湖南	27904.95	2151.35	145.56	13288.17
广东	44102.39	1715.27	674.31	15595.95
广西	19893.75	1597.51	84.20	12302.36
海南	7030.63	920.93	9.50	1548.62
重庆	23082.02	4132.17	215.90	8908.89
四川	38419.16	5847.39	434.94	14957.77
贵州	17420.66	1395.33	11.29	6400.16
云南	24806.73	3323.48	313.94	12450.71
西藏	581.24	150.28		371.66
陕西	22765.40	3635.58	856.36	7797.49
甘肃	8997.99	2067.75	139.01	3496.41
青海	3337.88	651.24	116.33	1691.81
宁夏	5474.95	905.78		3426.74
新疆	16070.45	5480.78	9.25	6680.38
不分地区	10.22	10.22		

1-17 续表

单位：万平方米

地区	联营经济	股份制经济	外商投资经济	港澳台投资经济	其他经济
全国总计	**[illegible]**	**272980.12**	**11036.51**	**21851.04**	**9466.50**
北京		5728.03	92.75	136.84	65.43
天津		4977.94	323.84	324.25	75.99
河北		13935.54	147.14	272.37	431.09
山西		3548.06	57.81	48.40	1099.05
内蒙古		5773.51	57.72		47.09
辽宁		12435.79	1543.06	2961.88	47.04
吉林		5431.89	8.44	346.16	29.58
黑龙江		5922.35	42.32	143.96	36.99
上海		5033.76	313.21	419.68	
江苏	[illegible]	16868.38	1651.09	3301.24	154.10
浙江		13070.80	539.82	1404.23	419.10
安徽	[illegible]	12519.27	372.12	515.86	714.22
福建		9838.10	552.05	1464.48	114.01
江西	[illegible]	5511.82	145.92	485.52	382.83
山东		22824.99	482.93	1326.58	1206.34
河南	[illegible]	20027.12	297.79	222.93	1130.28
湖北		11051.01	131.24	573.10	260.37
湖南	[illegible]	11246.20	213.96	619.14	213.87
广东		20578.51	1839.66	3382.50	316.19
广西		5027.55	184.22	521.58	176.33
海南	[illegible]	4084.50	89.60	368.70	7.81
重庆	[illegible]	8098.52	436.17	1103.29	176.80
四川	[illegible]	14067.89	930.54	1002.88	1159.86
贵州		9216.92	75.74	162.72	158.50
云南	[illegible]	7969.22	111.59	305.55	330.77
西藏	[illegible]	54.96			0.50
陕西	[illegible]	9443.41	348.88	337.35	337.47
甘肃		3052.43	39.14	12.61	190.64
青海		755.00			123.50
宁夏		1081.58	7.74	52.46	0.65
新疆	[illegible]	3805.08		34.79	60.08
不分地区					

1-18 各地区全社会房屋竣工面积

单位：万平方米

地　　区	合　　计	国有经济	集体经济	私营个体经济
全国总计	**355068.39**	**44331.08**	**13101.64**	**188808.42**
北　　京	4898.67	922.91	257.95	619.22
天　　津	5549.10	743.21	276.22	1612.27
河　　北	16444.88	850.64	541.86	9740.79
山　　西	8328.18	1212.39	965.34	4714.21
内 蒙 古	5639.97	1650.33	71.35	2325.50
辽　　宁	16931.00	1213.06	65.07	10715.22
吉　　林	5119.79	580.46	13.13	2192.39
黑 龙 江	6136.05	1350.34	43.61	2173.43
上　　海	2682.20	300.81	19.49	764.12
江　　苏	37242.25	5531.37	1776.85	19723.51
浙　　江	23107.61	2809.50	1318.16	10929.92
安　　徽	17455.37	2853.82	297.32	9376.86
福　　建	13087.12	2073.40	339.50	6063.90
江　　西	13745.36	1964.09	139.33	7998.87
山　　东	28297.19	1493.55	1841.63	17003.25
河　　南	24051.07	1089.64	1537.00	12745.93
湖　　北	17826.96	1693.79	575.62	10077.07
湖　　南	10709.55	607.35	107.93	7456.70
广　　东	20355.61	1102.93	1348.02	8512.44
广　　西	9257.71	792.93	74.10	7222.85
海　　南	1849.77	270.92	1.70	699.83
重　　庆	6029.07	882.77	134.48	3238.40
四　　川	17080.25	2675.80	296.77	9271.49
贵　　州	6893.81	1010.93	0.34	3330.96
云　　南	11547.83	1908.14	448.33	7738.41
西　　藏	343.78	49.92		278.01
陕　　西	7376.42	1268.06	366.43	3705.32
甘　　肃	3755.50	1007.06	131.12	1748.74
青　　海	1723.75	315.43	8.08	1090.47
宁　　夏	1902.70	304.41	0.39	1307.09
新　　疆	9572.21	3673.42	4.53	4431.23
不分地区	127.69	127.69		

1-18　续表

单位：万平方米

地　　区	联营经济	股份制经　济	外商投资经济	港 澳 台投资经济	其他经济
全国总计	[illegible]	**85351.41**	**5045.53**	**7277.09**	**10462.62**
北　京		2748.92	102.01	186.46	61.20
天　津	[illegible]	2328.24	306.72	162.90	114.07
河　北	[illegible]	4245.27	58.15	49.19	856.46
山　西		1032.05	31.01	14.01	359.17
内蒙古		1490.01	24.09	8.76	69.92
辽　宁	[illegible]	3781.29	367.99	515.08	266.81
吉　林	[illegible]	2137.96	36.45	24.13	134.03
黑龙江		2247.50	11.36	30.38	279.42
上　海	[illegible]	1338.68	101.75	147.74	0.87
江　苏	[illegible]	6901.32	1496.77	1273.48	506.08
浙　江	[illegible]	6130.09	688.25	868.63	358.25
安　徽	[illegible]	4003.00	126.48	243.01	540.46
福　建	[illegible]	3546.34	154.78	602.27	302.98
江　西	[illegible]	2496.85	67.75	212.28	369.70
山　东	[illegible]	6107.32	314.35	228.37	1301.26
河　南	[illegible]	6840.28	163.19	276.99	1341.34
湖　北	[illegible]	4531.34	85.44	141.52	719.44
湖　南	[illegible]	2226.76	14.79	98.24	197.03
广　东	[illegible]	6425.06	554.91	1350.31	1052.56
广　西	[illegible]	905.77	47.18	75.32	139.47
海　南	[illegible]	778.56	10.83	86.19	0.43
重　庆	[illegible]	1322.00	92.44	260.69	97.69
四　川	[illegible]	3942.37	112.74	207.19	565.36
贵　州		2324.53	42.31	89.21	95.54
云　南	[illegible]	1182.40	11.00	26.47	230.64
西　藏		15.85			
陕　西	[illegible]	1704.33	17.46	61.07	248.44
甘　肃		757.14	0.46	3.65	107.33
青　海		175.50			134.27
宁　夏		252.87	1.25	32.76	3.92
新　疆	[illegible]	1431.81	3.63	0.81	8.47
不分地区					

1-19 各地区全社会住宅竣工面积

单位：万平方米

地区	合计	国有经济	集体经济	私营个体经济
全国总计	**192545.05**	**20180.33**	**5280.15**	**116108.44**
北京	2523.64	370.74	140.42	504.79
天津	2553.49	341.51	101.74	459.76
河北	8003.09	170.96	290.85	5481.30
山西	5919.64	858.49	601.42	3626.94
内蒙古	3075.22	739.66	46.09	1490.28
辽宁	8176.67	532.62	3.59	5071.60
吉林	2076.05	261.99		1087.28
黑龙江	3301.52	776.93	7.62	1274.87
上海	1549.74	146.80	3.67	419.89
江苏	10900.65	1648.19	218.35	5253.83
浙江	9031.05	957.04	442.37	5158.25
安徽	9407.58	1513.15	130.16	5549.43
福建	4777.63	367.26	124.54	2629.46
江西	8393.81	1161.40	78.85	5451.99
山东	16815.78	689.69	994.01	10878.04
河南	15667.22	489.80	824.18	9959.24
湖北	7161.21	519.99	162.75	4778.67
湖南	8598.53	358.86	37.26	6315.96
广东	9261.78	182.67	154.19	4976.57
广西	7214.74	418.43	55.74	6156.85
海南	1651.91	241.59	1.70	651.63
重庆	4470.33	645.09	132.06	2429.72
四川	11242.87	1521.67	217.69	6851.52
贵州	4505.17	385.93	0.03	2706.75
云南	8551.23	897.13	123.74	6688.36
西藏	293.82	28.56		255.97
陕西	5647.86	755.90	261.48	3080.07
甘肃	2441.48	606.61	73.93	1404.17
青海	1356.27	178.68	6.71	932.07
宁夏	1258.52	167.67		886.60
新疆	6707.57	2236.34		3696.57
不分地区	8.99	8.99		

1-19　续表　　　　　　　　　　　　　　　　　　　　　单位：万平方米

地　区	联营经济	股份制经济	外商投资经济	港澳台投资经济	其他经济
全国总计	**500.47**	**41573.37**	**1747.39**	**3200.38**	**3954.53**
北　京		1437.95	7.76	36.09	25.89
天　津		1365.35	167.61	93.65	23.87
河　北		1742.01	4.72	31.48	281.78
山　西		531.31	16.12	10.44	274.91
内蒙古		740.37	17.48		41.34
辽　宁		1911.99	279.14	371.83	5.91
吉　林		685.30		16.84	24.65
黑龙江		1214.67		12.98	14.46
上　海		872.13	22.03	85.21	
江　苏	2.00	2774.70	393.99	568.42	41.17
浙　江		2194.11	107.15	103.74	68.39
安　徽	0.84	1950.51	46.53	60.87	156.09
福　建		1328.81	39.50	223.63	64.44
江　西	487.48	837.53	41.11	127.53	207.91
山　东		3286.71	71.84	135.87	759.61
河　南		3720.46	85.31	26.29	561.94
湖　北		1441.85	10.29	69.80	177.87
湖　南		1683.65	13.30	85.01	104.50
广　东		2786.31	264.10	603.90	254.03
广　西		489.89	33.23	33.06	27.54
海　南	0.97	663.73	9.75	82.53	
重　庆	0.57	1001.41	37.77	159.04	64.67
四　川	3.04	2167.87	60.30	111.38	309.40
贵　州		1357.22	1.46	51.34	2.45
云　南	1.47	656.12	3.70	14.23	161.47
西　藏		9.28			
陕　西	4.02	1316.02	12.16	59.43	158.79
甘　肃		318.38			38.40
青　海		139.76			99.05
宁　夏		176.77	1.04	25.80	0.65
新　疆	0.09	771.20			3.37
不分地区					

1-20 生产能力施工规模和建成率

生产能力（或效益）名称	计量单位	代码	本年施工		本年新增	生产能力建成率
			规模	本年新开工	生产能力	(%)
原煤开采	万吨/年	101	104523	34766	29545	28.3
洗煤	万吨/年	102	59432	40319	33739	56.8
焦炭	万吨/年	103	12039	4816	4996	41.5
天然原油开采	万吨/年	105	2994	2779	2717	90.8
天然气开采	亿立方米/年	107	321	225	157	49.0
石油加工：蒸馏设备能力	处理万吨/年	121	5258	2283	2311	44.0
裂化设备能力	处理万吨/年	122	6809	3024	2244	33.0
铁矿开采(原矿)	万吨/年	131	26400	14833	13337	50.5
生铁	万吨/年	141	1712	748	1263	73.8
粗钢	万吨/年	142	4829	1847	2258	46.8
铜采矿(原矿)	万吨/年	171	3295	1743	2334	70.8
铜选矿：(1)处理铜原矿量	万吨/年	172	2353	807	1481	62.9
(2)产出精矿含铜量	吨/年	174	168873	78949	65996	39.1
铜冶炼	吨/年	175	1829099	1301934	1231160	67.3
其中：电解铜	吨/年	176	534100	263100	429100	80.3
铅锌采矿(原矿)	万吨/年	181	5817	3821	4006	68.9
铅锌选矿：(1)处理铅锌原矿	万吨/年	182	1734	1243	1264	72.9
(2)产出铅精矿含铅量	吨/年	186	235139	177830	196955	83.8
(3)产出锌精矿含锌量	吨/年	187	214344	116040	143725	67.1

1-20 续表 1

生产能力（或效益）名称	计量单位	代码	本年施工		本年新增	生产能力建成率
			规模	本年新开工	生产能力	(%)
铅冶炼	吨/年	188	625860	559525	559515	89.4
其中：电解铅	吨/年	189	140030	140030	140000	100.0
锌冶炼	吨/年	190	1166063	898263	518813	44.5
精锡冶炼	吨/年	205	22226	22226	14005	63.0
镍冶炼：(1)高冰镍	吨/年	215	250731	135731	112731	45.0
(2)电解镍	吨/年	216	35400	29900	25400	71.8
氧化铝	吨/年	232	3845927	45927	1645613	42.8
原铝(电解铝)	吨/年	233	4000350	1036307	1645297	41.1
铝材加工	吨/年	234	25198815	17547413	11274546	44.7
铜材加工	吨/年	235	3103866	2293639	2637995	85.0
黄金	公斤/年	265	77272	70358	15285	19.8
发电机组容量	万千瓦	291	41459	17182	11098	26.8
水力发电	万千瓦	292	11265	1320	2396	21.3
火力发电	万千瓦	293	19700	10362	4374	22.2
核能发电	万千瓦	294	2638	332	505	19.1
风力发电	万千瓦	910	4575	2775	2142	46.8
太阳能发电	万千瓦	912	2289	1829	1127	49.2
其他发电	万千瓦	295	992	565	554	55.8
输电线路长度(110千伏及以上)	公里	296	102796	70493	63322	61.6

1-20　续表 2

生产能力 (或效益) 名　　称	计量单位	代码	本年施工 规　　模	本年新开工	本年新增 生产能力	生产能力 建成率 (%)
水　泥	万吨/年	301	35398	23704	24996	70.6
平板玻璃	万重量箱/年	302	11893	6410	8865	74.5
农用氮、磷、钾化学肥料	吨/年	331	24725027	14110989	8152480	33.0
氮肥	吨/年	332	18986652	9537859	5833138	30.7
磷肥	吨/年	335	2810835	1836560	1196202	42.6
钾肥	吨/年	338	2927540	2736570	1123140	38.4
塑料树脂及共聚物	吨/年	349	16251091	4905753	6828288	42.0
合成橡胶	吨/年	350	2355387	1148760	803240	34.1
轮胎外胎	万条/年	353	13797	10281	8656	62.7
轮胎内胎	万条/年	354	2337	1154	2046	87.5
内燃机	台/年	378	1523736	180052	829252	54.4
	万千瓦/年	379	8261	627	6347	76.8
汽车制造	辆/年	417	5745918	2587531	2517919	43.8
载货汽车制造	辆/年	418	247400	132800	124200	50.2
客车制造	辆/年	809	566600	228100	190200	33.6
轿车制造	辆/年	419	4736525	2047181	2119281	44.7
其它汽车制造	辆/年	420	195393	179450	84238	43.1
电视机	万部/年	812	743	458	668	89.9

1-20　续表 3

生产能力 (或效益) 名　　称	计量单位	代码	本年施工 规　　模	本年新开工	本年新增 生产能力	生产能力 建成率 (%)
化学纤维	吨/年	461	12959602	3133633	6442328	49.7
棉纺锭	锭	471	11555314	8692662	8401945	72.7
毛纺锭	锭	474	142996	78876	74824	52.3
酒	万吨/年	507	806	476	519	64.4
啤　酒	万吨/年	508	433	217	275	63.5
白　酒	万吨/年	509	218	149	143	65.8
其他酒	万吨/年	510	155	111	101	65.2
卷烟	箱/年	513	7492015	1217015	1750000	23.4
机制纸浆	万吨/年	521	289	122	114	39.6
家用电冰箱	万台/年	551	1107	631	315	28.5
家用洗衣机	万台/年	552	605	155	555	91.7
程控交换机(安装能力)	万线/年	844	496	496	496	100.0
新建铁路里程	公里	571	19948	3362	8739	43.8
复线里程	公里	572	13860	762	7062	51.0
电气化铁路里程	公里	573	15957	1418	7798	48.9
新建高速铁路里程	公里	574	8386	960	5136	61.2
新建公路	公里	576	92297	64754	65352	70.8
其中：高速公路	公里	577	15142	4495	7127	47.1
一级公路	公里	848	6360	3701	2826	44.4

1-20 续表 4

生产能力 (或效益) 名 称	计量单位	代码	本年施工 规 模	本年新开工	本年新增 生产能力	生产能力 建成率 (%)
二级公路	公里	849	14560	9584	7967	54.7
改建公路	公里	578	95766	76066	68689	71.7
其中：高速公路	公里	579	1577	543	634	40.2
一级公路	公里	580	4682	3162	2473	52.8
二级公路	公里	850	23187	18282	15787	68.1
新(扩)建港口码头	年吞吐量：万吨	583	83615	23251	39239	46.9
	泊位：个	584	662	255	337	51.0
新(扩)建公路客、货运站	个	595	512	379	335	65.5
	平方米	596	4755241	2369769	1898590	39.9
民航机场跑道	条	597	22	11	9	41.7
	米	598	49740	27840	26600	53.5
飞机购置	架	601	79	79	79	100.0
候机楼	座	602	21	9	9	42.9
	平方米	603	949262	141340	774630	81.6
城市自来水供水能力	万吨/日	661	2263	1497	1400	61.9
城市污水处理能力	万吨/日	675	2502	1961	1873	74.9

第二部分
固定资产投资（不含农户）

(一)固定资产投资(不含农户)

2-1-1　固定资产投资(不含农户)主要指标

指　　标	2014年	2013年	增速(%)
一、投资总额(亿元)	**501264.87**	**434071.45**	**15.5**
其中：住宅	72888.37	67483.36	8.0
1.按构成分			
建筑安装工程	341154.91	289181.44	18.0
设备、工具、器具投资	99387.51	88834.26	11.9
其他费用	60722.46	56055.75	8.3
2.按建设性质分			
#新　建	350782.77	302041.70	16.1
扩　建	60391.34	53747.89	12.4
改建和技术改造	71061.44	62024.42	14.6
单纯购置	12382.35	9475.29	30.7
3.按产业分			
第一产业	11802.96	8949.86	31.9
第二产业	207458.51	183807.76	12.9
第三产业	282003.41	241313.83	16.9
二、全部建设规模(亿元)			
建设总规模	1512186.28	1336401.08	13.2
自开始建设至本年底累计完成投资	1016546.15	865958.87	17.4
在建总规模	1087608.87	1009988.80	7.7
在建净规模	485676.71	465637.61	4.3
三、新增固定资产(亿元)	**333338.99**	**269780.28**	**23.6**
四、房屋建筑面积(万平方米)			
施工面积	1251886.57	1227045.61	2.0
其中：住宅	594324.92	573119.89	3.7
竣工面积	264780.92	257234.12	2.9
其中：住宅	108775.46	107375.49	1.3
五、投资实际到位资金小计(亿元)	**532724.77**	**481065.85**	**10.7**
国家预算资金	26745.42	22305.26	19.9
国内贷款	64512.22	59056.31	9.2
债　券	1538.45	1237.08	24.4
利用外资	4052.86	4319.44	-6.2
自筹资金	369964.69	324431.50	14.0
其他资金	65911.14	69716.26	-5.5

注：1.固定资产投资(不含农户)除项目个数外，均含房地产开发投资。以下表同。
2.自2013年起，三产划分按《国家统计局关于印发<三次产业划分规定>的通知》(国统字[2012]108号)执行，增速按可比口径计算。
3.根据第三次全国经济普查结果，对2013年固定资产投资(不含农户)投资额数据进行了修订。

2-1-2 各地区固定资产投资(不含农户)建设规模

单位：万元

地　　区	建设总规模	自开始建设累计完成投资	在建总规模	在建净规模
全国总计	**15121862815**	**10165461500**	**10876088674**	**4856767138**
北　　京	367284179	256152506	316892866	101816698
天　　津	328345180	245475383	256019470	97184225
河　　北	728095162	474572894	497718339	248350538
山　　西	375786078	249467311	259306086	110829593
内 蒙 古	437537061	305670364	289504873	118908222
辽　　宁	685750391	499962830	438260422	177696387
吉　　林	230954891	172267067	125089164	54644464
黑 龙 江	262054557	172049649	181149209	73855159
上　　海	339857601	218888859	309715869	106657470
江　　苏	1091541825	781098782	718573187	316342698
浙　　江	842663884	553848419	643093734	283288922
安　　徽	595163497	407519881	410891131	190028729
福　　建	517789892	380764436	369188205	142119257
江　　西	329625229	235586987	206962075	97170491
山　　东	999297683	707465990	643589470	297725095
河　　南	839386269	523689387	574048701	315942884
湖　　北	693217411	442977646	511845349	246176410
湖　　南	500212303	358201649	330569217	141152877
广　　东	1025045498	654786182	769781234	350629903
广　　西	392636060	257352729	282986713	130633107
海　　南	147266467	86474845	126647003	61232727
重　　庆	417268744	284685417	309216863	131674462
四　　川	683799932	455806284	489822850	232990119
贵　　州	331219216	193902284	273341403	138102442
云　　南	393242928	248932666	315778443	148502577
西　　藏	27444404	18255754	19158773	8864700
陕　　西	488491765	323447912	353501442	163288119
甘　　肃	194070715	129340949	127321724	62317020
青　　海	98914571	57380588	80792843	38744853
宁　　夏	115808456	69058297	90830342	42026403
新　　疆	322338915	173402872	250792992	133157363
不分地区	319752051	226974681	303698682	94713224

2-1-3　国民经济行业大类固定资产投资(不含农户)建设规模

单位：万元

行　　业	建设总规模	自开始建设累计完成投资	在建总规模	在建净规模
全国总计	**15121862815**	**10165461500**	**10876088674**	**4856767138**
(一)农、林、牧、渔业	**245905770**	**183272924**	**114125035**	**60702135**
农业	96034387	67935820	48787688	27275722
林业	26765971	20391471	12344495	5735682
畜牧业	66379057	50730750	29476258	15543473
渔业	12345442	9650331	4507453	2771386
农、林、牧、渔服务业	44380913	34564552	19009141	9375872
(二)采矿业	**344741657**	**243771213**	**221848127**	**89935453**
煤炭开采和洗选业	162588849	107791310	117999778	45749881
石油和天然气开采业	63717304	50787773	40343971	13181070
黑色金属矿采选业	36204861	25177212	20607783	10178291
有色金属矿采选业	35105990	25170025	20613604	9443088
非金属矿采选业	33082422	26416176	13568332	6295026
开采辅助活动	12862094	7558681	8200379	4795102
其他采矿业	1180137	870036	514280	292995
(三)制造业	**3621229251**	**2537637772**	**2091717773**	**1021477439**
农副食品加工业	176839215	135274856	85382099	40293490
食品制造业	86100352	61037382	47695235	24562718
酒、饮料和精制茶制造业	80273422	57609463	45936656	21872127
烟草制品业	11141642	7485051	8227831	3547450
纺织业	95949650	72994443	45486784	21637088
纺织服装、服饰业	63875305	47659743	30836611	16206092
皮革、毛皮、羽毛及其制品和制鞋业	35078322	26540361	17460197	8492266
木材加工和木、竹、藤、棕、草制品业	55114192	44046640	22912270	10900909
家具制造业	44854513	33958662	22304257	11339982
造纸和纸制品业	63978004	42972351	37485836	19756438
印刷和记录媒介复制业	25611431	19976822	11232458	5388517
文教、工美、体育和娱乐用品制造业	31360272	23493755	15153209	7967040
石油加工、炼焦和核燃料加工业	129426312	68821766	97519409	56328542
化学原料及化学制品制造业	371465489	247405176	249965009	117838411
医药制造业	116728108	81549789	72135181	34547526
化学纤维制造业	27263278	18494551	17804066	8411939
橡胶和塑料制品业	112247828	84709204	56781547	27206759
非金属矿物制品业	291813314	215058546	147039277	73607875
黑色金属冶炼和压延加工业	138302361	92263888	90472321	43167321
有色金属冶炼和压延加工业	184220005	109718445	136811594	68428191
金属制品业	155581897	115277221	74902386	38561713
通用设备制造业	219030804	168062472	104809170	48472090
专用设备制造业	222898442	164528943	118860604	55280161

2-1-3 续 1

单位：万元

行　　业	建设总规模	自开始建设累计完成投资	在建总规模	在建净规模
汽车制造业	240668955	165996366	142799268	67579913
铁路、船舶、航空航天和其他运输设备制造业	83239548	52704310	53960913	26142631
计算机、通信和其他电子设备制造业	208753603	132773660	134960426	68098827
仪器仪表制造业	32791565	23666534	18772410	8818997
其他制造业	48801644	39890885	33996096	12505769
废弃资源综合利用业	22907718	16599992	11925165	5813854
金属制品、机械和设备修理业	7278081	5579547	3720994	1473129
（四）电力、热力、燃气及水生产和供应业	**777213172**	**500116100**	**595085492**	**256620051**
电力、热力生产和供应业	628827330	405785108	491957522	206171261
燃气生产和供应业	78305558	45587761	61040489	31532569
水的生产和供应业	70080284	48743231	42087481	18916221
（五）建筑业	**68714594**	**51337795**	**34518601**	**16829182**
房屋建筑业	22210827	17120021	10593859	5006385
土木工程建筑业	36965744	26487030	20282436	10143592
建筑安装业	2795597	2373672	1019360	416906
建筑装饰和其他建筑业	6742426	5357072	2622946	1262299
（六）批发和零售业	**325156063**	**227787013**	**186764449**	**90921932**
批发业	155591708	108648462	87365340	42884413
零售业	169564355	119138551	99399109	48037519
（七）交通运输、仓储和邮政业	**1663533747**	**1014619427**	**1360933294**	**604811885**
铁路运输业	474701586	297917648	437677769	169033416
道路运输业	892358967	527903131	719892023	338509750
水上运输业	79567914	50798168	60428015	24827981
航空运输业	41143733	27962192	25605891	11106694
管道运输业	7097049	5249518	3976307	1257033
装卸搬运和运输代理业	29345654	19229797	19143596	9787133
仓储业	136913730	83957923	92738699	49518234
邮政业	2405114	1601050	1470994	771644
（八）住宿和餐饮业	**160594648**	**107893711**	**102090394**	**48966209**
住宿业	132869973	85668054	90011171	43522881
餐饮业	27724675	22225657	12079223	5443328
（九）信息传输、软件和信息技术服务业	**95838622**	**58562719**	**60652207**	**34217425**
电信、广播电视和卫星传输服务	35137984	25728518	17536823	7024182
互联网和相关服务	8792906	7002327	5577262	1850508
软件和信息技术服务业	51907732	25831874	37538122	25342735
（十）金融业	**40288162**	**26105633**	**29919565**	**13865490**
货币金融服务	18947229	13068604	13139453	5695975
资本市场服务	9994530	6472843	7544929	3588678

2-1-3　续 2

单位：万元

行　　业	建设总规模	自开始建设累计完成投资	在建总规模	在建净规模
保险业	5164040	3200504	4266500	1788547
其他金融业	6182363	3363682	4968683	2792290
(十一)房地产业	**5662036048**	**3805609992**	**4667873969**	**1950396709**
房地产业	5662036048	3805609992	4667873969	1950396709
(十二)租赁和商务服务业	**200933090**	**126412210**	**139551434**	**71254760**
租赁业	8146319	7570224	1183582	630064
商务服务业	192786771	118841986	138367852	70624696
(十三)科学研究和技术服务业	**93717045**	**62671857**	**57921002**	**29333747**
研究和试验发展	39215078	22705524	28238263	15356170
专业技术服务业	28120321	21376525	14376690	6502591
科技推广和应用服务业	26381646	18589808	15306049	7474986
(十四)水利、环境和公共设施管理业	**1215085993**	**804441710**	**825172825**	**384258395**
水利管理业	183782971	127680753	137997699	51673789
生态保护和环境治理业	42153394	27301329	25309982	13397699
公共设施管理业	989149628	649459628	661865144	319186907
(十五)居民服务、修理和其他服务业	**43553684**	**31747111**	**22758152**	**11632798**
居民服务业	25695990	19048077	13658254	6518073
机动车、电子产品和日用产品修理业	10258777	6479982	5704753	3806051
其他服务业	7598917	6219052	3395145	1308674
(十六)教育	**150664986**	**108579379**	**91463561**	**39536566**
教育	150664986	108579379	91463561	39536566
(十七)卫生和社会工作	**99832920**	**65856672**	**66294081**	**32390375**
卫生	82358828	54881701	55200443	26163349
社会工作	17474092	10974971	11093638	6227026
(十八)文化、体育和娱乐业	**181611030**	**107416234**	**135367886**	**71539943**
新闻和出版业	4101659	2339508	3228205	1715802
广播、电视、电影和影视录音制作业	14065558	9752008	10884093	4079394
文化艺术业	75246596	45358841	54289843	28726303
体育	31343948	19726688	21444292	10727580
娱乐业	56853269	30239189	45521453	26290864
(十九)公共管理、社会保障和社会组织	**131212333**	**101622028**	**72030827**	**28076644**
中国共产党机关	810613	652855	442590	149934
国家机构	96857347	74533014	55643994	20943020
人民政协、民主党派	255862	233265	44924	17818
社会保障	4392189	3248059	2476918	1128024
群众团体、社会团体和其他成员组织	11631137	8681456	5864141	2633057
基层群众自治组织	17265185	14273379	7558260	3204791

2-1-4 各地区固定资产投资(不含农户)和新增固定资产

单位：万元

地　区	投资额	新增固定资产	固定资产交付使用率 (%)
全国总计	**5012648747**	**3333389932**	**66.5**
北　京	68734408	36800822	53.5
天　津	104903656	68225764	65.0
河　北	261471985	190292241	72.8
山　西	120354560	88257466	73.3
内蒙古	174378467	127637574	73.2
辽　宁	244268339	172340734	70.6
吉　林	111079410	96022989	86.4
黑龙江	95378774	71620936	75.1
上　海	60129660	27575640	45.9
江　苏	415527517	319526631	76.9
浙　江	235547626	140880871	59.8
安　徽	212562939	139639510	65.7
福　建	178697550	109771749	61.4
江　西	146463081	96941726	66.2
山　东	415991323	282615380	67.9
河　南	300122847	196734545	65.6
湖　北	224416718	133848136	59.6
湖　南	205485509	138068914	67.2
广　东	258430570	177061385	68.5
广　西	132876090	83140181	62.6
海　南	30394555	13271480	43.7
重　庆	121408336	75461757	62.2
四　川	226621264	152052346	67.1
贵　州	87784029	44034516	50.2
云　南	110738123	62200597	56.2
西　藏	10692315	7304493	68.3
陕　西	168402739	103626241	61.5
甘　肃	77596316	53177884	68.5
青　海	27889116	13433195	48.2
宁　夏	30939191	21730690	70.2
新　疆	90677912	57599118	63.5
不分地区	62683822	32494421	51.8

2-1-5　国民经济行业大类固定资产投资(不含农户)和新增固定资产

单位：万元

行　　业	投资额	新增固定资　　产	固定资产交付使用率(%)
全国总计	**5012648747**	**3333389932**	**66.5**
(一)农、林、牧、渔业	**145740074**	**118920027**	**81.6**
农业	53887303	42672490	79.2
林业	15923948	12904589	81.0
畜牧业	40550369	33629769	82.9
渔业	7667948	6650952	86.7
农、林、牧、渔服务业	27710506	23062227	83.2
(二)采矿业	**145371501**	**103418150**	**71.1**
煤炭开采和洗选业	46844669	31839996	68.0
石油和天然气开采业	39478658	23135537	58.6
黑色金属矿采选业	16612844	13223903	79.6
有色金属矿采选业	16257757	12535215	77.1
非金属矿采选业	20490920	17662436	86.2
开采辅助活动	5083014	4465599	87.9
其他采矿业	603639	555464	92.0
(三)制造业	**1668977425**	**1249920193**	**74.9**
农副食品加工业	99940222	77927158	78.0
食品制造业	44471126	32879780	73.9
酒、饮料和精制茶制造业	39193291	29276468	74.7
烟草制品业	2839625	1991405	70.1
纺织业	53188470	43024765	80.9
纺织服装、服饰业	37110802	29249760	78.8
皮革、毛皮、羽毛及其制品和制鞋业	19672451	15305823	77.8
木材加工和木、竹、藤、棕、草制品业	34508151	28688188	83.1
家具制造业	24489456	18701524	76.4
造纸和纸制品业	28018951	21958297	78.4
印刷和记录媒介复制业	16064725	12180308	75.8
文教、工美、体育和娱乐用品制造业	17947138	14317879	79.8
石油加工、炼焦和核燃料加工业	32084923	23970508	74.7
化学原料及化学制品制造业	145163932	98018816	67.5
医药制造业	51919326	36138402	69.6
化学纤维制造业	10992030	7512488	68.3
橡胶和塑料制品业	59323026	46591118	78.5
非金属矿物制品业	157855683	125698733	79.6
黑色金属冶炼和压延加工业	47813035	37627354	78.7
有色金属冶炼和压延加工业	58137975	35795932	61.6
金属制品业	86311585	68266099	79.1
通用设备制造业	121431909	97136145	80.0
专用设备制造业	113849186	85466658	75.1

2-1-5 续表 1 单位：万元

行　业	投资额	新增固定资　产	固定资产交付使用率(%)
汽车制造业	100934307	75536544	74.8
铁路、船舶、航空航天和其他运输设备制造业	31569527	22214146	70.4
电气机械和器材制造业	104035057	76675703	73.7
计算机、通信和其他电子设备制造业	79728163	52764293	66.2
仪器仪表制造业	14871129	11039328	74.2
其他制造业	20341212	11412867	56.1
废弃资源综合利用业	11899628	9632896	81.0
金属制品、机械和设备修理业	3271384	2920808	89.3
(四)电力、热力、燃气及水的生产和供应业	**228250080**	**160327264**	**70.2**
电力、热力生产和供应业	174324737	121237184	69.5
燃气生产和供应业	22415922	15357157	68.5
水的生产和供应业	31509421	23732923	75.3
(五)建筑业	**40340476**	**30152989**	**74.7**
房屋建筑业	13192381	9985837	75.7
土木工程建筑业	20401453	14977378	73.4
建筑安装业	2056674	1573594	76.5
建筑装饰和其他建筑业	4689968	3616180	77.1
(六)批发和零售业	**155525455**	**116951959**	**75.2**
批发业	75206407	56616512	75.3
零售业	80319048	60335447	75.1
(七)交通运输、仓储和邮政业	**428895215**	**250886783**	**58.5**
铁路运输业	77071694	42836672	55.6
道路运输业	245131630	136562487	55.7
水上运输业	24345778	16505401	67.8
航空运输业	14304211	9906264	69.3
管道运输业	3154744	2655413	84.2
装卸搬运和运输代理业	12019811	8357038	69.5
仓储业	51582831	33251421	64.5
邮政业	1284516	812087	63.2
(八)住宿和餐饮业	**61887430**	**48286642**	**78.0**
住宿业	45755207	34593286	75.6
餐饮业	16132223	13693356	84.9
(九)信息传输、软件和信息技术服务业	**41029762**	**30448578**	**74.2**
电信、广播电视和卫星传输服务	20653268	15917334	77.1
互联网和相关服务	4099992	2524331	61.6
软件和信息技术服务业	16276502	12006913	73.8
(十)金融业	**13629723**	**8653160**	**63.5**
货币金融服务	7008405	4853803	69.3
资本市场服务	3759985	2195790	58.4

2-1-5　续表 2　　　　单位：万元

行　　业	投资额	新增固定资　　产	固定资产交付使用率(%)
保险业	1145050	532571	46.5
其他金融业	1716283	1070996	62.4
（十一）房地产业	**1235582427**	**618745578**	**50.1**
房地产业	1235582427	618745578	50.1
（十二）租赁和商务服务业	**79535228**	**52070762**	**65.5**
租赁业	7136116	6638967	93.0
商务服务业	72399112	45431795	62.8
（十三）科学研究和技术服务业	**42190960**	**30726393**	**72.8**
研究和试验发展	13369911	9188934	68.7
专业技术服务业	15662299	11842130	75.6
科技推广和应用服务业	13158750	9695329	73.7
（十四）水利、环境和公共设施管理业	**462244285**	**323901633**	**70.1**
水利管理业	59901280	38965352	65.0
生态保护和环境治理业	18077110	13853986	76.6
公共设施管理业	384265895	271082295	70.5
（十五）居民服务、修理和其他服务业	**22755860**	**19293755**	**84.8**
居民服务业	13537572	11661386	86.1
机动车、电子产品和日用产品修理业	5069743	4141412	81.7
其他服务业	4148545	3490957	84.1
（十六）教育	**67056224**	**50957112**	**76.0**
教育	67056224	50957112	76.0
（十七）卫生和社会工作	**39910390**	**28146457**	**70.5**
卫生	31983125	22527150	70.4
社会工作	7927265	5619307	70.9
（十八）文化、体育和娱乐业	**61740607**	**38064737**	**61.7**
新闻和出版业	1023548	647523	63.3
广播、电视、电影和影视录音制作业	5650320	2520998	44.6
文化艺术业	27052640	17844187	66.0
体育	10416159	7389037	70.9
娱乐业	17597940	9662992	54.9
（十九）公共管理、社会保障和社会组织	**71985625**	**53517760**	**74.3**
中国共产党机关	267130	323414	121.1
国家机构	52469206	37596352	71.7
人民政协、民主党派	129280	155740	120.5
社会保障	2514988	1919546	76.3
群众团体、社会团体和其他成员组织	5631812	4933835	87.6
基层群众自治组织	10973209	8588873	78.3

2-1-6 各地区按登记注册类型分的固定资产投资(不含农户)

单位：万元

地　区	合计	内资					
			国有	集体	股份合作	国有联营	集体联营
全国总计	**5012648747**	**4782777838**	**1250051637**	**151888610**	**19924698**	**7512052**	**2098035**
北　京	68734408	62802285	15792971	1312204	109399	14968	2180
天　津	104903656	98375590	21220022	7585367	730547	117770	30989
河　北	261471985	255432396	37436909	10157943	1595216	329635	85508
山　西	120354560	118584806	39154101	7869965	593113	231365	37022
内蒙古	174378467	172599441	64596733	1217349	196425	50307	
辽　宁	244268339	228121292	44006343	2592816	267502	191033	16839
吉　林	111079410	109383147	24579408	692364	173058	306560	9500
黑龙江	95378774	94015402	29943648	687865	273714	184975	8100
上　海	60129660	49002614	14058215	495376	33589	738718	4000
江　苏	415527517	374087531	75403900	17034905	803250	464277	220090
浙　江	235547626	216127109	52163499	9454882	710346	220846	47469
安　徽	212562939	205765765	46358723	2875433	531585	440105	4366
福　建	178697550	166336286	45081491	5768084	347011	329370	38595
江　西	146463081	142492106	30543690	985609	501664	285645	100526
山　东	415991323	401756756	50109059	31379234	2247734	374711	176889
河　南	300122847	297069678	36498450	13582259	2351046	430031	315738
湖　北	224416718	217938985	47327255	6117618	814861	79084	204809
湖　南	205485509	201253680	56119900	3921275	1744160	733908	192890
广　东	258430570	226766734	49046871	10819376	1280703	36417	153914
广　西	132876090	129088420	31837095	2051202	583374	316215	96836
海　南	30394555	27157984	6887399	33844	137119	13400	6955
重　庆	121408336	112631834	37067573	1031973	572893	93891	
四　川	226621264	219842979	76204295	1815904	947262	451469	131316
贵　州	87784029	86436321	41389041	54280	200331	50553	9903
云　南	110738123	108702365	45755341	2828871	207632	86179	10770
西　藏	10692315	10682595	7360283	29499	14314	40872	9688
陕　西	168402739	162703298	66586985	6039139	778782	436267	59250
甘　肃	77596316	77262095	32068469	3010398	621868	346962	107393
青　海	27889116	27337239	13466040	143212	48558	7909	2000
宁　夏	30939191	30699020	9578624	136593	24600	28600	
新　疆	90677912	89638263	39725482	163771	482542	80010	14500
不分地区	62683822	62683822	62683822				

2-1-6 续表 1 单位：万元

地 区	内 资						
	国有与集体联营	其他联营	国有独资公司	其他有限责任公司	股份有限公司	私营	个体户
全国总计	**2251694**	**[illegible]759606**	**114113133**	**1250509351**	**223714901**	**1495393080**	**12867204**
北 京	5364		5947969	33356698	2908125	3117832	
天 津	386523	219950	3067894	32653266	5156144	23608435	
河 北	28847	130912	2846610	65882907	13075029	106320805	269871
山 西	71220	25584	1360195	26929053	5677133	29774999	316864
内蒙古	3675	4075	2235372	61312850	7262634	30354108	418551
辽 宁	4000	170119	5014498	53753344	10356741	101510355	1112631
吉 林	20550	17662	1277831	35529632	5464589	32461848	1367573
黑龙江	322832	54344	1137183	26953247	3111493	24830942	552562
上 海	44454	16649	3014038	17511658	1312703	11569970	
江 苏	226675	433739	6319497	70174630	13769083	180754141	467287
浙 江	68238	18868	9822902	64558653	6841252	68425360	438665
安 徽	31443	122802	4950067	53545430	10137061	78021444	389269
福 建	207918	33531	5144080	47633610	4913435	50427901	250027
江 西	30924	296671	2357904	37338873	5517418	58126837	689734
山 东	108775	321563	4075607	103942438	21356833	152723141	334046
河 南	157724	235652	1902303	85374786	22297659	98475226	222365
湖 北	32137	67895	2369713	58315367	11687184	75228231	121619
湖 南	93239	179519	2990179	44326287	9080141	67790906	305126
广 东	40147	149801	7919573	75937319	13099584	56528947	2221870
广 西	76310	167355	6699870	24978504	6080488	42865892	1377971
海 南	2690		1497485	11927430	2839662	3127517	24647
重 庆	49044	123860	5061160	24343613	4014778	34544036	166430
四 川	109281	362941	10403038	57549407	9861210	45887354	510265
贵 州	18875	23730	3468263	22203419	3104973	14519987	
云 南	3300	39196	1887204	27760414	4926122	22666999	532059
西 藏		8877	4731	432747	772781	872288	271302
陕 西	85286	336797	2590566	39727436	6389517	30779156	234051
甘 肃	19456	72538	3046543	13919646	2654875	16164115	144880
青 海		6110	469190	5881741	2101777	4682917	96976
宁 夏		2400	2920039	3943740	951172	12965198	4512
新 疆	2767	116466	2311629	22811206	6993305	16266193	26051
不分地区							

2-1-6 续表 2

单位：万元

地区	内资		港澳台投资				
	个体合伙	其他内资企业		合资经营	合作经营	独资	股份有限
全国总计	**5600382**	**243093455**	**119345258**	**40630679**	**4685609**	**63818372**	**8450766**
北京		234075	3731199	780907	251197	1453611	1245484
天津		3598683	2569019	813015	20254	1504915	224635
河北	34888	17237316	2656885	800703	308775	1227493	108870
山西	282329	6261863	1099802	568787		509439	21576
内蒙古	208118	4739244	838860	161811	35860	527400	108955
辽宁	144224	8980847	10183746	4042024	247124	5482845	334180
吉林	331724	7150848	881397	417806	93147	320893	34651
黑龙江	262495	5692002	855436	284369	239831	313857	17379
上海		203244	4926410	1996050	49977	2819515	60868
江苏	51463	7964594	16581429	4421525	211739	10799599	1049944
浙江	109322	3246807	12006210	5338596	49471	6090752	452488
安徽	123322	8234715	3789807	945581	43033	2264474	475384
福建	166475	5994758	8050806	3253243	55130	4040760	669852
江西	325188	5391423	2671037	766042	26547	1746604	109068
山东	133389	34473337	6211696	2469519	304135	2945476	402303
河南	623372	34603067	1392052	502950	10162	725893	35250
湖北	100744	15472468	3548341	1017113	158417	1915193	436330
湖南	584597	13191553	2088942	530977	67055	1014244	419663
广东	496648	9035564	18443451	5703559	1831883	9699202	1000691
广西	563400	11393908	2187807	595729	103411	1186910	253035
海南	17448	642388	2063595	832236	8336	909104	274456
重庆	186697	5375886	4740800	1337565	377341	2523215	315352
四川	188646	15420591	3235163	1219333	14132	1545879	152697
贵州		1392966	1093002	405593	27700	636793	22916
云南	64263	1934015	1273203	493770		705487	72877
西藏	104107	761106	9420	7200			1250
陕西	424056	8236010	1399127	556409	23821	680749	96056
甘肃	47880	5037072	170515	114603			23120
青海	7167	423642	245965	72637		161334	11994
宁夏	9872	133670	176692	129211		47481	
新疆	8548	635793	223444	51816	127131	19255	19442
不分地区							

2-1-6 续表 3

单位：万元

地区	港澳台	外商投资					
	其他港澳台		合资经营	合作经营	独资	股份有限	其他外商
全国总计	**1759832**	**110525651**	**39819349**	**5007954**	**54729595**	**7109356**	**3859397**
北京		2200924	1014882	207254	922298	48837	7653
天津	6200	3959047	889098	14879	2769924	262074	23072
河北	211044	3382704	785915	28933	2114343	279111	174402
山西		669952	126954	255640	161582	76925	48851
内蒙古	4834	940166	460984	13250	54915	266100	144917
辽宁	77573	5963301	3115861	414431	2150791	240928	41290
吉林	14900	814866	371405	3780	352230	37751	49700
黑龙江		507936	162027	25000	291903	29006	
上海		5200636	2334115	1309802	2497063	51984	7672
江苏	98622	24858557	8110574	354369	15450460	737577	205577
浙江	74903	7414307	3032763	78440	3609365	405894	287845
安徽	61335	3007367	662148	79905	1762758	79523	423033
福建	31821	4310458	1090979	15972	2618336	436765	148406
江西	22776	1299938	358856	52211	657886	173096	57889
山东	90263	8022871	2731415	257694	4230370	555927	247465
河南	117797	1661117	688734	37537	708489	95406	130951
湖北	21288	2929392	1041616	23196	1249263	354812	260505
湖南	57003	2142887	1121985	52746	621386	141014	205756
广东	208116	13220385	6174872	692523	5318196	516128	518666
广西	48722	1599863	580345	53815	523103	340435	102165
海南	39463	1172976	374067	159295	538244	17814	83556
重庆	187327	4035702	2258264	291541	1028667	310991	146239
四川	303122	3543122	1282408	293699	1256592	403010	307413
贵州		254706	99972	32560	82999	34825	4350
云南	1069	762555	291527	113413	186085	169930	1600
西藏	970	300					300
陕西	42092	4300314	518857	103802	2893565	595599	188491
甘肃	32792	163706	67499	41767	3737	42300	8403
青海		305912			108000	192992	4920
宁夏		63479	33084		30395		
新疆	5800	816205	38143	500	536650	212602	28310
不分地区							

2-1-7 国民经济行业大类按登记注册类型分的固定资产投资(不含农户)

单位：万元

行业	合计	内资	国有	集体	股份合作
全国总计	**5012648747**	**4782777838**	**1250051637**	**151888610**	**19924698**
(一)农、林、牧、渔业	**145740074**	**144267371**	**35431279**	**7908036**	**1064591**
农业	53887303	53346119	10072631	3037428	563841
林业	15923948	15808621	7572053	1008188	74355
畜牧业	40550369	39997633	4159628	854164	285782
渔业	7667948	7604993	439466	872847	38296
农、林、牧、渔服务业	27710506	27510005	13187501	2135409	102317
(二)采矿业	**145371501**	**143626546**	**46239330**	**1928191**	**1207110**
煤炭开采和洗选业	46844669	46443287	12938411	999546	625508
石油和天然气开采业	39478658	38779790	26578704	12908	71800
黑色金属矿采选业	16612844	16532012	1202717	244564	52386
有色金属矿采选业	16257757	16107499	2407463	218584	204691
非金属矿采选业	20490920	20346728	775450	290461	169674
开采辅助活动	5083014	4815591	2301770	161018	69986
其他采矿业	603639	601639	34815	1110	13065
(三)制造业	**1668977425**	**1565561509**	**87048040**	**12511413**	**7658803**
农副食品加工业	99940222	96600884	3112427	742958	458189
食品制造业	44471126	42023484	947898	193283	233240
酒、饮料和精制茶制造业	39193291	36798950	1767680	286502	303097
烟草制品业	2839625	2780903	1958154	42493	2610
纺织业	53188470	50612440	860765	264293	268546
纺织服装、服饰业	37110802	35502944	539850	204055	91359
皮革、毛皮、羽毛及其制品和制鞋业	19672451	18507717	263327	295437	32847
木材加工和木、竹、藤、棕、草制品业	34508151	33817700	611009	93165	55942
家具制造业	24489456	23687356	162565	104922	42699
造纸和纸制品业	28018951	25240502	337543	173274	80044
印刷和记录媒介复制业	16064725	15630741	573630	289398	123702
文教、工美、体育和娱乐用品制造业	17947138	16807922	158838	182740	75175
石油加工、炼焦和核燃料加工业	32084923	28430326	6157423	110004	338940
化学原料及化学制品制造业	145163932	135035907	11195941	579523	978700
医药制造业	51919326	48978220	1953756	270800	534532
化学纤维制造业	10992030	9974220	254021	12967	45698
橡胶和塑料制品业	59323026	56151962	1176834	438500	370481
非金属矿物制品业	157855683	154506386	4008515	877180	682039
黑色金属冶炼和压延加工业	47813035	45877593	6160875	306968	350522
有色金属冶炼和压延加工业	58137975	56051661	3622952	180409	112496
金属制品业	86311585	82797378	1783242	1818645	109641
通用设备制造业	121431909	116405216	3277692	589841	499962
专用设备制造业	113849186	108934041	6567115	906443	431133

2-1-7 续表 1

单位：万元

行 业	合计	内资	国有	集体	股份合作
汽车制造业	100934307	85267203	8199189	726155	377049
铁路、船舶、航空航天和其他运输设备制造业	31569527	29929285	5233507	788410	31155
电气机械和器材制造业	104035057	98266905	3632917	645787	363977
计算机、通信和其他电子设备制造业	79728163	62409792	5743272	305030	352545
仪器仪表制造业	14871129	13817704	817083	72734	109051
其他制造业	20341212	19908872	4886959	820889	29500
废弃资源综合利用业	11899628	11682164	692400	119157	19484
金属制品、机械和设备修理业	3271384	3125131	390661	69451	154448
(四)电力、热力、燃气及水的生产和供应业	**228250080**	**220620743**	**115730615**	**3665617**	**1249082**
电力、热力生产和供应业	174324737	168650931	92100012	1732342	984211
燃气生产和供应业	22415922	21069200	6167948	301602	173718
水的生产和供应业	31509421	30900612	17462655	1631673	91153
(五)建筑业	**40340476**	**40141479**	**20192574**	**2675379**	**93582**
房屋建筑业	13192381	13171014	5811599	1093831	44319
土木工程建筑业	20401453	20266310	12750872	1283173	45816
建筑安装业	2056674	2044483	498697	82246	
建筑装饰和其他建筑业	4689968	4659672	1131406	216129	3447
(六)批发和零售业	**155525455**	**151160650**	**11260554**	**6656242**	**888867**
批发业	75206407	73806691	4558976	2075446	286546
零售业	80319048	77353959	6701578	4580796	602321
(七)交通运输、仓储和邮政业	**428895215**	**421520810**	**279466692**	**7319068**	**773233**
铁路运输业	77071694	76847154	69346161	86768	16599
道路运输业	245131630	244095247	181869181	5652760	165207
水上运输业	24345778	23128668	10373099	360911	127051
航空运输业	14304211	12923791	6926214	5920	106500
管道运输业	3154744	3019830	1908881	84197	2920
装卸搬运和运输代理业	12019811	11504962	957436	82959	145322
仓储业	51582831	48752389	7747993	1040271	191234
邮政业	1284516	1248769	337727	5282	18400
(八)住宿和餐饮业	**61887430**	**59320842**	**6221440**	**1508394**	**549898**
住宿业	45755207	43573422	4812706	1040288	469333
餐饮业	16132223	15747420	1408734	468106	80565
(九)信息传输、软件和信息技术服务业	**41029762**	**36437941**	**14361815**	**346616**	**197248**
电信、广播电视和卫星传输服务	20653268	17952845	11113411	77794	86601
互联网和相关服务	4099992	3166242	704382	6870	30902
软件和信息技术服务业	16276502	15318854	2544022	261952	79745
(十)金融业	**13629723**	**13186384**	**3948130**	**294529**	**461519**
货币金融服务	7008405	6830396	2748432	225760	395436
资本市场服务	3759985	3621414	430075	39392	60978

2-1-7 续表 2

单位：万元

行　　业	合计	内资			
			国有	集体	股份合作
保险业	1145050	1095349	235451		520
其他金融业	1716283	1639225	534172	29377	4585
(十一)房地产业	**1235582427**	**1148089664**	**136138233**	**53470985**	**1614968**
房地产业	1235582427	1148089664	136138233	53470985	1614968
(十二)租赁和商务服务业	**79535228**	**76812824**	**15963284**	**5255540**	**1054380**
租赁业	7136116	7110035	683070	789389	320681
商务服务业	72399112	69702789	15280214	4466151	733699
(十三)科学研究和技术服务业	**42190960**	**40919231**	**12226770**	**2221449**	**100310**
研究和试验发展	13369911	12666401	4672370	587682	39600
专业技术服务业	15662299	15324946	4899492	1158554	48700
科技推广和应用服务业	13158750	12927884	2654908	475213	12010
(十四)水利、环境和公共设施管理业	**462244285**	**460309012**	**313963918**	**25649855**	**1320470**
水利管理业	59901280	59697055	48949961	3520936	78836
生态保护和环境治理业	18077110	17907393	9692351	865671	23522
公共设施管理业	384265895	382704564	255321606	21263248	1218112
(十五)居民服务、修理和其他服务业	**22755860**	**22608417**	**5556173**	**2819178**	**96197**
居民服务业	13537572	13441078	4337994	2060682	80886
机动车、电子产品和日用产品修理业	5069743	5051781	318331	98094	9221
其他服务业	4148545	4115558	899848	660402	6090
(十六)教育	**67056224**	**66480385**	**46493238**	**3389815**	**171362**
教育	67056224	66480385	46493238	3389815	171362
(十七)卫生和社会工作	**39910390**	**39721390**	**25807872**	**2385252**	**176898**
卫生	31983125	31816217	22406983	1706117	169458
社会工作	7927265	7905173	3400889	679135	7440
(十八)文化、体育和娱乐业	**61740607**	**60107437**	**21504671**	**3466652**	**1056576**
新闻和出版业	1023548	1023548	645882	1900	7000
广播、电视、电影和影视录音制作业	5650320	5610636	1322866	286266	781586
文化艺术业	27052640	26908068	12323607	1884267	233872
体育	10416159	10258439	5103642	517792	19550
娱乐业	17597940	16306746	2108674	776427	14568
(十九)公共管理、社会保障和社会组织	**71985625**	**71885203**	**52497009**	**8416399**	**189604**
中国共产党机关	267130	267130	240114	8022	
国家机构	52469206	52423730	46070809	1990214	44412
人民政协、民主党派	129280	129280	51876	2990	
社会保障	2514988	2511988	1222263	536850	
群众团体、社会团体和其他成员组织	5631812	5608362	2746823	346743	6655
基层群众自治组织	10973209	10944713	2165124	5531580	138537

2-1-7　续表 3

单位：万元

行　　业	内　资				
	国有联营	集体联营	国有与集体联营	其他联营	国有独资公司
全国总计	**7512052**	**2098035**	**2251694**	**3759606**	**114113133**
(一)农、林、牧、渔业	**285827**	**225096**	**110476**	**243242**	**249056**
农业	10000	123393	13155	109498	62748
林业	6480		12800	21632	33515
畜牧业	246260	33273	57921	67187	6241
渔业	5107	42070	13900	3065	27203
农、林、牧、渔服务业	17980	26360	12700	41860	119349
(二)采矿业	**523410**	**64936**	**27462**	**88869**	**2609814**
煤炭开采和洗选业	189755	26015	17462	30000	1828306
石油和天然气开采业	103800				264052
黑色金属矿采选业	12117			24211	204881
有色金属矿采选业	105997	14600		7770	131555
非金属矿采选业	94861	17521	10000	26888	91798
开采辅助活动	16880	6800			85658
其他采矿业					3564
(三)制造业	**1273408**	**450790**	**485176**	**706592**	**8155571**
农副食品加工业	32078	30299	3510	63768	161177
食品制造业	45794	800	4920	17904	55692
酒、饮料和精制茶制造业	14151	2320	4229	19730	39914
烟草制品业	16082	2075			61723
纺织业	14792	10031		37900	168241
纺织服装、服饰业		4394	15223	5919	24787
皮革、毛皮、羽毛及其制品和制鞋业			297600	15060	
木材加工和木、竹、藤、棕、草制品业	800	106		19674	71366
家具制造业	2000	656		18127	4977
造纸和纸制品业	2597	4928		6304	64410
印刷和记录媒介复制业	53300	5889	222	15912	21647
文教、工美、体育和娱乐用品制造业	4335			4264	8503
石油加工、炼焦和核燃料加工业		8653	100		126957
化学原料及化学制品制造业	37405	13075	9151	75105	1669164
医药制造业	36846	13591	13336	50002	133291
化学纤维制造业				10100	
橡胶和塑料制品业	29045	14552		13102	45980
非金属矿物制品业	163466	20190		89986	202094
黑色金属冶炼和压延加工业	241865		28350	15510	202327
有色金属冶炼和压延加工业				24838	913847
金属制品业	31639	95000		11869	147201
通用设备制造业	197465	24899	49854	118747	204575
专用设备制造业	88071	55395	10775	21034	615613

2-1-7 续表 4

单位：万元

行业	内资				
	国有联营	集体联营	国有与集体联营	其他联营	国有独资公司
汽车制造业	18799	1660		5412	860023
铁路、船舶、航空航天和其他运输设备制造业	50903	22523	1800		696094
电气机械和器材制造业	55520	40380	6971	15591	512082
计算机、通信和其他电子设备制造业	129549	54701	2635	17444	413440
仪器仪表制造业	880	3150		490	77811
其他制造业	6026	2713	36500		297148
废弃资源综合利用业		6271		12800	85302
金属制品、机械和设备修理业		12539			270185
（四）电力、热力、燃气及水的生产和供应业	**1232702**	**44495**	**261850**	**173660**	**8862358**
电力、热力生产和供应业	930179	7005	122548	112531	6257548
燃气生产和供应业	164512		78136	52192	444287
水的生产和供应业	138011	37490	61166	8937	2160523
（五）建筑业	**65069**	**117918**	**28601**	**29068**	**552808**
房屋建筑业	2530	110218	5878	7000	28305
土木工程建筑业	62539	7700	22723		501018
建筑安装业					8963
建筑装饰和其他建筑业				22068	14522
（六）批发和零售业	**83746**	**104165**	**7600**	**309052**	**618687**
批发业	22610	82003		63202	237214
零售业	61136	22162	7600	245850	381473
（七）交通运输、仓储和邮政业	**1065475**	**73107**	**199492**	**173583**	**23165285**
铁路运输业	567524				993072
道路运输业	214215	5601	181702	111148	19424525
水上运输业	94289	11715		8877	1559420
航空运输业	14400				457487
管道运输业	146339			19140	120934
装卸搬运和运输代理业		4000			47094
仓储业	28708	51791	17790	34418	534753
邮政业					28000
（八）住宿和餐饮业	**35352**	**25274**	**9100**	**56405**	**298616**
住宿业	31988	4263		19360	213558
餐饮业	3364	21011	9100	37045	85058
（九）信息传输、软件和信息技术服务业	**125742**	**41791**	**8480**	**16704**	**681057**
电信、广播电视和卫星传输服务	60062	38191	4200	15370	443006
互联网和相关服务	62480				39519
软件和信息技术服务业	3200	3600	4280	1334	198532
（十）金融业	**18475**	**1420**	**3500**	**55136**	**552070**
货币金融服务	9127	1420	500	50437	45044
资本市场服务	1949			4699	419151

2-1-7 续表 5

单位：万元

行业	内资				
	国有联营	集体联营	国有与集体联营	其他联营	国有独资公司
保险业	7399				2986
其他金融业			**3000**		84889
(十一)房地产业	**364970**	**465250**	**181910**	**822697**	**40563382**
房地产业	364970	465250	181910	822697	40563382
(十二)租赁和商务服务业	**892481**	**65765**	**209071**	**120117**	**1896898**
租赁业					5614
商务服务业	892481	65765	209071	120117	1891284
(十三)科学研究和技术服务业	**80296**	**14162**	**2563**	**10950**	**826326**
研究和试验发展	63437		7	1740	135284
专业技术服务业	14114		2556	810	551646
科技推广和应用服务业	2745	14162		8400	139396
(十四)水利、环境和公共设施管理业	**903648**	**253235**	**506907**	**374995**	**21330725**
水利管理业	43189	13047	15999	6144	2219560
生态保护和环境治理业	85646	18403	98689	2830	399352
公共设施管理业	774813	221785	392219	366021	18711813
(十五)居民服务、修理和其他服务业	**26065**	**37168**	**49866**	**49530**	**79543**
居民服务业	26065	37168	49666	16758	50444
机动车、电子产品和日用产品修理业				9680	1029
其他服务业			200	23092	28070
(十六)教育	**101283**	**39411**	**43989**	**120520**	**1015668**
教育	101283	39411	43989	120520	1015668
(十七)卫生和社会工作	**118237**	**5860**	**27596**	**99349**	**291373**
卫生	113292	5860	16834	96349	237425
社会工作	4945		10762	3000	53948
(十八)文化、体育和娱乐业	**73876**	**15439**	**80580**	**177894**	**1551319**
新闻和出版业					54996
广播、电视、电影和影视录音制作业	2380				191127
文化艺术业	8856	14929	59694	67332	887323
体育	62489	510	5356	47	270959
娱乐业	151		15530	110515	146914
(十九)公共管理、社会保障和社会组织	**241990**	**52753**	**7475**	**131243**	**812577**
中国共产党机关					
国家机构	162090	818	4875	69558	468691
人民政协、民主党派					8245
社会保障			1100	4524	178164
群众团体、社会团体和其他成员组织	79900	19155	1500	55779	10615
基层群众自治组织		32780		1382	146862

2-1-7 续表 6

单位：万元

行 业	内 资					
	其他有限责任公司	股份有限公 司	私营	个体户	个人合伙	其他内资企 业
全国总计	**1250509351**	**223714901**	**1495393080**	**12867204**	**5600382**	**243093455**
(一)农、林、牧、渔业	**17288919**	**4498440**	**52791102**	**1720471**	**1432275**	**21018561**
农业	7481658	1693373	20616671	388535	671086	8502102
林业	1215922	286575	3757978	68797	56397	1693929
畜牧业	5643136	1683806	18951769	938802	407389	6662275
渔业	846403	409844	3637858	132393	36047	1100494
农、林、牧、渔服务业	2101800	424842	5826826	191944	261356	3059761
(二)采矿业	**27336862**	**16592949**	**40853943**	**319353**	**587873**	**5246444**
煤炭开采和洗选业	13372186	3470825	11636940	60861	221003	1026469
石油和天然气开采业	1450117	9271712	712733			313964
黑色金属矿采选业	3785743	782276	9092542	6450	56614	1067511
有色金属矿采选业	3926786	1749708	6688362	3675	30205	618103
非金属矿采选业	4011391	795653	11732327	240117	275751	1814836
开采辅助活动	711540	509026	612904	5750		334259
其他采矿业	79099	13749	378135	2500	4300	71302
(三)制造业	**441219844**	**101114421**	**805630892**	**5053044**	**1169816**	**93083699**
农副食品加工业	24698889	5207606	54196870	500876	202185	7190052
食品制造业	11074138	3114504	23240985	122026	33253	2939047
酒、饮料和精制茶制造业	9857953	3747912	18343528	129729	30658	2251547
烟草制品业	399882	50511	158954			88419
纺织业	12642729	2403626	31753208	80178	30901	2077230
纺织服装、服饰业	9226661	1821567	20732610	225551	27236	2583732
皮革、毛皮、羽毛及其制品和制鞋业	4367724	934789	11190350	73265	18427	1018891
木材加工和木、竹、藤、棕、草制品业	7419163	734067	21245851	431137	146710	2988710
家具制造业	5827926	1106579	14472379	270391	32929	1641206
造纸和纸制品业	6733653	1887193	14530201	35874	4058	1380423
印刷和记录媒介复制业	4253010	640905	8530006	63647	761	1058712
文教、工美、体育和娱乐用品制造业	4700559	691745	9859176	100414	10977	1011196
石油加工、炼焦和核燃料加工业	8003092	2978365	8860882	1592	6078	1838240
化学原料及化学制品制造业	42529841	12481509	58051886	235810	46593	7132204
医药制造业	17440466	5620607	20158911	16523	7193	2728366
化学纤维制造业	2533634	831919	5822321	11260	7520	444780
橡胶和塑料制品业	15295433	2652667	32932674	190196	20121	2972377
非金属矿物制品业	40894849	7581806	87313663	1476517	352367	10843714
黑色金属冶炼和压延加工业	13736329	2383642	19642903	12923	6100	2789279
有色金属冶炼和压延加工业	21610901	5184389	21622329	11618	2390	2765492
金属制品业	20385052	3853964	48515723	395311	21635	5628456
通用设备制造业	29069493	5833066	69526474	136303	30068	6846777
专用设备制造业	30559307	5581446	57742394	197933	36466	6120916

2-1-7　续表 7　　　　单位：万元

行　　业	内　　资					
	其他有限责任公司	股份有限公　　司	私营	个体户	个人合伙	其他内资企　　业
汽车制造业	25229776	7398800	37945237	70310	22993	4411800
铁路、船舶、航空航天和其他运输设备制造业	8274767	1706457	11924495	9960	3452	1185762
电气机械和器材制造业	28678159	7557106	51759550	62883	32765	4903217
计算机、通信和其他电子设备制造业	21688316	5294423	24445778	84999	1580	3876080
仪器仪表制造业	3871566	693578	7335322	15360	11561	809118
其他制造业	5094976	549834	7397226	37152	14185	735764
废弃资源综合利用业	4279777	484334	5371097	7018	8269	596255
金属制品、机械和设备修理业	841823	105505	1007909	46288	385	225937
(四)电力、热力、燃气及水的生产和供应业	**43382804**	**12019483**	**27981436**	**88406**	**87473**	**5840762**
电力、热力生产和供应业	34415865	9212085	19299686	50663	77863	3348393
燃气生产和供应业	5697244	2044696	5135950	15477	4900	788538
水的生产和供应业	3269695	762702	3545800	22266	4710	1703831
(五)建筑业	**5669681**	**646490**	**6089654**	**140964**	**11500**	**3828191**
房屋建筑业	1810165	180766	2344263	36183	3700	1692257
土木工程建筑业	2285067	354741	1566805	13582	1300	1370974
建筑安装业	569063	39928	697795		5000	142791
建筑装饰和其他建筑业	1005386	71055	1480791	91199	1500	622169
(六)批发和零售业	**40936035**	**8608418**	**68552103**	**1086989**	**320807**	**11727385**
批发业	21587137	3520296	35350464	280343	130019	5612435
零售业	19348898	5088122	33201639	806646	190788	6114950
(七)交通运输、仓储和邮政业	**42218126**	**13147313**	**41235307**	**351659**	**71596**	**12260874**
铁路运输业	4689827	377030	654138			116035
道路运输业	13782391	3972863	11907232	29904	28086	6750432
水上运输业	3998267	1670439	3909738	162782	8721	843359
航空运输业	2172519	2655684	310582			274485
管道运输业	266807	67899	223247			179466
装卸搬运和运输代理业	3577161	719665	5286416	64431	1985	618493
仓储业	13520588	3666664	18371905	94542	32804	3418928
邮政业	210566	17069	572049			59676
(八)住宿和餐饮业	**15648468**	**3268933**	**25840858**	**1631032**	**263906**	**3963166**
住宿业	12836137	2683494	17720489	815040	159235	2767531
餐饮业	2812331	585439	8120369	815992	104671	1195635
(九)信息传输、软件和信息技术服务业	**9700726**	**3702584**	**6408998**	**7208**	**7309**	**831663**
电信、广播电视和卫星传输服务	3035366	2628138	317908		1350	131448
互联网和相关服务	951030	312175	949009	3800		106075
软件和信息技术服务业	5714330	762271	5142081	3408	5959	594140
(十)金融业	**2179118**	**3092308**	**2016529**	**1830**	**800**	**561020**
货币金融服务	463603	2034849	580225	420		275143
资本市场服务	1190635	245138	1143622	1410	800	83565

2-1-7 续表 8

单位：万元

行　　业	内　　资					
	其他有限责任公司	股份有限公　　司	私营	个体户	个人合伙	其他内资企　　业
保险业	48755	781837	15052			3349
其他金融业	476125	30484	277630			198963
(十一)房地产业	**517046235**	**38933274**	**324009794**	**1374438**	**1206574**	**31896954**
房地产业	517046235	38933274	324009794	1374438	1206574	31896954
(十二)租赁和商务服务业	**21458499**	**3315762**	**22022685**	**93691**	**28078**	**4436573**
租赁业	3725898	70970	1260181	32107	6142	215983
商务服务业	17732601	3244792	20762504	61584	21936	4220590
(十三)科学研究和技术服务业	**9788389**	**2163899**	**10480774**	**57964**	**5570**	**2939809**
研究和试验发展	2973614	712475	2822347			657845
专业技术服务业	3020185	844766	3505901	36025	1770	1240427
科技推广和应用服务业	3794590	606658	4152526	21939	3800	1041537
(十四)水利、环境和公共设施管理业	**35494233**	**6605796**	**29928122**	**118676**	**100743**	**23757689**
水利管理业	1807513	354724	925462	12860	11204	1737620
生态保护和环境治理业	2095061	569659	3093689	830		961690
公共设施管理业	31591659	5681413	25908971	104986	89539	21058379
(十五)居民服务、修理和其他服务业	**3233247**	**484002**	**6790041**	**359914**	**20791**	**3006702**
居民服务业	1384870	287059	2812027	170972	7458	2119029
机动车、电子产品和日用产品修理业	1199793	85309	2652768	179180	9923	488453
其他服务业	648584	111634	1325246	9762	3410	399220
(十六)教育	**3445161**	**828485**	**5202636**	**105543**	**59661**	**5463613**
教育	3445161	828485	5202636	105543	59661	5463613
(十七)卫生和社会工作	**2637921**	**705077**	**4680761**	**87079**	**52669**	**2645446**
卫生	1568032	512884	2938657	65984	34109	1944233
社会工作	1069889	192193	1742104	21095	18560	701213
(十八)文化、体育和娱乐业	**10575643**	**3761142**	**13264372**	**225071**	**31828**	**4322374**
新闻和出版业	82974	10900	123255			96641
广播、电视、电影和影视录音制作业	748995	752246	1419870		2000	103300
文化艺术业	3965978	846370	4635624	13696	870	1965650
体育	1455097	329446	1829829	61680	3889	598153
娱乐业	4322599	1822180	5255794	149695	25069	1558630
(十九)公共管理、社会保障和社会组织	**1249440**	**226125**	**1613073**	**43872**	**141113**	**6262530**
中国共产党机关			13464			5530
国家机构	664136	113919	714518	19585		2100105
人民政协、民主党派	34830	300	30328	311		400
社会保障	164956	18890	96843			288398
群众团体、社会团体和其他成员组织	113894	25161	307985	11336	132584	1750232
基层群众自治组织	271624	67855	449935	12640	8529	2117865

2-1-7　续表 9

单位：万元

行　　业	港澳台投资	合资经营	合作经营	独资	股份有限	其　他 港澳台
全国总计	**119345258**	**40630679**	**4685609**	**63818372**	**8450766**	**1759832**
(一)农、林、牧、渔业	**633706**	**104667**	**38877**	**270780**	**129500**	**89882**
农业	238952	44832	34471	106472	24056	29121
林业	42881	3850	3406	3100	17973	14552
畜牧业	171573	40204		59927	47747	23695
渔业	19735	9734		8581	900	520
农、林、牧、渔服务业	160565	6047	1000	92700	38824	21994
(二)采矿业	**1203797**	**132919**	**651596**	**250403**	**146063**	**22816**
煤炭开采和洗选业	308950	29110	111525	144619	22916	780
石油和天然气开采业	475383	72055	323772		79556	
黑色金属矿采选业	29881	12865		10926	2090	4000
有色金属矿采选业	56224	7639		43085	5500	
非金属矿采选业	70188	8750	3300	4171	35931	18036
开采辅助活动	263171	2500	212999	47602	70	
其他采矿业						
(三)制造业	**36148476**	**11876912**	**671536**	**19416407**	**3581836**	**601785**
农副食品加工业	1088877	304506	27144	639660	83359	34208
食品制造业	668815	213912		348425	97135	9343
酒、饮料和精制茶制造业	892672	287310	9990	463558	103515	28299
烟草制品业	31787	1787		30000		
纺织业	1360146	477805	7510	788812	78939	7080
纺织服装、服饰业	827004	184238	12078	589484	28462	12742
皮革、毛皮、羽毛及其制品和制鞋业	766240	92850	3480	596885	49699	23326
木材加工和木、竹、藤、棕、草制品业	304502	116721	6350	157423	22799	1209
家具制造业	430008	115344	1400	293573	19691	
造纸和纸制品业	856216	150725	10782	596370	83421	14918
印刷和记录媒介复制业	257528	113608		124766	16632	2522
文教、工美、体育和娱乐用品制造业	653243	118736	17554	477557	19670	19726
石油加工、炼焦和核燃料加工业	825518	613883	51870	99513	58492	1760
化学原料及化学制品制造业	2933823	1450475	20415	1232946	204418	25569
医药制造业	1207214	575668	2000	407121	211336	11089
化学纤维制造业	733114	43228	38791	437040	214055	
橡胶和塑料制品业	1480830	547593	5677	821178	95591	10791
非金属矿物制品业	1897284	545689	158943	820094	356392	16166
黑色金属冶炼和压延加工业	1007983	537336	70810	282955	98404	18478
有色金属冶炼和压延加工业	1089630	268638		716398	7786	96808
金属制品业	1689218	467041	53752	1056068	107357	5000
通用设备制造业	1448387	516467	18373	811646	54340	47561
专用设备制造业	2081120	612254	45432	1193975	145930	83529

2-1-7 续表 10

单位：万元

行业	港澳台投资	合资经营	合作经营	独资	股份有限	其他港澳台
汽车制造业	1705968	1095804	31383	379455	147772	51554
铁路、船舶、航空航天和其他运输设备制造业	411995	99242	280	285080	8918	18475
电气机械和器材制造业	2438183	560461	23650	1469460	359386	25226
计算机、通信和其他电子设备制造业	6345483	1577605	48419	3962623	732483	24353
仪器仪表制造业	419763	87059	4433	172041	155560	670
其他制造业	137691	16402	1020	89092	20294	10883
废弃资源综合利用业	106781	40072		66209		500
金属制品、机械和设备修理业	51453	44453		7000		
(四)电力、热力、燃气及水的生产和供应业	**5175952**	**2134330**	**233905**	**2077187**	**656741**	**73789**
电力、热力生产和供应业	3931362	1440690	166480	1717380	565986	40826
燃气生产和供应业	982952	578480	33600	310650	44559	15663
水的生产和供应业	261638	115160	33825	49157	46196	17300
(五)建筑业	**74585**	**22903**		**7000**	**25000**	**19682**
房屋建筑业	13167					13167
土木工程建筑业	51513	14712		7000	25000	4801
建筑安装业	8191	8191				
建筑装饰和其他建筑业	1714					1714
(六)批发和零售业	**2291338**	**402469**	**92071**	**1587723**	**156268**	**52807**
批发业	494178	208015	5608	178275	82676	19604
零售业	1797160	194454	86463	1409448	73592	33203
(七)交通运输、仓储和邮政业	**3729419**	**1237203**	**52592**	**884562**	**1458354**	**96708**
铁路运输业	224540	215440			9100	
道路运输业	607854	215775	19853	236169	53045	83012
水上运输业	697908	488079		30674	179155	
航空运输业	1231647	31658			1199989	
管道运输业	50812	39732			9900	1180
装卸搬运和运输代理业	77319	64827		9577	2915	
仓储业	837839	181692	31239	608142	4250	12516
邮政业	1500		1500			
(八)住宿和餐饮业	**1461417**	**483201**	**73128**	**714801**	**155072**	**35215**
住宿业	1241053	433882	73128	562101	143912	28030
餐饮业	220364	49319		152700	11160	7185
(九)信息传输、软件和信息技术服务业	**2067358**	**453467**	**4515**	**1187073**	**422303**	
电信、广播电视和卫星传输服务	847611	72636	4515	533637	236823	
互联网和相关服务	711153	233295		296168	181690	
软件和信息技术服务业	508594	147536		357268	3790	
(十)金融业	**336927**	**72190**		**165759**	**957**	**98021**
货币金融服务	145030	39439		36112	957	68522
资本市场服务	138060			108561		29499

2-1-7　续表 11

单位：万元

行　　业	港澳台投资	合资经营	合作经营	独资	股份有限	其他港澳台
保险业						
其他金融业	53837	32751		21086		
(十一)房地产业	**62234487**	**22557448**	**2670311**	**35305849**	**1422873**	**278006**
房地产业	62234487	22557448	2670311	35305849	1422873	278006
(十二)租赁和商务服务业	**1364330**	**448967**	**3350**	**787360**	**115875**	**8778**
租赁业	20692	20692				
商务服务业	1343638	428275	3350	787360	115875	8778
(十三)科学研究和技术服务业	**276285**	**79643**	**28525**	**148052**	**2405**	**17660**
研究和试验发展	134399	54128	28525	51746		
专业技术服务业	66639	23193		36441	2405	4600
科技推广和应用服务业	75247	2322		59865		13060
(十四)水利、环境和公共设施管理业	**1115307**	**216084**	**83361**	**543107**	**55273**	**217482**
水利管理业	76465	15000	3508	42920		15037
生态保护和环境治理业	107739	47916	15424	21613	17826	4960
公共设施管理业	931103	153168	64429	478574	37447	197485
(十五)居民服务、修理和其他服务业	**92742**	**15522**	**61121**	**6279**	**2020**	**7800**
居民服务业	57495	3700	37895	6080	2020	7800
机动车、电子产品和日用产品修理业	6712	6626		86		
其他服务业	28535	5196	23226	113		
(十六)教育	**350919**	**198544**	**1295**	**125032**		**26048**
教育	350919	198544	1295	125032		26048
(十七)卫生和社会工作	**148655**	**70816**	**8300**	**30600**	**9305**	**29634**
卫生	127816	61316	8300	19261	9305	29634
社会工作	20839	9500		11339		
(十八)文化、体育和娱乐业	**566646**	**123394**	**11126**	**310398**	**104321**	**17407**
新闻和出版业						
广播、电视、电影和影视录音制作业	30684	5355		21434	2915	980
文化艺术业	123012	3783	2600	100373	4406	11850
体育	95886	12392	8526	68899	1492	4577
娱乐业	317064	101864		119692	95508	
(十九)公共管理、社会保障和社会组织	**72912**				**6600**	**66312**
中国共产党机关						
国家机构	33816					33816
人民政协、民主党派						
社会保障	3000					3000
群众团体、社会团体和其他成员组织	16940				6600	10340
基层群众自治组织	19156					19156

2-1-7 续表 12

单位：万元

行业	外商投资	合资经营	合作经营	独资	股份有限	其他外商
全国总计	**110525651**	**39819349**	**5007954**	**54729595**	**7109356**	**3859397**
(一)农、林、牧、渔业	**838997**	**160188**	**130315**	**249442**	**75257**	**223795**
农业	302232	43561	58719	35399	35369	129184
林业	72446	9650	17131	26701		18964
畜牧业	381163	69623	36008	172148	37888	65496
渔业	43220	23218	3992	9500	2000	4510
农、林、牧、渔服务业	39936	14136	14465	5694		5641
(二)采矿业	**541158**	**248294**	**210353**	**34161**	**25517**	**22833**
煤炭开采和洗选业	92432	77392			4040	11000
石油和天然气开采业	223485	54524	168961			
黑色金属矿采选业	50951	33587	4273	5600	5491	2000
有色金属矿采选业	94034	39729	34319	11600	8386	
非金属矿采选业	74004	38810	2800	14951	7600	9833
开采辅助活动	4252	4252				
其他采矿业	2000			2000		
(三)制造业	**67267440**	**27212786**	**565456**	**33803379**	**3997690**	**1688129**
农副食品加工业	2250461	959450	26606	1048154	149678	66573
食品制造业	1778827	589414	17119	1018843	105218	48233
酒、饮料和精制茶制造业	1501669	506409		886768	70528	37964
烟草制品业	26935	24935	2000			
纺织业	1215884	293920	18500	747876	63372	92216
纺织服装、服饰业	780854	240430	19790	456873	10578	53183
皮革、毛皮、羽毛及其制品和制鞋业	398494	111818	708	265691	12200	8077
木材加工和木、竹、藤、棕、草制品业	385949	205030	4100	147971	19500	9348
家具制造业	372092	104393	7950	235921	11978	11850
造纸和纸制品业	1922233	946050	6247	712490	119526	137920
印刷和记录媒介复制业	176456	42799	15616	103921	7600	6520
文教、工美、体育和娱乐用品制造业	485973	116360		357060	8897	3656
石油加工、炼焦和核燃料加工业	2829079	2427555		314978	44581	41965
化学原料及化学制品制造业	7194202	2030387	46515	4261687	805458	50155
医药制造业	1733892	580310	25145	1021597	75175	31665
化学纤维制造业	284696	213187		70167	1342	
橡胶和塑料制品业	1690234	328188	2860	1302749	26113	30324
非金属矿物制品业	1452013	454036	43277	597781	171624	185295
黑色金属冶炼和压延加工业	927459	277237	4960	288854	192008	164400
有色金属冶炼和压延加工业	996684	223298	2500	537824	228042	5020
金属制品业	1824989	577604	9407	866998	246660	124320
通用设备制造业	3578306	1036052	15045	2278237	132868	116104
专用设备制造业	2834025	949712	56757	1696036	57888	73632

2-1-7　续表 13　　　　单位：万元

行　　业	外商投资	合资经营	合作经营	独资	股份有限	其他外商
汽车制造业	13961136	9006230	37003	4047104	712802	157997
铁路、船舶、航空航天和其他运输设备制造业	1228247	482242	2100	595875	128030	20000
电气机械和器材制造业	3329969	963774	66912	1974872	277851	46560
计算机、通信和其他电子设备制造业	10972888	3275126	96262	7321506	172107	107887
仪器仪表制造业	633662	103354	7025	383791	126266	13226
其他制造业	294649	43152	12350	211158	3300	24689
废弃资源综合利用业	110683	57801	18702	31180	3000	
金属制品、机械和设备修理业	94800	42533		19417	13500	19350
（四）电力、热力、燃气及水的生产和供应业	**2453385**	**1290521**	**128848**	**515348**	**346123**	**172545**
电力、热力生产和供应业	1742444	878851	127970	337372	296428	101823
燃气生产和供应业	363770	238528		95846	24502	4894
水的生产和供应业	347171	173142	878	82130	25193	65828
（五）建筑业	**124412**	**41950**	**3000**	**63262**	**8200**	**8000**
房屋建筑业	8200				8200	
土木工程建筑业	83630	31300		44330		8000
建筑安装业	4000	1000	3000			
建筑装饰和其他建筑业	28582	9650		18932		
（六）批发和零售业	**2073467**	**360218**	**8169**	**1266623**	**349816**	**88641**
批发业	905538	149973	2787	388534	301382	62862
零售业	1167929	210245	5382	878089	48434	25779
（七）交通运输、仓储和邮政业	**3644986**	**1353624**	**41317**	**1774166**	**402645**	**73234**
铁路运输业						
道路运输业	428529	50477	30378	196049	123872	27753
水上运输业	519202	327519	2093	158227	31363	
航空运输业	148773	112973		35800		
管道运输业	84102	32138	8632	43187	145	
装卸搬运和运输代理业	437530	142931		270439	24160	
仓储业	1992603	687586	214	1036217	223105	45481
邮政业	34247			34247		
（八）住宿和餐饮业	**1105171**	**332274**	**185363**	**459040**	**78078**	**50416**
住宿业	940732	306274	182563	335797	74578	41520
餐饮业	164439	26000	2800	123243	3500	8896
（九）信息传输、软件和信息技术服务业	**2524463**	**128547**	**28070**	**2130108**	**214098**	**23640**
电信、广播电视和卫星传输服务	1852812	80805	28070	1582133	152904	8900
互联网和相关服务	222597	34721		158404	28772	700
软件和信息技术服务业	449054	13021		389571	32422	14040
（十）金融业	**106412**	**2384**		**18304**	**82724**	**3000**
货币金融服务	32979	1873		2334	25772	3000
资本市场服务	511	511				

2-1-7 续表 14 单位：万元

行业	外商投资	合资经营	合作经营	独资	股份有限	其他外商
保险业	49701				49701	
其他金融业	23221			15970	7251	
（十一）房地产业	**25258276**	**7758625**	**2759140**	**12964480**	**929878**	**846153**
房地产业	25258276	7758625	2759140	12964480	929878	846153
（十二）租赁和商务服务业	**1358074**	**290754**	**78326**	**637531**	**229887**	**121576**
租赁业	5389	5389				
商务服务业	1352685	285365	78326	637531	229887	121576
（十三）科学研究和技术服务业	**995444**	**312813**		**574180**	**33570**	**74881**
研究和试验发展	569111	164925		351061	33570	19555
专业技术服务业	270714	128759		114972		26983
科技推广和应用服务业	155619	19129		108147		28343
（十四）水利、环境和公共设施管理业	**819966**	**121966**	**74301**	**101072**	**189888**	**332739**
水利管理业	127760	5260		13100		109400
生态保护和环境治理业	61978	8269	31386	14390	5727	2206
公共设施管理业	630228	108437	42915	73582	184161	221133
（十五）居民服务、修理和其他服务业	**54701**	**18442**		**10987**		**25272**
居民服务业	38999	17777				21222
机动车、电子产品和日用产品修理业	11250			7200		4050
其他服务业	4452	665		3787		
（十六）教育	**224920**	**98271**	**5535**	**29543**	**65200**	**26371**
教育	224920	98271	5535	29543	65200	26371
（十七）卫生和社会工作	**40345**	**29132**	**3150**	**4820**		**3243**
卫生	39092	29132	3150	4820		1990
社会工作	1253					1253
（十八）文化、体育和娱乐业	**1066524**	**58560**	**786611**	**91649**	**80785**	**48919**
新闻和出版业						
广播、电视、电影和影视录音制作业	9000	4500			4500	
文化艺术业	21560			11860	8500	1200
体育	61834	31480		30354		
娱乐业	974130	22580	786611	49435	67785	47719
（十九）公共管理、社会保障和社会组织	**27510**			**1500**		**26010**
中国共产党机关						
国家机构	11660			1500		10160
人民政协、民主党派						
社会保障						
群众团体、社会团体和其他成员组织	6510					6510
基层群众自治组织	9340					9340

2-1-8 各地区国有控股、内资、外商及港澳台固定资产投资(不含农户)

单位：万元

地区	投资中：	投资中：		
	国有及国有控股投资	内资投资	外商投资	港澳台商投资
全国总计	**[illegible]**	**4782777838**	**110525651**	**119345258**
北京	[illegible]	62802285	2200924	3731199
天津	[illegible]	98375590	3959047	2569019
河北	[illegible]	255432396	3382704	2656885
山西	[illegible]	118584806	669952	1099802
内蒙古	[illegible]	172599441	940166	838860
辽宁	[illegible]	228121292	5963301	10183746
吉林	[illegible]	109383147	814866	881397
黑龙江	[illegible]	94015402	507936	855436
上海	[illegible]	49002614	6200636	4926410
江苏	[illegible]	374087531	24858557	16581429
浙江	[illegible]	216127109	7414307	12006210
安徽	[illegible]	205765765	3007367	3789807
福建	[illegible]	166336286	4310458	8050806
江西	[illegible]	142492106	1299938	2671037
山东	[illegible]	401756756	8022871	6211696
河南	[illegible]	297069678	1661117	1392052
湖北	[illegible]	217938985	2929392	3548341
湖南	[illegible]	201253680	2142887	2088942
广东	[illegible]	226766734	13220385	18443451
广西	[illegible]	129088420	1599863	2187807
海南	[illegible]	27157984	1172976	2063595
重庆	[illegible]	112631834	4035702	4740800
四川	[illegible]	219842979	3543122	3235163
贵州	[illegible]	86436321	254706	1093002
云南	[illegible]	108702365	762555	1273203
西藏	[illegible]	10682595	300	9420
陕西	[illegible]	162703298	4300314	1399127
甘肃	[illegible]	77262095	163706	170515
青海	[illegible]	27337239	305912	245965
宁夏	[illegible]	30699020	63479	176692
新疆	[illegible]	89638263	816205	223444
不分地区	[illegible]	62683822		

2-1-9 国民经济行业小类国有控股、内资、外商及港澳台固定资产投资(不含农户)

单位：万元

行　　业	投资中:国有及国有控股投资	投资中:内资投资	外商投资	港澳台商投资
全国总计	**1613796730**	**4782777838**	**110525651**	**119345258**
(一)农、林、牧、渔业	**36998506**	**144267371**	**838997**	**633706**
农业	10468284	53346119	302232	238952
谷物种植	2624139	5808244	38320	18605
稻谷种植	1521619	2813130	18649	18065
小麦种植	244312	579670		
玉米种植	625171	1507797	16414	540
其他谷物种植	233037	907647	3257	
豆类、油料和薯类种植	519005	2073543	4604	12299
豆类种植	159148	564856		
油料种植	124393	834704	4604	12009
薯类种植	235464	673983		290
棉、麻、糖、烟草种植	377417	975193	4600	5275
棉花种植	63628	384068		5275
麻类种植	5010	33505		
糖料种植	68600	122976		
烟草种植	240179	434644	4600	
蔬菜、食用菌及园艺作物种植	3187256	22900027	92816	146680
蔬菜种植	2309688	12841028	44012	55354
食用菌种植	167925	3024654	14500	22178
花卉种植	559166	4426112	26622	69148
其他园艺作物种植	150477	2608233	7682	
水果种植	1351934	9247103	72318	37090
仁果类和核果类水果种植	523872	3183398	23380	5145
葡萄种植	287707	1703674	8950	1500
柑橘类种植	128375	708243	30500	17667
香蕉等亚热带水果种植	43483	303727		450
其他水果种植	368497	3348061	9488	12328
坚果、含油果、香料和饮料作物种植	620974	3773610	7630	10133
坚果种植	362925	1961441		
含油果种植	50465	344511		
香料作物种植	28539	140394		
茶及其他饮料作物种植	179045	1327264	7630	10133
中药材种植	419575	3643523	32738	8870
其他农业	1367984	4924876	49206	
林业	7761790	15808621	72446	42881
林木育种和育苗	1343403	6966108	45731	26824
林木育种	248603	1614352	4450	7452
林木育苗	1094800	5351756	41281	19372
造林和更新	5639452	7407591	11714	13207

2-1-9　续表 1　　　　单位：万元

行　　业	投资中:	投资中:		
	国有及国有控股投资	内资投资	外商投资	港澳台商投资
森林经营和管护	643725	1175809	10991	2850
木材和竹材采运	74186	114100	1800	
木材采运	38650	74486	1800	
竹材采运	35536	39614		
林产品采集	61024	145013	2210	
木竹材林产品采集	16995	68069	2210	
非木竹材林产品采集	44029	76944		
畜牧业	4590791	39997633	381163	171573
牲畜饲养	3881728	31849068	231154	117916
牛的饲养	1458537	10912585	150790	79402
马的饲养	16967	96205	893	
猪的饲养	1053165	12752356	71902	35060
羊的饲养	1199433	6829174	7121	3454
骆驼饲养	5100	5100		
其他牲畜饲养	148526	1253648	448	
家禽饲养	261191	5581204	132651	53657
鸡的饲养	228865	4341364	83087	52857
鸭的饲养	6420	565026	4713	
鹅的饲养	1300	155732		
其他家禽饲养	24606	519082	44851	800
狩猎和捕捉动物	94075	318766	1000	
其他畜牧业	353797	2248595	16358	
渔业	488303	7604993	43220	19735
水产养殖	466314	6898900	43220	19735
海水养殖	158988	2820397	27210	10059
内陆养殖	307326	4078503	16010	9676
水产捕捞	21989	706093		
海水捕捞	19974	635548		
内陆捕捞	2015	70545		
农、林、牧、渔服务业	13689338	27510005	39936	160565
农业服务业	12574608	24344905	19699	150018
农业机械服务	889481	2390291		1000
灌溉服务	4375537	6113214	4035	14000
农产品初加工服务	512589	3647888	2320	10324
其他农业服务	6797001	12193512	13344	124694
林业服务业	508910	1198202	7541	
林业有害生物防治服务	59295	103051		
森林防火服务	63604	64644		
林产品初级加工服务	7600	213347	3000	
其他林业服务	378411	817160	4541	

2-1-9 续表 2 单位：万元

行 业	投资中:	投资中:		
	国有及国有控股投资	内资投资	外商投资	港澳台商投资
畜牧服务业	543224	1279415	12696	4500
渔业服务业	62596	687483		6047
(二)采矿业	**65851561**	**143626546**	**541158**	**1203797**
煤炭开采和洗选业	20521223	46443287	92432	308950
烟煤和无烟煤开采洗选	18564226	41805657	15950	264149
褐煤开采洗选	1423138	3246271	63682	
其他煤炭采选	533859	1391359	12800	44801
石油和天然气开采业	36280144	38779790	223485	475383
石油开采	31805604	33179928	1080	405756
天然气开采	4474540	5599862	222405	69627
黑色金属矿采选业	1807480	16532012	50951	29881
铁矿采选	1750502	15269885	34099	21256
锰矿、铬矿采选	27850	741044	15952	8625
其他黑色金属矿采选	29128	521083	900	
有色金属矿采选业	3504075	16107499	94034	56224
常用有色金属矿采选	1694343	9470616	31262	13496
铜矿采选	823364	2744868	1077	7194
铅锌矿采选	423791	3760893	23905	
镍钴矿采选	40097	187478	5980	6302
锡矿采选	166677	439584		
锑矿采选	14100	188317		
铝矿采选	68464	848559		
镁矿采选	11550	146251		
其他常用有色金属矿采选	146300	1154666	300	
贵金属矿采选	1219036	4842731	55579	42728
金矿采选	1164299	4380893	52379	42728
银矿采选	34760	300050	3200	
其他贵金属矿采选	19977	161788		
稀有稀土金属矿采选	590696	1794152	7193	
钨钼矿采选	417558	1275061		
稀土金属矿采选	38767	158974	7193	
放射性金属矿采选	70183	70183		
其他稀有金属矿采选	64188	289934		
非金属矿采选业	1138114	20346728	74004	70188
土砂石开采	559083	14905339	38964	34726
石灰石、石膏开采	205658	4218141	1000	19985
建筑装饰用石开采	140864	4629037	33454	14741
耐火土石开采	18502	1146308		
粘土及其他土砂石开采	194059	4911853	4510	
化学矿开采	327407	1760607	4409	30432

2-1-9　续表 3

单位：万元

行　　业	投资中: 国有及国有控股投资	投资中: 内资投资	外商投资	港澳台商投资
采盐	176212	691992		
石棉及其他非金属矿采选	75412	2988790	30631	5030
石棉、云母矿采选		73320		
石墨、滑石采选	23936	686172	7540	
宝石、玉石采选	6891	328089	5991	2150
其他未列明非金属矿采选	44585	1901209	17100	2880
开采辅助活动	2562146	4815591	4252	263171
煤炭开采和洗选辅助活动	807907	1926096		
石油和天然气开采辅助活动	1552948	2283010		263101
其他开采辅助活动	201291	606485	4252	70
其他采矿业	38379	601639	2000	
其他采矿业	38379	601639	2000	
(三)制造业	**139246844**	**1565561509**	**67267440**	**36148476**
农副食品加工业	4079186	96600884	2250461	1088877
谷物磨制	697887	16662040	211004	157346
饲料加工	264133	12553650	188672	78559
植物油加工	663852	9680271	318600	349820
食用植物油加工	663852	8755693	293938	334677
非食用植物油加工		924578	24662	15143
制糖业	156975	1644165	82932	17889
屠宰及肉类加工	721520	16709279	696954	146071
牲畜屠宰	339644	4585533	40840	81852
禽类屠宰	118510	3253680	257836	21369
肉制品及副产品加工	263366	8870066	398278	42850
水产品加工	300711	7144219	229089	140522
水产品冷冻加工	240894	4462442	112826	99432
鱼糜制品及水产品干腌制加工	27169	939950	16400	17316
水产饲料制造		515494	22721	8537
鱼油提取及制品制造		84807		
其他水产品加工	32648	1141526	77142	15237
蔬菜、水果和坚果加工	387635	15408156	201225	116921
蔬菜加工	189676	10471712	133375	50671
水果和坚果加工	197959	4936444	67850	66250
其他农副食品加工	886473	16799104	321985	81749
淀粉及淀粉制品制造	179768	4341001	184351	17378
豆制品制造	57046	2534337	12980	3800
蛋品加工	12922	620656	5950	
其他未列明农副食品加工	636737	9303110	118704	60571
食品制造业	1421352	42023484	1778827	668815
焙烤食品制造	175348	6376232	195925	117377

2-1-9 续表 4

单位：万元

行业	投资中：国有及国有控股投资	投资中：内资投资	外商投资	港澳台商投资
糕点、面包制造	53363	3152804	37855	58016
饼干及其他焙烤食品制造	121985	3223428	158070	59361
糖果、巧克力及蜜饯制造	72681	2546312	149442	76245
糖果、巧克力制造	27906	1389018	149442	51829
蜜饯制作	44775	1157294		24416
方便食品制造	193832	7882797	225295	141640
米、面制品制造	151725	4078497	65328	61556
速冻食品制造	31412	1924297	88829	1340
方便面及其他方便食品制造	10695	1880003	71138	78744
乳制品制造	144979	2519985	179006	75550
罐头食品制造	31265	2760067	100200	29933
肉、禽类罐头制造	2137	549611	50773	1500
水产品罐头制造		206864	8040	1026
蔬菜、水果罐头制造	23148	1626860	30123	12894
其他罐头食品制造	5980	376732	11264	14513
调味品、发酵制品制造	187413	5323664	337388	45899
味精制造	6362	801971	675	
酱油、食醋及类似制品制造	76785	1637784	199543	16056
其他调味品、发酵制品制造	104266	2883909	137170	29843
其他食品制造	615834	14614427	591571	182171
营养食品制造	62336	2365418	52571	60942
保健食品制造	77674	2994979	51769	47866
冷冻饮品及食用冰制造	5200	972553	36223	2346
盐加工	135470	699979	4238	
食品及饲料添加剂制造	97522	3413327	156032	45654
其他未列明食品制造	237632	4168171	290738	25363
酒、饮料和精制茶制造业	2776851	36798950	1501669	892672
酒的制造	2235355	17243049	476778	225701
酒精制造	61692	720850	15482	
白酒制造	1378200	10187225	36968	117565
啤酒制造	260997	1592504	330775	80883
黄酒制造	79611	553534		
葡萄酒制造	328823	2576422	93553	11793
其他酒制造	126032	1612514		15460
饮料制造	320311	13120622	998729	620407
碳酸饮料制造	13020	1058394	89878	107216
瓶(罐)装饮用水制造	77902	3405105	200314	53780
果菜汁及果菜汁饮料制造	91424	3330536	131976	143866
含乳饮料和植物蛋白饮料制造	78015	2081006	145645	86987
固体饮料制造		520551	17549	2000

2-1-9　续表 5　　　　单位：万元

行　　业	投资中：	投资中：		
	国有及国有控股投资	内资投资	外商投资	港澳台商投资
茶饮料及其他饮料制造	59950	2725030	413367	226558
精制茶加工	221185	6435279	26162	46564
烟草制品业	2271173	2780903	26935	31787
烟叶复烤	490377	618220	2000	
卷烟制造	1649762	1873706		
其他烟草制品制造	131034	288977	24935	31787
纺织业	1473293	50612440	1215884	1360146
棉纺织及印染精加工	714327	24208471	502156	720736
棉纺纱加工	534133	16510941	247146	194321
棉织造加工	141202	5171702	96285	191617
棉印染精加工	38992	2525828	158725	334798
毛纺织及染整精加工	135119	3210669	57806	55948
毛条和毛纱线加工	36685	1644147	15821	12359
毛织造加工	94384	1287508	9041	26340
毛染整精加工	4050	279014	32944	17249
麻纺织及染整精加工	32018	1070512	11720	14880
麻纤维纺前加工和纺纱	8000	610074	2000	580
麻织造加工	23853	399025	9720	14300
麻染整精加工	165	61413		
丝绢纺织及印染精加工	63064	1528783	7606	32457
缫丝加工	41144	613338	7216	
绢纺和丝织加工	21920	728724	390	3611
丝印染精加工		186721		28846
化纤织造及印染精加工	65313	4300182	86644	201233
化纤织造加工	34935	3621807	73924	128938
化纤织物染整精加工	30378	678375	12720	72295
针织或钩针编织物及其制品制造	76512	4477519	184469	154099
针织或钩针编织物织造	76512	3574938	120770	99155
针织或钩针编织物印染精加工		263817	29300	27895
针织或钩针编织品制造		638764	34399	27049
家用纺织制成品制造	56959	6467539	128062	70777
床上用品制造	22504	3084214	48397	29513
毛巾类制品制造		978176	6677	5640
窗帘、布艺类产品制造		446145	17888	27254
其他家用纺织制成品制造	34455	1959004	55100	8370
非家用纺织制成品制造	329981	5348765	237421	110016
非织造布制造	19382	2357740	116577	82454
绳、索、缆制造	20967	512707	706	1404
纺织带和帘子布制造	236725	705751	5754	10925
篷、帆布制造		528785	3870	2100

2-1-9 续表 6

单位：万元

行业	投资中：国有及国有控股投资	投资中：内资投资	外商投资	港澳台商投资
其他非家用纺织制成品制造	52907	1243782	110514	13133
纺织服装、服饰业	696187	35502944	780854	827004
机织服装制造	544480	22250959	514183	577622
针织或钩针编织服装制造	6080	4719381	135714	74859
服饰制造	145627	8532604	130957	174523
皮革、毛皮、羽毛及其制品和制鞋业	358061	18507717	398494	766240
皮革鞣制加工	14293	1050517	28785	71054
皮革制品制造	107162	5849054	109737	222668
皮革服装制造	55811	1363025	4185	46587
皮箱、包(袋)制造	30816	2277469	93929	135838
皮手套及皮装饰制品制造	11285	781510	10145	23082
其他皮革制品制造	9250	1427050	1478	17161
毛皮鞣制及制品加工	18360	2260587	34267	35754
毛皮鞣制加工		265967		10056
毛皮服装加工	1728	1329437	18711	21048
其他毛皮制品加工	16632	665183	15556	4650
羽毛(绒)加工及制品制造	15048	1258464	15514	12469
羽毛(绒)加工	15048	672221		
羽毛(绒)制品加工		586243	15514	12469
制鞋业	203198	8089095	210191	424295
纺织面料鞋制造		1229377	67218	42658
皮鞋制造	130927	4184602	105388	214309
塑料鞋制造		554152	9600	24513
橡胶鞋制造	11075	688729	20607	63301
其他制鞋业	61196	1432235	7378	79514
木材加工和木、竹、藤、棕、草制品业	864729	33817700	385949	304502
木材加工	229362	8945794	28015	44974
锯材加工	92828	2323520	3340	10500
木片加工	35119	2326611	566	4691
单板加工	12470	2002145	8609	21073
其他木材加工	88945	2293518	15500	8710
人造板制造	277910	11893269	87060	62648
胶合板制造	115256	5417477	62649	22330
纤维板制造	28636	2512275	8173	19852
刨花板制造	5866	1153581	9738	4300
其他人造板制造	128152	2809936	6500	16166
木制品制造	302079	9680607	233939	190370
建筑用木料及木材组件加工	37193	2593806	47652	37101
木门窗、楼梯制造	77659	2863106	80471	37974

2-1-9　续表 7　　　　单位：万元

行　　业	投资中：国有及国有控股投资	投资中：内资投资	外商投资	港澳台商投资
地板制造	87171	1547106	54946	79818
木制容器制造	14586	478749	40037	17076
软木制品及其他木制品制造	85470	2197840	10833	18401
竹、藤、棕、草等制品制造	55378	3298030	36935	6510
竹制品制造	30586	2674803	22335	6510
藤制品制造		206265		
棕制品制造		84682		
草及其他制品制造	24792	332280	14600	
家具制造业	362620	23687356	372092	430008
木质家具制造	305556	17805825	211691	251211
竹、藤家具制造	875	397922	10225	2001
金属家具制造	40700	2279462	62667	36203
塑料家具制造		458411	1810	13783
其他家具制造	15489	2745736	85699	126810
造纸和纸制品业	955838	25240502	1922233	856216
纸浆制造	43121	828837	18727	11852
木竹浆制造	39071	547968	17769	6660
非木竹浆制造	4050	280869	958	5192
造纸	615828	9878498	1271081	460784
机制纸及纸板制造	600138	7582425	1245673	436564
手工纸制造	2650	338983		21620
加工纸制造	13040	1957090	25408	2600
纸制品制造	296889	14533167	632425	383580
纸和纸板容器制造	102565	6989207	117570	91859
其他纸制品制造	194324	7543960	514855	291721
印刷和记录媒介复制业	715381	15630741	176456	257528
印刷	663286	14503721	171641	256836
书、报刊印刷	227907	2303521	3259	18233
本册印制	58430	509264	625	6080
包装装潢及其他印刷	376949	11690936	167757	232523
装订及印刷相关服务	49758	1030510	4815	692
记录媒介复制	2337	96510		
文教、工美、体育和娱乐用品制造业	200293	16807922	485973	653243
文教办公用品制造	17700	1748236	40196	43447
文具制造	5175	649922	9226	38728
笔的制造	3800	402672	19361	2859
教学用模型及教具制造	3500	265590		
墨水、墨汁制造		69007	6600	

2-1-9 续表 8

单位：万元

行　　业	投资中:	投资中:		
	国有及国有控股投资	内资投资	外商投资	港澳台商投资
其他文教办公用品制造	5225	361045	5009	1860
乐器制造	38986	697672	15368	25866
中乐器制造	4557	190696		
西乐器制造	5761	227706		21684
电子乐器制造	24668	123262	15368	1584
其他乐器及零件制造	4000	156008		2598
工艺美术品制造	85141	8718399	235029	218266
雕塑工艺品制造	24640	1642796	14915	39068
金属工艺品制造	21060	965529	48009	25545
漆器工艺品制造		224130	66	1750
花画工艺品制造		153003	4878	4306
天然植物纤维编织工艺品制造	4681	565624	33377	13180
抽纱刺绣工艺品制造	11000	424724	3771	18561
地毯、挂毯制造	3291	949412	33870	16184
珠宝首饰及有关物品制造	8381	1311999	47437	77787
其他工艺美术品制造	12088	2481182	48706	21885
体育用品制造	9100	2843217	83749	203551
球类制造		192851	23074	4977
体育器材及配件制造	9100	1310674	31147	59518
训练健身器材制造		410475	9133	114781
运动防护用具制造		166333	1260	1176
其他体育用品制造		762884	19135	23099
玩具制造	11425	1999928	97461	134274
游艺器材及娱乐用品制造	37941	800470	14170	27839
露天游乐场所游乐设备制造	23350	308860		1379
游艺用品及室内游艺器材制造	4121	213742	1821	26460
其他娱乐用品制造	10470	277868	12349	
石油加工、炼焦和核燃料加工业	10111332	28430326	2829079	825518
精炼石油产品制造	8609637	21136676	2721175	764344
原油加工及石油制品制造	8372343	19726489	2716712	728956
人造原油制造	237294	1410187	4463	35388
炼焦	1501695	7293650	107904	61174
化学原料和化学制品制造业	19919465	135035907	7194202	2933823
基础化学原料制造	11558930	49481720	3230553	705476
无机酸制造	570750	2855505	272091	76851
无机碱制造	533607	2333126	58694	35327
无机盐制造	838167	4088657	31637	24941
有机化学原料制造	8214884	30363656	2262630	393262
其他基础化学原料制造	1401522	9840776	605501	175095
肥料制造	2028648	16826797	208717	179746

2-1-9　续表 9　　　　单位：万元

行　　业	投资中: 国有及国有控股投资	投资中: 内资投资	外商投资	港澳台商投资
氮肥制造	1106234	4036123	101516	117795
磷肥制造	149416	698199		
钾肥制造	199020	697744		18149
复混肥料制造	326953	5328740	56322	14902
有机肥料及微生物肥料制造	45850	4702478	50879	28900
其他肥料制造	201175	1363513		
农药制造	433786	4948792	163414	33692
化学农药制造	279228	3230403	150584	29112
生物化学农药及微生物农药制造	154558	1718389	12830	4580
涂料、油墨、颜料及类似产品制造	162564	8915639	376028	293938
涂料制造	93945	6074578	195730	205789
油墨及类似产品制造	1500	423433	53129	19400
颜料制造	19927	1015842	48631	25156
染料制造	10700	809773	23481	38784
密封用填料及类似品制造	36492	592013	55057	4809
合成材料制造	3203984	17542493	1313381	1040333
初级形态塑料及合成树脂制造	2196859	8905723	771223	226942
合成橡胶制造	57526	1860712	299287	205303
合成纤维单(聚合)体制造	758093	2532011	9100	472307
其他合成材料制造	191506	4244047	233771	135781
专用化学产品制造	2057341	28939823	1499791	460606
化学试剂和助剂制造	769454	10467453	426911	107625
专项化学用品制造	632016	8717469	362834	222838
林产化学产品制造	62312	910993	18776	5800
信息化学品制造	454897	2321065	433063	44324
环境污染处理专用药剂材料制造	78557	1501293	30533	11550
动物胶制造	1000	194256		
其他专用化学产品制造	59105	4827294	227674	68469
炸药、火工及焰火产品制造	334682	3770787	57924	10461
焰火、鞭炮产品制造	334682	3770787	57924	10461
日用化学产品制造	139530	4609856	344394	209571
肥皂及合成洗涤剂制造	58281	1115533	48130	39662
化妆品制造	27247	1004181	109551	79816
口腔清洁用品制造		83799	39705	7500
香料、香精制造	16896	991824	97534	35421
其他日用化学产品制造	37106	1414519	49474	47172
医药制造业	3390511	48978220	1733892	1207214
化学药品原料药制造	401885	8142006	381493	238430
化学药品制剂制造	537139	7376303	447921	442302
中药饮片加工	192189	7573280	82183	30030

2-1-9 续表 10

单位：万元

行业	投资中：国有及国有控股投资	投资中：内资投资	外商投资	港澳台商投资
中成药生产	712496	9327316	174496	282093
兽用药品制造	45368	1628699	46042	8369
生物药品制造	1287700	10296616	347138	110873
卫生材料及医药用品制造	213734	4634000	254619	95117
化学纤维制造业	474650	9974220	284696	733114
纤维素纤维原料及纤维制造	242376	1923615	57859	119973
化纤浆粕制造		257142		55820
人造纤维(纤维素纤维)制造	242376	1666473	57859	64153
合成纤维制造	232274	8050605	226837	613141
锦纶纤维制造		1556319	27161	113261
涤纶纤维制造	18187	2805315	79316	352187
腈纶纤维制造	5139	125158		
维纶纤维制造	6372	403281	8558	40425
丙纶纤维制造	50876	162144	15123	43630
氨纶纤维制造	5749	450314	33752	10329
其他合成纤维制造	145951	2548074	62927	53309
橡胶和塑料制品业	2053249	56151962	1690234	1480830
橡胶制品业	752597	15016420	899233	307784
轮胎制造	519075	5880944	644715	147402
橡胶板、管、带制造	121967	3722926	90557	26903
橡胶零件制造	13023	1427663	75516	46529
再生橡胶制造	11833	1158386	9697	4730
日用及医用橡胶制品制造	31317	552403	10990	9450
其他橡胶制品制造	55382	2274098	67758	72770
塑料制品业	1300652	41135542	791001	1173046
塑料薄膜制造	199841	5499325	134631	213468
塑料板、管、型材制造	708885	10873699	89830	297468
塑料丝、绳及编织品制造	48614	3923961	28272	8940
泡沫塑料制造	22680	1630363	26700	14410
塑料人造革、合成革制造	2378	925726	2531	40448
塑料包装箱及容器制造	25193	4608712	159058	130718
日用塑料制品制造	107443	3843612	99693	124251
塑料零件制造	77423	2011344	73204	104456
其他塑料制品制造	108195	7818800	177082	238887
非金属矿物制品业	5936617	154506386	1452013	1897284
水泥、石灰和石膏制造	1827842	14645955	202853	233827
水泥制造	1602298	10707800	193993	225306
石灰和石膏制造	225544	3938155	8860	8521
石膏、水泥制品及类似制品制造	1111814	28438042	225633	155060
水泥制品制造	494977	15040729	97860	91558

2-1-9 续表 11　　单位：万元

行　业	投资中:	投资中:		
	国有及国有控股投资	内资投资	外商投资	港澳台商投资
砼结构构件制造	300010	4429089	52155	6495
石棉水泥制品制造	4416	530308	5390	5500
轻质建筑材料制造	179515	5137152	68946	43507
其他水泥类似制品制造	132896	3300764	1282	8000
砖瓦、石材等建筑材料制造	1285191	58460543	264402	353230
粘土砖瓦及建筑砌块制造	183194	14596551	21314	69936
建筑陶瓷制品制造	93862	7800455	40971	64523
建筑用石加工	428851	14693688	89143	133383
防水建筑材料制造	36883	2881304	900	2993
隔热和隔音材料制造	67495	5720697	34424	28658
其他建筑材料制造	474906	12767848	77650	53737
玻璃制造	287982	6968103	128471	330961
平板玻璃制造	191625	2992126	14125	128167
其他玻璃制造	96357	3975977	114346	202794
玻璃制品制造	345666	9949370	118926	324602
技术玻璃制品制造	58335	2529545	32684	118230
光学玻璃制造	37740	819499	28034	19106
玻璃仪器制造		281244		5000
日用玻璃制品制造	85931	2018293	9665	2450
玻璃包装容器制造		997623	4300	9277
玻璃保温容器制造		220256		
制镜及类似品加工	52518	366601	8200	1865
其他玻璃制品制造	111142	2716309	36043	168674
玻璃纤维和玻璃纤维增强塑料制品制造	92013	3409431	92587	125069
玻璃纤维及制品制造	85070	1914653	77299	112394
玻璃纤维增强塑料制品制造	6943	1494778	15288	12675
陶瓷制品制造	424963	9161890	245237	166863
卫生陶瓷制品制造	12850	1073122	78109	16884
特种陶瓷制品制造	105092	2793596	69210	33903
日用陶瓷制品制造	127640	3660342	61426	104417
园林、陈设艺术及其他陶瓷制品制造	179381	1634830	36492	11659
耐火材料制品制造	152360	9145773	81604	57869
石棉制品制造	49997	874139	34828	
云母制品制造		423398		
耐火陶瓷制品及其他耐火材料制造	102363	7848236	46776	57869
石墨及其他非金属矿物制品制造	408786	14327279	92300	149803
石墨及碳素制品制造	324339	5446530	15473	24532
其他非金属矿物制品制造	84447	8880749	76827	125271
黑色金属冶炼和压延加工业	8721877	45877593	927459	1007983
炼铁	780753	2417246	33133	100

2-1-9 续表 12

单位：万元

行业	投资中: 国有及国有控股投资	投资中: 内资投资	外商投资	港澳台商投资
炼钢	2743675	8221267	140368	211605
黑色金属铸造	495755	6938227	160729	141559
钢压延加工	4451437	23722192	579427	547373
铁合金冶炼	250257	4578661	13802	107346
有色金属冶炼和压延加工业	6889622	56051661	996684	1089630
常用有色金属冶炼	3514628	14612849	64135	305266
铜冶炼	370202	2070681	17020	138576
铅锌冶炼	214385	1689602	3190	
镍钴冶炼	256362	1522669	6360	
锡冶炼	122952	326378		725
锑冶炼	50500	209492		
铝冶炼	1484271	5612721	22924	94761
镁冶炼	815179	1240640		10202
其他常用有色金属冶炼	200777	1940666	14641	61002
贵金属冶炼	788778	2034235	14531	
金冶炼	94574	435259	14133	
银冶炼	689309	1227865		
其他贵金属冶炼	4895	371111	398	
稀有稀土金属冶炼	269640	1876223	141114	
钨钼冶炼	101055	667302	31892	
稀土金属冶炼	116988	819481		
其他稀有金属冶炼	51597	389440	109222	
有色金属合金制造	394602	7344307	84726	56929
有色金属铸造	54453	1533755	57530	21583
有色金属压延加工	1867521	28650292	634648	705852
铜压延加工	365736	4959716	20823	62954
铝压延加工	1303516	20124593	529886	531295
贵金属压延加工	26366	435650		20472
稀有稀土金属压延加工	53246	863830	33013	
其他有色金属压延加工	118657	2266503	50926	91131
金属制品业	2705294	82797378	1824989	1689218
结构性金属制品制造	1147780	34767882	432324	200914
金属结构制造	980509	24529882	347758	176569
金属门窗制造	167271	10238000	84566	24345
金属工具制造	343199	6746664	148994	216081
切削工具制造	86709	1920554	72657	88642
手工具制造	39837	781331	20572	45428
农用及园林用金属工具制造	7069	645137	9747	3628
刀剪及类似日用金属工具制造		642258	6220	38202
其他金属工具制造	209584	2757384	39798	40181

2-1-9　续表 13　　单位：万元

行　　业	投资中: 国有及国有控股投资	投资中: 内资投资	外商投资	港澳台商投资
集装箱及金属包装容器制造	119530	5560316	206379	213733
集装箱制造	53000	531264	53304	58588
金属压力容器制造	46685	2657317	29839	9074
金属包装容器制造	19845	2371735	123236	146071
金属丝绳及其制品制造	47282	4267974	57161	55894
建筑、安全用金属制品制造	533294	9421445	191265	120211
建筑、家具用金属配件制造	86244	2845170	25635	26069
建筑装饰及水暖管道零件制造	136224	3206637	81658	90312
安全、消防用金属制品制造	175551	1818897	21176	2230
其他建筑、安全用金属制品制造	135275	1550741	62796	1600
金属表面处理及热处理加工	48447	3925067	274093	354039
搪瓷制品制造	3450	821367	3235	12174
生产专用搪瓷制品制造		131648	170	
建筑装饰搪瓷制品制造		316416	3065	
搪瓷卫生洁具制造		210520		
搪瓷日用品及其他搪瓷制品制造	3450	162783		12174
金属制日用品制造	7439	4991123	145502	151450
金属制厨房用器具制造	900	1479719	54221	3648
金属制餐具和器皿制造		1073641	6330	98232
金属制卫生器具制造	697	348365	12264	
其他金属制日用品制造	5842	2089398	72687	49570
其他金属制品制造	454873	12295540	366036	364722
锻件及粉末冶金制品制造	164979	4435981	139741	12739
交通及公共管理用金属标牌制造	1287	625496		
其他未列明金属制品制造	288607	7234063	226295	351983
通用设备制造业	5403966	116405216	3578306	1448387
锅炉及原动设备制造	1147340	10622257	265890	90184
锅炉及辅助设备制造	281511	5291114	46547	39371
内燃机及配件制造	561275	3162284	195386	21308
汽轮机及辅机制造	211902	730072	19167	613
水轮机及辅机制造	10857	244830		
风能原动设备制造	78415	630303		15577
其他原动设备制造	3380	563654	4790	13315
金属加工机械制造	577026	25919393	412643	291231
金属切削机床制造	108034	4277386	65669	112215
金属成形机床制造	208097	3006264	37426	36079

2-1-9 续表 14

单位：万元

行　　业	投资中:	投资中:		
	国有及国有控股投资	内资投资	外商投资	港澳台商投资
铸造机械制造	29903	5423570	61870	53157
金属切割及焊接设备制造	87131	2023161	66994	19417
机床附件制造	85514	2617600	23291	15668
其他金属加工机械制造	58347	8571412	157393	54695
物料搬运设备制造	535222	13051444	760733	176692
轻小型起重设备制造	31966	1284361	28093	1579
起重机制造	282307	3883649	166310	2632
生产专用车辆制造	109853	1939434	99916	3103
连续搬运设备制造	14839	1141198	31392	26083
电梯、自动扶梯及升降机制造	66577	3746072	282322	125813
其他物料搬运设备制造	29680	1056730	152700	17482
泵、阀门、压缩机及类似机械制造	798666	15643806	639981	186464
泵及真空设备制造	340930	4819062	78868	43784
气体压缩机械制造	230647	1795618	166241	52781
阀门和旋塞制造	59980	4014904	172148	31658
液压和气压动力机械及元件制造	167109	5014222	222724	58241
轴承、齿轮和传动部件制造	844378	13148156	641358	131032
轴承制造	560790	6994431	482150	29192
齿轮及齿轮减、变速箱制造	247053	4781520	111804	64592
其他传动部件制造	36535	1372205	47404	37248
烘炉、风机、衡器、包装等设备制造	352197	11346036	298376	103530
烘炉、熔炉及电炉制造	15370	920901	21700	650
风机、风扇制造	136331	2000783	73786	22604
气体、液体分离及纯净设备制造	41742	1361999	46916	10475
制冷、空调设备制造	101604	3892934	100628	32677
风动和电动工具制造	24410	1254801	16569	27696
喷枪及类似器具制造	31940	198569	4849	
衡器制造		373832	9794	3819
包装专用设备制造	800	1342217	24134	5609
文化、办公用机械制造	30064	1076596	134409	88653
电影机械制造		61563	310	
幻灯及投影设备制造		163022	3000	7127
照相机及器材制造	2050	97845	19379	4849
复印和胶印设备制造		189217	78019	26376
计算器及货币专用设备制造	11781	110344	30332	2017

2-1-9　续表 15

单位：万元

行　　业	投资中:	投资中:		
	国有及国有控股投资	内资投资	外商投资	港澳台商投资
其他文化、办公用机械制造	16233	454605	3369	48284
通用零部件制造	688825	18663517	275762	149094
金属密封件制造		1008679	41294	23070
紧固件制造	49933	2358707	45217	31235
弹簧制造		659153	23624	33337
机械零部件加工	414365	10779872	101134	24207
其他通用零部件制造	224527	3857106	64493	37245
其他通用设备制造业	430248	6934011	149154	231507
专用设备制造业	8712245	108934041	2834025	2081120
采矿、冶金、建筑专用设备制造	4739974	34122004	539455	455316
矿山机械制造	929430	12341671	69316	15195
石油钻采专用设备制造	2378844	8174442	92529	133100
建筑工程用机械制造	505555	6227094	176789	90937
海洋工程专用设备制造	203676	1527968	148396	197000
建筑材料生产专用机械制造	154603	3097970	35327	19084
冶金专用设备制造	567866	2752859	17098	
化工、木材、非金属加工专用设备制造	681348	15313923	376615	592318
炼油、化工生产专用设备制造	242359	3284000	56786	10180
橡胶加工专用设备制造	91547	716006	18355	19923
塑料加工专用设备制造	32896	1832916	41461	244344
木材加工机械制造	2900	788403	5031	25731
模具制造	195433	6779493	251982	292140
其他非金属加工专用设备制造	116213	1913105	3000	
食品、饮料、烟草及饲料生产专用设备制造	86778	3136877	104166	45480
食品、酒、饮料及茶生产专用设备制造	11077	1112127	36822	40180
农副食品加工专用设备制造	23917	1557807	53674	
烟草生产专用设备制造	43784	200103		
饲料生产专用设备制造	8000	266840	13670	5300
印刷、制药、日化及日用品生产专用设备制造	263587	6322082	79761	92210
制浆和造纸专用设备制造	45305	902974	24686	6091
印刷专用设备制造	84474	974695	28790	38798
日用化工专用设备制造	32102	929511		
制药专用设备制造	63255	659726	3038	12280
照明器具生产专用设备制造	38451	1771720	12569	26843
玻璃、陶瓷和搪瓷制品生产专用设备制造		551055	10678	4896
其他日用品生产专用设备制造		532401		3302
纺织、服装和皮革加工专用设备制造	211089	3605126	173232	115773
纺织专用设备制造	197581	2544243	121389	78041
皮革、毛皮及其制品加工专用设备制造	3308	366691	20028	20543
缝制机械制造		562270	31815	17189

2-1-9 续表 16 单位：万元

行　　业	投资中：	投资中：		
	国有及国有控股投资	内资投资	外商投资	港澳台商投资
洗涤机械制造	10200	131922		
电子和电工机械专用设备制造	1110589	8908154	461608	107025
电工机械专用设备制造	290172	3761142	44147	13275
电子工业专用设备制造	820417	5147012	417461	93750
农、林、牧、渔专用机械制造	418648	9679173	184591	144795
拖拉机制造	106472	1485745	25226	37650
机械化农业及园艺机具制造	168938	3914205	44281	89490
营林及木竹采伐机械制造	17785	131728	83	
畜牧机械制造	13606	642825	36740	
渔业机械制造	4950	73868		
农林牧渔机械配件制造	40919	1727843	51121	11278
棉花加工机械制造	3918	190553		
其他农、林、牧、渔业机械制造	62060	1512406	27140	6377
医疗仪器设备及器械制造	278263	7904723	319509	337571
医疗诊断、监护及治疗设备制造	173882	2674621	85716	108728
口腔科用设备及器具制造	25000	173091		
医疗实验室及医用消毒设备和器具制造	12993	693919	11271	18538
医疗、外科及兽医用器械制造	17446	1371442	98427	37687
机械治疗及病房护理设备制造	2820	691973	10774	14480
假肢、人工器官及植(介)入器械制造	4725	162021	32300	37300
其他医疗设备及器械制造	41397	2137656	81021	120838
环保、社会公共服务及其他专用设备制造	921969	19941979	595088	190632
环境保护专用设备制造	452041	10320764	226195	82460
地质勘查专用设备制造	80347	523190	7616	4293
邮政专用机械及器材制造		21498		
商业、饮食、服务专用设备制造	2716	137698		8300
社会公共安全设备及器材制造	71885	965983	4100	4054
交通安全、管制及类似专用设备制造	81269	553924		5789
水资源专用机械制造	27457	889157	13496	
其他专用设备制造	206254	6529765	343681	85736
汽车制造业	14145299	85267203	13961136	1705968
汽车整车制造	8044094	13213270	7277325	465064
改装汽车制造	248773	2622307	38179	2100
低速载货汽车制造	69432	906233	26564	
电车制造	85675	2518358	59382	12690
汽车车身、挂车制造	254955	2395749	148142	56074
汽车零部件及配件制造	5442370	63611286	5411544	1170040

2-1-9　续表 17

单位：万元

行　　业	投资中: 国有及国有控股投资	投资中: 内资投资	外商投资	港澳台商投资
铁路、船舶、航空航天和其他运输设备制造业	7084499	29929285	1228247	411995
铁路运输设备制造	1428475	5392234	97981	5236
铁路机车车辆及动车组制造	584813	961700		4952
窄轨机车车辆制造		140337		
铁路机车车辆配件制造	554065	1697450	41676	
铁路专用设备及器材、配件制造	197098	2166846	12152	284
其他铁路运输设备制造	92499	425901	44153	
城市轨道交通设备制造	282521	1075436	56406	12827
船舶及相关装置制造	1505544	7368998	517668	155031
金属船舶制造	673379	2742854	244054	44932
非金属船舶制造	638	372523	3200	861
娱乐船和运动船制造		1196808	47131	98890
船用配套设备制造	560599	2175731	145162	10348
船舶改装与拆除	220809	553456	63261	
航标器材及其他相关装置制造	50119	327626	14860	
摩托车制造	594304	3620160	136809	52857
摩托车整车制造	297539	1294905	80649	14017
摩托车零部件及配件制造	296765	2325255	56160	38840
自行车制造	152326	4150470	133436	70152
脚踏自行车及残疾人座车制造	126776	780067	88568	41910
助动自行车制造	25550	3370403	44868	28242
非公路休闲车及零配件制造	2200	543735	63225	6473
潜水救捞及其他未列明运输设备制造	3119129	7778252	222722	109419
其他未列明运输设备制造	3119129	7778252	222722	109419
电气机械和器材制造业	5654842	98266905	3329969	2438183
电机制造	1093386	10722329	440663	334800
发电机及发电机组制造	456534	4670351	196106	54411
电动机制造	486179	3332290	130537	45110
微电机及其他电机制造	150673	2719688	114020	235279
输配电及控制设备制造	2029554	31965669	1065878	722729
变压器、整流器和电感器制造	449204	6311276	148665	128520
电容器及其配套设备制造	20445	1650198	18176	94510
配电开关控制设备制造	220806	5702103	57801	84058
电力电子元器件制造	319191	6461618	419153	153791
光伏设备及元器件制造	306629	7976262	374240	212472
其他输配电及控制设备制造	713279	3864212	47843	49378
电线、电缆、光缆及电工器材制造	1027548	16697716	365699	234549
电线、电缆制造	865239	12652948	239731	158804
光纤、光缆制造	62237	1210726	55551	20027

2-1-9 续表 18

单位：万元

行业	投资中：国有及国有控股投资	投资中：内资投资	外商投资	港澳台商投资
绝缘制品制造	22416	1180208		43218
其他电工器材制造	77656	1653834	70417	12500
电池制造	448971	10272098	464747	326578
锂离子电池制造	215176	5514200	238770	252883
镍氢电池制造	4706	450811	43581	3100
其他电池制造	229089	4307087	182396	70595
家用电力器具制造	214554	8779171	573137	509928
家用制冷电器具制造	64171	1892920	138621	52407
家用空气调节器制造	51434	1087457	88921	53576
家用通风电器具制造	2563	303662	8920	157020
家用厨房电器具制造	8458	1899217	57947	142848
家用清洁卫生电器具制造	10000	695039	72020	16891
家用美容、保健电器具制造		263180	27137	2772
家用电力器具专用配件制造	48819	967706	102338	24883
其他家用电力器具制造	29109	1669990	77233	59531
非电力家用器具制造	156506	4209477	86814	49773
燃气、太阳能及类似能源家用器具制造	156506	3882615	66069	49773
其他非电力家用器具制造		326862	20745	
照明器具制造	400644	11068374	291220	247648
电光源制造	202796	3196350	48188	63413
照明灯具制造	182513	6570193	196696	180335
灯用电器附件及其他照明器具制造	15335	1301831	46336	3900
其他电气机械及器材制造	283679	4552071	41811	12178
电气信号设备装置制造	49503	919874	4591	2996
其他未列明电气机械及器材制造	234176	3632197	37220	9182
计算机、通信和其他电子设备制造业	11686093	62409792	10972888	6345483
计算机制造	795549	5998324	1185063	1149289
计算机整机制造	156747	1246563	361302	242631
计算机零部件制造	262024	2425980	237470	629436
计算机外围设备制造	97998	768674	255276	194520
其他计算机制造	278780	1557107	331015	82702
通信设备制造	1439953	8834468	729236	1334270
通信系统设备制造	745284	4543821	201663	454622
通信终端设备制造	694669	4290647	527573	879648
广播电视设备制造	58799	1885054	21882	99988
广播电视节目制作及发射设备制造	15174	447182	1802	16160
广播电视接收设备及器材制造	9963	777442	2381	12290
应用电视设备及其他广播电视设备制造	33662	660430	17699	71538
视听设备制造	261292	1544370	448921	288128
电视机制造	190792	827758	111807	90369

2-1-9　续表 19

单位：万元

行　业	投资中:	投资中:		
	国有及国有控股投资	内资投资	外商投资	港澳台商投资
音响设备制造	26702	421165	98015	45576
影视录放设备制造	43798	295447	239099	152183
电子器件制造	6572575	20728010	6114496	1476841
电子真空器件制造	88562	956951	75890	13650
半导体分立器件制造	106720	682131	288169	103658
集成电路制造	596717	2695040	3514862	242972
光电子器件及其他电子器件制造	5780576	16393888	2235575	1116561
电子元件制造	782968	14266042	1728860	1489248
电子元件及组件制造	646257	12326656	1117553	1051904
印制电路板制造	136711	1939386	611307	437344
其他电子设备制造	1774957	9153524	744430	507719
仪器仪表制造业	1143884	13817704	633662	419763
通用仪器仪表制造	519904	7171676	283815	190180
工业自动控制系统装置制造	277530	3789799	211942	38352
电工仪器仪表制造	165438	1268749	3750	24009
绘图、计算及测量仪器制造	25210	528148	3792	9316
实验分析仪器制造	1511	539482	17081	14008
试验机制造	32828	201833	185	
供应用仪表及其他通用仪器制造	17387	843665	47065	104495
专用仪器仪表制造	371201	3210457	87522	32429
环境监测专用仪器仪表制造	23949	418191	20866	5164
运输设备及生产用计数仪表制造	8103	506161	40738	14660
农林牧渔专用仪器仪表制造		82938		
地质勘探和地震专用仪器制造	29990	182710	3497	
教学专用仪器制造	4859	179059		2550
电子测量仪器制造	29612	500180	7025	10055
其他专用仪器制造	274688	1341218	15396	
钟表与计时仪器制造	13925	327676	29780	44646
光学仪器及眼镜制造	85113	1335163	184088	107434
光学仪器制造	84903	955232	71184	33309
眼镜制造	210	379931	112904	74125
其他仪器仪表制造业	153741	1772732	48457	45074
其他制造业	6918260	19908872	294649	137691
日用杂品制造	9462	1937109	68154	70691
鬃毛加工、制刷及清扫工具制造	3485	558945		3097
其他日用杂品制造	5977	1378164	68154	67594
煤制品制造	71973	1877929		
其他未列明制造业	6836825	16093834	226495	67000
废弃资源综合利用业	1179668	11682164	110683	106781
金属废料和碎屑加工处理	434051	6990089	74449	80658
非金属废料和碎屑加工处理	745617	4692075	36234	26123

2-1-9 续表 20

单位：万元

行 业	投资中：国有及国有控股投资	投资中：内资投资	外商投资	港澳台商投资
金属制品、机械和设备修理业	940507	3125131	94800	51453
金属制品修理	91261	528328	2307	
通用设备修理	24032	308996		7000
专用设备修理	112851	569174	8110	
铁路、船舶、航空航天等运输设备修理	610925	954566	56033	44453
铁路运输设备修理	25329	37924		
船舶修理	246298	358877	50600	12904
航空航天器修理	128755	217226	5433	31549
其他运输设备修理	210543	340539		
电气设备修理	7400	124302		
仪器仪表修理		9361	9000	
其他机械和设备修理业	94038	630404	19350	
（四）电力、热力、燃气及水生产和供应业	**150913575**	**220620743**	**2453385**	**5175952**
电力、热力生产和供应业	119813374	168650931	1742444	3931362
电力生产	68182435	107031067	1348846	3555780
火力发电	22255888	29411654	590558	2663234
水力发电	13913363	19961369	2249	36657
核力发电	9398236	9417169		
风力发电	15885829	24006843	409041	429612
太阳能发电	5060074	17995517	147854	217174
其他电力生产	1669045	6238515	199144	209103
电力供应	43784710	46468708	84123	157880
热力生产和供应	7846229	15151156	309475	217702
燃气生产和供应业	9913274	21069200	363770	982952
燃气生产和供应业	9913274	21069200	363770	982952
水的生产和供应业	21186927	30900612	347171	261638
自来水生产和供应	10755212	14307358	145323	99424
污水处理及其再生利用	9048004	14306878	172598	162214
其他水的处理、利用与分配	1383711	2286376	29250	
（五）建筑业	**21653800**	**40141479**	**124412**	**74585**
房屋建筑业	6070173	13171014	8200	13167
房屋建筑业	6070173	13171014	8200	13167
土木工程建筑业	13810303	20266310	83630	51513
铁路、道路、隧道和桥梁工程建筑	9875995	13199517	13400	8563
铁路工程建筑	595727	693874		
公路工程建筑	3930773	4997954		3762
市政道路工程建筑	3422535	5003271		4801
其他道路、隧道和桥梁工程建筑	1926960	2504418	13400	
水利和内河港口工程建筑	1931673	2752869		
水源及供水设施工程建筑	602542	859128		

2-1-9　续表 21　　单位：万元

行　业	投资中：国有及国有控股投资	投资中：内资投资	外商投资	港澳台商投资
河湖治理及防洪设施工程建筑	1085787	1340253		
港口及航运设施工程建筑	243344	553488		
海洋工程建筑	69208	378802		
工矿工程建筑	55865	374442	5660	8750
架线和管道工程建筑	869131	1292225	38670	2200
架线及设备工程建筑	432691	654708		
管道工程建筑	436440	637517	38670	2200
其他土木工程建筑	1008431	2268455	25900	32000
建筑安装业	560774	2044483	4000	8191
电气安装	141209	575751		
管道和设备安装	162115	502030		8191
其他建筑安装业	257450	966702	4000	
建筑装饰和其他建筑业	1212550	4659672	28582	1714
建筑装饰业	198448	1681619	9650	1714
工程准备活动	348129	617368		
建筑物拆除活动	139244	164523		
其他工程准备活动	208885	452845		
提供施工设备服务	3575	330139		
其他未列明建筑业	662398	2030546	18932	
（六）批发和零售业	**14141715**	**151160650**	**2073467**	**2291338**
批发业	5899855	73806691	905538	494178
农、林、牧产品批发	894113	8015137	14576	1300
谷物、豆及薯类批发	402855	2366785		
种子批发	20454	664313		
饲料批发	16173	217272		
棉、麻批发	4000	158879		
林业产品批发	57408	881860	4204	
牲畜批发	24304	466161	4300	
其他农牧产品批发	368919	3259867	6072	1300
食品、饮料及烟草制品批发	1586121	10596871	295930	114717
米、面制品及食用油批发	142315	1207470	22987	
糕点、糖果及糖批发	7581	203096		
果品、蔬菜批发	739275	4224503	229818	75435
肉、禽、蛋、奶及水产品批发	269428	2248304	18882	16500
盐及调味品批发	25546	98237		
营养和保健品批发	7270	94561	6443	300
酒、饮料及茶叶批发	75592	998050	17800	5469
烟草制品批发	272486	319675		4365
其他食品批发	46628	1202975		12648
纺织、服装及家庭用品批发	485748	8276846	156481	123927

2-1-9 续表 22

单位：万元

行业	投资中:	投资中:		
	国有及国有控股投资	内资投资	外商投资	港澳台商投资
纺织品、针织品及原料批发	205478	2342227		15358
服装批发	153767	2599376	10968	15022
鞋帽批发	14656	256782		6148
化妆品及卫生用品批发		210734	33232	8930
厨房、卫生间用具及日用杂货批发	900	486761		
灯具、装饰物品批发	21677	608513		
家用电器批发	21900	593174	92044	49530
其他家庭用品批发	67370	1179279	20237	28939
文化、体育用品及器材批发	67726	1391692	7830	15769
文具用品批发	8126	311122		
体育用品及器材批发	3250	100656	7830	
图书批发	36432	140404		
报刊批发		23360		
音像制品及电子出版物批发		54566		
首饰、工艺品及收藏品批发	19918	549675		15769
其他文化用品批发		211909		
医药及医疗器材批发	135943	2264363	19480	17189
西药批发	29920	762142	19000	14239
中药批发	61077	645757		
医疗用品及器材批发	44946	856464	480	2950
矿产品、建材及化工产品批发	1563573	22815520	206151	140148
煤炭及制品批发	140222	2503335	2300	862
石油及制品批发	591784	2908663	94217	19699
非金属矿及制品批发	13650	364864		
金属及金属矿批发	237533	3534516	3669	3000
建材批发	547431	11518694	72215	111737
化肥批发	13610	549716		
农药批发		163700		
农用薄膜批发		27327		
其他化工产品批发	19343	1244705	33750	4850
机械设备、五金产品及电子产品批发	683572	12578026	112749	61895
农业机械批发	98332	1033952		
汽车批发	396250	2472917		
汽车零配件批发	22185	1489213	16459	6664
摩托车及零配件批发		191019		
五金产品批发	42952	2828895	59392	35568
电气设备批发	41266	911360	7816	5200
计算机、软件及辅助设备批发	1855	487127	19949	2810
通讯及广播电视设备批发	21789	168387		
其他机械设备及电子产品批发	58943	2995156	9133	11653

2-1-9 续表 23

单位：万元

行　　业	投资中：国有及国有控股投资	投资中：内资投资	外商投资	港澳台商投资
贸易经纪与代理	148511	3737198	44034	11279
贸易代理	79036	2326814	4315	3629
拍卖		41240		
其他贸易经纪与代理	69475	1369144	39719	7650
其他批发业	334548	4131038	48307	7954
再生物资回收与批发	41944	1425435	34081	
其他未列明批发业	292604	2705603	14226	7954
零售业	8241860	77353959	1167929	1797160
综合零售	4101793	32128769	612860	1519467
百货零售	2046233	17123720	390777	534858
超级市场零售	814073	7689189	188350	394474
其他综合零售	1241487	7315860	33733	590135
食品、饮料及烟草制品专门零售	689760	3430965	15419	4950
粮油零售	64787	320441		
糕点、面包零售		100382	610	
果品、蔬菜零售	224421	815628		
肉、禽、蛋、奶及水产品零售	113389	737340		4950
营养和保健品零售		103104		
酒、饮料及茶叶零售	65640	488407	5229	
烟草制品零售	8935	40522		
其他食品零售	212588	825141	9580	
纺织、服装及日用品专门零售	525673	3462939	12560	39002
纺织品及针织品零售	10753	465358	560	
服装零售	358854	2047308	9500	7555
鞋帽零售	3000	64342		
化妆品及卫生用品零售	108	98140		
钟表、眼镜零售		99570		
箱、包零售	1289	68527		30071
厨房用具及日用杂品零售	1271	97377		
自行车零售		55648		
其他日用品零售	150398	466669	2500	1376
文化、体育用品及器材专门零售	273071	1930020	22640	17988
文具用品零售	9865	48511		
体育用品及器材零售	2320	72912		1504
图书、报刊零售	49981	97935		
音像制品及电子出版物零售	2600	13633		
珠宝首饰零售	101962	946802	22640	3000
工艺美术品及收藏品零售	100793	523795		10534
乐器零售		19774		2950
照相器材零售		54540		

2-1-9 续表 24

单位：万元

行业	投资中：国有及国有控股投资	投资中：内资投资	外商投资	港澳台商投资
其他文化用品零售	5550	152118		
医药及医疗器材专门零售	49742	1202542		
药品零售	47386	865430		
医疗用品及器材零售	2356	337112		
汽车、摩托车、燃料及零配件专门零售	1602923	20994273	216271	198054
汽车零售	718975	15973992	197210	87500
汽车零配件零售	19610	1690571	400	76700
摩托车及零配件零售	9800	89382		
机动车燃料零售	854538	3240328	18661	33854
家用电器及电子产品专门零售	48005	2463231	28416	
家用视听设备零售	11606	238285		
日用家电设备零售	2450	763682		
计算机、软件及辅助设备零售	6607	435852	28018	
通信设备零售	26788	361240		
其他电子产品零售	554	664172	398	
五金、家具及室内装饰材料专门零售	408455	7864290	244392	800
五金零售	22795	1226167		
灯具零售	6000	286230	3900	
家具零售	168536	3924065	215292	800
涂料零售		92080		
卫生洁具零售		79191		
木质装饰材料零售		328835		
陶瓷、石材装饰材料零售	12980	898088		
其他室内装饰材料零售	198144	1029634	25200	
货摊、无店铺及其他零售业	542438	3876930	15371	16899
货摊食品零售	34997	92365		
货摊纺织、服装及鞋零售		46685		
货摊日用品零售	1865	63307		
互联网零售	19839	702642		13891
邮购及电视、电话零售		15738		
旧货零售		32415		
生活用燃料零售	45248	603287	9871	3008
其他未列明零售业	440489	2320491	5500	
(七)交通运输、仓储和邮政业	**324659655**	**421520810**	**3644986**	**3729419**
铁路运输业	74271501	76847154		224540
铁路旅客运输	40041500	40163115		116940
铁路货物运输	28012489	30094001		3500
铁路运输辅助活动	6217512	6590038		104100
客运火车站	1471622	1571433		3800
货运火车站	200688	328416		1800

2-1-9　续表 25

单位：万元

行　　业	投资中:	投资中:		
	国有及国有控股投资	内资投资	外商投资	港澳台商投资
其他铁路运输辅助活动	4545202	4690189		98500
道路运输业	209437270	244095247	428529	607854
城市公共交通运输	38525698	40527301	64072	221179
公共电汽车客运	4546715	5281629	9050	11374
城市轨道交通	30154676	30265783	2207	208389
出租车客运	222385	438071	23985	1416
其他城市公共交通运输	3601922	4541818	28830	
公路旅客运输	80942894	87554565	158721	59572
道路货物运输	39197080	57688667	197679	265698
道路运输辅助活动	50771598	58324714	8057	61405
客运汽车站	1744612	2503163		12365
公路管理与养护	39352655	43354912	6057	37955
其他道路运输辅助活动	9674331	12466639	2000	11085
水上运输业	14588315	23128668	519202	697908
水上旅客运输	467806	710960	29737	
海洋旅客运输	128733	214867	28760	
内河旅客运输	216961	351728		
客运轮渡运输	122112	144365	977	
水上货物运输	2557267	5889248	5809	137454
远洋货物运输	743888	1250626	809	
沿海货物运输	1195189	2541760		128701
内河货物运输	618190	2096862	5000	8753
水上运输辅助活动	11563242	16528460	483656	560454
客运港口	349889	443511		345
货运港口	8857277	13023302	460011	547367
其他水上运输辅助活动	2356076	3061647	23645	12742
航空运输业	12351271	12923791	148773	1231647
航空客货运输	6284221	6394159	146795	1187670
航空旅客运输	6015536	6085115	110995	1187670
航空货物运输	268685	309044	35800	
通用航空服务	149220	481316		657
航空运输辅助活动	5917830	6048316	1978	43320
机场	4958958	5000284		31000
空中交通管理	13665	22365		
其他航空运输辅助活动	945207	1025667	1978	12320
管道运输业	2302547	3019830	84102	50812
管道运输业	2302547	3019830	84102	50812
装卸搬运和运输代理业	1186239	11504962	437530	77319
装卸搬运	351033	1620775	151501	6184
运输代理业	835206	9884187	286029	71135

2-1-9 续表 26

单位：万元

行　　业	投资中：国有及国有控股投资	投资中：内资投资	外商投资	港澳台商投资
货物运输代理	593058	7567024	259894	27669
旅客票务代理	7000	33350		12862
其他运输代理业	235148	2283813	26135	30604
仓储业	10135936	48752389	1992603	837839
谷物、棉花等农产品仓储	3022639	11049753	93074	23537
谷物仓储	2267531	5709540	39700	10500
棉花仓储	89084	631070		900
其他农产品仓储	666024	4709143	53374	12137
其他仓储业	7113297	37702636	1899529	814302
邮政业	386576	1248769	34247	1500
邮政基本服务	254672	363724	7400	1500
快递服务	131904	885045	26847	
（八）住宿和餐饮业	**8013274**	**59320842**	**1105171**	**1461417**
住宿业	6450828	43573422	940732	1241053
旅游饭店	5091047	33353502	870849	1097293
一般旅馆	724623	5938597	20320	81325
其他住宿业	635158	4281323	49563	62435
餐饮业	1562446	15747420	164439	220364
正餐服务	1173099	12153519	85982	192099
快餐服务	70724	825162	74897	12958
饮料及冷饮服务	109863	659495		12212
茶馆服务	50696	184252		
咖啡馆服务	7950	119945		10952
酒吧服务	41417	229122		1260
其他饮料及冷饮服务	9800	126176		
其他餐饮业	208760	2109244	3560	3095
小吃服务	56490	381817		
餐饮配送服务	2931	226590		1800
其他未列明餐饮业	149339	1500837	3560	1295
（九）信息传输、软件和信息技术服务业	**20416771**	**36437941**	**2524463**	**2067358**
电信、广播电视和卫星传输服务	15398746	17952845	1852812	847611
电信	14504277	16689778	1843526	847611
固定电信服务	3083483	3225332		259908
移动电信服务	10579328	12394768	1832564	587703
其他电信服务	841466	1069678	10962	
广播电视传输服务	858590	1187941	9286	
有线广播电视传输服务	715005	900041	9286	
无线广播电视传输服务	143585	287900		
卫星传输服务	35879	75126		
互联网和相关服务	1535769	3166242	222597	711153

2-1-9 续表 27

单位：万元

行　业	投资中：国有及国有控股投资	投资中：内资投资	外商投资	港澳台商投资
互联网接入及相关服务	793109	1143177	21407	284130
互联网信息服务	545510	1454469	191110	388575
其他互联网服务	197150	568596	10080	38448
软件和信息技术服务业	3482256	15318854	449054	508594
软件开发	1660509	6878798	227143	271420
信息系统集成服务	362609	2273986	20082	24895
信息技术咨询服务	283077	1409885	10658	12370
数据处理和存储服务	527584	1950999	121626	93378
集成电路设计	137476	411162	14650	10985
其他信息技术服务业	511001	2394024	54895	95546
数字内容服务	70219	275347		8000
呼叫中心	34225	327332		61853
其他未列明信息技术服务业	406557	1791345	54895	25693
（十）金融业	**6805955**	**13186384**	**106412**	**336927**
货币金融服务	4138407	6830396	32979	145030
中央银行服务	311241	737171		80102
货币银行服务	3647910	5533586	32979	4157
非货币银行服务	156266	536649		60771
金融租赁服务	46070	123106		60771
财务公司	22654	47334		
典当		63069		
其他非货币银行服务	87542	303140		
银行监管服务	22990	22990		
资本市场服务	1001262	3621414	511	138060
证券市场服务	554501	670857	511	
证券市场管理服务	158640	214107		
证券经纪交易服务	387517	432167		
基金管理服务	8344	24583	511	
期货市场服务	111722	138853		27712
期货市场管理服务	111722	128718		27712
其他期货市场服务		10135		
证券期货监管服务	24268	26188		
资本投资服务	261398	2451893		
其他资本市场服务	49373	333623		110348
保险业	906646	1095349	49701	
人身保险	615746	712483	49701	
人寿保险	614726	709113	49701	
健康和意外保险	1020	3370		
财产保险	274007	322396		
再保险				

2-1-9 续表 28

单位：万元

行业	投资中：国有及国有控股投资	投资中：内资投资	外商投资	港澳台商投资
养老金		3650		
保险经纪与代理服务		30789		
保险监管服务	5285	5285		
其他保险活动	11608	20746		
风险和损失评估		3959		
其他未列明保险活动	11608	16787		
其他金融业	759640	1639225	23221	53837
金融信托与管理服务	319958	544397	15815	32091
控股公司服务	38930	263885		
非金融机构支付服务	324	12743		21086
金融信息服务	117960	254208		
其他未列明金融业	282468	563992	7406	660
(十一)房地产业	**279811192**	**1148089664**	**25258276**	**62234487**
房地产业	279811192	1148089664	25258276	62234487
房地产开发经营	159713968	916895870	24290140	60931009
物业管理	689021	4036039	42125	12214
房地产中介服务	73890	195304		4833
自有房地产经营活动	6539944	20577902	276544	659965
其他房地产业	112794369	206384549	649467	626466
(十二)租赁和商务服务业	**21646263**	**76812824**	**1358074**	**1364330**
租赁业	1197981	7110035	5389	20692
机械设备租赁	1127130	6946201	5389	17967
汽车租赁	21647	567037		
农业机械租赁		78747		
建筑工程机械与设备租赁	35475	1061754		6661
计算机及通讯设备租赁	1000	22535		
其他机械与设备租赁	1069008	5216128	5389	11306
文化及日用品出租	70851	163834		2725
娱乐及体育设备出租	70841	120593		2725
图书出租		2866		
音像制品出租				
其他文化及日用品出租	10	40375		
商务服务业	20448282	69702789	1352685	1343638
企业管理服务	9630079	27215554	624688	667374
企业总部管理	2325706	8352611	158730	271639
投资与资产管理	5887979	14675579	318894	369905
单位后勤管理服务	456268	777047	1000	11711
其他企业管理服务	960126	3410317	146064	14119
法律服务	16079	111647		
律师及相关法律服务	2225	87454		

2-1-9　续表 29　　　　单位：万元

行　　业	投资中：国有及国有控股投资	投资中：内资投资	外商投资	港澳台商投资
公证服务		189		
其他法律服务	13854	24004		
咨询与调查	168925	1545587	321559	11775
会计、审计及税务服务	17600	127509		
市场调查	953	12983		
社会经济咨询	44363	466639	1800	2775
其他专业咨询	106009	938456	319759	9000
广告业	155619	2024081	3000	2187
知识产权服务	194257	264107		
人力资源服务	494449	1016556		3190
公共就业服务	235038	314183		
职业中介服务	17440	85434		3190
劳务派遣服务	4896	240660		
其他人力资源服务	237075	376279		
旅行社及相关服务	1529579	6849474	72262	139021
旅行社服务	55987	560572		6080
旅游管理服务	1367476	5775855	63754	132941
其他旅行社相关服务	106116	513047	8508	
安全保护服务	256035	526056		
安全服务	141130	233920		
安全系统监控服务	85754	194291		
其他安全保护服务	29151	97845		
其他商务服务业	8003260	30149727	331176	520091
市场管理	1868078	10894727	200340	71946
会议及展览服务	3451024	6504712	52180	284408
包装服务	11633	383294		850
办公服务	433139	1687890		22301
信用服务	38973	64051		
担保服务	199506	289912		2680
其他未列明商务服务业	2000907	10325141	78656	137906
（十三）科学研究和技术服务业	**14857944**	**40919231**	**995444**	**276285**
研究和试验发展	5619197	12666401	569111	134399
自然科学研究和试验发展	726084	1386729		4020
工程和技术研究和试验发展	3837372	8030457	466750	103539
农业科学研究和试验发展	518367	1872820	46018	2775
医学研究和试验发展	397906	1142966	56343	24065
社会人文科学研究	139468	233429		
专业技术服务业	6021096	15324946	270714	66639

2-1-9 续表 30

单位：万元

行　　业	投资中：国有及国有控股投资	投资中：内资投资	外商投资	港澳台商投资
气象服务	357160	425502		
地震服务	113991	127085		
海洋服务	174581	329946	11865	1814
测绘服务	146723	272396	2992	
质检技术服务	615408	2558873	34152	7532
环境与生态监测	247928	676472		
环境保护监测	210782	600809		
生态监测	37146	75663		
地质勘查	1220070	2198525		2600
能源矿产地质勘查	511508	737743		
固体矿产地质勘查	319934	938322		
水、二氧化碳等矿产地质勘查	6206	24086		
基础地质勘查	162922	238053		
地质勘查技术服务	219500	260321		2600
工程技术	2275374	4864372	51354	
工程管理服务	928725	1546525	36415	
工程勘察设计	530885	1317365	14939	
规划管理	815764	2000482		
其他专业技术服务业	869861	3871775	170351	54693
专业化设计服务	299082	1145416	75846	54693
摄影扩印服务	6452	198536		
兽医服务	27766	48817		
其他未列明专业技术服务业	536561	2479006	94505	
科技推广和应用服务业	3217651	12927884	155619	75247
技术推广服务	1512137	8487203	56770	74625
农业技术推广服务	734059	3262779	1450	5250
生物技术推广服务	119358	1005886	3284	9132
新材料技术推广服务	174985	1102757	21520	
节能技术推广服务	179190	1635981		3400
其他技术推广服务	304545	1479800	30516	56843
科技中介服务	929775	1802968	85142	622
其他科技推广和应用服务业	775739	2637713	13707	
(十四)水利、环境和公共设施管理业	**347557989**	**460309012**	**819966**	**1115307**
水利管理业	51987563	59697055	127760	76465
防洪除涝设施管理	26354388	30352601	23460	54445
水资源管理	7092549	8115768		
天然水收集与分配	9662383	10568002	3500	832
水文服务	183697	219208		

2-1-9 续表 31　　　　单位：万元

行　　业	投资中：国有及国有控股投资	投资中：内资投资	外商投资	港澳台商投资
其他水利管理业	8694546	10441476	100800	21188
生态保护和环境治理业	10632537	17907393	61978	107739
生态保护	2979916	4796469		800
自然保护区管理	1324420	1742742		
野生动物保护	176031	657182		
野生植物保护	167875	272287		
其他自然保护	1311590	2124258		800
环境治理业	7652621	13110924	61978	106939
水污染治理	4958479	7059029	7131	35457
大气污染治理	326109	1103187	1500	52792
固体废物治理	897589	2071440	5590	10696
危险废物治理	123770	324177	3342	21
放射性废物治理		21848		
其他污染治理	1346674	2531243	44415	7973
公共设施管理业	284937889	382704564	630228	931103
市政设施管理	229365688	277681625	278177	224044
环境卫生管理	4121535	6534591	20951	5027
城乡市容管理	9974347	15747401	4700	27435
绿化管理	13845808	17554929	12500	34790
公园和游览景区管理	27630511	65186018	313900	639807
公园管理	11544931	18492321	12413	185194
游览景区管理	16085580	46693697	301487	454613
（十五）居民服务、修理和其他服务业	**5864771**	**22608417**	**54701**	**92742**
居民服务业	4545755	13441078	38999	57495
家庭服务	326457	538528		
托儿所服务	127030	362668		
洗染服务	4365	93578		
理发及美容服务	10334	217498	5853	
洗浴服务	153167	1542392	4872	6080
保健服务	105871	363975		
婚姻服务	8902	137774		2500
殡葬服务	704654	1594559	490	48915
其他居民服务业	3104975	8590106	27784	
机动车、电子产品和日用产品修理业	378062	5051781	11250	6712
汽车、摩托车修理与维护	142428	4454109	11250	86
汽车修理与维护	141408	4430300	11250	86
摩托车修理与维护	1020	23809		
计算机和办公设备维修	232434	420474		6626

2-1-9 续表 32

单位：万元

行　业	投资中: 国有及国有控股投资	投资中: 内资投资	外商投资	港澳台商投资
计算机和辅助设备修理	86873	156495		
通讯设备修理	105005	122501		6626
其他办公设备维修	40556	141478		
家用电器修理		66688		
家用电子产品修理		36054		
日用电器修理		30634		
其他日用产品修理业	3200	110510		
自行车修理		3283		
鞋和皮革修理		6622		
家具和相关物品修理		16878		
其他未列明日用产品修理业	3200	83727		
其他服务业	940954	4115558	4452	28535
清洁服务	12045	409338	4452	3420
建筑物清洁服务	2800	90432		
其他清洁服务	9245	318906	4452	3420
其他未列明服务业	928909	3706220		25115
(十六)教育	**48375892**	**66480385**	**224920**	**350919**
教育	48375892	66480385	224920	350919
学前教育	2905381	4939103	10128	10086
初等教育	10016151	12601278	12126	84981
普通小学教育	9855786	12417859	12126	84981
成人小学教育	160365	183419		
中等教育	18620444	23256714	24920	18818
普通初中教育	8981880	11289404		13938
职业初中教育	433803	522475		1094
成人初中教育	113205	132365		
普通高中教育	5479972	6621308	22120	3786
成人高中教育	85177	105471		
中等职业学校教育	3526407	4585691	2800	
高等教育	12333268	16272616	94405	206407
普通高等教育	11279595	14998112	94405	130238
成人高等教育	1053673	1274504		76169
特殊教育	257941	402083		
技能培训、教育辅助及其他教育	4242707	9008591	83341	30627
职业技能培训	2221587	5710154	64955	17633
体校及体育培训	207619	379895		
文化艺术培训	107927	448516		
教育辅助服务	363223	531623		3894

2-1-9　续表 33

单位：万元

行　业	投资中:	投资中:		
	国有及国有控股投资	内资投资	外商投资	港澳台商投资
其他未列明教育	1342351	1938403	18386	9100
(十七)卫生和社会工作	**26448001**	**39721390**	**40345**	**148655**
卫生	22930506	31816217	39092	127816
医院	18843726	25903675	33952	117635
综合医院	14456168	18770407	22100	117635
中医医院	1881038	2238041		
中西医结合医院	443888	688855		
民族医院	71498	79119		
专科医院	1611953	3197474	11852	
疗养院	379181	929779		
社区医疗与卫生院	2314546	3319947	1990	5891
社区卫生服务中心(站)	491801	875282	1990	
街道卫生院	178610	279736		
乡镇卫生院	1644135	2164929		5891
门诊部(所)	79587	269652	3150	
计划生育技术服务活动	144839	234922		
妇幼保健院(所、站)	738813	920917		
专科疾病防治院(所、站)	77427	131529		
疾病预防控制中心	323459	357672		
其他卫生活动	408109	677903		4290
社会工作	3517495	7905173	1253	20839
提供住宿社会工作	3138526	7255958	453	20839
干部休养所	107942	162376		
护理机构服务	310725	843151		
精神康复服务	65068	81956		
老年人、残疾人养护服务	2110143	5500254	453	20839
孤残儿童收养和庇护服务	123528	144369		
其他提供住宿社会救助	421120	523852		
不提供住宿社会工作	378969	649215	800	
社会看护与帮助服务	225752	354420	800	
其他不提供住宿社会工作	153217	294795		
(十八)文化、体育和娱乐业	**26478483**	**60107437**	**1066524**	**566646**
新闻和出版业	747594	1023548		
新闻业	241441	282964		
出版业	506153	740584		
图书出版	180894	251622		
报纸出版	267170	321060		
期刊出版	12243	20975		

2-1-9 续表 34

单位：万元

行　业	投资中:	投资中:		
	国有及国有控股投资	内资投资	外商投资	港澳台商投资
音像制品出版		11873		
电子出版物出版	41166	47637		
其他出版业	4680	87417		
广播、电视、电影和影视录音制作业	2174024	5610636	9000	30684
广播	204181	222907		
电视	952977	1070232		
电影和影视节目制作	734793	2570920	4500	7355
电影和影视节目发行	49676	402401		
电影放映	226426	1308392	4500	23329
录音制作	5971	35784		
文化艺术业	13609966	26908068	21560	123012
文艺创作与表演	366702	1093029		
艺术表演场馆	1272096	2374518		1550
图书馆与档案馆	1063443	1326360		
图书馆	694078	931374		
档案馆	369365	394986		
文物及非物质文化遗产保护	3755823	5837966		17198
博物馆	2115516	3645002	3000	22450
烈士陵园、纪念馆	553701	722066		
群众文化活动	2880990	5973295	9120	2600
其他文化艺术业	1601695	5935832	9440	79214
体育	5893999	10258439	61834	95886
体育组织	62153	171030		10058
体育场馆	3627161	4903090	20000	3977
休闲健身活动	1910998	4601974	41834	81851
其他体育	293687	582345		
娱乐业	4052900	16306746	974130	317064
室内娱乐活动	450214	3052763	2753	27578
歌舞厅娱乐活动	203519	1311678	2253	550
电子游艺厅娱乐活动		66017		8315
网吧活动		275766		
其他室内娱乐活动	246695	1399302	500	18713
游乐园	2411252	7133222	906409	133168
彩票活动	24182	45356		
文化、娱乐、体育经纪代理	9340	107756		
文化娱乐经纪人	9340	35443		
体育经纪人		2500		
其他文化艺术经纪代理		69813		

2-1-9　续表 35

单位：万元

行　　业	投资中：	投资中：		
	国有及国有控股投资	内资投资	外商投资	港澳台商投资
其他娱乐业	1157912	5967649	64968	156318
（十九）公共管理、社会保障和社会组织	**54054539**	**71885203**	**27510**	**72912**
中国共产党机关	240114	267130		
中国共产党机关	240114	267130		
国家机构	47003407	52423730	11660	33816
国家权力机构	439541	760577		
国家行政机构	44357919	49261538	11560	33816
综合事务管理机构	13644618	15993752	10660	24800
对外事务管理机构	153593	174988		
公共安全管理机构	13052297	13328411	500	
社会事务管理机构	7384210	8444738		2947
经济事务管理机构	8744861	9861033	400	6069
行政监督检查机构	1378340	1458616		
人民法院和人民检察院	1032667	1080888	100	
人民法院	692479	724900	100	
人民检察院	340188	355988		
其他国家机构	1173280	1320727		
人民政协、民主党派	60121	129280		
人民政协	48615	50815		
民主党派	11506	78465		
社会保障	1412367	2511988		3000
社会保障	1412367	2511988		3000
群众团体、社会团体和其他成员组织	2897844	5608362	6510	16940
群众团体	132894	183100		
工会	50242	63475		
妇联	17265	17265		
共青团	9387	9387		
其他群众团体	56000	92973		
社会团体	2233356	3043923	3000	6600
专业性团体	1748617	2126959		
行业性团体	318136	656220	3000	6600
其他社会团体	166603	260744		
基金会	6460	7660		
宗教组织	525134	2373679	3510	10340
基层群众自治组织	2440686	10944713	9340	19156
社区自治组织	1118957	3785833	6000	4970
村民自治组织	1321729	7158880	3340	14186

2-1-10 各地区按三次产业分的固定资产投资(不含农户)

单位：万元

地区	合计	第一产业	第二产业	第三产业
全国总计	**5012648747**	**118029568**	**2074585084**	**2820034095**
北京	68734408	1354828	6681823	60697757
天津	104903656	1697483	35875551	67330622
河北	261471985	10404858	130443932	120623195
山西	120354560	8872300	50030104	61452156
内蒙古	174378467	7925349	89173193	77279925
辽宁	244268339	4763506	103500591	136004242
吉林	111079410	3300171	62860204	44919035
黑龙江	95378774	4758545	37921285	52698944
上海	60129660	62383	11563735	48503542
江苏	415527517	2069701	202984532	210473284
浙江	235547626	1854000	79109805	154583821
安徽	212562939	4573837	93884107	114104995
福建	178697550	3827861	64576274	110293415
江西	146463081	3159883	79717994	63585204
山东	415991323	7053356	212842591	196095376
河南	300122847	11172963	153664789	135285095
湖北	224416718	4500097	100858352	119058269
湖南	205485509	6010439	87304575	112170495
广东	258430570	2757025	84256027	171417518
广西	132876090	4242218	56292811	72341061
海南	30394555	240873	4413769	25739913
重庆	121408336	3227095	38687463	79493778
四川	226621264	4261702	69554454	152805108
贵州	87784029	49753	18690350	69043926
云南	110738123	3086297	27881629	79770197
西藏	10692315	277466	3465395	6949454
陕西	168402739	6723708	52295136	109383895
甘肃	77596316	2995343	34972378	39628595
青海	27889116	638687	12461712	14788717
宁夏	30939191	985326	14096621	15857244
新疆	90677912	1182515	45688861	43806536
不分地区	62683822		8835041	53848781

2-1-11　各地区按项目规模分的固定资产投资(不含农户)

单位：万元

地　区	500 ~ 3000万元	3000 ~ 5000万元	5000 ~ 8000万元
全国总计	**289896019**	**375881725**	**383527571**
北　京	865773	795811	1232499
天　津	2799756	6463212	6236096
河　北	4845896	7501485	17426785
山　西	6187816	5065410	7674833
内蒙古	6736393	12700024	17564002
辽　宁	2561975	29450443	7944063
吉　林	7029573	12807148	12216143
黑龙江	5115515	16147641	6777456
上　海	1347209	804330	1630513
江　苏	33521892	24985583	32754690
浙　江	26597313	14998388	15553366
安　徽	20736966	32988770	15371557
福　建	13108355	18074798	18083068
江　西	15665447	10249310	10376500
山　东	8319639	21840124	47609668
河　南	4072568	7974357	13001687
湖　北	9470892	6970139	13842248
湖　南	8840722	38704473	34087883
广　东	17854544	18305568	23101188
广　西	26197772	19938749	18553547
海　南	663724	469957	650291
重　庆	2162404	28614231	2372606
四　川	18252557	12956800	22361345
贵　州			
云　南	12173102	6616629	7488707
西　藏	1579598	593110	777462
陕　西	11362176	7352678	13616232
甘　肃	7026190	6516919	8221987
青　海	2381746	1390668	1543775
宁　夏	3569119	725309	927052
新　疆	8849387	3879661	4530322
不分地区			

注：本表不含房地产开发投资。

2-1-11 续表

单位：万元

地　区	8000万元～1亿元	1～5亿元	5～10亿元	10亿元及以上
全国总计	**514960223**	**1098975309**	**521407529**	**877644227**
北　京	820107	6915362	5862073	15089442
天　津	13664075	27214122	11138868	20391031
河　北	28685627	54794239	33958017	73662742
山　西	10494370	37827543	8864755	30204283
内蒙古	41415147	27108318	6911207	48234573
辽　宁	11915020	57158518	42613553	39611716
吉　林	26975724	22617948	9898638	9232951
黑龙江	9301887	22873018	9558903	12363479
上　海	1879963	6685559	5320985	10396328
江　苏	55447008	103882445	27864243	54669490
浙　江	13317540	45552142	17004323	29900725
安　徽	14469096	39300710	22541972	23764265
福　建	21549665	21510363	16060382	24636891
江　西	20233896	31173739	25478757	20060523
山　东	70522586	124162137	34479629	50878002
河　南	14231747	108188984	61568977	47327384
湖　北	10991597	77416227	33892873	31994842
湖　南	40452964	29756117	11753210	13054478
广　东	24087292	45384989	8913595	44398864
广　西	16724523	13535629	7705256	11835672
海　南	568290	3062875	2251407	8411496
重　庆	1731099	19183295	14228576	16813794
四　川	18008395	50379503	31532921	29328824
贵　州	2871000	17764964	14248835	31022532
云　南	5867539	19088441	8777646	22259518
西　藏	702410	2695067	2665722	1149859
陕　西	23440048	30400411	23991696	33974584
甘　肃	8268196	23909061	4388807	12050439
青　海	1349482	4850233	2586987	10703523
宁　夏	585431	7646478	3327615	7610192
新　疆	4388499	16845185	12001627	30035123
不分地区		91687	15473	62576662

注：本表不含房地产开发投资。

2-1-12　各地区按构成分的固定资产投资(不含农户)

单位：万元

地　　区	投资额	建筑安装工程	设备工器具购置	其他费用
全国总计	**[illegible]**	**3411549079**	**993875070**	**607224598**
北　　京	[illegible]	33689412	7072903	27972093
天　　津	[illegible]	70183682	18321450	16398524
河　　北	[illegible]	172758870	57898915	30814200
山　　西	[illegible]	85744759	22491166	12118635
内 蒙 古	[illegible]	116944427	46722261	10711779
辽　　宁	[illegible]	175970085	49863997	18434257
吉　　林	[illegible]	66242163	36463492	8373755
黑 龙 江	[illegible]	71590165	17970392	5818217
上　　海	[illegible]	37097954	6248256	16783450
江　　苏	[illegible]	246861831	123275681	45390005
浙　　江	[illegible]	137092761	40388794	58066071
安　　徽	[illegible]	149999826	45328524	17234589
福　　建	[illegible]	123868895	26367359	28461296
江　　西	[illegible]	104702660	26369294	15391127
山　　东	[illegible]	271684062	106374129	37933132
河　　南	[illegible]	189559591	79948911	30614345
湖　　北	[illegible]	163783793	37214187	23418738
湖　　南	[illegible]	143540087	32734011	29211411
广　　东	[illegible]	173870766	42568681	41991123
广　　西	[illegible]	88667144	31159731	13049215
海　　南	[illegible]	22254314	2758398	5381843
重　　庆	[illegible]	87486083	12619425	21302828
四　　川	[illegible]	173780862	25483376	27357026
贵　　州	[illegible]	71441542	4361706	11980781
云　　南	[illegible]	85179631	9597401	15961091
西　　藏	[illegible]	9599742	697600	394973
陕　　西	[illegible]	130430228	24596596	13375915
甘　　肃	[illegible]	62664528	10275004	4656784
青　　海	[illegible]	21873032	4423890	1592194
宁　　夏	[illegible]	22341716	6747423	1850052
新　　疆	[illegible]	66625663	18627664	5424585
不分地区	[illegible]	34018805	18904453	9760564

2-1-13 各地区按隶属关系分的固定资产投资(不含农户)

单位：万元

地区	合计	中央项目	地方项目	省属	地市属	县属	其他
全国总计	**5012648747**	**264486326**	**4748162421**	**238291562**	**457859342**	**850307738**	**3201703779**
北京	68734408	7358201	61376207	17765853	14154409	364827	29091118
天津	104903656	6880473	98023183	11958114	23669155	6674994	55720920
河北	261471985	8330629	253141356	8875828	16318071	38300182	189647275
山西	120354560	6232607	114121953	14897092	9765611	25831923	63627327
内蒙古	174378467	9649446	164729021	8965167	20959121	65388534	69416199
辽宁	244268339	7408769	236859570	4044097	23318944	27299924	182196605
吉林	111079410	7525655	103553755	2525208	7389168	19481806	74157573
黑龙江	95378774	7637433	87741341	4378930	9133063	23981531	50247817
上海	60129660	5148714	54980946	11279604	9319822	854258	33527262
江苏	415527517	8197007	407330510	4611701	28372935	34605354	339740520
浙江	235547626	3515007	232032619	3890039	18447421	35670088	174025071
安徽	212562939	3897919	208665020	7566915	23969665	29017445	148110995
福建	178697550	5470936	173226614	10171676	17100061	30477398	115477479
江西	146463081	2092171	144370910	3862542	8345705	29409139	102753524
山东	415991323	11877749	404113574	6279689	20425630	42254300	335153955
河南	300122847	2088867	298033980	4635541	19150648	44880934	229366857
湖北	224416718	5377569	219039149	4097465	18679903	28143692	168118089
湖南	205485509	3698167	201787342	7937954	15437923	46309796	132101669
广东	258430570	14211864	244218706	12083030	35808603	30428231	165898842
广西	132876090	3426017	129450073	6245889	13072947	20945457	89185780
海南	30394555	765502	29629053	5925895	5737362	5637450	12328346
重庆	121408336	6787336	114621000	12360481	16389768	15440353	70430398
四川	226621264	12441573	214179691	8208821	20687791	65066637	120216442
贵州	87784029	4321841	83462188	10632490	10656909	24523204	37649585
云南	110738123	9648946	101089177	8441287	8134710	33971292	50541888
西藏	10692315	3053358	7638957	776283	1574410	2411854	2876410
陕西	168402739	5471247	162931492	13959417	23710024	52901488	72360563
甘肃	77596316	3609239	73987077	6485368	6638051	29137570	31726088
青海	27889116	2135476	25753640	4749366	3058769	9085120	8860385
宁夏	30939191	3362680	27576511	3731778	2245629	4475208	17123896
新疆	90677912	20180106	70497806	6948042	6187114	27337749	30024901
不分地区	62683822	62683822					

2-1-14 各地区按建设性质分的固定资产投资(不含农户)

单位：万元

地 区	新 建	扩 建	改建和技术改造	单纯建造生活设施	迁 建	恢 复	单纯购置
全国总计	**3507827716**	**603913430**	**710614376**	**25982773**	**34981563**	**5505397**	**123823492**
北 京	55574637	5085400	3535609	1278006	231338	55808	2973610
天 津	77614837	10239505	8298471	129388	326521	27304	8267630
河 北	159217623	43638977	46105041	1595662	8249673	157358	2507651
山 西	84558700	17415761	10912238	6055143	561153	154020	697545
内蒙古	130470362	17003720	22723971	413568	294762	182734	3289350
辽 宁	203809827	21444450	12186841	131239	132742	159662	6403578
吉 林	51335175	18332659	34828660	98755	2102416	109337	4272408
黑龙江	59507518	11750340	18051798	532645	232246	140728	5163499
上 海	51197779	3036337	3359346	18033	315398		2202767
江 苏	261302988	82987755	52418993	1348634	2618382	114222	14736543
浙 江	155020379	41311210	28359314	713914	4272333	107382	5763094
安 徽	148544388	29770956	29453516	412322	782503	204353	3394901
福 建	114112779	35103646	22054258	255225	1577503	113788	5480351
江 西	106312144	13255795	22865337	925935	376522	6442	2720906
山 东	204816131	76115904	120696907	3631811	3959488	278195	6492887
河 南	262182924	20324916	13082811	634211	745857	180234	2971894
湖 北	168010548	18458110	33645869	270638	1139639	439243	2452671
湖 南	114621883	17617533	71960452	259330	509849	259546	256916
广 东	196857112	27015127	23961467	447525	704738	222832	9221769
广 西	77166300	14421923	36544815	108567	429374	114705	4090406
海 南	27984257	747655	433942	171768	2365	7800	1046768
重 庆	102130320	8045160	9376044	240501	951804	138517	525990
四 川	163190763	14487735	43308243	962377	1619062	483526	2569558
贵 州	79503297	4506488	3401138	103053	237691	20362	12000
云 南	80123808	16273503	10272175	379426	985327	199899	2503985
西 藏	8815607	396641	801192	258344	21283	167181	232067
陕 西	139181797	9258325	9979882	1348639	1051379	189785	7392932
甘 肃	69642536	4025651	2822987	546820	150292	225045	182985
青 海	22158115	1916971	2124131	99014	68472	980240	542173
宁 夏	26427761	1945966	2425123	5018	46332	5785	83206
新 疆	63449751	16048105	7493847	2607262	285119	59364	734464
不分地区	42985670	1931206	3129958				14636988

2-1-15 各地区固定资产投资(不含农户)旧设备、旧建筑物及建设用地购置情况

单位：万元

地 区	购置旧设备	购置用于更新的设备	旧建筑物购置费	建设用地费
全国总计	**5857271**	**156005913**	**13212897**	**324743772**
北 京	5342	982313	80451	16945430
天 津	74333	2532298	612227	4856928
河 北	625129	12116650	905905	14491951
山 西	97159	3077908	435036	4079566
内蒙古	157352	5231218	430246	3946875
辽 宁	228061	6423921	484310	12536282
吉 林	148861	10005081	208530	3666025
黑龙江	425759	5668431	112710	2890928
上 海	45800	963034	21452	12200323
江 苏	293384	18176557	811163	29486705
浙 江	87039	5398505	213391	40215680
安 徽	191611	6980199	381388	11682811
福 建	134256	3564404	398950	19650963
江 西	551865	4909835	802877	6922315
山 东	476450	15294252	875529	17369709
河 南	126561	350722	882057	12051382
湖 北	186069	7375559	665493	12634087
湖 南	288091	9152629	1032560	8667857
广 东	482905	9243354	604073	25747292
广 西	286504	6751257	229189	6767722
海 南	4938	136591	144185	2617687
重 庆	148749	2234462	222573	13204423
四 川	537176	7828222	886267	17505855
贵 州	11977	842408	476334	4917604
云 南	30360	3319458	387338	8560717
西 藏		194413	2206	193307
陕 西	109177	4126544	546988	5842219
甘 肃	29380	800325	95570	2250877
青 海	6409	612084	68552	577106
宁 夏	3772	902489	44799	668786
新 疆	62412	810790	150548	1594360
不分地区	390			

2-1-16 各地区按行业大类分的固定资产投资(不含农户)

单位：万元

地　区	合计	(一) 农、林、 牧、渔业	农业	林业	畜牧业
全国总计	**50126487[illegible]**	**145740074**	**53887303**	**15923948**	**40550369**
北　京	68734[illegible]3	1425187	168037	1166516	19875
天　津	104903[illegible]5	2117007	747479	393640	401308
河　北	261471[illegible]5	11209457	4805936	818240	4430381
山　西	1203545[illegible]	9387587	3437366	1421087	3927726
内蒙古	1743784[illegible]	10431240	2649017	1473458	3762687
辽　宁	244268[illegible]	5724310	2121434	229048	1444768
吉　林	111079[illegible]	4319898	848746	190395	2203595
黑龙江	95378[illegible]4	6829137	2525889	105391	2039644
上　海	60129[illegible]0	117674	37546	4786	15061
江　苏	41552[illegible]7	2534375	1121292	128684	494861
浙　江	23554[illegible]6	2635101	1146703	147193	153231
安　徽	21256[illegible]9	5419864	2292611	799797	1095629
福　建	17869[illegible]0	4422105	1873143	439555	505996
江　西	14646[illegible]1	3512762	1680644	542177	772510
山　东	41599[illegible]3	8935434	3312969	956970	1913574
河　南	300122[illegible]7	12648002	5399888	716312	4765605
湖　北	224416[illegible]8	5634363	1859245	621766	1610275
湖　南	205485[illegible]9	7306772	3240147	1146976	1304693
广　东	258430[illegible]0	3400461	1221184	408071	614077
广　西	1328760[illegible]0	5202131	1295101	1052996	1337898
海　南	30394[illegible]5	426562	136871	59878	36784
重　庆	121403[illegible]6	3930204	2142012	436658	476372
四　川	226621[illegible]4	5430744	2272275	269332	1538595
贵　州	87784[illegible]9	990851	28143		21610
云　南	110733[illegible]3	4405493	1797217	367131	880201
西　藏	10692[illegible]5	481902	137171	68724	70851
陕　西	168402[illegible]9	8281937	3573278	1069266	1907832
甘　肃	7759[illegible]6	4090857	1103313	385589	1437583
青　海	2788[illegible]6	1219842	240753	132974	260334
宁　夏	3093[illegible]1	1131679	276515	218435	475084
新　疆	9067[illegible]2	2137136	395378	152903	631729
不分地区	6268[illegible]2				

2-1-16 续表 1

单位：万元

地　区	渔　业	农、林、牧、渔服务业	(二)采矿业	煤炭开采和洗选业	石油和天然气开采业	黑色金属矿采选业
全国总计	**7667948**	**27710506**	**145371501**	**46844669**	**39478658**	**16612844**
北　京	400	70359	71843	12854	6106	52883
天　津	155056	419524	3149111		3038182	15400
河　北	350301	804599	6598438	1271253	406972	3331877
山　西	86121	515287	14148170	10780765	1406378	726968
内蒙古	40187	2505891	17019889	8637676	1590590	2747303
辽　宁	968256	960804	6173831	499534	959786	2509606
吉　林	57435	1019727	5055016	400879	2537289	469063
黑龙江	87621	2070592	5084197	1010686	3069750	168497
上　海	4990	55291	825			
江　苏	324864	464674	1064683	156658	358920	124583
浙　江	406873	781101	451014	5521		6216
安　徽	385800	846027	3191980	1263441	34040	608348
福　建	1009167	594244	2469224	750312	118942	299885
江　西	164552	352879	2893892	477327		396298
山　东	869843	1882078	6466788	774220	2988738	717070
河　南	291158	1475039	5739630	1455025	421310	162638
湖　北	408811	1134266	3200082	397403	8194	491412
湖　南	318623	1296333	6262265	2525305		481711
广　东	513693	643436	2487482	6000	1355215	98792
广　西	556223	959913	3357847	127219	22428	516665
海　南	7340	185689	254858	22884	57247	38919
重　庆	172053	703109	2826149	810558	1150127	137960
四　川	181500	1169042	4231235	1745484	143470	886221
贵　州		941098	2360641	1745307		30608
云　南	41748	1319196	3832298	1672042		392726
西　藏	720	204436	524065	290		5500
陕　西	173332	1558229	10886555	4621052	3942700	248550
甘　肃	68858	1095514	4035190	1170788	1211956	176640
青　海	4626	581155	1669735	411736	598461	174750
宁　夏	15292	146353	1673948	1553729	45207	1500
新　疆	2505	954621	10240408	2538721	6056438	594255
不分地区			7950212		7950212	

2-1-16 续表 2

单位：万元

地 区	有色金属矿采选业	非金属矿采选业	开采辅助活动	其他采矿业	（三）制造业	农副食品加工业
全国总计	**16257757**	**20490920**	**5083014**	**603639**	**1668977425**	**99940222**
北 京					3033640	43211
天 津	3800	13740	67530	10459	28377437	1001186
河 北	433429	1042707	112200		114201621	5924042
山 西	318790	365690	533619	15960	26779952	2083205
内蒙古	2320806	1155801	560213	7500	52493512	3824044
辽 宁	632258	1341176	184926	46545	88663513	6994957
吉 林	715568	791736	134181	6300	51028452	5675196
黑龙江	131428	360022	338214	5600	26109244	7041139
上 海			825		9783957	102671
江 苏	153267	242503	21622	7130	191343021	4636501
浙 江	28318	391970	4489	14500	68214796	1225926
安 徽	458440	769403	31987	26321	83729190	4374389
福 建	359286	892163	29090	19546	51058245	3436025
江 西	455112	1461342	60402	43411	72300500	3576653
山 东	597265	1246963	118017	24514	186699200	11088697
河 南	2700145	860233	140279		141066865	9315204
湖 北	312281	1848132	78811	63849	91462573	7382705
湖 南	1314485	1773594	103700	63469	71573179	5634170
广 东	171849	726466	94660	34500	70568866	1934802
广 西	881570	1640153	58522	111290	46199957	3105621
海 南	58155	30051	47602		1665105	79367
重 庆	27800	350306	349398		32149703	1332891
四 川	323398	1078828	26151	27683	49898317	3067959
贵 州	156899	357968	59101	10758	12156769	607533
云 南	1242210	525320			15371185	1341878
西 藏	499300	11426	585	6464	620558	35408
陕 西	703607	469813	885493	15340	33792001	1779553
甘 肃	709590	404160	320456	41600	13567576	1689076
青 海	82143	120765	281880		6998845	262062
宁 夏	8000	49681	15831		7891536	307972
新 疆	458056	168808	423230	900	20178110	1036179
不分地区						

2-1-16 续表 3

单位：万元

地　区	食　品制造业	酒、饮料和精制茶制造业	烟　草制品业	纺织业	纺织服装、服 饰 业	皮革、毛皮、羽毛及其制品和制鞋业
全国总计	**44471126**	**39193291**	**2839625**	**53188470**	**37110802**	**19672451**
北　京	107788	47104	17166	3014	35182	
天　津	852482	199608	598	300970	330346	40995
河　北	2374019	2265853	76770	4246289	1265445	2305618
山　西	783626	671250	6324	190678	49176	5963
内蒙古	1281141	724257	31701	353442	290791	108941
辽　宁	1977709	1559516	46478	938798	1392260	419235
吉　林	2028400	2167365	72262	333841	548459	89819
黑龙江	1033609	1426823	52384	160500	54718	448693
上　海	152214	46310	82102	27723	45536	18037
江　苏	2300371	1454898	242702	9758757	4559783	1129862
浙　江	666901	425798	202925	5922177	1676997	1098196
安　徽	1882310	1540050	271122	1861593	2923267	844114
福　建	1765566	2660325	46992	2855255	2009462	1813084
江　西	1888473	1314115	43450	2186264	3527139	1883165
山　东	4322513	2372500	112388	6598991	3655086	1440123
河　南	6491323	4021480	135870	4970701	5498813	3044552
湖　北	3070093	2857067	285575	3972889	2431286	733428
湖　南	2837259	1755615	305921	1199375	1114836	1232677
广　东	2278798	1262319	85220	2563801	3129325	1286199
广　西	1276380	1455092	69740	933495	710159	690700
海　南	24671	43251	39801	10683		
重　庆	512317	284716	54002	390035	485948	144120
四　川	1527407	3375419	80612	1098627	600382	641845
贵　州	53664	1816991	26361	128030	196627	93815
云　南	464924	1207926	268371	21965	14257	52451
西　藏	59351	110367		11030		2726
陕　西	1046568	1131235	98931	431392	214696	44182
甘　肃	477157	365468	77461	149995	78021	25980
青　海	182958	83435		81800	46320	
宁　夏	310441	206136	3315	754230	76158	24845
新　疆	440693	341002	3081	732130	150327	9086
不分地区						

2-1-16　续表 4　　　　单位：万元

地　　区	木材加工和木、竹、藤、棕、草制品业	家　具制造业	造纸和纸制品业	印刷和记录媒介复制业	文教、工美、体育和娱乐用品制造业	石油加工、炼焦和核燃料加工业
全国总计	**34503151**	**24489456**	**28018951**	**16064725**	**17947138**	**32084923**
北　　京		34592	22661	46421	28230	41824
天　　津	160[illegible]0	668016	434572	114283	324906	409741
河　　北	1905[illegible]0	2165188	1886657	808567	1290536	2501334
山　　西	353[illegible]72	99807	246962	94270	102383	1702167
内 蒙 古	330[illegible]67	219138	478965	163650	79707	2282898
辽　　宁	1981[illegible]79	1228331	989503	555197	576072	1792298
吉　　林	2094[illegible]86	578856	743274	467513	300984	299991
黑 龙 江	1758[illegible]40	413877	424613	314775	117831	321053
上　　海	[illegible]28[illegible]84	29929	25594	83064	41297	71339
江　　苏	2789[illegible]61	1835194	2390763	1428197	2011007	1345041
浙　　江	642[illegible]92	1157477	1833921	681196	1366750	757904
安　　徽	1943[illegible]10	1341410	1324048	1442663	937595	307923
福　　建	2524[illegible]00	1074881	1567151	366117	1304319	849691
江　　西	1375[illegible]06	1129983	1367220	911318	899018	417545
山　　东	3156[illegible]90	1870760	3107014	2015372	2483061	5292864
河　　南	203[illegible]332	2963698	2231421	1054425	966374	591590
湖　　北	1324[illegible]61	1332576	1832846	1272521	828388	548421
湖　　南	189[illegible]348	1156479	1192964	1029351	633532	224280
广　　东	121[illegible]740	1876204	1616554	1180408	1945959	2181971
广　　西	482[illegible]347	994598	1150665	565284	655659	492435
海　　南	1[illegible]624	1050	148502	645		384016
重　　庆	[illegible]4[illegible]903	543453	427436	266912	131009	1477522
四　　川	[illegible]9[illegible]346	1083161	1223089	705806	159543	468752
贵　　州	[illegible]5[illegible]412	46100	105509	7068	55310	137537
云　　南	[illegible]3[illegible]895	135477	305002	95556	154853	978232
西　　藏	340	5120		1960	33251	11500
陕　　西	[illegible]3[illegible]663	339398	616029	258115	119616	1845765
甘　　肃	16[illegible]195	56771	141441	59904	118804	612762
青　　海	[illegible]900	76670		5900	210855	47850
宁　　夏	[illegible]914	8320	42981	23740	53065	248248
新　　疆	1[illegible]3404	22942	141594	44527	17224	3440429
不分地区						

2-1-16 续表 5 单位：万元

地　区	化学原料和化学制品制造业	医　药制造业	化学纤维制 造 业	橡胶和塑料制品业	非金属矿物制品业	黑色金属冶炼和压延加工业
全国总计	**145163932**	**51919326**	**10992030**	**59323026**	**157855683**	**47813035**
北　京	177426	438114	110	31885	48328	5281
天　津	665238	570220	24100	1640070	1341987	942166
河　北	7701784	3134949	578527	5553568	11700761	7591235
山　西	4262132	760721	12928	602938	4247588	1053329
内蒙古	10393439	1399421	720848	1279354	4489886	3402540
辽　宁	7461003	1643066	231971	2908654	9631584	3530818
吉　林	3454582	3501230	67557	1313832	5608672	724951
黑龙江	1266992	764852	57315	763855	2089271	224624
上　海	1372845	501713	11762	186057	82921	562009
江　苏	18082461	4815672	2746327	6038476	10292770	4944828
浙　江	5200661	1924492	1666397	3316253	2945545	1223991
安　徽	3958357	2069620	170521	4375167	8234016	1844076
福　建	2741101	693305	1861006	1906060	4759440	1730350
江　西	5820821	2525795	399093	2017202	3167788	976444
山　东	25365313	6194915	611015	8696348	14991336	3464932
河　南	10083643	5064845	744465	4191950	15504028	2305692
湖　北	6071169	3550073	218703	2628282	9005965	2054768
湖　南	5226264	2019185	94470	1644924	9695381	1427374
广　东	3821795	1349360	99464	3882550	6945705	1987095
广　西	2386040	1370255	64921	1168626	7683698	1751841
海　南	121567	142759		34202	87745	3500
重　庆	1139959	783565	128435	959235	2153343	323057
四　川	3756642	2688616	316194	1499875	5356409	1998698
贵　州	788766	711365		168809	2213199	455870
云　南	936785	636372	5900	351161	1959233	506849
西　藏	34209	45981		8786	106283	6450
陕　西	3578419	1077351	56350	673118	2837334	732067
甘　肃	1181897	894123	20435	511511	2171017	231848
青　海	1271025	190215		82352	691388	400255
宁　夏	2806522	95302	5895	248356	611563	480004
新　疆	4035075	361874	77321	639570	2201499	926093
不分地区						

2-1-16 续表 6

单位：万元

地区	有色金属冶炼和压延加工业	金属制品业	通用设备制造业	专用设备制造业	汽车制造业	铁路、船舶、航空航天和其他运输设备制造业
全国总计	**58137975**	**86311585**	**121431909**	**113849186**	**100934307**	**31569527**
北京	1839	32262	47327	234253	943544	67423
天津	2317041	2028026	2401898	2147128	2064611	945470
河北	1474508	8994052	10653833	10113173	4369427	1946669
山西	2358387	981246	945873	1101657	952336	668384
内蒙古	6439529	1629066	1753319	2973697	2859068	520760
辽宁	2632200	5210939	11518326	7693787	4982030	2049584
吉林	596545	1378110	2407396	3199309	9690926	585894
黑龙江	361694	912129	2197581	1385604	649294	221143
上海	66593	174573	704271	657472	1426666	374764
江苏	3679545	11831699	20720231	17996238	9913848	5376041
浙江	1155466	3774246	6932219	4381843	5913943	1476215
安徽	2201262	4686762	7034980	6650095	5209971	806422
福建	626757	2114344	1716236	1936014	1065641	883672
江西	4080573	2928590	3329635	3547589	3310965	1232994
山东	5304722	11724070	17471100	14543626	10007865	3809133
河南	6430503	6498794	8781161	9784027	7470706	2190436
湖北	1176038	4375489	4517775	5850218	10140906	1245854
湖南	3127742	3908478	5315312	4688860	2646034	1362383
广东	1488055	4464095	2778506	2879378	3288551	693136
广西	1633176	1777977	1543027	2267695	2647554	437784
海南		9193	12800	17276	68179	63170
重庆	673157	1477227	2159934	1232793	5386008	1647541
四川	888140	2169298	2940154	2590838	3222979	1101725
贵州	623676	348171	270363	577788	977275	211245
云南	944300	382866	207180	323390	154992	93168
西藏	62499	300	330	31694		5519
陕西	1439493	1119301	1908336	3450210	1240236	1489894
甘肃	968455	525160	562987	916191	47930	43916
青海	2294716	73188	87798	110923	7270	
宁夏	493671	207177	243877	134392	108919	1000
新疆	2597631	574757	268144	432028	166633	18188
不分地区						

2-1-16 续表 7 单位：万元

地区	电器机械和器材制造业	计算机、通信和其他电子设备制造业	仪器仪表制造业	其他制造业	废弃资源综合利用业
全国总计	**104035057**	**79728163**	**14871129**	**20341212**	**11899628**
北京	51667	448568	63140	10881	3790
天津	1203912	1481013	296201	2588319	807262
河北	6663613	1578533	569658	802779	1157610
山西	858374	1065670	79318	68005	358136
内蒙古	2722111	1111238	58505	291785	204661
辽宁	4643458	2036091	828304	440885	531070
吉林	1592091	571533	325801	320432	219575
黑龙江	881101	265983	136013	268978	60668
上海	425599	1512799	50463	823018	88001
江苏	17873762	15355997	3343284	1736532	546962
浙江	5968706	2459029	815424	649428	576426
安徽	8355422	4760450	901383	562637	656883
福建	2432085	2692808	215910	1119166	219825
江西	5875299	4774868	941651	804010	943347
山东	9702255	3789356	1390477	984676	758390
河南	9484073	6996205	1159108	445796	564555
湖北	5350775	4756647	853288	807434	766301
湖南	3955935	4204296	643327	709925	613670
广东	5294493	7150618	590697	402496	724096
广西	1750165	1520655	152322	345078	626672
海南	69878	273475	5944		5804
重庆	1458865	4117714	423447	1137643	344507
四川	2650937	3135381	281389	145141	276886
贵州	399820	398954	35955	457369	89187
云南	361542	23928	1605	2975937	134190
西藏	37575		1377	4452	
陕西	2155257	2874471	676673	141486	164097
甘肃	726763	182535	28092	209358	291744
青海	492715	73024		195735	18606
宁夏	274439	11256	65	38851	53746
新疆	322370	105068	2308	852980	92961
不分地区					

2-1-16　续表 8

单位：万元

地　区	金属制品、机械和设备修理业	(四) 电力、热力、燃气及水的生产和供应业	电力、热力生产和供应业	燃气生产和供应业	水的生产和供应业	(五) 建筑业
全国总计	**3271384**	**228250080**	**174324737**	**22415922**	**31509421**	**40340476**
北　京	609	3531191	2309451	213092	1008648	45758
天　津	74822	2777412	1856321	653920	267171	1713943
河　北	600934	10302531	7555450	1221381	1525700	54476
山　西	13347	9596642	8284753	959448	352441	52306
内蒙古	74843	18493206	14568449	1788004	2136753	1801642
辽　宁	237610	7718301	5472044	972311	1273946	1367482
吉　林	69969	4849374	3505208	833470	510696	2131512
黑龙江	33992	4440880	3416996	534338	489546	2659170
上　海	8131	1779589	1451580	128043	199966	8320
江　苏	165410	10182752	7611846	721523	1849383	581108
浙　江	176152	10122662	7399246	647726	2075690	501974
安　徽	257672	5730423	4051189	487481	1191753	1522173
福　建	70857	9090389	6840731	896163	1353495	2058363
江　西	104387	3874717	2521172	265843	1087702	813674
山　东	373912	12794546	10161784	1250199	1382563	7373986
河　南	51095	7015514	3894002	1278527	1842985	34154
湖　北	220132	5434198	3452160	695825	1286213	1060442
湖　南	75812	7243270	4312889	678387	2251994	2405373
广　东	174476	10945925	8669724	889900	1386301	522890
广　西	144796	6258940	4182940	771114	1304886	679385
海　南	6003	1474388	936643	272965	264780	1073023
重　庆	111009	4135767	2722508	638238	775021	36251
四　川	47067	15378645	12360432	1024928	1993285	119475
贵　州		4232041	3706472	248491	277078	
云　南		8663700	7813824	267146	582730	14446
西　藏	1050	2322407	1786427	492693	43287	
陕　西	112765	7357762	4879197	1472211	1006354	1257076
甘　肃	36569	9049722	7947249	434714	667759	8676915
青　海	1885	3348146	3166222	66984	114940	728751
宁　夏	10136	4402600	4033107	183928	185565	154504
新　疆	15942	14817611	12569892	1426929	820790	891904
不分地区		884829	884829			

2-1-16 续表 9

单位：万元

地区	房屋建筑业	土木工程建筑业	建筑安装业	建筑装饰和其他建筑业	(六)批发和零售业	批发业
全国总计	**13192381**	**20401453**	**2056674**	**4689968**	**155525455**	**75206407**
北京	6735	14221	8276	16526	333440	184975
天津	340791	489099	258121	625932	3366171	1950647
河北	23097	26399		4980	8758853	4514500
山西	10004	33311	4662	4329	2494808	1193922
内蒙古	361418	1025211	127151	287862	6352298	3512417
辽宁	32593	928827	282486	123576	10375930	5072198
吉林	366892	1300802	148252	315566	5018009	2535469
黑龙江	667220	1731442	37838	222670	4827648	2772169
上海	4350	3970			318629	64436
江苏	107387	328035	76009	69677	9855191	4084493
浙江	91666	382701	2300	25307	4275330	2102398
安徽	298621	698085	142775	382692	7935598	3574315
福建	452467	1319377	97019	189500	3822055	2299299
江西	282085	183243	84208	264138	6790014	3613783
山东	1833839	4280733	313387	946027	19720348	10925819
河南	23096	2780		8278	9774201	4085679
湖北	228089	796947	6813	28593	6333253	2577327
湖南	644115	1313336	119429	328493	8480147	4658819
广东	70554	307956	33227	111153	8437161	3743070
广西	226683	141080	84962	226660	4769880	2051803
海南	136544	894230	12081	30168	529024	109283
重庆	10870	25081		300	2059959	1122767
四川	38283	56355	16942	7895	5744781	2602939
贵州					959984	390500
云南		10712	1714	2020	2602425	872803
西藏					91694	39747
陕西	381105	742368	69311	64292	6517948	2477504
甘肃	5928893	2424387	91934	231701	2825128	1185580
青海	394484	173513	13296	147458	183888	53548
宁夏	84428	50542	8057	11477	530827	192841
新疆	146072	716710	16424	12698	1440833	641357
不分地区						

2-1-16 续表 10

单位：万元

地区	零售业	(七) 交通运输、 仓储和邮政业	铁路 运输业	道路 运输业	水上 运输业	航空 运输业	管道 运输业
全国总计	**80319048**	**428895215**	**77071694**	**245131630**	**24345778**	**14304211**	**3154744**
北京	148465	7675396	96278	6111785		1261290	30007
天津	1415524	7495539	658547	3886196	483052	457008	
河北	4244353	20246312	1153580	10166676	2329295	542377	111977
山西	1300886	8245670	2211132	4029999		98600	104908
内蒙古	2839881	13424893	3266948	7942157	2850	260372	50598
辽宁	5303732	18008991	2134707	6783160	4130867	629422	316133
吉林	2482540	7789703	1177224	3899138	10100	40500	40405
黑龙江	2055479	7072927	1941995	1993727	40073	38056	32334
上海	254193	4592441	150891	3187952	165753	696639	20344
江苏	5770698	21689824	116455	12939652	3492247	419488	203605
浙江	2172932	17292358	1245275	11461315	1580402	528378	212308
安徽	4361283	10986882	1188877	6838188	842423	26048	35711
福建	1522756	17837010	216989	12089811	2508509	928441	35241
江西	3176231	7034040	231077	5021859	109583	30594	241120
山东	8794529	21961412	1867324	10071833	2944836	472465	397161
河南	5688522	13943116	617107	6299395	139315	864198	26401
湖北	3755926	18494994	900712	12536046	1145154	305743	39549
湖南	3821328	14353270	1128539	10662902	166834	273441	27435
广东	4694091	25898579	1965621	17937742	1645859	2236133	66168
广西	2718077	12756419	508369	9299672	1124883	339314	231020
海南	419741	3512398		1937215	247269	965591	
重庆	937192	12000353	355463	9833733	277578	642600	30591
四川	3141842	29347631	3660092	22982287	261651	280659	134639
贵州	569484	13198540	1115220	10910876	127325	169203	7764
云南	1729622	15134884	1278806	11941884	31407	1303231	82626
西藏	51947	2095266	118331	1793329	77043	9425	
陕西	4040444	9725499	324137	6425914		127785	354565
甘肃	1639548	7937416	801134	5817715	17037	57296	29583
青海	130340	4467680	595461	3741077	2005	57048	5997
宁夏	337986	2035424	57261	1472542		94585	
新疆	799476	7535278	1325100	5115853	400	148281	286554
不分地区		45105070	44663042		442028		

2-1-16 续表 11

单位：万元

地区	装卸搬运和运输代理业	仓储业	邮政业	（八）住宿和餐饮业	住宿业	餐饮业
全国总计	**12019811**	**51582831**	**1284516**	**61887430**	**45755207**	**16132223**
北京	1689	173291	1056	647985	635048	12937
天津	183905	1773484	53347	668498	371958	296540
河北	938581	4999826	4000	2425397	1929262	496135
山西	218121	1566399	16511	545548	460981	84567
内蒙古	572829	1279680	49459	1632670	1119127	513543
辽宁	620764	3392088	1850	4067536	2943878	1123658
吉林	362664	2184219	75453	1010534	637818	372716
黑龙江	177738	2817742	31262	2018695	1194855	823840
上海	3234	320678	46950	333452	288956	44496
江苏	613298	3790938	114141	4244103	2307648	1936455
浙江	287797	1841179	135704	2539818	2137694	402124
安徽	757856	1217689	80090	2337008	1304013	1032995
福建	388127	1623446	46446	2264514	1899334	365180
江西	356225	987338	56244	2565722	1589972	975750
山东	1006189	5159123	42481	3361698	2028680	1333018
河南	1706791	4169726	120183	3187616	2605085	582531
湖北	725245	2790482	52063	2853923	1884543	969380
湖南	786379	1232392	75348	2725036	1916921	808115
广东	436958	1452726	157372	4720558	3738515	982043
广西	376406	869682	7073	2318117	1685264	632853
海南	129914	232409		1351425	1284615	66810
重庆	69713	787875	2800	1947154	1696579	250575
四川	323269	1690339	14695	3717593	3272464	445129
贵州	167289	679863	21000	1036031	1017411	18620
云南	55952	440432	546	2228197	1873745	354452
西藏	13552	74780	8806	281175	271850	9325
陕西	476739	1969059	47300	2975524	2226970	748554
甘肃	131398	1075517	7736	1053134	782323	270811
青海	400	65692		188796	171599	17197
宁夏	94765	306271	10000	147652	70095	77557
新疆	36024	618466	4600	492321	408004	84317
不分地区						

2-1-16 续表 12

单位：万元

地区	（九）信息传输、软件和信息技术服务业	电信、广播电视和卫星传输服务	互联网和相关服务	软件和信息技术服务业	（十）金融业	货币金融服务
全国总计	**41029762**	**20653268**	**4099992**	**16276502**	**13629723**	**7008405**
北京	1780349	997455	245452	537442	543086	267799
天津	1264262	583999	140992	539271	648056	106357
河北	1334650	975623	43927	315100	259445	194183
山西	586062	194949	79039	312074	23384	21994
内蒙古	2469079	1315977	346626	806476	378797	330994
辽宁	2130734	420529	119802	1590403	1059566	204514
吉林	1126734	365458	151526	609750	566846	144428
黑龙江	1694433	1119805	39879	534749	289690	194238
上海	1100348	832387	1543	266418	205406	66681
江苏	5048889	1245580	749765	3053544	1732515	788289
浙江	2103496	835203	416113	852180	925106	746403
安徽	1504824	426888	110100	967836	1023860	618807
福建	1409797	923256	254236	232305	465885	269672
江西	736940	78717	52123	606100	336654	216576
山东	1679856	464063	91773	1124020	837649	435995
河南	1066933	215019	43053	808861	288010	208751
湖北	840995	492841	96679	251475	842053	482053
湖南	1106573	426210	164590	515773	684295	319808
广东	4307918	2843730	464478	999710	962287	260701
广西	1346280	1042378	108966	194936	454251	288020
海南	276527	232709	7109	36709	15906	15906
重庆	578395	477744	18756	81895	37308	29527
四川	918277	729249	60530	128498	276675	215363
贵州	136485	53365	25665	57455	29172	29172
云南	758371	752867	5504		69640	53241
西藏	65548	61158	200	4190	126290	68614
陕西	1642850	1053658	95203	493989	318672	229473
甘肃	551283	327007	105764	118512	172446	147465
青海	149297	118285	24007	7005	7657	7657
宁夏	308506	185062	34500	88944	28800	28800
新疆	1005071	862097	2092	140882	20316	16924
不分地区						

2-1-16 续表 13

单位：万元

地区	资本市场服务	保险业	其他金融业	(十一)房地产业	(十二)租赁和商务服务业	租赁业
全国总计	**3759985**	**1145050**	**1716283**	**1235582427**	**79535228**	**7136116**
北京	2971	270931	1385	40228965	475457	17751
天津	400035	42550	99114	26377175	9547581	4715441
河北	30305		34957	51242790	3203634	91824
山西			1390	28258487	767140	2080
内蒙古	26285	13828	7690	19200947	1257884	93483
辽宁	598909	48980	207163	56289436	5577277	157191
吉林	402478	14960	4980	12436823	1164263	148485
黑龙江	34421	3946	57085	16003558	1532110	98875
上海	100293	12947	25485	32207316	1865820	16000
江苏	410013	55545	478668	98531190	8793413	187611
浙江	93773	22103	62827	88027084	4468509	277050
安徽	244053	107161	53839	54056960	3333329	216413
福建	107460	10603	78150	53584054	2322436	97500
江西	80680	14264	25134	19377351	2707006	131421
山东	243135	22178	136341	81655618	6701979	296409
河南	56724	10515	12020	67749371	3087572	58760
湖北	304319	30615	25066	51950951	4517342	81263
湖南	198443	12474	153570	37094940	3939713	150277
广东	308454	330751	62381	91101415	2501488	36592
广西	86456	48150	31625	22985474	2309024	140867
海南				15987280	164203	
重庆		7781		42692514	1023209	12994
四川	3121	32143	26048	70149072	2348420	21708
贵州				28002636	813718	
云南		2883	13516	37993509	785392	3060
西藏	12018	4600	41058	1368469	104140	
陕西	1558	16042	71599	48994075	2456356	37130
甘肃	14081	7900	3000	10992548	775586	45931
青海				4035627	477656	
宁夏				8576000	196180	
新疆		1200	2192	18430792	317391	
不分地区						

2-1-16 续表 14

单位：万元

地 区		(十三)				(十四)
	商务服务业	科学研究和技术服务业	研究与试验发展	专业技术服务业	科技推广和应用服务业	水利、环境和公共设施管理业
全国总计	**72399112**	**42190960**	**13369911**	**15662299**	**13158750**	**462244285**
北 京	457706	1158168	634660	234758	288750	4514343
天 津	4832140	1687745	232202	803138	652405	10618599
河 北	3111810	2076172	619129	901314	555729	18658695
山 西	765050	458089	147299	116828	193962	14169148
内蒙古	1164401	1470883	223843	461840	785200	19566496
辽 宁	5420085	2610300	957536	833691	819073	24593350
吉 林	1015773	1238334	367459	404889	465986	8198140
黑龙江	1433235	922912	253348	371010	298554	9261166
上 海	1849820	546682	379690	150345	16647	4714100
江 苏	8605802	6066305	2120356	2307831	1638118	35413399
浙 江	4191459	914915	254562	463975	196378	22293467
安 徽	3116915	2194817	763848	984145	446824	19084686
福 建	2224935	526942	104381	202290	220271	17878436
江 西	2575585	543953	48416	239828	255709	14779901
山 东	6405570	6911275	1944690	2540273	2426312	21389892
河 南	3028812	1326204	691401	168335	466468	21787760
湖 北	4436079	942727	291489	391999	259239	18942453
湖 南	3789436	2060543	519462	586025	955056	25644992
广 东	2464896	1647682	693680	678506	275496	20258952
广 西	2168157	705426	96831	302198	306397	14563680
海 南	164203	118400	64392	11667	42341	1949734
重 庆	1010215	297269	54645	130309	112315	13252365
四 川	2326712	831118	476840	172553	181725	27231180
贵 州	813718	151514	85439	26065	40010	20021422
云 南	782332	321511	180652	93221	47638	11386758
西 藏	104140	112657	11705	97708	3244	750596
陕 西	2419226	3383038	906973	1486084	989981	20300977
甘 肃	729555	662306	190143	342271	129892	6081270
青 海	477556	68821	1000	60695	7126	2300397
宁 夏	196130	70211	20600	12232	37379	2600669
新 疆	317391	129653	33240	51888	44525	8945349
不分地区		34388		34388		1091913

2-1-16 续表 15

单位：万元

地区	水利管理业	生态保护和环境治理业	公共设施管理业	(十五)居民服务、修理和其他服务业	居民服务业	机动车、电子产品和日用产品修理业
全国总计	**59901280**	**18077110**	**384265895**	**22755860**	**13537572**	**5069743**
北京	1030790	85214	3398339	115086	9689	13051
天津	859632	431964	9327003	1196512	369424	58882
河北	2980433	410649	15267613	567749	247323	166253
山西	1398798	994045	11776305	499368	265671	94343
内蒙古	1927147	768699	16870650	778947	347163	344875
辽宁	2248345	600317	21744688	2038913	1265397	514559
吉林	1025288	240829	6932023	766335	453225	226395
黑龙江	2599439	192299	6469428	599455	256826	229310
上海	915977	41541	3756582	52734	52528	206
江苏	3416213	1252474	30744712	1526077	1097024	267709
浙江	4728079	1147197	16418191	495432	356496	58619
安徽	2454285	444927	16185474	931180	406626	346450
福建	2404980	712551	14760905	530668	227970	253941
江西	1086643	421312	13271946	687046	301681	305103
山东	2167765	1881855	17340272	3278700	2108748	399702
河南	1617755	754047	19415958	1529126	1107324	216086
湖北	1953490	930150	16058813	1764568	1189937	141346
湖南	3052937	1421873	21170182	817654	364038	362320
广东	3140640	862023	16256289	490349	337740	95056
广西	1581645	522100	12459935	644206	183748	313779
海南	260077	54661	1634996	8262	8262	
重庆	1520323	431465	11300577	243044	175073	37296
四川	3831156	771412	22628612	493566	327668	147829
贵州	1036112	27183	18958127	105742	91122	14620
云南	3175286	609432	7602040	584154	499780	71272
西藏	256974	67234	426388	176922	142438	33352
陕西	2565441	876805	16858731	767248	544770	161784
甘肃	1044309	417069	4619892	812722	648982	104206
青海	287312	363432	1649653	100886	49399	49000
宁夏	597053	206039	1797577	61901	31269	30632
新疆	1645043	136312	7163994	91308	70231	11767
不分地区	1091913					

2-1-16　续表 16

地　　区	其　他 服务业	(十六) 教　　育	(十七) 卫生和 社会工作	卫　　生	社会工作	(十八) 文化、体育 和娱乐业
全国总计	**4148545**	**67056224**	**39910390**	**31983125**	**7927265**	**61740607**
北　　京	92346	1242405	670285	597592	72693	801762
天　　津	768206	1800652	497037	454683	42354	850753
河　　北	154173	2545545	2316689	1700516	616173	3628442
山　　西	139354	1393190	690397	498198	192199	1711988
内 蒙 古	86909	1531677	1163500	820784	342716	1842869
辽　　宁	258957	2544183	1273451	1050693	222758	2537006
吉　　林	86715	1160074	843679	653415	190264	806956
黑 龙 江	113319	1358115	1418014	1083180	334834	1077813
上　　海		1072344	318348	274994	43354	1046969
江　　苏	161344	4797750	2714422	2203936	510486	5788648
浙　　江	80317	3406271	1753865	1254198	499667	2846230
安　　徽	178104	2358152	1712228	1461676	250552	1950601
福　　建	48757	2144515	1186291	931917	254374	2574474
江　　西	80262	1824439	1052597	852158	200439	2516902
山　　东	770250	5166253	3399963	2456352	943611	8578664
河　　南	205716	3618018	2440410	2003093	437317	3094737
湖　　北	433285	1982800	1772465	1394695	377770	2529526
湖　　南	91296	3661890	2262955	1843519	419436	2480295
广　　东	57553	4085206	2318036	1944537	373499	2603363
广　　西	146679	3089472	1408929	1275552	133377	1646656
海　　南		441786	270827	220198	50629	658940
重　　庆	30675	1624105	906087	757235	148852	830797
四　　川	18069	4116925	2080245	1720620	359625	1829997
贵　　州		2054181	352897	335432	17465	873187
云　　南	13102	2362787	1015295	872328	142967	1941381
西　　藏	1132	288200	141778	38266	103512	127688
陕　　西	60694	2216471	2277073	1958789	318284	2033840
甘　　肃	59534	1071893	692528	541185	151343	1404352
青　　海	2487	508442	131897	95301	36596	202485
宁　　夏		289761	285307	252946	32361	224971
新　　疆	9310	1298722	542895	435137	107758	698315
不分地区						

2-1-16 续表 17

单位：万元

地区	新闻和出版业	广播、电视、电影和影视录音制作业	文化艺术业	体育	娱乐业	(十九)公共管理、社会保障和社会组织
全国总计	**1023548**	**5650320**	**27052640**	**10416159**	**17597940**	**71985625**
北京	59789	191440	196589	73973	279971	440062
天津	2950	48975	397616	163386	237826	750166
河北	37831	125441	1715640	580781	1168749	1841089
山西	12016	13050	838575	300427	547920	546624
内蒙古	21100	307177	807476	408321	298795	3068038
辽宁	46065	173448	724044	597249	996200	1514229
吉林	31412	66560	239204	284754	185026	1568728
黑龙江	51829	36525	266874	107559	615026	2179610
上海	21987	55450	107422	34279	827831	64706
江苏	73350	642068	2867313	692176	1513741	3619852
浙江	52591	253128	1354183	604167	582161	2280198
安徽	33289	138223	909713	311685	557691	3559184
福建	2398	250453	1518831	445699	357093	3052147
江西	10728	105219	1271983	396444	732528	2114971
山东	58952	1718284	4036051	750075	2015302	9078062
河南	249046	30035	1424620	353433	1037603	725608
湖北	9218	78368	948377	566471	927092	3857010
湖南	58837	166155	1166298	470888	618117	5382347
广东	52285	78146	952104	667160	853668	1171952
广西	9310	100821	519861	433581	583083	2180016
海南		401669	139026	107215	11030	215907
重庆	30085	59903	532910	104055	103844	837703
四川	42904	220626	893941	404734	267792	2477368
贵州		113600	299406	322681	137500	308218
云南	550	59151	480558	415781	985341	1266697
西藏	666	25257	77505	19556	4704	1012960
陕西	35454	109263	1147393	264996	476734	3217837
甘肃	4680	35164	688261	139211	537036	3143444
青海	11600	27933	87215	36400	39337	1100268
宁夏	826	3819	108752	54904	56670	328715
新疆	1800	14969	334899	304118	42529	1464499
不分地区						7617410

2-1-16　续表 18　　　　单位：万元

地　　区	中国共产党机关	国家机构	人民政协、民主党派	社会保障	群众团体、社会团体和其他成员组织	基层群众自治组织
全国总计	**267130**	**52469206**	**129280**	**2514988**	**5631812**	**10973209**
北　京	11951	329744		14720	83258	389
天　津	14000	479158		23840	32300	200868
河　北	13196	738797	7638	27522	219976	833960
山　西		387863		10598	118896	29267
内蒙古	3850	2598848	2140	31374	170838	260988
辽　宁	2300	1354060		3920	104372	49577
吉　林		1248076		9820	271655	39177
黑龙江	5781	1918923		57876	102557	94473
上　海		41218		20300	1748	1440
江　苏	10350	2725955		17000	292033	574514
浙　江	6180	1214993	1490	60881	258074	738580
安　徽	7765	2664895	7610	136363	214027	528524
福　建	13968	1686077	500	14935	591785	744882
江　西		1833360		45683	196632	39296
山　东	4500	4368217	55830	627043	565838	3456634
河　南	17236	579479		93038	24700	11155
湖　北	13795	2216674	4507	175110	332318	1114605
湖　南	28391	4485728	6482	402975	164470	294301
广　东	38713	758733		1484	281168	91849
广　西	10102	1436649	11441	170886	64044	486894
海　南	2320	212418				1169
重　庆		698788		43301	40038	55576
四　川	2490	1958184		11348	412333	93013
贵　州		300848			7370	
云　南	832	682209	9133	17434	101201	455888
西　藏	1476	699887	2709	9939	269406	29543
陕　西	11776	2225651	19800	121401	377027	462182
甘　肃	1000	2611784		236515	159530	134615
青　海	3734	920721		350	133115	42348
宁　夏		268848		36876	13661	9330
新　疆	41418	1205011		92456	27442	98172
不分地区		7617410				

2-1-17 各地区按行业门类分的固定资产(不含农户)住宅投资

地区	合计	农、林、牧、渔业	采矿业	制造业	电力、热力、燃气及水的生产和供应业
全国总计	**728883674**	**552016**	**283991**	**1905687**	**86201**
北京	20567428	3585		2580	
天津	12845535	4008		3385	
河北	32343422	28023	144166	140669	2820
山西	17909781	11891	19295	19422	300
内蒙古	11829990	941	1101	4823	5011
辽宁	38883433			10150	
吉林	7878509	2172		11371	410
黑龙江	10316655	69392	900	7600	
上海	17274384			9683	
江苏	63674116	12544	100	205783	
浙江	51696171	2517	45	45914	637
安徽	31965939	53075	4299	82822	21232
福建	30294467	3315	5023	43648	2173
江西	13332283	5552	8085	73339	80
山东	49640045	6169	3894	123649	563
河南	37075315	30994	1003	43364	7223
湖北	30066243	17016	5424	141270	715
湖南	21639058	15285	15863	81017	3329
广东	54896661	5085	1826	229021	2335
广西	13979298	24439	10129	101240	7095
海南	11786053	1100			385
重庆	26049076	62662	1976	63426	4961
四川	35533459	58345	12751	131781	6253
贵州	14160581	960	6090	17672	2090
云南	22066010	8709	17876	150333	3528
西藏	615559	1030			
陕西	25145212	15497	16681	106399	12127
甘肃	7056021	5227		14191	
青海	2757845	100252	1101	640	100
宁夏	4765256	415		1650	900
新疆	10825601	1816	6363	33845	1934
不分地区	14268				

2-1-17 续表 1

地　　区	建筑业	批发和零售业	交通运输、仓储和邮政业	住宿和餐饮业	信息传输、软件和信息技术服务业
全国总计	**1147394**	**762742**	**235553**	**876795**	**60476**
北　京	4000		5012	7301	1
天　津	5612	150		600	
河　北	500	73428	9277	15400	
山　西		3390	5350		
内蒙古	5898	10280	2320	10425	
辽　宁	1100	23320		2956	
吉　林	4390	26623	300		
黑龙江	65268	640	100	500	
上　海					
江　苏	14725	39666	53235	3200	3380
浙　江	[illegible]84	3550	8718	16182	2871
安　徽	23[illegible]42	38007	3137	6864	
福　建	12960	650	1711	35446	
江　西		40507		11357	
山　东	170286	86860	3889	92481	2615
河　南		129111	800	2000	
湖　北		41266	1771	36377	576
湖　南	9339	15265	2808	3937	
广　东		7648	15947	146226	21
广　西	4533	16879	2825	27964	28
海　南	25933	113	30802	27570	48922
重　庆	4920	7381	1800	128911	
四　川		41686	27261	204262	190
贵　州		20800	1355		
云　南	50	46628	3423	74631	
西　藏		150	1440		1872
陕　西	33010	74673	7312	7335	
甘　肃	534399	5950	400	10000	
青　海	103582	2000	36580	3220	
宁　夏	9000		218	25	
新　疆	63563	6121	7762	1625	
不分地区					

2-1-17 续表 2

地　　区	金融业	房地产业	租赁和商务服务业	科学研究和技术服务业	水利、环境和公共设施管理业
全国总计	**85476**	**712994774**	**1078917**	**184483**	**2582321**
北　京		20409320	980		39
天　津		12339139	380642		15208
河　北		31760579	6205	2112	37800
山　西		17678833	556	1500	43008
内蒙古		11583971		200	10016
辽　宁		38787746	38598		18058
吉　林		7764630			62112
黑龙江		9860974	26200		3668
上　海		17247217	2429	14400	
江　苏		62941894	135827	90049	70410
浙　江	28428	50908693	110326	754	365771
安　徽	1622	31368214	12436	44608	121837
福　建	29	30069922	6789		71329
江　西		12822654	7500		254565
山　东		47293636	45869	5505	74520
河　南		36524479	650		101823
湖　北	5100	29258628	34160	1152	139158
湖　南	1000	21133828	69847	613	55739
广　东		54270895	23341	5103	75597
广　西	37000	13455818	19215	3215	58400
海　南		11619034	308		
重　庆		25487069	4830		196516
四　川	3335	34251826	19980	4479	303330
贵　州		13942568			145078
云　南	260	21435850	25980	85	135340
西　藏	7926	566329	2100		1000
陕　西		24429333	6068	600	73314
甘　肃		6198532			18250
青　海	280	2297050	80048	7120	61300
宁　夏		4682157	18033		46200
新　疆	496	10603956		2988	22935
不分地区					

2-1-17　续表 3

地　区	居民服务、修理和其他服务业	教　育	卫　生、和社会工　作	文化、体育和娱乐业	公共管理社会保障和社会组织
全国总计	**729222**	**916392**	**537101**	**254950**	**3609183**
北　京	300	127652		1280	5378
天　津		29592			67199
河　北	20	12611	19538	2135	88139
山　西	1144	16204	63740	25002	20146
内蒙古	4000	980		400	188524
辽　宁			30		1475
吉　林				1001	5500
黑龙江			300		281113
上　海			655		
江　苏	19292	4613	4889	1118	73391
浙　江	16616	18279	64186	56653	45847
安　徽	1030	9797	14945	3622	155250
福　建	1497	3344	12944	7133	16554
江　西	21840	27670	32837	200	26097
山　东	239482	27166	51405	57866	1304190
河　南	137433	17730	13866	4400	60439
湖　北	189026	24333	36426	4200	129645
湖　南	3075	29010	12897		186206
广　东	126	69604	29567	11917	2402
广　西	1885	103014	40711	4057	60851
海　南		9960	1296	18810	1820
重　庆		33707	17417	6530	21970
四　川	17563	203216	53236	15678	178287
贵　州	800	6950	5818	8900	1500
云　南	2765	66156	16201	7881	70314
西　藏		9407	1707	2700	19898
陕　西	13928	6356	28576	9602	299401
甘　肃	2200	13393	2781	3865	196833
青　海		28312			36260
宁　夏			5658		1000
新　疆	100	17336	5475		49286
不分地区					14268

2-1-18 国民经济行业小类按构成分的固定资产投资(不含农户)

单位：万元

行　业	投资额	建筑安装工　程	设备工器具购置	其他费用
全国总计	**5012648747**	**3411549079**	**993875070**	**607224598**
(一)农、林、牧、渔业	**145740074**	**105784451**	**20745630**	**19209993**
农业	53887303	39077454	7260771	7549078
谷物种植	5865169	4071937	951017	842215
稻谷种植	2849844	2111315	389937	348592
小麦种植	579670	457194	65731	56745
玉米种植	1524751	857608	372396	294747
其他谷物种植	910904	645820	122953	142131
豆类、油料和薯类种植	2090446	1485428	288439	316579
豆类种植	564856	394523	66954	103379
油料种植	851317	581453	135770	134094
薯类种植	674273	509452	85715	79106
棉、麻、糖、烟草种植	985068	743971	116890	124207
棉花种植	389343	283856	52693	52794
麻类种植	33505	25520	5237	2748
糖料种植	122976	87972	21591	13413
烟草种植	439244	346623	37369	55252
蔬菜、食用菌及园艺作物种植	23139523	17351285	3130413	2657825
蔬菜种植	12940394	9950607	1593250	1396537
食用菌种植	3061332	1995385	733549	332398
花卉种植	4521882	3416358	513156	592368
其他园艺作物种植	2615915	1988935	290458	336522
水果种植	9356511	6490514	1308203	1557794
仁果类和核果类水果种植	3211923	2088842	504695	618386
葡萄种植	1714124	1332393	176003	205728
柑橘类种植	756410	520660	98788	136962
香蕉等亚热带水果种植	304177	199160	56574	48443
其他水果种植	3369877	2349459	472143	548275
坚果、含油果、香料和饮料作物种植	3791373	2699211	377359	714803
坚果种植	1961441	1397032	190798	373611
含油果种植	344511	229645	22569	92297
香料作物种植	140394	92167	22981	25246
茶及其他饮料作物种植	1345027	980367	141011	223649
中药材种植	3685131	2578847	473010	633274
其他农业	4974082	3656261	615440	702381
林业	15923948	10343626	1239536	4340786
林木育种和育苗	7038663	4687687	750899	1600077
林木育种	1626254	1162127	178177	285950
林木育苗	5412409	3525560	572722	1314127
造林和更新	7432512	4836374	379850	2216288

2-1-18 续表 1

单位：万元

行　业	投资额	建筑安装工　程	设备工器具购置	其他费用
森林经营和管护	1189650	640954	87576	461120
木材和竹材采运	115900	69608	12190	34102
木材采运	76286	60512	11958	3816
竹材采运	39614	9096	232	30286
林产品采集	147223	109003	9021	29199
木竹材林产品采集	70279	54031	6732	9516
非木竹材林产品采集	76944	54972	2289	19683
畜牧业	40550369	29834608	6807269	3908492
牲畜饲养	32198138	23999051	5155381	3043706
牛的饲养	11142777	8115681	1957926	1069170
马的饲养	97098	71531	7601	17966
猪的饲养	12859318	9563936	2130370	1165012
羊的饲养	6839749	5342754	821735	675260
骆驼饲养	5100	5100		
其他牲畜饲养	1254096	900049	237749	116298
家禽饲养	5767512	3967187	1252076	548249
鸡的饲养	4477308	3080803	974455	422050
鸭的饲养	569739	394344	118639	56756
鹅的饲养	155732	111579	28602	15551
其他家禽饲养	564733	380461	130380	53892
狩猎和捕捉动物	319766	257970	44622	17174
其他畜牧业	2264953	1610400	355190	299363
渔业	7667948	5391317	1540042	736589
水产养殖	6961855	5278629	952910	730316
海水养殖	2857666	2294302	347298	216066
内陆养殖	4104189	2984327	605612	514250
水产捕捞	706093	112688	587132	6273
海水捕捞	635548	97495	532571	5482
内陆捕捞	70545	15193	54561	791
农、林、牧、渔服务业	27710506	21137446	3898012	2675048
农业服务业	24514622	18784027	3448901	2281694
农业机械服务	2391291	1295876	918952	176463
灌溉服务	6131249	5217861	541704	371684
农产品初加工服务	3660532	2542346	823819	294367
其他农业服务	12331550	9727944	1164426	1439180
林业服务业	1205743	819042	111696	275005
林业有害生物防治服务	103051	78505	12214	12332
森林防火服务	64644	52174	7227	5243
林产品初级加工服务	216347	160567	35312	20468
其他林业服务	821701	527796	56943	236962

2-1-18 续表 2 单位：万元

行 业	投资额	建筑安装工 程	设备工器具 购 置	其他费用
畜牧服务业	1296611	1028833	188917	78861
渔业服务业	693530	505544	148498	39488
(二)采矿业	**145371501**	**97261221**	**35521623**	**12588657**
煤炭开采和洗选业	46844669	28267969	14295479	4281221
烟煤和无烟煤开采洗选	42085756	25433572	12760425	3891759
褐煤开采洗选	3309953	1790784	1216544	302625
其他煤炭采选	1448960	1043613	318510	86837
石油和天然气开采业	39478658	32141995	4321991	3014672
石油开采	33586764	27292840	3480110	2813814
天然气开采	5891894	4849155	841881	200858
黑色金属矿采选业	16612844	10412172	4845329	1355343
铁矿采选	15325240	9671275	4378335	1275630
锰矿、铬矿采选	765621	415266	303477	46878
其他黑色金属矿采选	521983	325631	163517	32835
有色金属矿采选业	16257757	10354977	3969130	1933650
常用有色金属矿采选	9515374	6049329	2617619	848426
铜矿采选	2753139	1894995	722834	135310
铅锌矿采选	3784798	2271826	1125826	387146
镍钴矿采选	199760	111858	61563	26339
锡矿采选	439584	292365	82124	65095
锑矿采选	188317	135606	34770	17941
铝矿采选	848559	579895	229084	39580
镁矿采选	146251	90260	42872	13119
其他常用有色金属矿采选	1154966	672524	318546	163896
贵金属矿采选	4941038	3096871	1053594	790573
金矿采选	4476000	2805983	923934	746083
银矿采选	303250	178566	90177	34507
其他贵金属矿采选	161788	112322	39483	9983
稀有稀土金属矿采选	1801345	1208777	297917	294651
钨钼矿采选	1275061	850830	181015	243216
稀土金属矿采选	166167	111047	42838	12282
放射性金属矿采选	70183	45629	22460	2094
其他稀有金属矿采选	289934	201271	51604	37059
非金属矿采选业	20490920	12063404	6696407	1731109
土砂石开采	14979029	8583164	5175637	1220228
石灰石、石膏开采	4239126	2450357	1419629	369140
建筑装饰用石开采	4677232	2671483	1635845	369904
耐火土石开采	1146308	698836	329097	118375
粘土及其他土砂石开采	4916363	2762488	1791066	362809
化学矿开采	1795448	1191736	513713	89999

2-1-18　续表 3

单位：万元

行　　业	投资额	建筑安装工　程	设备工器具购置	其他费用
采盐	691992	522037	144190	25765
石棉及其他非金属矿采选	3024451	1766467	862867	395117
石棉、云母矿采选	73320	36578	24112	12630
石墨、滑石采选	693712	280207	179879	233626
宝石、玉石采选	336230	274152	48483	13595
其他未列明非金属矿采选	1921189	1175530	610393	135266
开采辅助活动	5083014	3636794	1228929	217291
煤炭开采和洗选辅助活动	1926096	1255254	548555	122287
石油和天然气开采辅助活动	2546111	1884733	583123	78255
其他开采辅助活动	610807	496807	97251	16749
其他采矿业	603639	383910	164358	55371
其他采矿业	603639	383910	164358	55371
(三)制造业	**1668977425**	**906034854**	**647405832**	**115536739**
农副食品加工业	99940222	61765881	31220610	6953731
谷物磨制	17030390	10273714	5724840	1031836
饲料加工	12820881	7533574	4467431	819876
植物油加工	10348691	6272338	3361141	715212
食用植物油加工	9384308	5792201	2964171	627936
非食用植物油加工	964383	480137	396970	87276
制糖业	1744986	1028570	569087	147329
屠宰及肉类加工	17552304	11001430	5110001	1440873
牲畜屠宰	4708225	2963684	1384771	359770
禽类屠宰	3532885	2174941	1046337	311607
肉制品及副产品加工	9311194	5862805	2678893	769496
水产品加工	7513830	4869073	2125698	519059
水产品冷冻加工	4674700	3084134	1275314	315252
鱼糜制品及水产品干腌制加工	973666	590522	310190	72954
水产饲料制造	546752	325256	195904	25592
鱼油提取及制品制造	84807	64657	16890	3260
其他水产品加工	1233905	804504	327400	102001
蔬菜、水果和坚果加工	15726302	10272344	4448873	1005085
蔬菜加工	10655758	6939337	3047488	668933
水果和坚果加工	5070544	3333007	1401385	336152
其他农副食品加工	17202838	10514838	5413539	1274461
淀粉及淀粉制品制造	4542730	2697582	1572148	273000
豆制品制造	2551117	1525989	829909	195219
蛋品加工	626606	354649	221924	50033
其他未列明农副食品加工	9482385	5936618	2789558	756209
食品制造业	44471126	26170596	14944109	3356421
焙烤食品制造	6689534	3855314	2312292	521928

2-1-18 续表 4

单位：万元

行　　业	投资额	建筑安装工　程	设备工器具购置	其他费用
糕点、面包制造	3248675	1902747	1075612	270316
饼干及其他焙烤食品制造	3440859	1952567	1236680	251612
糖果、巧克力及蜜饯制造	2771999	1695480	810146	266373
糖果、巧克力制造	1590289	909650	497388	183251
蜜饯制作	1181710	785830	312758	83122
方便食品制造	8249732	4814406	2843496	591830
米、面制品制造	4205381	2561988	1352917	290476
速冻食品制造	2014466	1063714	811214	139538
方便面及其他方便食品制造	2029885	1188704	679365	161816
乳制品制造	2774541	1574535	1080269	119737
罐头食品制造	2890200	1693251	978888	218061
肉、禽类罐头制造	601884	387983	180053	33848
水产品罐头制造	215930	139759	61550	14621
蔬菜、水果罐头制造	1669877	936621	593077	140179
其他罐头食品制造	402509	228888	144208	29413
调味品、发酵制品制造	5706951	3124472	2179540	402939
味精制造	802646	378747	380447	43452
酱油、食醋及类似制品制造	1853383	1109362	606122	137899
其他调味品、发酵制品制造	3050922	1636363	1192971	221588
其他食品制造	15388169	9413138	4739478	1235553
营养食品制造	2478931	1594455	688635	195841
保健食品制造	3094614	1976867	899184	218563
冷冻饮品及食用冰制造	1011122	589037	328029	94056
盐加工	704217	503233	144263	56721
食品及饲料添加剂制造	3615013	1942730	1466440	205843
其他未列明食品制造	4484272	2806816	1212927	464529
酒、饮料和精制茶制造业	39193291	24355002	12143034	2695255
酒的制造	17945528	11513677	5262382	1169469
酒精制造	736332	348392	361022	26918
白酒制造	10341758	6926898	2635663	779197
啤酒制造	2004162	1032400	862187	109575
黄酒制造	553534	343032	169989	40513
葡萄酒制造	2681768	1737059	829558	115151
其他酒制造	1627974	1125896	403963	98115
饮料制造	14739758	8372505	5420895	946358
碳酸饮料制造	1255488	748223	406096	101169
瓶(罐)装饮用水制造	3659199	2115586	1316747	226866
果菜汁及果菜汁饮料制造	3606378	1983198	1291155	332025
含乳饮料和植物蛋白饮料制造	2313638	1157284	1059995	96359
固体饮料制造	540100	347535	151977	40588

2-1-18　续表 5

单位：万元

行　　业	投资额	建筑安装工　　程	设备工器具购置	其他费用
茶饮料及其他饮料制造	3364955	2020679	1194925	149351
精制茶加工	6508005	4468820	1459757	579428
烟草制品业	2839625	1742187	878031	219407
烟叶复烤	620220	455876	115570	48774
卷烟制造	1873706	1086987	644257	142462
其他烟草制品制造	345699	199324	118204	28171
纺织业	53188470	25494289	24454247	3239934
棉纺织及印染精加工	25431363	11593625	12163217	1674521
棉纺纱加工	16952408	7938189	7877354	1136865
棉织造加工	5459604	2484830	2591833	382941
棉印染精加工	3019351	1170606	1694030	154715
毛纺织及染整精加工	3324423	1526451	1579859	218113
毛条和毛纱线加工	1672327	750087	823725	98515
毛织造加工	1322889	639966	579855	103068
毛染整精加工	329207	136398	176279	16530
麻纺织及染整精加工	1097112	591869	441181	64062
麻纤维纺前加工和纺纱	612654	328913	254130	29611
麻织造加工	423045	244658	155536	22851
麻染整精加工	61413	18298	31515	11600
丝绢纺织及印染精加工	1568846	919272	555572	94002
缫丝加工	620554	358761	220155	41638
绢纺和丝织加工	732725	439571	253554	39600
丝印染精加工	215567	120940	81863	12764
化纤织造及印染精加工	4588059	2021151	2334028	232880
化纤织造加工	3824669	1727194	1891906	205569
化纤织物染整精加工	763390	293957	442122	27311
针织或钩针编织物及其制品制造	4816087	2009441	2603280	203366
针织或钩针编织物织造	3794863	1481407	2154461	158995
针织或钩针编织物印染精加工	321012	153175	161508	6329
针织或钩针编织品制造	700212	374859	287311	38042
家用纺织制成品制造	6666378	3881271	2374981	410126
床上用品制造	3162124	1929677	1057892	174555
毛巾类制品制造	990493	464840	491007	34646
窗帘、布艺类产品制造	491287	279543	175044	36700
其他家用纺织制成品制造	2022474	1207211	651038	164225
非家用纺织制成品制造	5696202	2951209	2402129	342864
非织造布制造	2556771	1370739	1036084	149948
绳、索、缆制造	514817	275203	213788	25826
纺织带和帘子布制造	722430	315685	367414	39331
篷、帆布制造	534755	261220	223606	49929

2-1-18 续表 6

单位：万元

行业	投资额	建筑安装工程	设备工器具购置	其他费用
其他非家用纺织制成品制造	1367429	728362	561237	77830
纺织服装、服饰业	37110802	21697407	12870867	2542528
机织服装制造	23342764	13476797	8302482	1563485
针织或钩针编织服装制造	4929954	2947650	1622514	359790
服饰制造	8838084	5272960	2945871	619253
皮革、毛皮、羽毛及其制品和制鞋业	19672451	11898207	6424717	1349527
皮革鞣制加工	1150356	672294	416961	61101
皮革制品制造	6181459	3622675	2149477	409307
皮革服装制造	1413797	967460	356264	90073
皮箱、包(袋)制造	2507236	1555625	786628	164983
皮手套及皮装饰制品制造	814737	469394	288636	56707
其他皮革制品制造	1445689	630196	717949	97544
毛皮鞣制及制品加工	2330608	1499326	694271	137011
毛皮鞣制加工	276023	161604	105565	8854
毛皮服装加工	1369196	834388	418253	116555
其他毛皮制品加工	685389	503334	170453	11602
羽毛(绒)加工及制品制造	1286447	741008	463852	81587
羽毛(绒)加工	672221	375454	247672	49095
羽毛(绒)制品加工	614226	365554	216180	32492
制鞋业	8723581	5362904	2700156	660521
纺织面料鞋制造	1339253	743617	486757	108879
皮鞋制造	4504299	2909649	1280844	313806
塑料鞋制造	588265	365828	147879	74558
橡胶鞋制造	772637	420131	301776	50730
其他制鞋业	1519127	923679	482900	112548
木材加工和木、竹、藤、棕、草制品业	34508151	20170888	11967691	2369572
木材加工	9018783	5169568	3226779	622436
锯材加工	2337360	1332141	849868	155351
木片加工	2331868	1384871	810481	136516
单板加工	2031827	1106564	786157	139106
其他木材加工	2317728	1345992	780273	191463
人造板制造	12042977	7000295	4250436	792246
胶合板制造	5502456	3258256	1855346	388854
纤维板制造	2540300	1329297	1071135	139868
刨花板制造	1167619	708533	371083	88003
其他人造板制造	2832602	1704209	952872	175521
木制品制造	10104916	6020623	3374875	709418
建筑用木料及木材组件加工	2678559	1700044	801871	176644
木门窗、楼梯制造	2981551	1703681	1052207	225663

2-1-18　续表 7

单位：万元

行　业	投资额	建筑安装工　程	设备工器具购置	其他费用
地板制造	1681870	946707	607322	127841
木制容器制造	535862	255210	235994	44658
软木制品及其他木制品制造	2227074	1414981	677481	134612
竹、藤、棕、草等制品制造	3341475	1980402	1115601	245472
竹制品制造	2703648	1654406	850142	199100
藤制品制造	206265	84840	114324	7101
棕制品制造	84682	53336	29488	1858
草及其他制品制造	346880	187820	121647	37413
家具制造业	24489456	15213665	7258902	2016889
木质家具制造	18268727	11426886	5312163	1529678
竹、藤家具制造	410148	256787	118860	34501
金属家具制造	2378332	1455126	749558	173648
塑料家具制造	474004	282331	151166	40507
其他家具制造	2958245	1792535	927155	238555
造纸和纸制品业	28018951	14571498	11604942	1842511
纸浆制造	859416	399599	399836	59981
木竹浆制造	572397	272191	250050	50156
非木竹浆制造	287019	127408	149786	9825
造纸	11610363	5787921	5033082	789360
机制纸及纸板制造	9264662	4409231	4207747	647684
手工纸制造	360603	218572	116900	25131
加工纸制造	1985098	1160118	708435	116545
纸制品制造	15549172	8383978	6172024	993170
纸和纸板容器制造	7198636	3953027	2798693	446916
其他纸制品制造	8350536	4430951	3373331	546254
印刷和记录媒介复制业	16064725	8492179	6623965	948581
印刷	14932198	7841197	6210419	880582
书、报刊印刷	2325013	1252668	922778	149567
本册印制	515969	255093	211258	49618
包装装潢及其他印刷	12091216	6333436	5076383	681397
装订及印刷相关服务	1036017	609544	362426	64047
记录媒介复制	96510	41438	51120	3952
文教、工美、体育和娱乐用品制造业	17947138	10966649	5587162	1393327
文教办公用品制造	1831879	1093278	604366	134235
文具制造	697876	395061	244851	57964
笔的制造	424892	222654	167826	34412
教学用模型及教具制造	265590	180433	77453	7704
墨水、墨汁制造	75607	62272	12399	936

2-1-18 续表 8

单位：万元

行　　业	投资额	建筑安装工　程	设备工器具购置	其他费用
其他文教办公用品制造	367914	232858	101837	33219
乐器制造	738906	429600	256002	53304
中乐器制造	190696	118885	60405	11406
西乐器制造	249390	137678	89430	22282
电子乐器制造	140214	68881	67839	3494
其他乐器及零件制造	158606	104156	38328	16122
工艺美术品制造	9171694	5870306	2675265	626123
雕塑工艺品制造	1696779	1128011	435335	133433
金属工艺品制造	1039083	618026	343751	77306
漆器工艺品制造	225946	161184	48053	16709
花画工艺品制造	162187	94792	57905	9490
天然植物纤维编织工艺品制造	612181	387749	192208	32224
抽纱刺绣工艺品制造	447056	239998	190133	16925
地毯、挂毯制造	999466	646967	311036	41463
珠宝首饰及有关物品制造	1437223	977398	369307	90518
其他工艺美术品制造	2551773	1616181	727537	208055
体育用品制造	3130517	1813736	1123580	193201
球类制造	220902	111962	94453	14487
体育器材及配件制造	1401339	820494	503013	77832
训练健身器材制造	534389	284991	211180	38218
运动防护用具制造	168769	86778	62868	19123
其他体育用品制造	805118	509511	252066	43541
玩具制造	2231663	1261804	713584	256275
游艺器材及娱乐用品制造	842479	497925	214365	130189
露天游乐场所游乐设备制造	310239	191372	87304	31563
游艺用品及室内游艺器材制造	242023	143073	57653	41297
其他娱乐用品制造	290217	163480	69408	57329
石油加工、炼焦和核燃料加工业	32084923	15335046	13890115	2859762
精炼石油产品制造	24622195	11633100	10466473	2522622
原油加工及石油制品制造	23172157	10855265	9876700	2440192
人造原油制造	1450038	777835	589773	82430
炼焦	7462728	3701946	3423642	337140
化学原料和化学制品制造业	145163932	72293383	62043819	10826730
基础化学原料制造	53417749	24621175	24373264	4423310
无机酸制造	3204447	1562792	1385906	255749
无机碱制造	2427147	1274680	1027120	125347
无机盐制造	4145235	1916176	1820459	408600
有机化学原料制造	33019548	14700724	15297650	3021174
其他基础化学原料制造	10621372	5166803	4842129	612440
肥料制造	17215260	9523268	6469459	1222533

2-1-18　续表 9

单位：万元

行　　业	投资额	建筑安装工　程	设备工器具购置	其他费用
氮肥制造	4255434	1988653	1896922	369859
磷肥制造	698199	406706	242866	48627
钾肥制造	715893	537550	150872	27471
复混肥料制造	5399964	2794043	2275843	330078
有机肥料及微生物肥料制造	4782257	2942790	1473585	365882
其他肥料制造	1363513	853526	429371	80616
农药制造	5145898	2942615	1905957	297326
化学农药制造	3410099	1784777	1441856	183466
生物化学农药及微生物农药制造	1735799	1157838	464101	113860
涂料、油墨、颜料及类似产品制造	9585605	5287138	3613348	685119
涂料制造	6476097	3601741	2395240	479116
油墨及类似产品制造	495962	283004	171454	41504
颜料制造	1089629	625000	379417	85212
染料制造	872038	416197	406389	49452
密封用填料及类似品制造	651879	361196	260848	29835
合成材料制造	19896207	9535341	8962702	1398164
初级形态塑料及合成树脂制造	9903888	4475970	4796935	630983
合成橡胶制造	2365302	1106895	1079436	178971
合成纤维单(聚合)体制造	3013418	1315825	1446093	251500
其他合成材料制造	4613599	2636651	1640238	336710
专用化学产品制造	30900220	14973603	13947613	1979004
化学试剂和助剂制造	11001989	5230421	5099995	671573
专项化学用品制造	9303141	4197980	4561273	543888
林产化学产品制造	935569	498714	356965	79890
信息化学品制造	2798452	1154716	1506879	136857
环境污染处理专用药剂材料制造	1543376	842813	583878	116685
动物胶制造	194256	101356	80693	12207
其他专用化学产品制造	5123437	2947603	1757930	417904
炸药、火工及焰火产品制造	3839172	2430965	953752	454455
焰火、鞭炮产品制造	3839172	2430965	953752	454455
日用化学产品制造	5163821	2979278	1817724	366819
肥皂及合成洗涤剂制造	1203325	649573	478971	74781
化妆品制造	1193548	685071	422815	85662
口腔清洁用品制造	131004	57278	66353	7373
香料、香精制造	1124779	661110	368073	95596
其他日用化学产品制造	1511165	926246	481512	103407
医药制造业	51919326	30854055	17260094	3805177
化学药品原料药制造	8761929	4819701	3321474	620754
化学药品制剂制造	8266526	4920023	2751607	594896
中药饮片加工	7685493	4941712	2167450	576331

2-1-18 续表 10

单位：万元

行　　业	投资额	建筑安装工　　程	设备工器具 购 置	其他费用
中成药生产	9783905	5997908	3074337	711660
兽用药品制造	1683110	944649	624008	114453
生物药品制造	10754627	6295803	3615890	842934
卫生材料及医药用品制造	4983736	2934259	1705328	344149
化学纤维制造业	10992030	5208006	5142796	641228
纤维素纤维原料及纤维制造	2101447	783917	1173872	143658
化纤浆粕制造	312962	133556	161577	17829
人造纤维(纤维素纤维)制造	1788485	650361	1012295	125829
合成纤维制造	8890583	4424089	3968924	497570
锦纶纤维制造	1696741	857542	646952	192247
涤纶纤维制造	3236818	1277743	1867056	92019
腈纶纤维制造	125158	45647	70953	8558
维纶纤维制造	452264	317965	130977	3322
丙纶纤维制造	220897	147107	69688	4102
氨纶纤维制造	494395	210698	262002	21695
其他合成纤维制造	2664310	1567387	921296	175627
橡胶和塑料制品业	59323026	31285299	24283028	3754699
橡胶制品业	16223437	8119221	7225482	878734
轮胎制造	6673061	3039457	3292809	340795
橡胶板、管、带制造	3840386	1805049	1811146	224191
橡胶零件制造	1549708	848014	623559	78135
再生橡胶制造	1172813	701616	410830	60367
日用及医用橡胶制品制造	572843	353002	191442	28399
其他橡胶制品制造	2414626	1372083	895696	146847
塑料制品业	43099589	23166078	17057546	2875965
塑料薄膜制造	5847424	2942422	2472442	432560
塑料板、管、型材制造	11260997	6342659	4254760	663578
塑料丝、绳及编织品制造	3961173	2098769	1638109	224295
泡沫塑料制造	1671473	898372	661685	111416
塑料人造革、合成革制造	968705	466484	421472	80749
塑料包装箱及容器制造	4898488	2593999	1966080	338409
日用塑料制品制造	4067556	2379144	1358979	329433
塑料零件制造	2189004	1125469	894687	168848
其他塑料制品制造	8234769	4318760	3389332	526677
非金属矿物制品业	157855683	87559587	59045036	11251060
水泥、石灰和石膏制造	15082635	8475579	5753485	853571
水泥制造	11127099	6256903	4247560	622636
石灰和石膏制造	3955536	2218676	1505925	230935
石膏、水泥制品及类似制品制造	28818735	15695813	0967755	2155167
水泥制品制造	15230147	8206591	5941632	1081924

2-1-18　续表 11

单位：万元

行　　业	投资额	建筑安装工　　程	设备工器具购置	其他费用
砼结构构件制造	4487739	2468643	1700702	318394
石棉水泥制品制造	541198	206492	300171	34535
轻质建筑材料制造	5249605	2866805	1882871	499929
其他水泥类似制品制造	3310046	1947282	1142379	220385
砖瓦、石材等建筑材料制造	59078175	34509157	20008428	4560590
粘土砖瓦及建筑砌块制造	14687801	8473409	5187473	1026919
建筑陶瓷制品制造	7905949	4115974	3221554	568421
建筑用石加工	14916214	9307902	4205336	1402976
防水建筑材料制造	2885197	1598301	1028097	258799
隔热和隔音材料制造	5783779	3211179	2154498	418102
其他建筑材料制造	12899235	7802392	4211470	885373
玻璃制造	7427535	4065709	2831601	530225
平板玻璃制造	3134418	1664492	1203111	266815
其他玻璃制造	4293117	2401217	1628490	263410
玻璃制品制造	10392898	5302824	4443202	646872
技术玻璃制品制造	2680459	1364636	1140771	175052
光学玻璃制造	866639	385467	422518	58654
玻璃仪器制造	286244	117276	145429	23539
日用玻璃制品制造	2030408	1086516	792092	151800
玻璃包装容器制造	1011200	556917	397291	56992
玻璃保温容器制造	220256	118670	92785	8801
制镜及类似品加工	376666	221943	134437	20286
其他玻璃制品制造	2921026	1451399	1317879	151748
玻璃纤维和玻璃纤维增强塑料制品制造	3627087	1770233	1578164	278690
玻璃纤维及制品制造	2104346	964999	977568	161779
玻璃纤维增强塑料制品制造	1522741	805234	600596	116911
陶瓷制品制造	9573990	5753078	3276271	544641
卫生陶瓷制品制造	1168115	742778	357179	68158
特种陶瓷制品制造	2896709	1618903	1094590	183216
日用陶瓷制品制造	3826185	2300921	1355869	169395
园林、陈设艺术及其他陶瓷制品制造	1682981	1090476	468633	123872
耐火材料制品制造	9285246	4830975	3777977	676294
石棉制品制造	908967	460284	409257	39426
云母制品制造	423398	276847	103516	43035
耐火陶瓷制品及其他耐火材料制造	7952881	4093844	3265204	593833
石墨及其他非金属矿物制品制造	14569382	7156219	6408153	1005010
石墨及碳素制品制造	5486535	2696967	2449659	339909
其他非金属矿物制品制造	9082847	4459252	3958494	665101
黑色金属冶炼和压延加工业	47813035	24156196	20922916	2733923
炼铁	2450479	1293557	987575	169347

2-1-18 续表 12　　　　单位：万元

行　　业	投资额	建筑安装工　程	设备工器具购置	其他费用
炼钢	8573240	4708683	3352877	511680
黑色金属铸造	7240515	3609656	3240378	390481
钢压延加工	24848992	12009262	11400408	1439322
铁合金冶炼	4699809	2535038	1941678	223093
有色金属冶炼和压延加工业	58137975	29230675	24849795	4057505
常用有色金属冶炼	14982250	7857960	5985418	1138872
铜冶炼	2226277	1360472	649854	215951
铅锌冶炼	1692792	905481	684312	102999
镍钴冶炼	1529029	791487	656307	81235
锡冶炼	327103	164394	47842	114867
锑冶炼	209492	154377	42364	12751
铝冶炼	5730406	2910499	2596163	223744
镁冶炼	1250842	645903	411298	193641
其他常用有色金属冶炼	2016309	925347	897278	193684
贵金属冶炼	2048766	911455	909638	227673
金冶炼	449392	314746	119100	15546
银冶炼	1227865	373862	669817	184186
其他贵金属冶炼	371509	222847	120721	27941
稀有稀土金属冶炼	2017337	1169888	710389	137060
钨钼冶炼	699194	454723	211696	32775
稀土金属冶炼	819481	502066	234562	82853
其他稀有金属冶炼	498662	213099	264131	21432
有色金属合金制造	7485962	4401634	2377302	707026
有色金属铸造	1612868	822473	696876	93519
有色金属压延加工	29990792	14067265	14170172	1753355
铜压延加工	5043493	2492837	2168213	382443
铝压延加工	21185774	9643915	10461624	1080235
贵金属压延加工	456122	230679	200825	24618
稀有稀土金属压延加工	896843	511543	294673	90627
其他有色金属压延加工	2408560	1188291	1044837	175432
金属制品业	86311585	48039304	32196415	6075866
结构性金属制品制造	35401120	20647170	12358059	2395891
金属结构制造	25054209	14793962	8646790	1613457
金属门窗制造	10346911	5853208	3711269	782434
金属工具制造	7111739	3795990	2745609	570140
切削工具制造	2081853	1009243	907883	164727
手工具制造	847331	370300	383574	93457
农用及园林用金属工具制造	658512	381571	216208	60733
刀剪及类似日用金属工具制造	686680	417877	207784	61019
其他金属工具制造	2837363	1616999	1030160	190204

2-1-18 续表 13

单位：万元

行 业	投资额	建筑安装工程	设备工器具购置	其他费用
集装箱及金属包装容器制造	5980428	3070858	2486908	422662
集装箱制造	643156	360290	254269	28597
金属压力容器制造	2696230	1407217	1102157	186856
金属包装容器制造	2641042	1303351	1130482	207209
金属丝绳及其制品制造	4381029	2408056	1702892	270081
建筑、安全用金属制品制造	9732921	5279999	3723074	729848
建筑、家具用金属配件制造	2896874	1603916	1086147	206811
建筑装饰及水暖管道零件制造	3378607	1777589	1400332	200686
安全、消防用金属制品制造	1842303	1018860	617334	206109
其他建筑、安全用金属制品制造	1615137	879634	619261	116242
金属表面处理及热处理加工	4553199	2199995	1997336	355868
搪瓷制品制造	836776	468235	254334	114207
生产专用搪瓷制品制造	131818	60818	60616	10384
建筑装饰搪瓷制品制造	319481	160121	71526	87834
搪瓷卫生洁具制造	210520	164064	39200	7256
搪瓷日用品及其他搪瓷制品制造	174957	83232	82992	8733
金属制日用品制造	5288075	2801487	2094436	392152
金属制厨房用器具制造	1537588	901762	507863	127963
金属制餐具和器皿制造	1178203	668443	420419	89341
金属制卫生器具制造	360629	167401	172777	20451
其他金属制日用品制造	2211655	1063881	993377	154397
其他金属制品制造	13026298	7367514	4833767	825017
锻件及粉末冶金制品制造	4588461	2542066	1715882	330513
交通及公共管理用金属标牌制造	625496	325188	243867	56441
其他未列明金属制品制造	7812341	4500260	2874018	438063
通用设备制造业	121431909	63705561	49671442	8054906
锅炉及原动设备制造	10978331	5522129	4834663	621539
锅炉及辅助设备制造	5377032	2823957	2249881	303194
内燃机及配件制造	3378978	1413785	1806277	158916
汽轮机及辅机制造	749852	435869	258180	55803
水轮机及辅机制造	244830	108319	99020	37491
风能原动设备制造	645880	334066	275504	36310
其他原动设备制造	581759	406133	145801	29825
金属加工机械制造	26623267	14623440	10332466	1667361
金属切削机床制造	4455270	2204103	1978463	272704
金属成形机床制造	3079769	1668117	1258961	152691

2-1-18 续表 14

单位：万元

行　　业	投资额	建筑安装工　程	设备工器具 购 置	其他费用
铸造机械制造	5538597	3165901	2045433	327263
金属切割及焊接设备制造	2109572	1143576	838267	127729
机床附件制造	2656559	1358778	1096023	201758
其他金属加工机械制造	8783500	5082965	3115319	585216
物料搬运设备制造	13988869	7610670	5533640	844559
轻小型起重设备制造	1314033	687573	561620	64840
起重机制造	4052591	2147559	1680496	224536
生产专用车辆制造	2042453	1171757	754808	115888
连续搬运设备制造	1198673	650485	480067	68121
电梯、自动扶梯及升降机制造	4154207	2310020	1577155	267032
其他物料搬运设备制造	1226912	643276	479494	104142
泵、阀门、压缩机及类似机械制造	16470251	8810853	6453668	1205730
泵及真空设备制造	4941714	2699275	1845850	396589
气体压缩机械制造	2014640	1039380	860747	114513
阀门和旋塞制造	4218710	2271041	1582189	365480
液压和气压动力机械及元件制造	5295187	2801157	2164882	329148
轴承、齿轮和传动部件制造	13920546	7317395	5551470	1051681
轴承制造	7505773	3654859	3197743	653171
齿轮及齿轮减、变速箱制造	4957916	2811163	1838424	308329
其他传动部件制造	1456857	851373	515303	90181
烘炉、风机、衡器、包装等设备制造	11747942	5907092	5041716	799134
烘炉、熔炉及电炉制造	943251	511322	342692	89237
风机、风扇制造	2097173	971182	981640	144351
气体、液体分离及纯净设备制造	1419390	730627	621512	67251
制冷、空调设备制造	4026239	2093210	1634190	298839
风动和电动工具制造	1299066	615105	612326	71635
喷枪及类似器具制造	203418	115391	70581	17446
衡器制造	387445	234936	126852	25657
包装专用设备制造	1371960	635319	651923	84718
文化、办公用机械制造	1299658	717402	533291	48965
电影机械制造	61873	37451	19587	4835
幻灯及投影设备制造	173149	112909	56921	3319
照相机及器材制造	122073	66095	50236	5742
复印和胶印设备制造	293612	127165	153903	12544
计算器及货币专用设备制造	142693	75718	64555	2420

2-1-18 续表 15

单位：万元

行业	投资额	建筑安装工程	设备工器具购置	其他费用
其他文化、办公用机械制造	506258	298064	188089	20105
通用零部件制造	19088373	9215305	8651378	1221690
金属密封件制造	1073043	537892	468369	66782
紧固件制造	2435159	1215335	1013082	206742
弹簧制造	716114	374296	292941	48877
机械零部件加工	10905213	5119874	5147401	637938
其他通用零部件制造	3958844	1967908	1729585	261351
其他通用设备制造业	7314672	3981275	2739150	594247
专用设备制造业	113849186	62226267	44107650	7515269
采矿、冶金、建筑专用设备制造	35116775	19318231	13508310	2290234
矿山机械制造	12426182	6653608	4902146	870428
石油钻采专用设备制造	8400071	5073022	2911321	415728
建筑工程用机械制造	6494820	3850891	2374280	269649
海洋工程专用设备制造	1873364	761564	787824	323976
建筑材料生产专用机械制造	3152381	1613987	1286031	252363
冶金专用设备制造	2769957	1365159	1246708	158090
化工、木材、非金属加工专用设备制造	16282856	8640513	6761909	880434
炼油、化工生产专用设备制造	3350966	1842213	1337839	170914
橡胶加工专用设备制造	754284	408074	298169	48041
塑料加工专用设备制造	2118721	1102993	883442	132286
木材加工机械制造	819165	432636	323064	63465
模具制造	7323615	3855507	3097993	370115
其他非金属加工专用设备制造	1916105	999090	821402	95613
食品、饮料、烟草及饲料生产专用设备制造	3286523	1945562	1159031	181930
食品、酒、饮料及茶生产专用设备制造	1189129	753278	379981	55870
农副食品加工专用设备制造	1611481	915174	595706	100601
烟草生产专用设备制造	200103	85073	105386	9644
饲料生产专用设备制造	285810	192037	77958	15815
印刷、制药、日化及日用品生产专用设备制造	6494053	3461448	2464880	567725
制浆和造纸专用设备制造	933751	499991	380229	53531
印刷专用设备制造	1042283	521738	398197	122348
日用化工专用设备制造	929511	550641	299690	79180
制药专用设备制造	675044	397869	217385	59790
照明器具生产专用设备制造	1811132	872160	773785	165187
玻璃、陶瓷和搪瓷制品生产专用设备制造	566629	317973	203095	45561
其他日用品生产专用设备制造	535703	301076	192499	42128
纺织、服装和皮革加工专用设备制造	3894131	1986929	1649329	257873
纺织专用设备制造	2743673	1362873	1199263	181537
皮革、毛皮及其制品加工专用设备制造	407262	225041	163747	18474
缝制机械制造	611274	322901	241749	46624

2-1-18 续表 16

单位：万元

行　业	投资额	建筑安装工　程	设备工器具购置	其他费用
洗涤机械制造	131922	76114	44570	11238
电子和电工机械专用设备制造	9476787	5295811	3479516	701460
电工机械专用设备制造	3818564	2157465	1399992	261107
电子工业专用设备制造	5658223	3138346	2079524	440353
农、林、牧、渔专用机械制造	10008559	5425557	3843538	739464
拖拉机制造	1548621	786125	653591	108905
机械化农业及园艺机具制造	4047976	2210616	1549243	288117
营林及木竹采伐机械制造	131811	49826	77432	4553
畜牧机械制造	679565	394728	234463	50374
渔业机械制造	73868	44589	27844	1435
农林牧渔机械配件制造	1790242	915767	733830	140645
棉花加工机械制造	190553	126320	40995	23238
其他农、林、牧、渔业机械制造	1545923	897586	526140	122197
医疗仪器设备及器械制造	8561803	4627449	3357524	576830
医疗诊断、监护及治疗设备制造	2869065	1621783	1016278	231004
口腔科用设备及器具制造	173091	116872	40353	15866
医疗实验室及医用消毒设备和器具制造	723728	394630	294576	34522
医疗、外科及兽医用器械制造	1507556	763015	679697	64844
机械治疗及病房护理设备制造	717227	418639	258643	39945
假肢、人工器官及植(介)入器械制造	231621	99495	105692	26434
其他医疗设备及器械制造	2339515	1213015	962285	164215
环保、社会公共服务及其他专用设备制造	20727699	11524767	7883613	1319319
环境保护专用设备制造	10629419	5717647	4347526	564246
地质勘查专用设备制造	535099	281454	205502	48143
邮政专用机械及器材制造	21498	2645	18853	
商业、饮食、服务专用设备制造	145998	114911	23420	7667
社会公共安全设备及器材制造	974137	584734	333926	55477
交通安全、管制及类似专用设备制造	559713	291124	193312	75277
水资源专用机械制造	902653	503438	318398	80817
其他专用设备制造	6959182	4028814	2442676	487692
汽车制造业	100934307	50412134	44208162	6314011
汽车整车制造	20955659	8289673	11341426	1324560
改装汽车制造	2662586	1606846	914728	141012
低速载货汽车制造	932797	401275	504215	27307
电车制造	2590430	1348459	1002770	239201
汽车车身、挂车制造	2599965	1507313	895259	197393
汽车零部件及配件制造	71192870	37258568	29549764	4384538

2-1-18　续表 17

单位：万元

行　业	投资额	建筑安装工　程	设备工器具购置	其他费用
铁路、船舶、航空航天和其他运输设备制造业	31569527	17226750	11752654	2590123
铁路运输设备制造	5495451	2882501	2192727	420223
铁路机车车辆及动车组制造	966652	669574	267191	29887
窄轨机车车辆制造	140337	53356	71963	15018
铁路机车车辆配件制造	1739126	725435	916607	97084
铁路专用设备及器材、配件制造	2179282	1210617	770672	197993
其他铁路运输设备制造	470054	223519	166294	80241
城市轨道交通设备制造	1144669	628464	402341	113864
船舶及相关装置制造	8041697	4557063	2647920	836714
金属船舶制造	3031840	1782043	1054005	195792
非金属船舶制造	376584	162588	188356	25640
娱乐船和运动船制造	1342829	876050	201433	265346
船用配套设备制造	2331241	1230778	853111	247352
船舶改装与拆除	616717	369210	230489	17018
航标器材及其他相关装置制造	342486	136394	120526	85566
摩托车制造	3809826	2162407	1244786	402633
摩托车整车制造	1389571	880701	335790	173080
摩托车零部件及配件制造	2420255	1281706	908996	229553
自行车制造	4354058	2387003	1713225	253830
脚踏自行车及残疾人座车制造	910545	480022	395595	34928
助动自行车制造	3443513	1906981	1317630	218902
非公路休闲车及零配件制造	613433	410625	171423	31385
潜水救捞及其他未列明运输设备制造	8110393	4198687	3380232	531474
其他未列明运输设备制造	8110393	4198687	3380232	531474
电气机械和器材制造业	104035057	55932041	41607959	6495057
电机制造	11497792	6231402	4653058	613332
发电机及发电机组制造	4920868	2638170	2029185	253513
电动机制造	3507937	1885369	1461809	160759
微电机及其他电机制造	3068987	1707863	1162064	199060
输配电及控制设备制造	33754276	17198681	14460258	2095337
变压器、整流器和电感器制造	6588461	3801553	2335213	451695
电容器及其配套设备制造	1762884	1047377	631508	83999
配电开关控制设备制造	5843962	2955063	2431817	457082
电力电子元器件制造	7034562	3692788	2934913	406861
光伏设备及元器件制造	8562974	3451752	4682258	428964
其他输配电及控制设备制造	3961433	2250148	1444549	266736
电线、电缆、光缆及电工器材制造	17297964	9346151	6931450	1020363
电线、电缆制造	13051483	7021980	5209481	820022
光纤、光缆制造	1286304	700517	530025	55762

2-1-18 续表 18

单位：万元

行 业	投资额	建筑安装工 程	设备工器具 购 置	其他费用
绝缘制品制造	1223426	675767	476284	71375
其他电工器材制造	1736751	947887	715660	73204
电池制造	11063423	5773746	4551710	737967
锂离子电池制造	6005853	3239711	2321496	444646
镍氢电池制造	497492	208857	255578	33057
其他电池制造	4560078	2325178	1974636	260264
家用电力器具制造	9862236	5242899	3963690	655647
家用制冷电器具制造	2083948	1032202	940078	111668
家用空气调节器制造	1229954	632174	507561	90219
家用通风电器具制造	469602	264677	138697	66228
家用厨房电器具制造	2100012	1135849	840670	123493
家用清洁卫生电器具制造	783950	374887	352646	56417
家用美容、保健电器具制造	293089	143673	121896	27520
家用电力器具专用配件制造	1094927	627031	403417	64479
其他家用电力器具制造	1806754	1032406	658725	115623
非电力家用器具制造	4346064	2582103	1559452	204509
燃气、太阳能及类似能源家用器具制造	3998457	2373163	1436974	188320
其他非电力家用器具制造	347607	208940	122478	16189
照明器具制造	11607242	6714508	4142622	750112
电光源制造	3307951	1918503	1168133	221315
照明灯具制造	6947224	3971374	2522612	453238
灯用电器附件及其他照明器具制造	1352067	824631	451877	75559
其他电气机械及器材制造	4606060	2842551	1345719	417790
电气信号设备装置制造	927461	615196	257201	55064
其他未列明电气机械及器材制造	3678599	2227355	1088518	362726
计算机、通信和其他电子设备制造业	79728163	38699674	36092366	4936123
计算机制造	8332676	4300272	3421013	611391
计算机整机制造	1850496	839444	951169	59883
计算机零部件制造	3292886	1656333	1387732	248821
计算机外围设备制造	1218470	617111	517064	84295
其他计算机制造	1970824	1187384	565048	218392
通信设备制造	10897974	5504648	4701188	692138
通信系统设备制造	5200106	2953088	1954501	292517
通信终端设备制造	5697868	2551560	2746687	399621
广播电视设备制造	2006924	1149797	748772	108355
广播电视节目制作及发射设备制造	465144	275380	163468	26296
广播电视接收设备及器材制造	792113	454077	304353	33683
应用电视设备及其他广播电视设备制造	749667	420340	280951	48376
视听设备制造	2281419	940449	1187567	153403
电视机制造	1029934	415249	534238	80447

2-1-18　续表 19

单位：万元

行　　业	投资额	建筑安装工　程	设备工器具购置	其他费用
音响设备制造	564756	262270	267481	35005
影视录放设备制造	686729	262930	385848	37951
电子器件制造	28319347	11489099	15276958	1553290
电子真空器件制造	1046491	421536	563580	61375
半导体分立器件制造	1073958	545124	491127	37707
集成电路制造	6452874	1605553	4664708	182613
光电子器件及其他电子器件制造	19746024	8916886	9557543	1271595
电子元件制造	17484150	8667686	7850076	966388
电子元件及组件制造	14496113	7270801	6434867	790445
印制电路板制造	2988037	1396885	1415209	175943
其他电子设备制造	10405673	6647723	2906792	851158
仪器仪表制造业	14871129	8420382	5490896	959851
通用仪器仪表制造	7645671	4049306	3100815	495550
工业自动控制系统装置制造	4040093	2014373	1776328	249392
电工仪器仪表制造	1296508	752683	451221	92604
绘图、计算及测量仪器制造	541256	297204	205333	38719
实验分析仪器制造	570571	320775	225324	24472
试验机制造	202018	144207	56775	1036
供应用仪表及其他通用仪器制造	995225	520064	385834	89327
专用仪器仪表制造	3330408	1911855	1188167	230386
环境监测专用仪器仪表制造	444221	260408	158332	25481
运输设备及生产用计数仪表制造	561559	304714	213967	42878
农林牧渔专用仪器仪表制造	82938	34290	44908	3740
地质勘探和地震专用仪器制造	186207	123409	58401	4397
教学专用仪器制造	181609	103016	62179	16414
电子测量仪器制造	517260	326463	168429	22368
其他专用仪器制造	1356614	759555	481951	115108
钟表与计时仪器制造	402102	284528	95791	21783
光学仪器及眼镜制造	1626685	907322	620207	99156
光学仪器制造	1059725	591130	402868	65727
眼镜制造	566960	316192	217339	33429
其他仪器仪表制造业	1866263	1267371	485916	112976
其他制造业	20341212	13802622	4141366	2397224
日用杂品制造	2075954	1115924	741700	218330
鬃毛加工、制刷及清扫工具制造	562042	348933	165633	47476
其他日用杂品制造	1513912	766991	576067	170854
煤制品制造	1877929	863684	779246	234999
其他未列明制造业	16387329	11823014	2620420	1943895
废弃资源综合利用业	11899628	7020412	3739703	1139513
金属废料和碎屑加工处理	7145196	4382564	2091179	671453
非金属废料和碎屑加工处理	4754432	2637848	1648524	468060

2-1-18 续表 20 单位：万元

行　　业	投资额	建筑安装工　程	设备工器具购置	其他费用
金属制品、机械和设备修理业	3271384	2089012	981343	201029
金属制品修理	530635	289851	208364	32420
通用设备修理	315996	202460	79211	34325
专用设备修理	577284	384376	173843	19065
铁路、船舶、航空航天等运输设备修理	1055052	732644	264461	57947
铁路运输设备修理	37924	16293	17751	3880
船舶修理	422381	331029	81963	9389
航空航天器修理	254208	116204	126954	11050
其他运输设备修理	340539	269118	37793	33628
电气设备修理	124302	72754	43485	8063
仪器仪表修理	18361	5826	11293	1242
其他机械和设备修理业	649754	401101	200686	47967
(四)电力、热力、燃气及水生产和供应业	**228250080**	**127713408**	**80134837**	**20401835**
电力、热力生产和供应业	174324737	89315611	68888566	16120560
电力生产	111935693	52125186	48792897	11017610
火力发电	32665446	14195388	15521586	2948472
水力发电	20000275	13302560	3173490	3524225
核力发电	9417169	2865447	4119754	2431968
风力发电	24845496	10955304	12857775	1032417
太阳能发电	18360545	6866120	10865553	628872
其他电力生产	6646762	3940367	2254739	451656
电力供应	46710711	26746683	15674935	4289093
热力生产和供应	15678333	10443742	4420734	813857
燃气生产和供应业	22415922	14866121	5824047	1725754
燃气生产和供应业	22415922	14866121	5824047	1725754
水的生产和供应业	31509421	23531676	5422224	2555521
自来水生产和供应	14552105	11449391	2193942	908772
污水处理及其再生利用	14641690	10283676	2849544	1508470
其他水的处理、利用与分配	2315626	1798609	378738	138279
(五)建筑业	**40340476**	**31747323**	**6089960**	**2503193**
房屋建筑业	13192381	10806832	1734030	651519
房屋建筑业	13192381	10806832	1734030	651519
土木工程建筑业	20401453	16503539	2604946	1292968
铁路、道路、隧道和桥梁工程建筑	13221480	11029347	1426235	765898
铁路工程建筑	693874	484224	177474	32176
公路工程建筑	5001716	4378325	359308	264083
市政道路工程建筑	5008072	4104590	503181	400301
其他道路、隧道和桥梁工程建筑	2517818	2062208	386272	69338
水利和内河港口工程建筑	2752869	2018287	453299	281283
水源及供水设施工程建筑	859128	678985	127798	52345

2-1-18 续表 21

单位：万元

行　　业	投资额	建筑安装工　程	设备工器具购置	其他费用
河湖治理及防洪设施工程建筑	1340253	1103403	85505	151345
港口及航运设施工程建筑	553488	235899	239996	77593
海洋工程建筑	378802	315574	21128	42100
工矿工程建筑	388852	146272	239477	3103
架线和管道工程建筑	1333095	1022422	250887	59786
架线及设备工程建筑	654708	484191	138718	31799
管道工程建筑	678387	538231	112169	27987
其他土木工程建筑	2326355	1971637	213920	140798
建筑安装业	2056674	1191817	708959	155898
电气安装	575751	348326	211822	15603
管道和设备安装	510221	336059	155837	18325
其他建筑安装业	970702	507432	341300	121970
建筑装饰和其他建筑业	4689968	3245135	1042025	402808
建筑装饰业	1692983	1143052	461092	88839
工程准备活动	617368	424643	121807	70918
建筑物拆除活动	164523	154198	9101	1224
其他工程准备活动	452845	270445	112706	69694
提供施工设备服务	330139	137402	146346	46391
其他未列明建筑业	2049478	1540038	312780	196660
（六）批发和零售业	**155525455**	**116142522**	**24405670**	**14977263**
批发业	75206407	54346793	14012664	6846950
农、林、牧产品批发	8031013	5879636	1274671	876706
谷物、豆及薯类批发	2366785	1787774	421810	157201
种子批发	664313	460071	137695	66547
饲料批发	217272	142349	54907	20016
棉、麻批发	158879	98935	45648	14296
林业产品批发	886064	629516	125093	131455
牲畜批发	470461	353172	81801	35488
其他农牧产品批发	3267239	2407819	407717	451703
食品、饮料及烟草制品批发	11007518	8265153	1724390	1017975
米、面制品及食用油批发	1230457	881096	227964	121397
糕点、糖果及糖批发	203096	141962	47607	13527
果品、蔬菜批发	4529756	3608276	582298	339182
肉、禽、蛋、奶及水产品批发	2283686	1735415	362637	185634
盐及调味品批发	98237	68740	26004	3493
营养和保健品批发	101304	69132	28654	3518
酒、饮料及茶叶批发	1021319	694255	208626	118438
烟草制品批发	324040	244048	25092	54900
其他食品批发	1215623	822229	215508	177886
纺织、服装及家庭用品批发	8557254	6258576	1262595	1036083

2-1-18 续表 22

单位：万元

行 业	投资额	建筑安装工 程	设备工器具 购 置	其他费用
纺织品、针织品及原料批发	2357585	1548480	353838	455267
服装批发	2625366	1955516	425370	244480
鞋帽批发	262930	187156	18172	57602
化妆品及卫生用品批发	252896	175821	65895	11180
厨房、卫生间用具及日用杂货批发	486761	395569	56714	34478
灯具、装饰物品批发	608513	491182	55169	62162
家用电器批发	734748	562472	109614	62662
其他家庭用品批发	1228455	942380	177823	108252
文化、体育用品及器材批发	1415291	1043320	257190	114781
文具用品批发	311122	232837	47234	31051
体育用品及器材批发	108486	66075	33390	9021
图书批发	140404	112457	16252	11695
报刊批发	23360	11361	11999	
音像制品及电子出版物批发	54566	38858	12695	3013
首饰、工艺品及收藏品批发	565444	430288	103718	31438
其他文化用品批发	211909	151444	31902	28563
医药及医疗器材批发	2301032	1617087	514995	168950
西药批发	795381	576436	168309	50636
中药批发	645757	442169	131049	72539
医疗用品及器材批发	859894	598482	215637	45775
矿产品、建材及化工产品批发	23161819	16347338	4998073	1816408
煤炭及制品批发	2506497	1594299	735715	176483
石油及制品批发	3022579	2011978	753233	257368
非金属矿及制品批发	364864	241369	79340	44155
金属及金属矿批发	3541185	2345691	971873	223621
建材批发	11702646	8841858	1864112	996676
化肥批发	549716	392013	131958	25745
农药批发	163700	129666	22965	11069
农用薄膜批发	27327	14369	12508	450
其他化工产品批发	1283305	776095	426369	80841
机械设备、五金产品及电子产品批发	12752670	9155275	2444731	1152664
农业机械批发	1033952	739990	187692	106270
汽车批发	2472917	1869524	317180	286213
汽车零配件批发	1512336	1147653	270217	94466
摩托车及零配件批发	191019	118935	26510	45574
五金产品批发	2923855	2163307	480448	280100
电气设备批发	924376	613798	266709	43869
计算机、软件及辅助设备批发	509886	348892	118556	42438
通讯及广播电视设备批发	168387	130350	29877	8160
其他机械设备及电子产品批发	3015942	2022826	747542	245574

2-1-18　续表 23

单位：万元

行　　业	投资额	建筑安装工　　程	设备工器具购置	其他费用
贸易经纪与代理	3792511	2769031	717752	305728
贸易代理	2334758	1750711	417897	166150
拍卖	41240	35698	4118	1424
其他贸易经纪与代理	1416513	982622	295737	138154
其他批发业	4187299	3011377	818267	357655
再生物资回收与批发	1459516	983142	375137	101237
其他未列明批发业	2727783	2028235	443130	256418
零售业	80319048	61795729	10393006	8130313
综合零售	34261096	27891213	2932406	3437477
百货零售	18049355	14740379	1608923	1700053
超级市场零售	8272013	6476019	843498	952496
其他综合零售	7939728	6674815	479985	784928
食品、饮料及烟草制品专门零售	3451334	2660323	488168	302843
粮油零售	320441	237718	54112	28611
糕点、面包零售	100992	67854	29661	3477
果品、蔬菜零售	815628	646818	101660	67150
肉、禽、蛋、奶及水产品零售	742290	564650	87314	90326
营养和保健品零售	103104	88969	12251	1884
酒、饮料及茶叶零售	493636	361303	108324	24009
烟草制品零售	40522	31210	7741	1571
其他食品零售	834721	661801	87105	85815
纺织、服装及日用品专门零售	3514501	2836032	433704	244765
纺织品及针织品零售	465918	350968	97233	17717
服装零售	2064363	1710190	198798	155375
鞋帽零售	64342	40241	20392	3709
化妆品及卫生用品零售	98140	80676	14195	3269
钟表、眼镜零售	99570	84022	14253	1295
箱、包零售	98598	92410	4483	1705
厨房用具及日用杂品零售	97377	70393	17291	9693
自行车零售	55648	43273	10498	1877
其他日用品零售	470545	363859	56561	50125
文化、体育用品及器材专门零售	1970648	1532894	324367	113387
文具用品零售	48511	28739	18779	993
体育用品及器材零售	74416	55602	13686	5128
图书、报刊零售	97935	71328	14553	12054
音像制品及电子出版物零售	13633	7007	6426	200
珠宝首饰零售	972442	762809	148748	60885
工艺美术品及收藏品零售	534329	452521	55250	26558
乐器零售	22724	14070	5351	3303
照相器材零售	54540	26853	27687	

2-1-18 续表 24

单位：万元

行　　业	投资额	建筑安装工　程	设备工器具购置	其他费用
其他文化用品零售	152118	113965	33887	4266
医药及医疗器材专门零售	1202542	810750	312026	79766
药品零售	865430	603356	200776	61298
医疗用品及器材零售	337112	207394	111250	18468
汽车、摩托车、燃料及零配件专门零售	21408598	15552019	3608678	2247901
汽车零售	16258702	12213586	2386179	1658937
汽车零配件零售	1767671	1276683	270131	220857
摩托车及零配件零售	89382	58938	22604	7840
机动车燃料零售	3292843	2002812	929764	360267
家用电器及电子产品专门零售	2491647	1842212	509328	140107
家用视听设备零售	238285	162560	55803	9922
日用家电设备零售	763682	551196	143038	69448
计算机、软件及辅助设备零售	463870	356398	83265	24207
通信设备零售	361240	278229	76950	6061
其他电子产品零售	664570	493829	140272	30469
五金、家具及室内装饰材料专门零售	8109482	6114954	990684	1003844
五金零售	1226167	963763	185079	77325
灯具零售	290130	260050	15667	14413
家具零售	4140157	3134101	353177	652879
涂料零售	92080	69691	14766	7623
卫生洁具零售	79191	54086	12688	12417
木质装饰材料零售	328835	257851	53888	17096
陶瓷、石材装饰材料零售	898088	596656	209208	92224
其他室内装饰材料零售	1054834	778756	146211	129867
货摊、无店铺及其他零售业	3909200	2555332	793645	560223
货摊食品零售	92365	62724	7681	21960
货摊纺织、服装及鞋零售	46685	18845	4242	23598
货摊日用品零售	63307	54497	4138	4672
互联网零售	716533	383476	164551	168506
邮购及电视、电话零售	15738	13611	2127	
旧货零售	32415	28083	3822	510
生活用燃料零售	616166	391141	157269	67756
其他未列明零售业	2325991	1602955	449815	273221
(七)交通运输、仓储和邮政业	**428895215**	**313117191**	**59324295**	**56453729**
铁路运输业	77071694	45680283	18295983	13095428
铁路旅客运输	40280055	29347846	1728345	9203864
铁路货物运输	30097501	11508871	15625832	2962798
铁路运输辅助活动	6694138	4823566	941806	928766
客运火车站	1575233	1329745	156854	88634
货运火车站	330216	220080	72080	38056

2-1-18　续表 25

单位：万元

行　业	投资额	建筑安装工　程	设备工器具购置	其他费用
其他铁路运输辅助活动	4788689	3273741	712872	802076
道路运输业	245131630	195342696	14974384	34814550
城市公共交通运输	40812552	24087429	6215734	10509389
公共电汽车客运	5302053	2987413	1952607	362033
城市轨道交通	30476379	17387981	3675941	9412457
出租车客运	463472	123479	327621	12372
其他城市公共交通运输	4570648	3588556	259565	722527
公路旅客运输	87772858	74977665	1428891	11366302
道路货物运输	58152044	46218989	5853878	6079177
道路运输辅助活动	58394176	50058613	1475881	6859682
客运汽车站	2515528	1958423	295239	261866
公路管理与养护	43398924	37315564	675671	5407689
其他道路运输辅助活动	12479724	10784626	504971	1190127
水上运输业	24345778	16321007	6717050	1307721
水上旅客运输	740697	605487	106532	28678
海洋旅客运输	243627	198767	35906	8954
内河旅客运输	351728	293401	42586	15741
客运轮渡运输	145342	113319	28040	3983
水上货物运输	6032511	2230194	3618733	183584
远洋货物运输	1251435	118664	1126833	5938
沿海货物运输	2670461	1236467	1365132	68862
内河货物运输	2110615	875063	1126768	108784
水上运输辅助活动	17572570	13485326	2991785	1095459
客运港口	443856	389055	14992	39809
货运港口	14030680	11089946	2271090	669644
其他水上运输辅助活动	3098034	2006325	705703	386006
航空运输业	14304211	5907214	7550017	846980
航空客货运输	7728624	669592	6889962	169070
航空旅客运输	7383780	620025	6605207	158548
航空货物运输	344844	49567	284755	10522
通用航空服务	481973	271306	160593	50074
航空运输辅助活动	6093614	4966316	499462	627836
机场	5031284	4125014	351583	554687
空中交通管理	22365	17452	4444	469
其他航空运输辅助活动	1039965	823850	143435	72680
管道运输业	3154744	2294438	638071	222235
管道运输业	3154744	2294438	638071	222235
装卸搬运和运输代理业	12019811	8368762	2606265	1044784
装卸搬运	1778460	1206654	470100	101706
运输代理业	10241351	7162108	2136165	943078

2-1-18 续表 26

单位：万元

行业	投资额	建筑安装工程	设备工器具购置	其他费用
货物运输代理	7854587	5558714	1634516	661357
旅客票务代理	46212	27075	19137	
其他运输代理业	2340552	1576319	482512	281721
仓储业	51582831	38397742	8235606	4949483
谷物、棉花等农产品仓储	11166364	8537720	1666705	961939
谷物仓储	5759740	4552774	804697	402269
棉花仓储	631970	480461	126837	24672
其他农产品仓储	4774654	3504485	735171	534998
其他仓储业	40416467	29860022	6568901	3987544
邮政业	1284516	805049	306919	172548
邮政基本服务	372624	248487	85243	38894
快递服务	911892	556562	221676	133654
（八）住宿和餐饮业	**61887430**	**49592246**	**6434993**	**5860191**
住宿业	45755207	37171530	4063353	4520324
旅游饭店	35321644	28826843	2861450	3633351
一般旅馆	6040242	4899703	739631	400908
其他住宿业	4393321	3444984	462272	486065
餐饮业	16132223	12420716	2371640	1339867
正餐服务	12431600	9722643	1714071	994886
快餐服务	913017	622562	249589	40866
饮料及冷饮服务	671707	458582	154399	58726
茶馆服务	184252	144483	22917	16852
咖啡馆服务	130897	83770	40847	6280
酒吧服务	230382	159553	47150	23679
其他饮料及冷饮服务	126176	70776	43485	11915
其他餐饮业	2115899	1616929	253581	245389
小吃服务	381817	301403	34168	46246
餐饮配送服务	228390	176970	36838	14582
其他未列明餐饮业	1505692	1138556	182575	184561
（九）信息传输、软件和信息技术服务业	**41029762**	**22215348**	**16774608**	**2039806**
电信、广播电视和卫星传输服务	20653268	9538965	10569307	544996
电信	19380915	8692801	10184171	503943
固定电信服务	3485240	1875704	1464210	145326
移动电信服务	14815035	6104701	8376127	334207
其他电信服务	1080640	712396	343834	24410
广播电视传输服务	1197227	783269	379149	34809
有线广播电视传输服务	909327	589411	292593	27323
无线广播电视传输服务	287900	193858	86556	7486
卫星传输服务	75126	62895	5987	6244
互联网和相关服务	4099992	2059730	1783774	256488

2-1-18 续表 27

单位：万元

行 业	投资额	建筑安装工 程	设备工器具购置	其他费用
互联网接入及相关服务	1448714	715401	664064	69249
互联网信息服务	2034154	891480	1016717	125957
其他互联网服务	617124	452849	102993	61282
软件和信息技术服务业	16276502	10616653	4421527	1238322
软件开发	7377361	4845517	1835307	696537
信息系统集成服务	2318963	1416044	746399	156520
信息技术咨询服务	1432913	1095380	216921	120612
数据处理和存储服务	2166003	1158090	922737	85176
集成电路设计	436797	310127	101033	25637
其他信息技术服务业	2544465	1791495	599130	153840
数字内容服务	283347	151047	126120	6180
呼叫中心	389185	272332	53392	63461
其他未列明信息技术服务业	1871933	1368116	419618	84199
(十)金融业	**13629723**	**10012425**	**2407766**	**1209532**
货币金融服务	7008405	4835347	1556242	616816
中央银行服务	817273	674903	104937	37433
货币银行服务	5570722	3723721	1290425	556576
非货币银行服务	597420	418357	157113	21950
金融租赁服务	183877	88780	94847	250
财务公司	47334	39713	6262	1359
典当	63069	44265	14940	3864
其他非货币银行服务	303140	245599	41064	16477
银行监管服务	22990	18366	3767	857
资本市场服务	3759985	2875309	600391	284285
证券市场服务	671368	472790	180921	17657
证券市场管理服务	214107	99617	103260	11230
证券经纪交易服务	432167	349433	76677	6057
基金管理服务	25094	23740	984	370
期货市场服务	166565	62703	100748	3114
期货市场管理服务	156430	53123	100621	2686
其他期货市场服务	10135	9580	127	428
证券期货监管服务	26188	22657		3531
资本投资服务	2451893	1973991	279945	197957
其他资本市场服务	443971	343168	38777	62026
保险业	1145050	886195	120453	138402
人身保险	762184	703561	20248	38375
人寿保险	758814	700281	20248	38285
健康和意外保险	3370	3280		90
财产保险	322396	143891	79212	99293
再保险				

2-1-18 续表 28

单位：万元

行　　业	投资额	建筑安装工　　程	设备工器具 购 置	其他费用
养老金	3650	3650		
保险经纪与代理服务	30789	19316	11329	144
保险监管服务	5285	5285		
其他保险活动	20746	10492	9664	590
风险和损失评估	3959	3428	531	
其他未列明保险活动	16787	7064	9133	590
其他金融业	1716283	1415574	130680	170029
金融信托与管理服务	592303	497180	24414	70709
控股公司服务	263885	187718	28458	47709
非金融机构支付服务	33829	25004	7189	1636
金融信息服务	254208	222635	18333	13240
其他未列明金融业	572058	483037	52286	36735
(十一)房地产业	**1235582427**	**951576621**	**21075924**	**262929882**
房地产业	1235582427	951576621	21075924	262929882
房地产开发经营	1002117019	750628473	14432911	237055635
物业管理	4090378	3167398	562795	360185
房地产中介服务	200137	162181	29210	8746
自有房地产经营活动	21514411	17247806	913206	3353399
其他房地产业	207660482	180370763	5137802	22151917
(十二)租赁和商务服务业	**79535228**	**57368292**	**12756912**	**9410024**
租赁业	7136116	1123215	5880102	132799
机械设备租赁	6969557	989541	5857180	122836
汽车租赁	567037	193327	347181	26529
农业机械租赁	78747	44858	26929	6960
建筑工程机械与设备租赁	1068415	431737	578745	57933
计算机及通讯设备租赁	22535	12775	2988	6772
其他机械与设备租赁	5232823	306844	4901337	24642
文化及日用品出租	166559	133674	22922	9963
娱乐及体育设备出租	123318	95842	21042	6434
图书出租	2866	952	1220	694
音像制品出租				
其他文化及日用品出租	40375	36880	660	2835
商务服务业	72399112	56245077	6876810	9277225
企业管理服务	28507616	21856695	2323880	4327041
企业总部管理	8782980	5784829	833370	2164781
投资与资产管理	15364378	12679815	1009501	1675062
单位后勤管理服务	789758	600846	102674	86238
其他企业管理服务	3570500	2791205	378335	400960
法律服务	111647	89678	11301	10668
律师及相关法律服务	87454	67398	10508	9548

2-1-18 续表 29

单位：万元

行业	投资额	建筑安装工程	设备工器具购置	其他费用
公证服务	189	96	93	
其他法律服务	24004	22184	700	1120
咨询与调查	1878921	1351538	352612	174771
会计、审计及税务服务	127509	92340	22762	12407
市场调查	12983	12743	240	
社会经济咨询	471214	312850	87169	71195
其他专业咨询	1267215	933605	242441	91169
广告业	2029268	1368820	532903	127545
知识产权服务	264107	226414	14170	23523
人力资源服务	1019746	764440	179452	75854
公共就业服务	314183	237068	37221	39894
职业中介服务	88624	64052	18947	5625
劳务派遣服务	240660	154078	71036	15546
其他人力资源服务	376279	309242	52248	14789
旅行社及相关服务	7060757	5385460	886693	788604
旅行社服务	566652	439762	96901	29989
旅游管理服务	5972550	4541154	705821	725575
其他旅行社相关服务	521555	404544	83971	33040
安全保护服务	526056	347112	132863	46081
安全服务	233920	180831	41032	12057
安全系统监控服务	194291	109336	70367	14588
其他安全保护服务	97845	56945	21464	19436
其他商务服务业	31000994	24854920	2442936	3703138
市场管理	11167013	8644741	1099226	1423046
会议及展览服务	6841300	5799120	196176	846004
包装服务	384144	218980	139638	25526
办公服务	1710191	1369180	103313	237698
信用服务	64051	51213	11638	1200
担保服务	292592	262637	25011	4944
其他未列明商务服务业	10541703	8509049	867934	1164720
（十三）科学研究和技术服务业	**42190960**	**28010426**	**10272484**	**3908050**
研究和试验发展	13369911	9027413	2916151	1426347
自然科学研究和试验发展	1390749	987620	328032	75097
工程和技术研究和试验发展	8600746	5452394	2015454	1132898
农业科学研究和试验发展	1921613	1451760	316977	152876
医学研究和试验发展	1223374	923497	242582	57295
社会人文科学研究	233429	212142	13106	8181
专业技术服务业	15662299	9924642	4248582	1489075

2-1-18 续表 30

单位：万元

行　　业	投资额	建筑安装工　程	设备工器具购置	其他费用
气象服务	425502	308558	59812	57132
地震服务	127085	52458	73401	1226
海洋服务	343625	175447	122699	45479
测绘服务	275388	158095	106344	10949
质检技术服务	2600557	1445694	988564	166299
环境与生态监测	676472	414975	207279	54218
环境保护监测	600809	390122	177618	33069
生态监测	75663	24853	29661	21149
地质勘查	2201125	1188897	576634	435594
能源矿产地质勘查	737743	348657	230493	158593
固体矿产地质勘查	938322	621760	71507	245055
水、二氧化碳等矿产地质勘查	24086	22239	1267	580
基础地质勘查	238053	110177	108204	19672
地质勘查技术服务	262921	86064	165163	11694
工程技术	4915726	3470488	1073100	372138
工程管理服务	1582940	1154054	382879	46007
工程勘察设计	1332304	732089	490249	109966
规划管理	2000482	1584345	199972	216165
其他专业技术服务业	4096819	2710030	1040749	346040
专业化设计服务	1275955	916711	218840	140404
摄影扩印服务	198536	101035	90469	7032
兽医服务	48817	29504	9681	9632
其他未列明专业技术服务业	2573511	1662780	721759	188972
科技推广和应用服务业	13158750	9058371	3107751	992628
技术推广服务	8618598	5545374	2318849	754375
农业技术推广服务	3269479	2287635	624889	356955
生物技术推广服务	1018302	577215	377292	63795
新材料技术推广服务	1124277	682705	371217	70355
节能技术推广服务	1639381	965661	587862	85858
其他技术推广服务	1567159	1032158	357589	177412
科技中介服务	1888732	1531390	291670	65672
其他科技推广和应用服务业	2651420	1981607	497232	172581
(十四)水利、环境和公共设施管理业	**462244285**	**385499596**	**21859805**	**54884884**
水利管理业	59901280	50516517	2525033	6859730
防洪除涝设施管理	30430506	26228617	910551	3291338
水资源管理	8115768	6649852	575897	890019
天然水收集与分配	10572334	8582319	458013	1532002
水文服务	219208	163560	25843	29805

2-1-18　续表 31

单位：万元

行　业	投资额	建筑安装工　程	设备工器具购置	其他费用
其他水利管理业	10563464	8892169	554729	1116566
生态保护和环境治理业	18077110	13251729	2403173	2422208
生态保护	4797269	3436068	238869	1122332
自然保护区管理	1742742	1252029	46105	444608
野生动物保护	657182	406692	41554	208936
野生植物保护	272287	197318	18800	56169
其他自然保护	2125058	1580029	132410	412619
环境治理业	13279841	9815661	2164304	1299876
水污染治理	7101617	5736204	667605	697808
大气污染治理	1157479	613420	484088	59971
固体废物治理	2087726	1410397	476622	200707
危险废物治理	327540	180102	116315	31123
放射性废物治理	21848	18778	1000	2070
其他污染治理	2583631	1856760	418674	308197
公共设施管理业	384265895	321731350	16931599	45602946
市政设施管理	278183846	237289931	9771546	31122369
环境卫生管理	6560569	5057824	797084	705661
城乡市容管理	15779536	13428858	804331	1546347
绿化管理	17602219	13058337	764411	3779471
公园和游览景区管理	66139725	52896400	4794227	8449098
公园管理	18689928	15069757	1040721	2579450
游览景区管理	47449797	37826643	3753506	5869648
(十五)居民服务、修理和其他服务业	**22755860**	**17669112**	**3071871**	**2014877**
居民服务业	13537572	11124022	1163296	1250254
家庭服务	538528	464662	24138	49728
托儿所服务	362668	286965	45703	30000
洗染服务	93578	49846	39710	4022
理发及美容服务	223351	164213	45300	13838
洗浴服务	1553344	1207934	223723	121687
保健服务	363975	278711	62273	22991
婚姻服务	140274	116304	18921	5049
殡葬服务	1643964	1338859	126830	178275
其他居民服务业	8617890	7216528	576698	824664
机动车、电子产品和日用产品修理业	5069743	3441145	1334573	294025
汽车、摩托车修理与维护	4465445	3003117	1190029	272299
汽车修理与维护	4441636	2988745	1181840	271051
摩托车修理与维护	23809	14372	8189	1248
计算机和办公设备维修	427100	335089	76968	15043

2-1-18 续表 32

单位: 万元

行　业	投资额	建筑安装工程	设备工器具购置	其他费用
计算机和辅助设备修理	156495	143576	9819	3100
通讯设备修理	129127	97309	26159	5659
其他办公设备维修	141478	94204	40990	6284
家用电器修理	66688	48507	15701	2480
家用电子产品修理	36054	21199	14289	566
日用电器修理	30634	27308	1412	1914
其他日用产品修理业	110510	54432	51875	4203
自行车修理	3283	1618	1230	435
鞋和皮革修理	6622	5610	1012	
家具和相关物品修理	16878	8785	6017	2076
其他未列明日用产品修理业	83727	38419	43616	1692
其他服务业	4148545	3103945	574002	470598
清洁服务	417210	257670	130482	29058
建筑物清洁服务	90432	69668	16943	3821
其他清洁服务	326778	188002	113539	25237
其他未列明服务业	3731335	2846275	443520	441540
(十六)教育	**67056224**	**55249215**	**5612078**	**6194931**
教育	67056224	55249215	5612078	6194931
学前教育	4959317	4220539	391696	347082
初等教育	12698385	10880596	822078	995711
普通小学教育	12514966	10727966	809894	977106
成人小学教育	183419	152630	12184	18605
中等教育	23300452	19663799	1607760	2028893
普通初中教育	11303342	9685112	794676	823554
职业初中教育	523569	462009	20612	40948
成人初中教育	132365	119591	9720	3054
普通高中教育	6647214	5539867	415522	691825
成人高中教育	105471	96979	3520	4972
中等职业学校教育	4588491	3760241	363710	464540
高等教育	16573428	13164029	1427155	1982244
普通高等教育	15222755	11995762	1364587	1862406
成人高等教育	1350673	1168267	62568	119838
特殊教育	402083	319452	31161	51470
技能培训、教育辅助及其他教育	9122559	7000800	1332228	789531
职业技能培训	5792742	4435772	919187	437783
体校及体育培训	379895	300799	26412	52684
文化艺术培训	448516	325750	60755	62011
教育辅助服务	535517	386653	116383	32481

2-1-18　续表 33

单位：万元

行　　业	投资额	建筑安装工　　程	设备工器具 购 置	其他费用
其他未列明教育	1965889	1551826	209491	204572
（十七）卫生和社会工作	**39910390**	**29189873**	**7676527**	**3043990**
卫生	31983125	22699654	7095585	2187886
医院	26055262	18184483	6039463	1831316
综合医院	18910142	13090128	4443176	1376838
中医医院	2238041	1662787	424166	151088
中西医结合医院	688855	479536	159578	49741
民族医院	79119	68680	6699	3740
专科医院	3209326	2160105	881333	167888
疗养院	929779	723247	124511	82021
社区医疗与卫生院	3327828	2617648	500352	209828
社区卫生服务中心(站)	877272	651135	144343	81794
街道卫生院	279736	224743	40530	14463
乡镇卫生院	2170820	1741770	315479	113571
门诊部(所)	272802	170194	97459	5149
计划生育技术服务活动	234922	186552	32317	16053
妇幼保健院(所、站)	920917	697891	164543	58483
专科疾病防治院(所、站)	131529	107530	19326	4673
疾病预防控制中心	357672	242468	99333	15871
其他卫生活动	682193	492888	142792	46513
社会工作	7927265	6490219	580942	856104
提供住宿社会工作	7277250	5951381	514571	811298
干部休养所	162376	122833	5256	34287
护理机构服务	843151	669197	81396	92558
精神康复服务	81956	66856	7121	7979
老年人、残疾人养护服务	5521546	4512599	365047	643900
孤残儿童收养和庇护服务	144369	120415	8449	15505
其他提供住宿社会救助	523852	459481	47302	17069
不提供住宿社会工作	650015	538838	66371	44806
社会看护与帮助服务	355220	282118	56105	16997
其他不提供住宿社会工作	294795	256720	10266	27809
（十八）文化、体育和娱乐业	**61740607**	**47607677**	**6597195**	**7535735**
新闻和出版业	1023548	803774	131190	88584
新闻业	282964	234774	9500	38690
出版业	740584	569000	121690	49894
图书出版	251622	209710	38015	3897
报纸出版	321060	230063	51807	39190
期刊出版	20975	13061	7164	750

2-1-18 续表 34

单位：万元

行业	投资额	建筑安装工程	设备工器具购置	其他费用
音像制品出版	11873	11703	170	
电子出版物出版	47637	36430	10098	1109
其他出版业	87417	68033	14436	4948
广播、电视、电影和影视录音制作业	5650320	3464042	1369360	816918
广播	222907	162949	48158	11800
电视	1070232	572414	419837	77981
电影和影视节目制作	2582775	1470076	561905	550794
电影和影视节目发行	402401	302197	51291	48913
电影放映	1336221	940452	268629	127140
录音制作	35784	15954	19540	290
文化艺术业	27052640	21211283	2186740	3654617
文艺创作与表演	1093029	847256	82697	163076
艺术表演场馆	2376068	1917818	224808	233442
图书馆与档案馆	1326360	1096658	91354	138348
图书馆	931374	737813	73732	119829
档案馆	394986	358845	17622	18519
文物及非物质文化遗产保护	5855164	4420518	333012	1101634
博物馆	3670452	2985044	331607	353801
烈士陵园、纪念馆	722066	593681	33724	94661
群众文化活动	5985015	4763063	626135	595817
其他文化艺术业	6024486	4587245	463403	973838
体育	10416159	8589994	723415	1102750
体育组织	181088	163271	8610	9207
体育场馆	4927067	4116646	281612	528809
休闲健身活动	4725659	3848386	410020	467253
其他体育	582345	461691	23173	97481
娱乐业	17597940	13538584	2186490	1872866
室内娱乐活动	3083094	2149112	582278	351704
歌舞厅娱乐活动	1314481	927257	288771	98453
电子游艺厅娱乐活动	74332	42232	21470	10630
网吧活动	275766	167287	103568	4911
其他室内娱乐活动	1418515	1012336	168469	237710
游乐园	8172799	6266561	1011568	894670
彩票活动	45356	29049	3481	12826
文化、娱乐、体育经纪代理	107756	39398	38663	29695
文化娱乐经纪人	35443	13793	15470	6180
体育经纪人	2500			2500
其他文化艺术经纪代理	69813	25605	23193	21015

2-1-18 续表 35

单位：万元

行业	投资额	建筑安装工程	设备工器具购置	其他费用
其他娱乐业	6188935	5054464	550500	583971
（十九）公共管理、社会保障和社会组织	**71985625**	**59757278**	**5707060**	**6521287**
中国共产党机关	267130	243872	12846	10412
中国共产党机关	267130	243872	12846	10412
国家机构	52469206	43113052	4452919	4903235
国家权力机构	760577	618559	35785	106233
国家行政机构	49306914	40343225	4283001	4680688
综合事务管理机构	16029212	13719335	969516	1340361
对外事务管理机构	174988	154918	11173	8897
公共安全管理机构	13328911	9854814	1722914	1751183
社会事务管理机构	8447685	7166814	622405	658466
经济事务管理机构	9867502	8415060	748228	704214
行政监督检查机构	1458616	1032284	208765	217567
人民法院和人民检察院	1080988	951820	70226	58942
人民法院	725000	643235	41975	39790
人民检察院	355988	308585	28251	19152
其他国家机构	1320727	1199448	63907	57372
人民政协、民主党派	129280	109099	13450	6731
人民政协	50815	49730	900	185
民主党派	78465	59369	12550	6546
社会保障	2514988	2186011	71537	257440
社会保障	2514988	2186011	71537	257440
群众团体、社会团体和其他成员组织	5631812	4621482	539837	470493
群众团体	183100	152574	19646	10880
工会	63475	51420	8180	3875
妇联	17265	15713	732	820
共青团	9387	6450	2937	
其他群众团体	92973	78991	7797	6185
社会团体	3053523	2431213	325071	297239
专业性团体	2126959	1669196	211526	246237
行业性团体	665820	557859	71294	36667
其他社会团体	260744	204158	42251	14335
基金会	7660	5474	863	1323
宗教组织	2387529	2032221	194257	161051
基层群众自治组织	10973209	9483762	616471	872976
社区自治组织	3796803	3147500	281154	368149
村民自治组织	7176406	6336262	335317	504827

2-1-19 国民经济行业小类按隶属关系分的固定资产投资(不含农户)

单位：万元

行　业	合计	中央项目	地方项目				
				省属	地市属	县属	其他
全国总计	**5012648747**	**264486326**	**4748162421**	**238291562**	**457859342**	**850307738**	**3201703779**
(一)农、林、牧、渔业	**145740074**	**1607727**	**144132347**	**1425569**	**3375732**	**34722164**	**104608882**
农业	53887303	434850	53452453	481044	1057295	10093099	41821015
谷物种植	5865169	52328	5812841	353238	270568	1939108	3249927
稻谷种植	2849844	13170	2836674	333157	60357	1015729	1427431
小麦种植	579670	29200	550470	6500	12610	232131	299229
玉米种植	1524751	3988	1520763	11127	176731	484010	848895
其他谷物种植	910904	5970	904934	2454	20870	207238	674372
豆类、油料和薯类种植	2090446	19549	2070897	8580	50601	500401	1511315
豆类种植	564856	17436	547420		14422	138701	394297
油料种植	851317		851317	2089		124779	724449
薯类种植	674273	2113	672160	6491	36179	236921	392569
棉、麻、糖、烟草种植	985068	30735	954333	3600	3653	261374	685706
棉花种植	389343	28937	360406			27450	332956
麻类种植	33505		33505			5010	28495
糖料种植	122976		122976		2800	53749	66427
烟草种植	439244	1798	437446	3600	853	175165	257828
蔬菜、食用菌及园艺作物种植	23139523	167771	22971752	57314	491951	3421837	19000650
蔬菜种植	12940394	153902	12786492	28362	295307	2354085	10108738
食用菌种植	3061332	4949	3056383	9934	23112	310112	2713225
花卉种植	4521882	6300	4515582	16218	110210	530234	3858920
其他园艺作物种植	2615915	2620	2613295	2800	63322	227406	2319767
水果种植	9356511	87736	9268775	19704	136017	1401413	7711641
仁果类和核果类水果种植	3211923	24547	3187376	6450	20228	557816	2602882
葡萄种植	1714124	61089	1653035	6990	42291	238524	1365230
柑橘类种植	756410		756410		31887	141207	583316
香蕉等亚热带水果种植	304177	90	304087		3100	55263	245724
其他水果种植	3369877	2010	3367867	6264	38511	408603	2914489
坚果、含油果、香料和饮料作物种植	3791373	6931	3784442	3360	14568	845363	2921151
坚果种植	1961441	3785	1957656		6548	565597	1385511
含油果种植	344511		344511	2550		51884	290077
香料作物种植	140394	1640	138754			24116	114638
茶及其他饮料作物种植	1345027	1506	1343521	810	8020	203766	1130925
中药材种植	3685131	3900	3681231		23830	460306	3197095
其他农业	4974082	65900	4908182	35248	66107	1263297	3543530
林业	15923948	99584	15824364	265784	1682559	5931123	7944898
林木育种和育苗	7038663	45177	6993486	3638	62488	1565058	5362302
林木育种	1626254	24355	1601899	3450	500	192879	1405070
林木育苗	5412409	20822	5391587	188	61988	1372179	3957232
造林和更新	7432512	42635	7389877	181829	1430882	3899732	1877434

2-1-19　续表 1

单位：万元

行　　业	合计	中央项目	地方项目				
				省属	地市属	县属	其他
森林经营和管护	1189650	11772	1177878	57728	189189	386505	544456
木材和竹材采运	115900		115900	22589		19572	73739
木材采运	76286		76286	22589		14761	38936
竹材采运	39614		39614			4811	34803
林产品采集	147223		147223			60256	86967
木竹材林产品采集	70279		70279			16775	53504
非木竹材林产品采集	76944		76944			43481	33463
畜牧业	40550369	518094	40032275	338335	184848	5809805	33699287
牲畜饲养	32198138	499964	31698174	274625	142983	4731955	26548611
牛的饲养	11142777	73615	11069162	103830	43623	2083041	8838668
马的饲养	97098	500	96598			15022	81576
猪的饲养	12859318	312547	12546771	138241	64997	1073795	11269738
羊的饲养	6839749	110939	6728810	32106	15185	1345280	5336239
骆驼饲养	5100		5100			5100	
其他牲畜饲养	1254096	2363	1251733	448	19178	209717	1022390
家禽饲养	5767512	14253	5753259	53100	23015	547891	5129253
鸡的饲养	4477308	13066	4464242	49200	18432	415377	3981233
鸭的饲养	569739		569739	3900	2713	87992	475134
鹅的饲养	155732		155732			5652	150080
其他家禽饲养	564733	1187	563546		1870	38870	522806
狩猎和捕捉动物	319766		319766			98438	221328
其他畜牧业	2264953	3877	2261076	10610	18850	431521	1800095
渔业	7667948	200	7667748	6006	34554	587119	7040069
水产养殖	6961855	200	6961655	4586	30603	527022	6399444
海水养殖	2857666		2857666		19780	118725	2719161
内陆养殖	4104189	200	4103989	4586	10823	408297	3680283
水产捕捞	706093		706093	1420	3951	60097	640625
海水捕捞	635548		635548	1420	3951	27939	602238
内陆捕捞	70545		70545			32158	38387
农、林、牧、渔服务业	27710506	554999	27155507	334400	416476	12301018	14103613
农业服务业	24514622	536918	23977704	320383	365945	11199831	12091545
农业机械服务	2391291	48936	2342355	10706	67502	958537	1305610
灌溉服务	6131249	266435	5864814	70596	84885	3696845	2012488
农产品初加工服务	3660532	61418	3599114	12410	48623	598385	2939696
其他农业服务	12331550	160129	12171421	226671	164935	5946064	5833751
林业服务业	1205743	12320	1193423	10298	18457	490495	674173
林业有害生物防治服务	103051	134	102917		500	65309	37108
森林防火服务	64644	3832	60812	4298	2462	40067	13985
林产品初级加工服务	216347		216347	6000	2500	22110	185737
其他林业服务	821701	8354	813347		12995	363009	437343

2-1-19 续表 2

单位：万元

行业	合计	中央项目	地方项目				
				省属	地市属	县属	其他
畜牧服务业	1296611	5761	1290850	1760	25791	558382	704917
渔业服务业	693530		693530	1959	6283	52310	632978
(二)采矿业	**145371501**	**33828395**	**111543106**	**15493183**	**4615944**	**19761546**	**71672433**
煤炭开采和洗选业	46844669	2704412	44140257	10004113	1665177	9004704	23466263
烟煤和无烟煤开采洗选	42085756	2339395	39746361	9418619	1341891	8013054	20972797
褐煤开采洗选	3309953	347106	2962847	536990	211348	637420	1577089
其他煤炭采选	1448960	17911	1431049	48504	111938	354230	916377
石油和天然气开采业	39478658	29411383	10067275	2576757	1379323	3297671	2813524
石油开采	33586764	26711762	6875002	1419199	907984	2862134	1685685
天然气开采	5891894	2699621	3192273	1157558	471339	435537	1127839
黑色金属矿采选业	16612844	239105	16373739	838190	368054	1447970	13719525
铁矿采选	15325240	236105	15089135	814545	367904	1181970	12724716
锰矿、铬矿采选	765621	3000	762621	23396		130830	608395
其他黑色金属矿采选	521983		521983	249	150	135170	386414
有色金属矿采选业	16257757	538399	15719358	1327439	353678	3157775	10880466
常用有色金属矿采选	9515374	102484	9412890	697235	168620	2016394	6530641
铜矿采选	2753139	28278	2724861	325167	122947	562323	1714424
铅锌矿采选	3784798	23213	3761585	70939	34873	1316694	2339079
镍钴矿采选	199760	2523	197237	19574		21000	156663
锡矿采选	439584		439584	141362	6000	8830	283392
锑矿采选	188317	100	188217	5428		5530	177259
铝矿采选	848559	23319	825240	68163		23453	733624
镁矿采选	146251		146251	29350		600	116301
其他常用有色金属矿采选	1154966	25051	1129915	37252	4300	77964	1009899
贵金属矿采选	4941038	119164	4821874	450574	173338	904452	3293510
金矿采选	4476000	119164	4356836	430516	173338	838365	2914617
银矿采选	303250		303250	5650		50260	247340
其他贵金属矿采选	161788		161788	14408		15827	131553
稀有稀土金属矿采选	1801345	316751	1484594	179630	11720	236929	1056315
钨钼矿采选	1275061	215550	1059511	85881		170197	803433
稀土金属矿采选	166167	14480	151687	62960	11720	7857	69150
放射性金属矿采选	70183	63325	6858			6858	
其他稀有金属矿采选	289934	23396	266538	30789		52017	183732
非金属矿采选业	20490920	182767	20308153	288367	165662	1592532	18261592
土砂石开采	14979029	84267	14894762	35487	100829	1035172	13723274
石灰石、石膏开采	4239126	81993	4157133	10800	5249	242438	3898646
建筑装饰用石开采	4677232		4677232	8560	12571	394754	4261347
耐火土石开采	1146308		1146308	1478		34940	1109890
粘土及其他土砂石开采	4916363	2274	4914089	14649	83009	363040	4453391
化学矿开采	1795448	6600	1788848	175028	52746	252073	1309001

2-1-19　续表 3　　　　单位：万元

行　业	合计	中央项目	地方项目				
				省属	地市属	县属	其他
采盐	691992	89000	602992	63352	1618	117922	420100
石棉及其他非金属矿采选	3024451	2900	3021551	14500	10469	187365	2809217
石棉、云母矿采选	73320		73320				73320
石墨、滑石采选	693712		693712	14500	2810	27986	648416
宝石、玉石采选	336230		336230			27396	308834
其他未列明非金属矿采选	1921189	2900	1918289		7659	131983	1778647
开采辅助活动	5083014	737664	4345350	458317	683810	1225840	1977383
煤炭开采和洗选辅助活动	1926096	53678	1872418	356915	99622	541725	874156
石油和天然气开采辅助活动	2546111	683986	1862125	46348	584188	521487	710102
其他开采辅助活动	610807		610807	55054		162628	393125
其他采矿业	603639	14665	588974		240	35054	553680
其他采矿业	603639	14665	588974		240	35054	553680
(三)制造业	**1668977425**	**30278601**	**1638698824**	**33383008**	**55301552**	**136565173**	**1413449091**
农副食品加工业	99940222	391557	99548665	369977	1492505	9591040	88095143
谷物磨制	17030390	106698	16923692	102149	203804	1249735	15368004
饲料加工	12820881	21133	12799748	10146	159789	1091055	11538758
植物油加工	10348691	187675	10161016	57575	129354	925271	9048816
食用植物油加工	9384308	187675	9196633	57575	123174	889758	8126126
非食用植物油加工	964383		964383		6180	35513	922690
制糖业	1744986	4320	1740666	42306	54187	161278	1482895
屠宰及肉类加工	17552304	10524	17541780	30026	326728	2057128	15127898
牲畜屠宰	4708225	6373	4701852	4541	31673	696402	3969236
禽类屠宰	3532885		3532885	4200	23971	281283	3223431
肉制品及副产品加工	9311194	4151	9307043	21285	271084	1079443	7935231
水产品加工	7513830	11251	7502579	3797	107142	390037	7001603
水产品冷冻加工	4674700	11251	4663449	290	65657	254090	4343412
鱼糜制品及水产品干腌制加工	973666		973666		4915	53361	915390
水产饲料制造	546752		546752			47996	498756
鱼油提取及制品制造	84807		84807			1000	83807
其他水产品加工	1233905		1233905	3507	36570	33590	1160238
蔬菜、水果和坚果加工	15726302	27872	15698430	40570	184318	1324720	14148822
蔬菜加工	10655758	15387	10640371	12888	165553	713378	9748552
水果和坚果加工	5070544	12485	5058059	27682	18765	611342	4400270
其他农副食品加工	17202838	22084	17180754	83408	327183	2391816	14378347
淀粉及淀粉制品制造	4542730	4044	4538686	200	101654	753826	3683006
豆制品制造	2551117		2551117		28108	352644	2170365
蛋品加工	626606		626606			151550	475056
其他未列明农副食品加工	9482385	18040	9464345	83208	197421	1133796	8049920
食品制造业	44471126	74561	44396565	325551	1418502	4087144	38565368
焙烤食品制造	6689534		6689534	7900	338231	522519	5820884

2-1-19 续表 4

单位：万元

行　　业	合计	中央项目	地方项目				
				省属	地市属	县属	其他
糕点、面包制造	3248675		3248675	7900	108951	245080	2886744
饼干及其他焙烤食品制造	3440859		3440859		229280	277439	2934140
糖果、巧克力及蜜饯制造	2771999		2771999		41972	229243	2500784
糖果、巧克力制造	1590289		1590289		40530	74866	1474893
蜜饯制作	1181710		1181710		1442	154377	1025891
方便食品制造	8249732	2725	8247007	19936	232751	700198	7294122
米、面制品制造	4205381	2725	4202656	14925	167919	447483	3572329
速冻食品制造	2014466		2014466	3486	39215	106484	1865281
方便面及其他方便食品制造	2029885		2029885	1525	25617	146231	1856512
乳制品制造	2774541	31329	2743212	47986	71685	402357	2221184
罐头食品制造	2890200	9402	2880798	45870	101977	151945	2581006
肉、禽类罐头制造	601884		601884		19850	17366	564668
水产品罐头制造	215930		215930			23713	192217
蔬菜、水果罐头制造	1669877	8178	1661699	45870	71567	92490	1451772
其他罐头食品制造	402509	1224	401285		10560	18376	372349
调味品、发酵制品制造	5706951	3702	5703249		187456	600165	4915628
味精制造	802646		802646		5645	311563	485438
酱油、食醋及类似制品制造	1853383	3652	1849731		155891	105700	1588140
其他调味品、发酵制品制造	3050922	50	3050872		25920	182902	2842050
其他食品制造	15388169	27403	15360766	203859	444430	1480717	13231760
营养食品制造	2478931		2478931	6877	86235	271616	2114203
保健食品制造	3094614	16261	3078353	13652	23960	215100	2825641
冷冻饮品及食用冰制造	1011122		1011122	16537	2416	68135	924034
盐加工	704217	7392	696825	94376	3388	21444	577617
食品及饲料添加剂制造	3615013	1000	3614013	41890	57694	305994	3208435
其他未列明食品制造	4484272	2750	4481522	30527	270737	598428	3581830
酒、饮料和精制茶制造业	39193291	134174	39059117	774380	1451043	4053342	32780352
酒的制造	17945528	106009	17839519	706615	1018779	2126047	13988078
酒精制造	736332	864	735468	3280	35263	45937	650988
白酒制造	10341758	79709	10262049	616205	498876	1256773	7890195
啤酒制造	2004162	24186	1979976		135757	217590	1626629
黄酒制造	553534		553534	1695	51917	26917	473005
葡萄酒制造	2681768		2681768		286311	402405	1993052
其他酒制造	1627974	1250	1626724	85435	10655	176425	1354209
饮料制造	14739758	22885	14716873	62765	424020	1481792	12748296
碳酸饮料制造	1255488		1255488	6520	83090	98445	1067433
瓶(罐)装饮用水制造	3659199	397	3658802	1330	72393	336322	3248757
果菜汁及果菜汁饮料制造	3606378	19588	3586790		43094	417412	3126284
含乳饮料和植物蛋白饮料制造	2313638	2900	2310738	39685	116182	308390	1846481
固体饮料制造	540100		540100		25025	35612	479463

2-1-19 续表 5

单位：万元

行业	合计	中央项目	地方项目				
				省属	地市属	县属	其他
茶饮料及其他饮料制造	3364955		3364955	15230	84236	285611	2979878
精制茶加工	6508005	5280	6502725	5000	8244	445503	6043978
烟草制品业	2839625	639738	2199887	672660	430341	357601	739285
烟叶复烤	620220	21227	598993	119815	80404	162395	236379
卷烟制造	1873706	588321	1285385	543428	267615	132574	341768
其他烟草制品制造	345699	30190	315509	9417	82322	62632	161138
纺织业	53188470	68609	53119861	143646	645086	3302484	49028645
棉纺织及印染精加工	25431363	15339	25416024	93637	338961	1287024	23696402
棉纺纱加工	16952408	10839	16941569	93637	300524	870318	15677090
棉织造加工	5459604		5459604		24844	217550	5217210
棉印染精加工	3019351	4500	3014851		13593	199156	2802102
毛纺织及染整精加工	3324423	12846	3311577	28765	15920	243025	3023867
毛条和毛纱线加工	1672327		1672327		12300	156138	1503889
毛织造加工	1322889	12846	1310043	28765	3620	86887	1190771
毛染整精加工	329207		329207				329207
麻纺织及染整精加工	1097112	3074	1094038	165	8472	121524	963877
麻纤维纺前加工和纺纱	612654		612654			89305	523349
麻织造加工	423045	3074	419971			29519	390452
麻染整精加工	61413		61413	165	8472	2700	50076
丝绢纺织及印染精加工	1568846		1568846		11815	135123	1421908
缫丝加工	620554		620554		4215	91592	524747
绢纺和丝织加工	732725		732725			21151	711574
丝印染精加工	215567		215567		7600	22380	185587
化纤织造及印染精加工	4588059	19750	4568309	7893	71880	280343	4208193
化纤织造加工	3824669		3824669	7893	20238	256071	3540467
化纤织物染整精加工	763390	19750	743640		51642	24272	667726
针织或钩针编织物及其制品制造	4816087		4816087		8058	413196	4394833
针织或钩针编织物织造	3794863		3794863		8058	345438	3441367
针织或钩针编织物印染精加工	321012		321012			44774	276238
针织或钩针编织品制造	700212		700212			22984	677228
家用纺织制成品制造	6666378	17600	6648778	13186	29537	418351	6187704
床上用品制造	3162124	3000	3159124	3250	17800	56573	3081501
毛巾类制品制造	990493		990493			54582	935911
窗帘、布艺类产品制造	491287		491287		7800	19302	464185
其他家用纺织制成品制造	2022474	14600	2007874	9936	3937	287894	1706107
非家用纺织制成品制造	5696202		5696202		160443	403898	5131861
非织造布制造	2556771		2556771		23274	69136	2464361
绳、索、缆制造	514817		514817			14123	500694
纺织带和帘子布制造	722430		722430		127516	202028	392886
篷、帆布制造	534755		534755			5831	528924

2-1-19 续表 6　　　　单位：万元

行　　业	合计	中央项目	地方项目				
				省属	地市属	县属	其他
其他非家用纺织制成品制造	1367429		1367429		9653	112780	1244996
纺织服装、服饰业	37110802	6414	37104388	5322	461832	2384708	34252526
机织服装制造	23342764	6414	23336350		308682	1750637	21277031
针织或钩针编织服装制造	4929954		4929954	341	650	123980	4804983
服饰制造	8838084		8838084	4981	152500	510091	8170512
皮革、毛皮、羽毛及其制品和制鞋业	19672451	880	19671571	11100	240526	1330636	18089309
皮革鞣制加工	1150356		1150356		20338	29784	1100234
皮革制品制造	6181459	880	6180579		40653	242812	5897114
皮革服装制造	1413797	880	1412917		6149	42181	1364587
皮箱、包(袋)制造	2507236		2507236		23219	88406	2395611
皮手套及皮装饰制品制造	814737		814737		11285	32546	770906
其他皮革制品制造	1445689		1445689			79679	1366010
毛皮鞣制及制品加工	2330608		2330608			178165	2152443
毛皮鞣制加工	276023		276023			31648	244375
毛皮服装加工	1369196		1369196			126887	1242309
其他毛皮制品加工	685389		685389			19630	665759
羽毛(绒)加工及制品制造	1286447		1286447	1100	16745	9785	1258817
羽毛(绒)加工	672221		672221	1100		7235	663886
羽毛(绒)制品加工	614226		614226		16745	2550	594931
制鞋业	8723581		8723581	10000	162790	870090	7680701
纺织面料鞋制造	1339253		1339253	10000	22027	83397	1223829
皮鞋制造	4504299		4504299		51160	627888	3825251
塑料鞋制造	588265		588265		8310	15100	564855
橡胶鞋制造	772637		772637		4470	34750	733417
其他制鞋业	1519127		1519127		76823	108955	1333349
木材加工和木、竹、藤、棕、草制品业	34508151	10280	34497871	69396	410117	2388554	31629804
木材加工	9018783	3100	9015683	28365	53986	846417	8086915
锯材加工	2337360	3100	2334260		11584	276955	2045721
木片加工	2331868		2331868	8500		205126	2118242
单板加工	2031827		2031827		1070	101538	1929219
其他木材加工	2317728		2317728	19865	41332	262798	1993733
人造板制造	12042977	680	12042297	15535	116102	707596	11203064
胶合板制造	5502456		5502456	8605	8700	212114	5273037
纤维板制造	2540300		2540300	6930	23080	146819	2363471
刨花板制造	1167619		1167619		4002	157232	1006385
其他人造板制造	2832602	680	2831922		80320	191431	2560171
木制品制造	10104916	6500	10098416	25496	236819	720345	9115756
建筑用木料及木材组件加工	2678559		2678559	2528	49940	109308	2516783
木门窗、楼梯制造	2981551	6500	2975051		110827	116792	2747432

2-1-19　续表 7

单位：万元

行　业	合计	中央项目	地方项目	省属	地市属	县属	其他
地板制造	1681870		1681870	13100	51371	140499	1476900
木制容器制造	535862		535862	9868	15471	22312	488211
软木制品及其他木制品制造	2227074		2227074		9210	331434	1886430
竹、藤、棕、草等制品制造	3341475		3341475		3210	114196	3224069
竹制品制造	2703648		2703648		3210	60537	2639901
藤制品制造	206265		206265			10777	195488
棕制品制造	84682		84682			6180	78502
草及其他制品制造	346880		346880			36702	310178
家具制造业	24489456		24489456		400884	1438971	22649601
木质家具制造	18268727		18268727		318831	1067144	16882752
竹、藤家具制造	410148		410148		1440	4020	404688
金属家具制造	2378332		2378332		36806	89588	2251938
塑料家具制造	474004		474004		530	14118	459356
其他家具制造	2958245		2958245		43277	264101	2650867
造纸和纸制品业	28018951	4838	28014113	91447	1054617	2993385	23874664
纸浆制造	859416		859416	3400	18538	247685	589793
木竹浆制造	572397		572397	3400	18538	238190	312269
非木竹浆制造	287019		287019			9495	277524
造纸	11610363	160	11610203	86232	718905	1233954	9571112
机制纸及纸板制造	9264662		9264662	86232	380142	1130104	7668184
手工纸制造	360603		360603		150	16001	344452
加工纸制造	1985098	160	1984938		338613	87849	1558476
纸制品制造	15549172	4678	15544494	1815	317174	1511746	13713759
纸和纸板容器制造	7198636		7198636		157143	550295	6491198
其他纸制品制造	8350536	4678	8345858	1815	160031	961451	7222561
印刷和记录媒介复制业	16064725	144897	15919828	179508	518743	1245232	13976345
印刷	14932198	139907	14792291	150827	430940	1180180	13030344
书、报刊印刷	2325013	20946	2304067	101852	118679	182902	1900634
本册印制	515969		515969	34195	20246	28857	432671
包装装潢及其他印刷	12091216	118961	11972255	14780	292015	968421	10697039
装订及印刷相关服务	1036017	4990	1031027	28681	31803	64730	905813
记录媒介复制	96510		96510		56000	322	40188
文教、工美、体育和娱乐用品制造业	17947138	27427	17919711	55295	440391	1232673	16191352
文教办公用品制造	1831879	4675	1827204	7480	8770	91198	1719756
文具制造	697876	4675	693201		4500	17127	671574
笔的制造	424892		424892	3500	4270	23354	393768
教学用模型及教具制造	265590		265590			34500	231090
墨水、墨汁制造	75607		75607				75607

2-1-19 续表 8

单位：万元

行 业	合计	中央项目	地方项目				
				省属	地市属	县属	其他
其他文教办公用品制造	367914		367914	3980		16217	347717
乐器制造	738906		738906	28836	18531	13189	678350
中乐器制造	190696		190696				190696
西乐器制造	249390		249390		11740		237650
电子乐器制造	140214		140214	28836		4800	106578
其他乐器及零件制造	158606		158606		6791	8389	143426
工艺美术品制造	9171694	22752	9148942	18979	386213	769186	7974564
雕塑工艺品制造	1696779		1696779	4500	13664	59426	1619189
金属工艺品制造	1039083	1925	1037158		9197	48640	979321
漆器工艺品制造	225946		225946		24557	2735	198654
花画工艺品制造	162187		162187			19550	142637
天然植物纤维编织工艺品制造	612181		612181			119909	492272
抽纱刺绣工艺品制造	447056		447056			34644	412412
地毯、挂毯制造	999466		999466		123991	59410	816065
珠宝首饰及有关物品制造	1437223		1437223	14479	31123	208640	1182981
其他工艺美术品制造	2551773	20827	2530946		183681	216232	2131033
体育用品制造	3130517		3130517		11912	152789	2965816
球类制造	220902		220902				220902
体育器材及配件制造	1401339		1401339		11800	41451	1348088
训练健身器材制造	534389		534389		112	79438	454839
运动防护用具制造	168769		168769				168769
其他体育用品制造	805118		805118			31900	773218
玩具制造	2231663		2231663		12547	165610	2053506
游艺器材及娱乐用品制造	842479		842479		2418	40701	799360
露天游乐场所游乐设备制造	310239		310239			18053	292186
游艺用品及室内游艺器材制造	242023		242023		2418	1703	237902
其他娱乐用品制造	290217		290217			20945	269272
石油加工、炼焦和核燃料加工业	32084923	5277518	26807405	3164225	1149862	3789070	18704248
精炼石油产品制造	24622195	5021928	19600267	2500547	918286	1231425	14950009
原油加工及石油制品制造	23172157	5021928	18150229	2362122	918286	1158823	13710998
人造原油制造	1450038		1450038	138425		72602	1239011
炼焦	7462728	255590	7207138	663678	231576	2557645	3754239
化学原料和化学制品制造业	145163932	4581689	140582243	5395580	5475824	16321009	113389830
基础化学原料制造	53417749	3125004	50292745	3050586	3351403	7438432	36452324
无机酸制造	3204447	15150	3189297	343281	353394	284343	2208279
无机碱制造	2427147	21888	2405259	46934	504861	375160	1478304
无机盐制造	4145235	43749	4101486	111863	172401	1056317	2760905
有机化学原料制造	33019548	2771448	30248100	2017923	1901707	3992861	22335609
其他基础化学原料制造	10621372	272769	10348603	530585	419040	1729751	7669227
肥料制造	17215260	149683	17065577	410317	481880	3534724	12638656

2-1-19　续表 9

单位：万元

行　业	合计	中央项目	地方项目				
				省属	地市属	县属	其他
氮肥制造	4255434	120482	4134952	162818	318632	1642281	2011221
磷肥制造	698199		698199	59353	23362	93348	522136
钾肥制造	715893	27220	688673			222811	465862
复混肥料制造	5399964	1150	5398814	102167	95350	1010094	4191203
有机肥料及微生物肥料制造	4782257	831	4781426	35673	36336	383801	4325616
其他肥料制造	1363513		1363513	50306	8200	182389	1122618
农药制造	5145898	223	5145675	31805	128645	350007	4635218
化学农药制造	3410099	223	3409876	31305	15445	238413	3124713
生物化学农药及微生物农药制造	1735799		1735799	500	113200	111594	1510505
涂料、油墨、颜料及类似产品制造	9585605	21746	9563859	12358	79043	573777	8898681
涂料制造	6476097	18204	6457893	10108	47561	362216	6038008
油墨及类似产品制造	495962		495962	2250	2626	31156	459930
颜料制造	1089629	2200	1087429		25651	58165	1003613
染料制造	872038		872038			59506	812532
密封用填料及类似品制造	651879	1342	650537		3205	62734	584598
合成材料制造	19896207	858052	19038155	844604	467620	1441632	16284299
初级形态塑料及合成树脂制造	9903888	570189	9333699	484299	370572	913127	7565701
合成橡胶制造	2365302	5763	2359539	23883	7495	197744	2130417
合成纤维单(聚合)体制造	3013418	280000	2733418	232675	17793	131563	2351387
其他合成材料制造	4613599	2100	4611499	103747	71760	199198	4236794
专用化学产品制造	30900220	402221	30497999	826947	812055	2478062	26380935
化学试剂和助剂制造	11001989	83073	10918916	346508	267584	1129072	9175752
专项化学用品制造	9303141	217281	9085860	29341	442234	727917	7886368
林产化学产品制造	935569		935569	5020	32000	81292	817257
信息化学品制造	2798452	37844	2760608	418728	28159	250060	2063661
环境污染处理专用药剂材料制造	1543376	49188	1494188	600	5790	83721	1404077
动物胶制造	194256		194256		1000	4972	188284
其他专用化学产品制造	5123437	14835	5108602	26750	35288	201028	4845536
炸药、火工及焰火产品制造	3839172	14800	3824372	193908	24407	203850	3402207
焰火、鞭炮产品制造	3839172	14800	3824372	193908	24407	203850	3402207
日用化学产品制造	5163821	9960	5153861	25055	130771	300525	4697510
肥皂及合成洗涤剂制造	1203325		1203325	18223	32984	41287	1110831
化妆品制造	1193548		1193548	3082	28997	92851	1068618
口腔清洁用品制造	131004		131004		13487		117517
香料、香精制造	1124779	9960	1114819	3750	35166	72996	1002907
其他日用化学产品制造	1511165		1511165		20137	93391	1397637
医药制造业	51919326	270821	51648505	754808	2180973	6379206	42333518
化学药品原料药制造	8761929	14411	8747518	146119	444085	1283410	6873904
化学药品制剂制造	8266526	20353	8246173	134686	352565	855618	6903304
中药饮片加工	7685493	14512	7670981	52751	199335	1110112	6308783

2-1-19 续表 10

单位：万元

行　业	合计	中央项目	地方项目				
				省属	地市属	县属	其他
中成药生产	9783905	66358	9717547	341953	368573	1353970	7653051
兽用药品制造	1683110	2024	1681086	6027	44513	164119	1466427
生物药品制造	10754627	153163	10601464	52239	602462	1269334	8677429
卫生材料及医药用品制造	4983736		4983736	21033	169440	342643	4450620
化学纤维制造业	10992030	79473	10912557	138406	387750	579760	9806641
纤维素纤维原料及纤维制造	2101447	73661	2027786	4318	75428	13791	1934249
化纤浆粕制造	312962		312962			2251	310711
人造纤维(纤维素纤维)制造	1788485	73661	1714824	4318	75428	11540	1623538
合成纤维制造	8890583	5812	8884771	134088	312322	565969	7872392
锦纶纤维制造	1696741		1696741			153468	1543273
涤纶纤维制造	3236818	1572	3235246		47015	165406	3022825
腈纶纤维制造	125158	4240	120918		399	7200	113319
维纶纤维制造	452264		452264	4872		1500	445892
丙纶纤维制造	220897		220897				220897
氨纶纤维制造	494395		494395		94893	85585	313917
其他合成纤维制造	2664310		2664310	129216	170015	152810	2212269
橡胶和塑料制品业	59323026	526315	58796711	326028	1098154	3543846	53828683
橡胶制品业	16223437	48083	16175354	180996	530513	842684	14621161
轮胎制造	6673061	42958	6630103	86305	261381	320421	5961996
橡胶板、管、带制造	3840386	5125	3835261	53668	114593	106897	3560103
橡胶零件制造	1549708		1549708	4978	5460	80199	1459071
再生橡胶制造	1172813		1172813	2543		99314	1070956
日用及医用橡胶制品制造	572843		572843	15486	810	63087	493460
其他橡胶制品制造	2414626		2414626	18016	148269	172766	2075575
塑料制品业	43099589	478232	42621357	145032	567641	2701162	39207522
塑料薄膜制造	5847424	577	5846847	28444	56424	456561	5305418
塑料板、管、型材制造	11260997	457155	10803842	58734	230386	852621	9662101
塑料丝、绳及编织品制造	3961173	16000	3945173	10815	49690	234086	3650582
泡沫塑料制造	1671473		1671473	18980	9776	92312	1550405
塑料人造革、合成革制造	968705		968705		4608	53277	910820
塑料包装箱及容器制造	4898488		4898488	2681	55215	166843	4673749
日用塑料制品制造	4067556		4067556	8464	103917	200121	3755054
塑料零件制造	2189004		2189004	13873	2686	68846	2103599
其他塑料制品制造	8234769	4500	8230269	3041	54939	576495	7595794
非金属矿物制品业	157855683	938772	156916911	1331194	2411982	11629891	141543844
水泥、石灰和石膏制造	15082635	432021	14650614	554103	618247	1610387	11867877
水泥制造	11127099	402021	10725078	513294	565221	1311965	8334598
石灰和石膏制造	3955536	30000	3925536	40809	53026	298422	3533279
石膏、水泥制品及类似制品制造	28818735	151615	28667120	175678	420579	1850609	26220254
水泥制品制造	15230147	78530	15151617	126938	187276	1015012	13822391

2-1-19　续表 11

单位：万元

行　　业	合计	中央项目	地方项目				
				省属	地市属	县属	其他
砼结构构件制造	4487739	8798	4478941	24324	88248	332202	4034167
石棉水泥制品制造	541198		541198	1250		9449	530499
轻质建筑材料制造	5249605	64287	5185318	812	96396	327368	4760742
其他水泥类似制品制造	3310046		3310046	22354	48659	166578	3072455
砖瓦、石材等建筑材料制造	59078175	96497	58981678	282187	474356	3718851	54506284
粘土砖瓦及建筑砌块制造	14687801	600	14687201	18563	83833	718056	13866749
建筑陶瓷制品制造	7905949	790	7905159	12900	84181	449029	7359049
建筑用石加工	14916214	16500	14899714	166717	45042	1250913	13437042
防水建筑材料制造	2885197	600	2884597		26731	215297	2642569
隔热和隔音材料制造	5783779	7440	5776339		81802	470964	5223573
其他建筑材料制造	12899235	70567	12828668	84007	152767	614592	11977302
玻璃制造	7427535	4168	7423367	36379	181959	779173	6425856
平板玻璃制造	3134418	4168	3130250	36379	16984	526511	2550376
其他玻璃制造	4293117		4293117		164975	252662	3875480
玻璃制品制造	10392898	1555	10391343	3600	211472	519119	9657152
技术玻璃制品制造	2680459		2680459		69944	70006	2540509
光学玻璃制造	866639		866639			52754	813885
玻璃仪器制造	286244	1555	284689			4900	279789
日用玻璃制品制造	2030408		2030408	3600	5898	146940	1873970
玻璃包装容器制造	1011200		1011200		67815	64027	879358
玻璃保温容器制造	220256		220256			1860	218396
制镜及类似品加工	376666		376666		3475	62518	310673
其他玻璃制品制造	2921026		2921026		64340	116114	2740572
玻璃纤维和玻璃纤维增强塑料制品制造	3627087	1722	3625365	15900	12729	232573	3364163
玻璃纤维及制品制造	2104346		2104346	13900	6729	164215	1919502
玻璃纤维增强塑料制品制造	1522741	1722	1521019	2000	6000	68358	1444661
陶瓷制品制造	9573990	63060	9510930	34862	162008	854580	8459480
卫生陶瓷制品制造	1168115		1168115		6928	129653	1031534
特种陶瓷制品制造	2896709	53078	2843631		49881	153548	2640202
日用陶瓷制品制造	3826185	9982	3816203	34862	59183	269858	3452300
园林、陈设艺术及其他陶瓷制品制造	1682981		1682981		46016	301521	1335444
耐火材料制品制造	9285246	74377	9210869	17250	129894	424979	8638746
石棉制品制造	908967		908967		1000	38448	869519
云母制品制造	423398		423398		10100		413298
耐火陶瓷制品及其他耐火材料制造	7952881	74377	7878504	17250	118794	386531	7355929
石墨及其他非金属矿物制品制造	14569382	113757	14455625	211235	200738	1639620	12404032
石墨及碳素制品制造	5486535	113257	5373278	65672	153185	460679	4693742
其他非金属矿物制品制造	9082847	500	9082347	145563	47553	1178941	7710290
黑色金属冶炼和压延加工业	47813035	1890853	45922182	3547249	2340906	3337244	36696783
炼铁	2450479	243610	2206869	230940	60441	145084	1770404

2-1-19 续表 12

单位：万元

行　业	合计	中央项目	地方项目				
				省属	地市属	县属	其他
炼钢	8573240	562775	8010465	1543235	223951	795469	5447810
黑色金属铸造	7240515	24325	7216190	49072	478201	389661	6299256
钢压延加工	24848992	997403	23851589	1677618	1530957	1380037	19262977
铁合金冶炼	4699809	62740	4637069	46384	47356	626993	3916336
有色金属冶炼和压延加工业	58137975	666060	57471915	2706891	2226468	10087504	42451052
常用有色金属冶炼	14982250	222141	14760109	1454526	824841	2244598	10236144
铜冶炼	2226277	5200	2221077	163794	225893	283213	1547177
铅锌冶炼	1692792		1692792	65823	127369	342661	1156939
镍钴冶炼	1529029		1529029	111295	284579	163946	969209
锡冶炼	327103		327103	114638	1680	12359	198426
锑冶炼	209492		209492			54178	155314
铝冶炼	5730406	208101	5522305	909249	60699	112352	4440005
镁冶炼	1250842	4019	1246823		12100	903051	331672
其他常用有色金属冶炼	2016309	4821	2011488	89727	111521	372838	1437402
贵金属冶炼	2048766	4251	2044515	87115	15094	764750	1177556
金冶炼	449392	4251	445141	57258	4085	73241	310557
银冶炼	1227865		1227865			689309	538556
其他贵金属冶炼	371509		371509	29857	11009	2200	328443
稀有稀土金属冶炼	2017337	74490	1942847	35127	124375	249174	1534171
钨钼冶炼	699194	72490	626704	9410	4295	45914	567085
稀土金属冶炼	819481		819481			124323	695158
其他稀有金属冶炼	498662	2000	496662	25717	120080	78937	271928
有色金属合金制造	7485962	57123	7428839	216673	56756	498470	6656940
有色金属铸造	1612868		1612868		8360	197852	1406656
有色金属压延加工	29990792	308055	29682737	913450	1197042	6132660	21439585
铜压延加工	5043493	210349	4833144	45214	198454	422036	4167440
铝压延加工	21185774	34619	21151155	837536	922663	5436790	13954166
贵金属压延加工	456122	15146	440976		3030	15295	422651
稀有稀土金属压延加工	896843	29816	867027		22454	140054	704519
其他有色金属压延加工	2408560	18125	2390435	30700	50441	118485	2190809
金属制品业	86311585	349172	85962413	542442	1240453	5076372	79103146
结构性金属制品制造	35401120	97167	35303953	380915	453475	2202228	32267335
金属结构制造	25054209	95667	24958542	304489	375899	1591818	22686336
金属门窗制造	10346911	1500	10345411	76426	77576	610410	9580999
金属工具制造	7111739	35160	7076579	47598	68679	328751	6631551
切削工具制造	2081853	32348	2049505	37798	34301	46329	1931077
手工具制造	847331	2812	844519			74126	770393
农用及园林用金属工具制造	658512		658512		4800	48612	605100
刀剪及类似日用金属工具制造	686680		686680	9800	760	52013	624107
其他金属工具制造	2837363		2837363		28818	107671	2700874

2-1-19 续表 13

单位：万元

行　　业	合计	中央项目	地方项目				
				省属	地市属	县属	其他
集装箱及金属包装容器制造	5980428	21986	5958442	32245	214816	623296	5088085
集装箱制造	643156		643156	6064	23256	142587	471249
金属压力容器制造	2696230	21986	2674244	26181	119435	114923	2413705
金属包装容器制造	2641042		2641042		72125	365786	2203131
金属丝绳及其制品制造	4381029	44000	4337029	12456	46599	207174	4070800
建筑、安全用金属制品制造	9732921	26504	9706417	49060	180822	631311	8845224
建筑、家具用金属配件制造	2896874	13959	2882915	15931	42875	116971	2707138
建筑装饰及水暖管道零件制造	3378607	2500	3376107	1800	71923	203307	3099077
安全、消防用金属制品制造	1842303	3000	1839303	26344	16890	186199	1609870
其他建筑、安全用金属制品制造	1615137	7045	1608092	4985	49134	124834	1429139
金属表面处理及热处理加工	4553199		4553199	3050	18173	319011	4212965
搪瓷制品制造	836776		836776		38067	25592	773117
生产专用搪瓷制品制造	131818		131818			11972	119846
建筑装饰搪瓷制品制造	319481		319481				319481
搪瓷卫生洁具制造	210520		210520			2850	207670
搪瓷日用品及其他搪瓷制品制造	174957		174957		38067	10770	126120
金属制日用品制造	5288075		5288075		42480	240386	5005209
金属制厨房用器具制造	1537588		1537588		18859	99011	1419718
金属制餐具和器皿制造	1178203		1178203		2967	14055	1161181
金属制卫生器具制造	360629		360629		1200	5005	354424
其他金属制日用品制造	2211655		2211655		19454	122315	2069886
其他金属制品制造	13026298	124355	12901943	17118	177342	498623	12208860
锻件及粉末冶金制品制造	4588461	21066	4567395	4870	62426	180613	4319486
交通及公共管理用金属标牌制造	625496		625496		30560	22695	572241
其他未列明金属制品制造	7812341	103289	7709052	12248	84356	295315	7317133
通用设备制造业	121431909	1048939	120382970	638072	2582651	5688406	111473841
锅炉及原动设备制造	10978331	272056	10706275	61400	397545	942569	9304761
锅炉及辅助设备制造	5377032	103306	5273726	23387	152034	718886	4379419
内燃机及配件制造	3378978	66112	3312866	24788	207561	77033	3003484
汽轮机及辅机制造	749852	72279	677573	9907	11765	46036	609865
水轮机及辅机制造	244830		244830		1000	4763	239067
风能原动设备制造	645880	30359	615521	3318	11535	20990	579678
其他原动设备制造	581759		581759		13650	74861	493248
金属加工机械制造	26623267	137456	26485811	155958	984588	821349	24523916
金属切削机床制造	4455270		4455270	9773	234175	55617	4155705
金属成形机床制造	3079769	74460	3005309	64672	53860	106984	2779793

2-1-19 续表 14

单位：万元

行　业	合计	中央项目	地方项目				
				省属	地市属	县属	其他
铸造机械制造	5538597	4281	5534316	803	93436	166887	5273190
金属切割及焊接设备制造	2109572		2109572	66710	291310	42996	1708556
机床附件制造	2656559	54665	2601894	3000	80197	63474	2455223
其他金属加工机械制造	8783500	4050	8779450	11000	231610	385391	8151449
物料搬运设备制造	13988869	69839	13919030	186755	261031	645343	12825901
轻小型起重设备制造	1314033		1314033		25360	83280	1205393
起重机制造	4052591	22594	4029997	86061	95114	151414	3697408
生产专用车辆制造	2042453	30006	2012447		23769	97578	1891100
连续搬运设备制造	1198673	14839	1183834			153658	1030176
电梯、自动扶梯及升降机制造	4154207	2400	4151807	100694	112462	111205	3827446
其他物料搬运设备制造	1226912		1226912		4326	48208	1174378
泵、阀门、压缩机及类似机械制造	16470251	136711	16333540	86004	401932	847650	14997954
泵及真空设备制造	4941714		4941714		56222	549670	4335822
气体压缩机械制造	2014640	128011	1886629	870	69624	33925	1782210
阀门和旋塞制造	4218710		4218710	1200	70591	129732	4017187
液压和气压动力机械及元件制造	5295187	8700	5286487	83934	205495	134323	4862735
轴承、齿轮和传动部件制造	13920546	157393	13763153	69978	154302	636097	12902776
轴承制造	7505773	119350	7386423	57034	37448	158623	7133318
齿轮及齿轮减、变速箱制造	4957916	33823	4924093	11461	107904	311249	4493479
其他传动部件制造	1456857	4220	1452637	1483	8950	166225	1275979
烘炉、风机、衡器、包装等设备制造	11747942	146487	11601455	20811	128611	602900	10849133
烘炉、熔炉及电炉制造	943251	8700	934551	5500	7001	20430	901620
风机、风扇制造	2097173	104446	1992727	14885	33320	162084	1782438
气体、液体分离及纯净设备制造	1419390	8784	1410606	426	25682	100650	1283848
制冷、空调设备制造	4026239	147	4026092		54445	89203	3882444
风动和电动工具制造	1299066	24410	1274656			60155	1214501
喷枪及类似器具制造	203418		203418			31940	171478
衡器制造	387445		387445		4284	43042	340119
包装专用设备制造	1371960		1371960		3879	95396	1272685
文化、办公用机械制造	1299658	4455	1295203	8292	7989	50541	1228381
电影机械制造	61873		61873				61873
幻灯及投影设备制造	173149		173149		4000	11530	157619
照相机及器材制造	122073		122073			20	122053
复印和胶印设备制造	293612		293612		500	5500	287612
计算器及货币专用设备制造	142693		142693	8292	3489	8558	122354

2-1-19　续表 15　　　　　　　　　　　　　　　　　　　　　单位：万元

行　业	合计	中央项目	地方项目				
				省属	地市属	县属	其他
其他文化、办公用机械制造	506258	4455	501803			24933	476870
通用零部件制造	19088373	32883	19055490	39165	190765	776330	18049230
金属密封件制造	1073043	4000	1069043			51938	1017105
紧固件制造	2435159	3432	2431727	23500	4478	76194	2327555
弹簧制造	716114		716114		11620	42977	661517
机械零部件加工	10905213	6600	10898613	15665	129873	467891	10285184
其他通用零部件制造	3958844	18851	3939993		44794	137330	3757869
其他通用设备制造业	7314672	91659	7223013	9709	55888	365627	6791789
专用设备制造业	113849186	1534736	112314450	2069481	3876147	8357009	98011813
采矿、冶金、建筑专用设备制造	35116775	763392	34353383	1300586	900217	3178725	28973855
矿山机械制造	12426182	208416	12217766	239350	129042	975320	10874054
石油钻采专用设备制造	8400071	113565	8286506	654194	483137	1595597	5553578
建筑工程用机械制造	6494820	11794	6483026	245870	84203	233810	5919143
海洋工程专用设备制造	1873364	1706	1871658	46466	36925	10646	1777621
建筑材料生产专用机械制造	3152381		3152381	85398	70074	174206	2822703
冶金专用设备制造	2769957	427911	2342046	29308	96836	189146	2026756
化工、木材、非金属加工专用设备制造	16282856	99952	16182904	60773	671830	1172805	14277496
炼油、化工生产专用设备制造	3350966	55588	3295378	11123	352924	458828	2472503
橡胶加工专用设备制造	754284	29725	724559		10551	57570	656438
塑料加工专用设备制造	2118721	4015	2114706		90813	136454	1887439
木材加工机械制造	819165		819165		1800	14903	802462
模具制造	7323615	6702	7316913	43482	150505	391012	6731914
其他非金属加工专用设备制造	1916105	3922	1912183	6168	65237	114038	1726740
食品、饮料、烟草及饲料生产专用设备制造	3286523	40037	3246486	1392	55416	199607	2990071
食品、酒、饮料及茶生产专用设备制造	1189129		1189129	1392	42615	41082	1104040
农副食品加工专用设备制造	1611481		1611481		11554	134350	1465577
烟草生产专用设备制造	200103	40037	160066		1247	12867	145952
饲料生产专用设备制造	285810		285810			11308	274502
印刷、制药、日化及日用品生产专用设备制造	6494053	41425	6452628	23843	471478	463343	5493964
制浆和造纸专用设备制造	933751	2105	931646		18970	44944	867732
印刷专用设备制造	1042283	12700	1029583	6130	17860	66574	939019
日用化工专用设备制造	929511	16800	912711	4207	7500	112721	788283
制药专用设备制造	675044	9800	665244	13506	47913	15126	588699
照明器具生产专用设备制造	1811132		1811132		360732	171901	1278499
玻璃、陶瓷和搪瓷制品生产专用设备制造	566629	20	566609		18503	3516	544590
其他日用品生产专用设备制造	535703		535703			48561	487142
纺织、服装和皮革加工专用设备制造	3894131	13860	3880271	52058	147115	149578	3531520
纺织专用设备制造	2743673	13860	2729813	52058	141515	46389	2489851
皮革、毛皮及其制品加工专用设备制造	407262		407262			33123	374139
缝制机械制造	611274		611274		5600	44868	560806

2-1-19 续表 16

单位：万元

行　业	合计	中央项目	地方项目				
				省属	地市属	县属	其他
洗涤机械制造	131922		131922			25198	106724
电子和电工机械专用设备制造	9476787	148194	9328593	67368	341713	903491	8016021
电工机械专用设备制造	3818564	45597	3772967	21990	43932	234528	3472517
电子工业专用设备制造	5658223	102597	5555626	45378	297781	668963	4543504
农、林、牧、渔专用机械制造	10008559	104799	9903760	32329	307625	719165	8844641
拖拉机制造	1548621	42320	1506301	29650	31739	73633	1371279
机械化农业及园艺机具制造	4047976	17450	4030526	2368	113270	347483	3567405
营林及木竹采伐机械制造	131811		131811		83	5000	126728
畜牧机械制造	679565		679565		23000	46506	610059
渔业机械制造	73868	4950	68918			2800	66118
农林牧渔机械配件制造	1790242	22119	1768123	181	134895	119040	1514007
棉花加工机械制造	190553		190553		3918	550	186085
其他农、林、牧、渔业机械制造	1545923	17960	1527963	130	720	124153	1402960
医疗仪器设备及器械制造	8561803	14227	8547576	19912	496985	367102	7663577
医疗诊断、监护及治疗设备制造	2869065		2869065		280429	135178	2453458
口腔科用设备及器具制造	173091		173091		662	300	172129
医疗实验室及医用消毒设备和器具制造	723728	8765	714963	15187	15511	32413	651852
医疗、外科及兽医用器械制造	1507556		1507556		37785	67505	1402266
机械治疗及病房护理设备制造	717227		717227		2615	47270	667342
假肢、人工器官及植(介)入器械制造	231621		231621	4725	10797		216099
其他医疗设备及器械制造	2339515	5462	2334053		149186	84436	2100431
环保、社会公共服务及其他专用设备制造	20727699	308850	20418849	511220	483768	1203193	18220668
环境保护专用设备制造	10629419	140944	10488475	467579	141116	509119	9370661
地质勘查专用设备制造	535099	57050	478049	3557	35353	100135	339004
邮政专用机械及器材制造	21498		21498				21498
商业、饮食、服务专用设备制造	145998		145998		4780	4410	136808
社会公共安全设备及器材制造	974137	47416	926721		17151	99233	810337
交通安全、管制及类似专用设备制造	559713		559713	20050	24750	6520	508393
水资源专用机械制造	902653		902653		19115	104578	778960
其他专用设备制造	6959182	63440	6895742	20034	241503	379198	6255007
汽车制造业	100934307	4546544	96387763	3953583	5202250	7149401	80082529
汽车整车制造	20955659	3676251	17279408	2462337	2233976	1264848	11318247
改装汽车制造	2662586	32492	2630094	13519	248474	347168	2020933
低速载货汽车制造	932797		932797	462100	4071	45700	420926
电车制造	2590430	12436	2577994	3491	86555	324956	2162992
汽车车身、挂车制造	2599965	102416	2497549	125135	94337	55303	2222774
汽车零部件及配件制造	71192870	722949	70469921	887001	2534837	5111426	61936657

2-1-19　续表 17

单位：万元

行　　业	合计	中央项目	地方项目				
				省属	地市属	县属	其他
铁路、船舶、航空航天和其他运输设备制造业	31569527	2925485	28644042	1057964	1456671	2733637	23395770
铁路运输设备制造	5495451	666986	4828465	124326	73973	645874	3984292
铁路机车车辆及动车组制造	966652	210238	756414			282535	473879
窄轨机车车辆制造	140337		140337				140337
铁路机车车辆配件制造	1739126	339382	1399744	112049	9770	77570	1200355
铁路专用设备及器材、配件制造	2179282	94680	2084602	12277	60820	199210	1812295
其他铁路运输设备制造	470054	22686	447368		3383	86559	357426
城市轨道交通设备制造	1144669	197411	947258	4450	51020	68630	823158
船舶及相关装置制造	8041697	674566	7367131	113091	371011	491729	6391300
金属船舶制造	3031840	359695	2672145	90258	60652	186442	2334793
非金属船舶制造	376584		376584		2066		374518
娱乐船和运动船制造	1342829		1342829		690	59671	1282468
船用配套设备制造	2331241	73101	2258140	15033	301998	105005	1836104
船舶改装与拆除	616717	241770	374947	7800	610	140611	225926
航标器材及其他相关装置制造	342486		342486		4995		337491
摩托车制造	3809826	27419	3782407	214057	16852	219739	3331759
摩托车整车制造	1389571	25469	1364102	205500	762	156168	1001672
摩托车零部件及配件制造	2420255	1950	2418305	8557	16090	63571	2330087
自行车制造	4354058	27104	4326954		126174	284930	3915850
脚踏自行车及残疾人座车制造	910545	27104	883441		107234	23318	752889
助动自行车制造	3443513		3443513		18940	261612	3162961
非公路休闲车及零配件制造	613433		613433		1800	59715	551918
潜水救捞及其他未列明运输设备制造	8110393	1331999	6778394	602040	815841	963020	4397493
其他未列明运输设备制造	8110393	1331999	6778394	602040	815841	963020	4397493
电气机械和器材制造业	104035057	534357	103500700	769193	4957665	7283278	90490564
电机制造	11497792	33056	11464736	229048	392809	618029	10224850
发电机及发电机组制造	4920868	32092	4888776	108779	301984	289875	4188138
电动机制造	3507937		3507937	120220	65125	196313	3126279
微电机及其他电机制造	3068987	964	3068023	49	25700	131841	2910433
输配电及控制设备制造	33754276	231770	33522506	265097	1805954	2180041	29271414
变压器、整流器和电感器制造	6588461	81099	6507362	69358	171697	533348	5732959
电容器及其配套设备制造	1762884	10325	1752559		43568	30765	1678226
配电开关控制设备制造	5843962	18611	5825351	84693	162566	454531	5123561
电力电子元器件制造	7034562		7034562	31308	345911	354739	6302604
光伏设备及元器件制造	8562974	62141	8500833	51508	820192	453179	7175954
其他输配电及控制设备制造	3961433	59594	3901839	28230	262020	353479	3258110
电线、电缆、光缆及电工器材制造	17297964	32428	17265536	6080	649872	1555942	15053642
电线、电缆制造	13051483	1500	13049983	6080	476302	1359739	11207862
光纤、光缆制造	1286304		1286304		91316	40959	1154029

2-1-19 续表 18

单位: 万元

行业	合计	中央项目	地方项目				
				省属	地市属	县属	其他
绝缘制品制造	1223426	14688	1208738		45877	24123	1138738
其他电工器材制造	1736751	16240	1720511		36377	131121	1553013
电池制造	11063423	112457	10950966	80252	698672	1134228	9037814
锂离子电池制造	6005853	72957	5932896	54189	449139	391328	5038240
镍氢电池制造	497492		497492			48807	448685
其他电池制造	4560078	39500	4520578	26063	249533	694093	3550889
家用电力器具制造	9862236	27650	9834586	42622	325227	465064	9001673
家用制冷电器具制造	2083948		2083948	31574	145247	124208	1782919
家用空气调节器制造	1229954	27650	1202304	11048	58069	125852	1007335
家用通风电器具制造	469602		469602		2863	11240	455499
家用厨房电器具制造	2100012		2100012		49770	76471	1973771
家用清洁卫生电器具制造	783950		783950		780	14947	768223
家用美容、保健电器具制造	293089		293089		8800		284289
家用电力器具专用配件制造	1094927		1094927		29215	52333	1013379
其他家用电力器具制造	1806754		1806754		30483	60013	1716258
非电力家用器具制造	4346064	58156	4287908	9727	312921	250074	3715186
燃气、太阳能及类似能源家用器具制造	3998457	58156	3940301	9727	312921	243431	3374222
其他非电力家用器具制造	347607		347607			6643	340964
照明器具制造	11607242	8102	11599140	102833	655972	851337	9988998
电光源制造	3307951	6502	3301449	400	60883	316814	2923352
照明灯具制造	6947224	1600	6945624	89494	558554	420252	5877324
灯用电器附件及其他照明器具制造	1352067		1352067	12939	36535	114271	1188322
其他电气机械及器材制造	4606060	30738	4575322	33534	116238	228563	4196987
电气信号设备装置制造	927461	2218	925243	20400	54900	22712	827231
其他未列明电气机械及器材制造	3678599	28520	3650079	13134	61338	205851	3369756
计算机、通信和其他电子设备制造业	79728163	2305584	77422579	3473168	5882571	4912957	63153883
计算机制造	8332676	24910	8307766	285895	272024	648092	7101755
计算机整机制造	1850496	10057	1840439	118865	15137	111452	1594985
计算机零部件制造	3292886		3292886	33405	73925	374886	2810670
计算机外围设备制造	1218470	1545	1216925	4999	70949	31000	1109977
其他计算机制造	1970824	13308	1957516	128626	112013	130754	1586123
通信设备制造	10897974	237144	10660830	203901	738236	1091804	8626889
通信系统设备制造	5200106	209796	4990310	62487	284494	265539	4377790
通信终端设备制造	5697868	27348	5670520	141414	453742	826265	4249099
广播电视设备制造	2006924	5824	2001100	879	22726	68741	1908754
广播电视节目制作及发射设备制造	465144	4890	460254		12204	28724	419326
广播电视接收设备及器材制造	792113	934	791179	879	1590	12621	776089
应用电视设备及其他广播电视设备制造	749667		749667		8932	27396	713339
视听设备制造	2281419	21761	2259658	18069	46319	211697	1983573
电视机制造	1029934	21761	1008173	18069	26373	72101	891630

2-1-19　续表 19

单位：万元

行　　业	合计	中央项目	地方项目				
				省属	地市属	县属	其他
音响设备制造	564756		564756		15206	113577	435973
影视录放设备制造	686729		686729		4740	26019	655970
电子器件制造	28319347	1902286	26417061	2489865	3353835	985397	19587964
电子真空器件制造	1046491	29480	1017011	9534	15000	69418	923059
半导体分立器件制造	1073958		1073958	90318	64380	36836	882424
集成电路制造	6452874	141789	6311085	69619	414803	124170	5702493
光电子器件及其他电子器件制造	19746024	1731017	18015007	2320394	2859652	754973	12079988
电子元件制造	17484150	61696	17422454	87779	748735	1103405	15482535
电子元件及组件制造	14496113	61696	14434417	86909	548927	1011632	12786949
印制电路板制造	2988037		2988037	870	199808	91773	2695586
其他电子设备制造	10405673	51963	10353710	386780	700696	803821	8462413
仪器仪表制造业	14871129	164068	14707061	145613	909452	870431	12781565
通用仪器仪表制造	7645671	27858	7617813	52835	405668	424367	6734943
工业自动控制系统装置制造	4040093	25216	4014877	28092	240286	167546	3578953
电工仪器仪表制造	1296508	1678	1294830	2879	18376	152575	1121000
绘图、计算及测量仪器制造	541256		541256	6100	6480	31301	497375
实验分析仪器制造	570571		570571	4649	99526	15440	450956
试验机制造	202018	764	201254				201254
供应用仪表及其他通用仪器制造	995225	200	995025	11115	41000	57505	885405
专用仪器仪表制造	3330408	97996	3232412	31791	273301	224817	2702503
环境监测专用仪器仪表制造	444221		444221	348	740	46344	396789
运输设备及生产用计数仪表制造	561559		561559		18000	60901	482658
农林牧渔专用仪器仪表制造	82938		82938		9700	5000	68238
地质勘探和地震专用仪器制造	186207	16000	170207			7254	162953
教学专用仪器制造	181609		181609	500	1980	24249	154880
电子测量仪器制造	517260	1569	515691	11337	48964	51327	404063
其他专用仪器制造	1356614	80427	1276187	19606	193917	29742	1032922
钟表与计时仪器制造	402102	11337	390765	1000	3041	19765	366959
光学仪器及眼镜制造	1626685	23277	1603408	2987	60785	85936	1453700
光学仪器制造	1059725	23275	1036450	2987	58985	77502	896976
眼镜制造	566960	2	566958		1800	8434	556724
其他仪器仪表制造业	1866263	3600	1862663	57000	166657	115546	1523460
其他制造业	20341212	788574	19552638	310411	2496452	2781469	13964306
日用杂品制造	2075954		2075954	26853	9500	148810	1890791
鬃毛加工、制刷及清扫工具制造	562042		562042			10310	551732
其他日用杂品制造	1513912		1513912	26853	9500	138500	1339059
煤制品制造	1877929		1877929	55409	6450	83961	1732109
其他未列明制造业	16387329	788574	15598755	228149	2480502	2548698	10341406
废弃资源综合利用业	11899628	210079	11689549	178840	278715	1132625	10099369
金属废料和碎屑加工处理	7145196	5379	7139817	58183	175317	604441	6301876
非金属废料和碎屑加工处理	4754432	204700	4549732	120657	103398	528184	3797493

2-1-19 续表 20

单位：万元

行　　业	合计	中央项目	地方项目				
				省属	地市属	县属	其他
金属制品、机械和设备修理业	3271384	136187	3135197	181578	182019	506288	2265312
金属制品修理	530635	34639	495996	26660		5445	463891
通用设备修理	315996	3017	312979	7000	28145	20590	257244
专用设备修理	577284	17865	559419	20169	8166	70574	460510
铁路、船舶、航空航天等运输设备修理	1055052	52886	1002166	118749	17417	306811	559189
铁路运输设备修理	37924	12679	25245	750	2500		21995
船舶修理	422381	39598	382783			210826	171957
航空航天器修理	254208	609	253599	117999	10267	16150	109183
其他运输设备修理	340539		340539		4550	79835	256054
电气设备修理	124302		124302	9000	15486	393	99423
仪器仪表修理	18361		18361				18361
其他机械和设备修理业	649754	27780	621974		112305	102475	406694
(四)电力、热力、燃气及水生产和供应业	**228250080**	**53468173**	**174781907**	**27217053**	**19141537**	**47352268**	**81071049**
电力、热力生产和供应业	174324737	51719338	122605399	23472125	11674312	30375194	57083768
电力生产	111935693	33450064	78485629	11859894	4640136	18000460	43985139
火力发电	32665446	10395316	22270130	5846664	1329579	4567504	10526383
水力发电	20000275	7871741	12128534	1259989	762256	3481655	6624634
核力发电	9417169	7735033	1682136	857456	481034	1500	342146
风力发电	24845496	5679179	19166317	2514696	984123	5705424	9962074
太阳能发电	18360545	1337964	17022581	983342	640040	3384854	12014345
其他电力生产	6646762	430831	6215931	397747	443104	859523	4515557
电力供应	46710711	17242221	29468490	10743361	4490741	8159743	6074645
热力生产和供应	15678333	1027053	14651280	868870	2543435	4214991	7023984
燃气生产和供应业	22415922	1281723	21134199	2099912	2469278	4541655	12023354
燃气生产和供应业	22415922	1281723	21134199	2099912	2469278	4541655	12023354
水的生产和供应业	31509421	467112	31042309	1645016	4997947	12435419	11963927
自来水生产和供应	14552105	248253	14303852	530538	2590686	6560596	4622032
污水处理及其再生利用	14641690	179999	14461691	1046204	2146490	4943338	6325659
其他水的处理、利用与分配	2315626	38860	2276766	68274	260771	931485	1016236
(五)建筑业	**40340476**	**1696750**	**38643726**	**1154804**	**3223023**	**15067301**	**19198598**
房屋建筑业	13192381	228976	12963405	353393	622783	4831832	7155397
房屋建筑业	13192381	228976	12963405	353393	622783	4831832	7155397
土木工程建筑业	20401453	1362362	19039091	722303	2084226	8882819	7349743
铁路、道路、隧道和桥梁工程建筑	13221480	931987	12289493	457794	1142755	6515271	4173673
铁路工程建筑	693874	414786	279088	76619	58900	43838	99731
公路工程建筑	5001716	153280	4848436	187934	369991	2879485	1411026
市政道路工程建筑	5008072	143093	4864979	81204	459409	2571096	1753270
其他道路、隧道和桥梁工程建筑	2517818	220828	2296990	112037	254455	1020852	909646
水利和内河港口工程建筑	2752869	295000	2457869	44309	258431	1159839	995240
水源及供水设施工程建筑	859128	79938	779190	18743	46072	445846	268529

2-1-19　续表 21

单位：万元

行　　业	合计	中央项目	地方项目				
				省属	地市属	县属	其他
河湖治理及防洪设施工程建筑	1340253	2875	1337378	18455	210836	703632	404455
港口及航运设施工程建筑	553488	212187	341301	7111	1573	10361	322256
海洋工程建筑	378802		378802			104648	274154
工矿工程建筑	388852	4683	384169		7000	47068	330101
架线和管道工程建筑	1333095	75337	1257758	141338	100164	529976	486280
架线及设备工程建筑	654708	71877	582831	82406	28395	256301	215729
管道工程建筑	678387	3460	674927	58932	71769	273675	270551
其他土木工程建筑	2326355	55355	2271000	78862	575826	526017	1090295
建筑安装业	2056674	92391	1964283	56645	123787	257360	1526491
电气安装	575751	12813	562938	19075	29873	88436	425554
管道和设备安装	510221	17970	492251	13868	73522	81052	323809
其他建筑安装业	970702	61608	909094	23702	20392	87872	777128
建筑装饰和其他建筑业	4689968	13021	4676947	22463	392227	1095290	3166967
建筑装饰业	1692983	342	1692641		72675	163605	1456361
工程准备活动	617368	6006	611362	7463	8214	270178	325507
建筑物拆除活动	164523	787	163736			118401	45335
其他工程准备活动	452845	5219	447626	7463	8214	151777	280172
提供施工设备服务	330139	775	329364	2800	3452	24385	298727
其他未列明建筑业	2049478	5898	2043580	12200	307886	637122	1086372
（六）批发和零售业	**155525455**	**1400318**	**154125137**	**1490432**	**7046476**	**16674157**	**128914072**
批发业	75206407	601781	74604626	791721	2603999	7316233	63892673
农、林、牧产品批发	8031013	16494	8014519	49966	177721	1274076	6512756
谷物、豆及薯类批发	2366785	8486	2358299	14450	6400	576626	1760823
种子批发	664313	1061	663252			38495	624757
饲料批发	217272		217272	166		14517	202589
棉、麻批发	158879		158879			9196	149683
林业产品批发	886064		886064	31299	7013	67462	780290
牲畜批发	470461	1491	468970		6400	32367	430203
其他农牧产品批发	3267239	5456	3261783	4051	157908	535413	2564411
食品、饮料及烟草制品批发	11007518	114390	10893128	127132	457070	1741070	8567856
米、面制品及食用油批发	1230457	9735	1220722	11159	113794	81336	1014433
糕点、糖果及糖批发	203096		203096		787	9730	192579
果品、蔬菜批发	4529756	51547	4478209	4870	113924	1153071	3206344
肉、禽、蛋、奶及水产品批发	2283686	8360	2275326	6000	76243	249141	1943942
盐及调味品批发	98237		98237	6711	4965	5360	81201
营养和保健品批发	101304		101304		23009	8115	70180
酒、饮料及茶叶批发	1021319		1021319	5408	13333	80354	922224
烟草制品批发	324040	42248	281792	89268	49859	82741	59924
其他食品批发	1215623	2500	1213123	3716	61156	71222	1077029
纺织、服装及家庭用品批发	8557254	10960	8546294	28865	305976	602388	7609065

2-1-19 续表 22

单位：万元

行　　业	合计	中央项目	地方项目				
				省属	地市属	县属	其他
纺织品、针织品及原料批发	2357585		2357585	8663	144838	260952	1943132
服装批发	2625366	10810	2614556	3972	84106	176642	2349836
鞋帽批发	262930		262930		1501	6105	255324
化妆品及卫生用品批发	252896		252896		7450	10605	234841
厨房、卫生间用具及日用杂货批发	486761	150	486611		8430	14229	463952
灯具、装饰物品批发	608513		608513		22827	56813	528873
家用电器批发	734748		734748		2463	20061	712224
其他家庭用品批发	1228455		1228455	16230	34361	56981	1120883
文化、体育用品及器材批发	1415291	4341	1410950	13624	37655	124674	1234997
文具用品批发	311122	3926	307196		14740	4200	288256
体育用品及器材批发	108486		108486			12835	95651
图书批发	140404	415	139989	12583	18183	13614	95609
报刊批发	23360		23360				23360
音像制品及电子出版物批发	54566		54566			3780	50786
首饰、工艺品及收藏品批发	565444		565444		4732	83498	477214
其他文化用品批发	211909		211909	1041		6747	204121
医药及医疗器材批发	2301032	8700	2292332	16045	113389	199294	1963604
西药批发	795381	8700	786681	13955	62906	29289	680531
中药批发	645757		645757		12835	122408	510514
医疗用品及器材批发	859894		859894	2090	37648	47597	772559
矿产品、建材及化工产品批发	23161819	373188	22788631	402692	651282	2059516	19675141
煤炭及制品批发	2506497	51251	2455246	34541	23881	97795	2299029
石油及制品批发	3022579	208996	2813583	188196	103242	138574	2383571
非金属矿及制品批发	364864		364864				364864
金属及金属矿批发	3541185	89996	3451189	51749	103135	250785	3045520
建材批发	11702646	7995	11694651	125906	390082	1362201	9816462
化肥批发	549716	5450	544266	2300	2987	96401	442578
农药批发	163700		163700			32895	130805
农用薄膜批发	27327		27327				27327
其他化工产品批发	1283305	9500	1273805		27955	80865	1164985
机械设备、五金产品及电子产品批发	12752670	54465	12698205	59944	652693	836435	11149133
农业机械批发	1033952		1033952	12000	30960	88912	902080
汽车批发	2472917	8600	2464317	38119	370056	245571	1810571
汽车零配件批发	1512336	8685	1503651		34478	173807	1295366
摩托车及零配件批发	191019		191019				191019
五金产品批发	2923855		2923855		16195	171605	2736055
电气设备批发	924376		924376	4580	60378	30649	828769
计算机、软件及辅助设备批发	509886		509886		30386	29865	449635
通讯及广播电视设备批发	168387	5050	163337		10471	9198	143668
其他机械设备及电子产品批发	3015942	32130	2983812	5245	99769	86828	2791970

2-1-19 续表 23

单位：万元

行业	合计	中央项目	地方项目	省属	地市属	县属	其他
贸易经纪与代理	3792511		3792511	41605	125133	126501	3499272
贸易代理	2334758		2334758	36496	85677	57434	2155151
拍卖	41240		41240		566		40674
其他贸易经纪与代理	1416513		1416513	5109	38890	69067	1303447
其他批发业	4187299	19243	4168056	51848	83080	352279	3680849
再生物资回收与批发	1459516		1459516	14226	20043	95573	1329674
其他未列明批发业	2727783	19243	2708540	37622	63037	256706	2351175
零售业	80319048	798537	79520511	698711	4442477	9357924	65021399
综合零售	34261096	425200	33835896	322086	2043230	4600821	26869759
百货零售	18049355	278300	17771055	203064	1433921	2128033	14006037
超级市场零售	8272013	96780	8175233	33585	201521	1102550	6837577
其他综合零售	7939728	50120	7889608	85437	407788	1370238	6026145
食品、饮料及烟草制品专门零售	3451334	35193	3416141	90357	130287	510164	2685333
粮油零售	320441	3761	316680		22283	40102	254295
糕点、面包零售	100992		100992			1500	99492
果品、蔬菜零售	815628	5900	809728		46811	173690	589227
肉、禽、蛋、奶及水产品零售	742290	500	741790	52283	8393	107443	573671
营养和保健品零售	103104		103104			13458	89646
酒、饮料及茶叶零售	493636	10040	483596	35000		16765	431831
烟草制品零售	40522		40522	3074	3500	4500	29448
其他食品零售	834721	14992	819729		49300	152706	617723
纺织、服装及日用品专门零售	3514501	3100	3511401	7454	256944	516741	2730262
纺织品及针织品零售	465918		465918		23547	57025	385346
服装零售	2064363	2000	2062363	7454	202380	281792	1570737
鞋帽零售	64342		64342				64342
化妆品及卫生用品零售	98140		98140		108	7137	90895
钟表、眼镜零售	99570		99570			5946	93624
箱、包零售	98598		98598			5912	92686
厨房用具及日用杂品零售	97377	800	96577		2730	8600	85247
自行车零售	55648		55648			33000	22648
其他日用品零售	470545	300	470245		28179	117329	324737
文化、体育用品及器材专门零售	1970648	2320	1968328	31176	66424	239200	1631528
文具用品零售	48511		48511			9865	38646
体育用品及器材零售	74416	2320	72096			10	72086
图书、报刊零售	97935		97935	19267	21225	13908	43535
音像制品及电子出版物零售	13633		13633			2300	11333
珠宝首饰零售	972442		972442	9509	25000	117444	820489
工艺美术品及收藏品零售	534329		534329	2400	15699	95173	421057
乐器零售	22724		22724				22724
照相器材零售	54540		54540				54540

2-1-19 续表 24

单位：万元

行　　业	合计	中央项目	地方项目				
				省属	地市属	县属	其他
其他文化用品零售	152118		152118		4500	500	147118
医药及医疗器材专门零售	1202542	966	1201576		65393	89662	1046521
药品零售	865430		865430		51043	85877	728510
医疗用品及器材零售	337112	966	336146		14350	3785	318011
汽车、摩托车、燃料及零配件专门零售	21408598	219713	21188885	126973	1223933	2238971	17599008
汽车零售	16258702	35800	16222902	43037	951246	1566497	13662122
汽车零配件零售	1767671	4110	1763561	8500	97108	275865	1382088
摩托车及零配件零售	89382		89382			6755	82627
机动车燃料零售	3292843	179803	3113040	75436	175579	389854	2472171
家用电器及电子产品专门零售	2491647	10779	2480868	9806	64977	126288	2279797
家用视听设备零售	238285		238285	9806		2000	226479
日用家电设备零售	763682		763682		30723	82154	650805
计算机、软件及辅助设备零售	463870		463870		27889	6465	429516
通信设备零售	361240	10779	350461		31	11103	339327
其他电子产品零售	664570		664570		6334	24566	633670
五金、家具及室内装饰材料专门零售	8109482	97790	8011692	41437	483553	585408	6901294
五金零售	1226167		1226167		82834	48680	1094653
灯具零售	290130		290130		9240	6500	274390
家具零售	4140157	490	4139667	1000	188965	412601	3537101
涂料零售	92080		92080		8878		83202
卫生洁具零售	79191		79191				79191
木质装饰材料零售	328835		328835		6830	14318	307687
陶瓷、石材装饰材料零售	898088		898088		103500	47780	746708
其他室内装饰材料零售	1054834	97300	957534	40437	83206	55529	778362
货摊、无店铺及其他零售业	3909200	3476	3905724	69422	107736	450669	3277897
货摊食品零售	92365		92365		3305	38555	50505
货摊纺织、服装及鞋零售	46685		46685		23020		23665
货摊日用品零售	63307		63307			5147	58160
互联网零售	716533		716533	4330	10069	33457	668677
邮购及电视、电话零售	15738		15738				15738
旧货零售	32415		32415				32415
生活用燃料零售	616166		616166	2328	3508	44790	565540
其他未列明零售业	2325991	3476	2322515	62764	67834	328720	1863197
（七）交通运输、仓储和邮政业	**428895215**	**79440571**	**349454644**	**76710425**	**73970982**	**86968735**	**111804502**
铁路运输业	77071694	62784388	14287306	5512945	2961647	2056356	3756358
铁路旅客运输	40280055	33263323	7016732	3732599	2124322	290438	869373
铁路货物运输	30097501	25630412	4467089	1165798	298485	904087	2098719
铁路运输辅助活动	6694138	3890653	2803485	614548	538840	861831	788266
客运火车站	1575233	561848	1013385	308937	242586	186632	275230
货运火车站	330216	67653	262563	10204	21106	121725	109528

2-1-19　续表 25

单位：万元

行　　业	合计	中央项目	地方项目				
				省属	地市属	县属	其他
其他铁路运输辅助活动	4788689	3261152	1527537	295407	275148	553474	403508
道路运输业	245131630	7060490	238071140	62393755	60759696	70028653	44889036
城市公共交通运输	40812552	142422	40670130	10440293	23986975	3585614	2657248
公共电汽车客运	5302053	24708	5277345	1081452	1795915	1502276	897702
城市轨道交通	30476379	70756	30405623	8923122	21262934	89329	130238
出租车客运	463472		463472	77441	70298	86561	229172
其他城市公共交通运输	4570648	46958	4523690	358278	857828	1907448	1400136
公路旅客运输	87772858	5026926	82745932	34045088	17429296	20256829	11014719
道路货物运输	58152044	1517526	56634518	6681815	7032833	22164412	20755458
道路运输辅助活动	58394176	373616	58020560	11226559	12310592	24021798	10461611
客运汽车站	2515528	17711	2497817	266137	590884	855355	785441
公路管理与养护	43398924	275192	43123732	8136949	10510290	18167844	6308649
其他道路运输辅助活动	12479724	80713	12399011	2823473	1209418	4998599	3367521
水上运输业	24345778	1892269	22453509	1877959	4777751	4486878	11310921
水上旅客运输	740697	11316	729381	143007	93885	195797	296692
海洋旅客运输	243627	1716	241911	5381	38047	72365	126118
内河旅客运输	351728	9600	342128	136367		101788	103973
客运轮渡运输	145342		145342	1259	55838	21644	66601
水上货物运输	6032511	280853	5751658	540533	1141969	518660	3550496
远洋货物运输	1251435	266039	985396	164619	109401	183634	527742
沿海货物运输	2670461	9467	2660994	210463	826869	114975	1508687
内河货物运输	2110615	5347	2105268	165451	205699	220051	1514067
水上运输辅助活动	17572570	1600100	15972470	1194419	3541897	3772421	7463733
客运港口	443856		443856	3888	235362	129202	75404
货运港口	14030680	1059972	12970708	713289	2514028	3211595	6531796
其他水上运输辅助活动	3098034	540128	2557906	477242	792507	431624	856533
航空运输业	14304211	4658024	9646187	4493744	1931769	1050704	2169970
航空客货运输	7728624	3459932	4268692	2886095	396794	286883	698920
航空旅客运输	7383780	3459703	3924077	2776639	396794	248113	502531
航空货物运输	344844	229	344615	109456		38770	196389
通用航空服务	481973	11128	470845	7190	84350	30563	348742
航空运输辅助活动	6093614	1186964	4906650	1600459	1450625	733258	1122308
机场	5031284	1135639	3895645	1344408	958392	567485	1025360
空中交通管理	22365	3300	19065		7409		11656
其他航空运输辅助活动	1039965	48025	991940	256051	484824	165773	85292
管道运输业	3154744	766037	2388707	568631	297067	413873	1109136
管道运输业	3154744	766037	2388707	568631	297067	413873	1109136
装卸搬运和运输代理业	12019811	55287	11964524	178453	377994	1150914	10257163
装卸搬运	1778460	4000	1774460	79007	91472	299306	1304675
运输代理业	10241351	51287	10190064	99446	286522	851608	8952488

2-1-19 续表 26

单位：万元

行业	合计	中央项目	地方项目				
				省属	地市属	县属	其他
货物运输代理	7854587	50388	7804199	60963	198429	672169	6872638
旅客票务代理	46212		46212			7000	39212
其他运输代理业	2340552	899	2339653	38483	88093	172439	2040638
仓储业	51582831	2136492	49446339	1592102	2764265	7617861	37472111
谷物、棉花等农产品仓储	11166364	664328	10502036	500042	403493	2567218	7031283
谷物仓储	5759740	581294	5178446	165156	253912	1585545	3173833
棉花仓储	631970	68861	563109			165610	397499
其他农产品仓储	4774654	14173	4760481	334886	149581	816063	3459951
其他仓储业	40416467	1472164	38944303	1092060	2360772	5050643	30440828
邮政业	1284516	87584	1196932	92836	100793	163496	839807
邮政基本服务	372624	18707	353917	68523	33115	123344	128935
快递服务	911892	68877	843015	24313	67678	40152	710872
(八)住宿和餐饮业	**61887430**	**371585**	**61515845**	**1162562**	**3781270**	**6979939**	**49592074**
住宿业	45755207	356501	45398706	1054479	3255020	5973465	35115742
旅游饭店	35321644	176142	35145502	921934	2808009	4644643	26770916
一般旅馆	6040242	92592	5947650	75974	230226	678834	4962616
其他住宿业	4393321	87767	4305554	56571	216785	649988	3382210
餐饮业	16132223	15084	16117139	108083	526250	1006474	14476332
正餐服务	12431600	9884	12421716	93783	409348	634547	11284038
快餐服务	913017	1600	911417	3700	11760	107821	788136
饮料及冷饮服务	671707	3600	668107	9800	39837	60933	557537
茶馆服务	184252	3600	180652			35726	144926
咖啡馆服务	130897		130897			8150	122747
酒吧服务	230382		230382		39837	12080	178465
其他饮料及冷饮服务	126176		126176	9800		4977	111399
其他餐饮业	2115899		2115899	800	65305	203173	1846621
小吃服务	381817		381817		29300	52355	300162
餐饮配送服务	228390		228390	800		4727	222863
其他未列明餐饮业	1505692		1505692		36005	146091	1323596
(九)信息传输、软件和信息技术服务业	**41029762**	**8777089**	**32252673**	**5205782**	**4986090**	**3007054**	**19053747**
电信、广播电视和卫星传输服务	20653268	7803296	12849972	4416156	2576026	1296198	4561592
电信	19380915	7755675	11625240	4113657	2443311	938913	4129359
固定电信服务	3485240	1875277	1609963	442705	463209	167401	536648
移动电信服务	14815035	5590441	9224594	3533545	1688888	690812	3311349
其他电信服务	1080640	289957	790683	137407	291214	80700	281362
广播电视传输服务	1197227	29559	1167668	302499	128133	344560	392476
有线广播电视传输服务	909327	29556	879771	277734	93080	301087	207870
无线广播电视传输服务	287900	3	287897	24765	35053	43473	184606
卫星传输服务	75126	18062	57064		4582	12725	39757
互联网和相关服务	4099992	518619	3581373	273674	575623	444004	2288072

2-1-19　续表 27

单位：万元

行　业	合计	中央项目	地方项目				
				省属	地市属	县属	其他
互联网接入及相关服务	1448714	246312	1202402	140871	153888	184040	723603
互联网信息服务	2034154	272307	1761847	85763	382832	114747	1178505
其他互联网服务	617124		617124	47040	38903	145217	385964
软件和信息技术服务业	16276502	455174	15821328	515952	1834441	1266852	12204083
软件开发	7377361	154765	7222596	234437	537347	505819	5944993
信息系统集成服务	2318963	97311	2221652	85045	306423	131608	1698576
信息技术咨询服务	1432913	11347	1421566	42429	146339	237847	994951
数据处理和存储服务	2166003	80955	2085048	114746	447346	219335	1303621
集成电路设计	436797		436797	27913	47923	6137	354824
其他信息技术服务业	2544465	110796	2433669	11382	349063	166106	1907118
数字内容服务	283347	15000	268347		14639	17480	236228
呼叫中心	389185	24540	364645			22513	342132
其他未列明信息技术服务业	1871933	71256	1800677	11382	334424	126113	1328758
（十）金融业	**13629723**	**1250441**	**12379282**	**1702334**	**2334542**	**1721505**	**6620901**
货币金融服务	7008405	902574	6105831	1435669	1025615	1097993	2546554
中央银行服务	817273	55369	761904	141211	53047	150414	417232
货币银行服务	5570722	783129	4787593	1270369	955517	834051	1727656
非货币银行服务	597420	62652	534768	24089	6361	102652	401666
金融租赁服务	183877	1758	182119	20000		28034	134085
财务公司	47334	22654	24680				24680
典当	63069		63069			4900	58169
其他非货币银行服务	303140	38240	264900	4089	6361	69718	184732
银行监管服务	22990	1424	21566		10690	10876	
资本市场服务	3759985	101098	3658887	70160	771762	376825	2440140
证券市场服务	671368	56025	615343	22429	476088	14786	102040
证券市场管理服务	214107	56025	158082		115640	14786	27656
证券经纪交易服务	432167		432167	21918	360448		49801
基金管理服务	25094		25094	511			24583
期货市场服务	166565	9272	157293		52450	2006	102837
期货市场管理服务	156430	9272	147158		52450	2006	92702
其他期货市场服务	10135		10135				10135
证券期货监管服务	26188	24268	1920				1920
资本投资服务	2451893		2451893	47731	165175	326233	1912754
其他资本市场服务	443971	11533	432438		78049	33800	320589
保险业	1145050	209965	935085	191390	63888	46835	632972
人身保险	762184	159137	603047	85961	10212	15221	491653
人寿保险	758814	159137	599677	85961	7862	14201	491653
健康和意外保险	3370		3370		2350	1020	
财产保险	322396	50828	271568	105429	48391	16356	101392
再保险							

2-1-19 续表 28

单位：万元

行　　业	合计	中央项目	地方项目				
				省属	地市属	县属	其他
养老金	3650		3650			3650	
保险经纪与代理服务	30789		30789				30789
保险监管服务	5285		5285		5285		
其他保险活动	20746		20746			11608	9138
风险和损失评估	3959		3959				3959
其他未列明保险活动	16787		16787			11608	5179
其他金融业	1716283	36804	1679479	5115	473277	199852	1001235
金融信托与管理服务	592303	965	591338	5115	287318	10967	287938
控股公司服务	263885	9400	254485		78389		176096
非金融机构支付服务	33829		33829		324		33505
金融信息服务	254208		254208		18946	21514	213748
其他未列明金融业	572058	26439	545619		88300	167371	289948
(十一)房地产业	**1235582427**	**24107884**	**1211474543**	**37039175**	**137917387**	**183015759**	**853502222**
房地产业	1235582427	24107884	1211474543	37039175	137917387	183015759	853502222
房地产开发经营	1002117019	18345153	983771866	31213792	115657984	98453683	738446407
物业管理	4090378	115417	3974961	52766	356065	474742	3091388
房地产中介服务	200137		200137	4190	4700	68300	122947
自有房地产经营活动	21514411	425486	21088925	426661	2184236	5068695	13409333
其他房地产业	207660482	5221828	202438654	5341766	19714402	78950339	98432147
(十二)租赁和商务服务业	**79535228**	**780810**	**78754418**	**1807282**	**11400796**	**10287955**	**55258385**
租赁业	7136116	5187	7130929	79449	2022894	278635	4749951
机械设备租赁	6969557	5187	6964370	79439	2010274	212214	4662443
汽车租赁	567037		567037	6068	95058	20911	445000
农业机械租赁	78747		78747			7610	71137
建筑工程机械与设备租赁	1068415		1068415	8800	20620	46071	992924
计算机及通讯设备租赁	22535	5187	17348			650	16698
其他机械与设备租赁	5232823		5232823	64571	1894596	136972	3136684
文化及日用品出租	166559		166559	10	12620	66421	87508
娱乐及体育设备出租	123318		123318		2820	66421	54077
图书出租	2866		2866				2866
音像制品出租							
其他文化及日用品出租	40375		40375	10	9800		30565
商务服务业	72399112	775623	71623489	1727833	9377902	10009320	50508434
企业管理服务	28507616	656180	27851436	815916	4510506	4250652	18274362
企业总部管理	8782980	447557	8335423	341627	1336116	688559	5969121
投资与资产管理	15364378	141999	15222379	373404	2814310	2866284	9168381
单位后勤管理服务	789758	60750	729008	79414	101725	163376	384493
其他企业管理服务	3570500	5874	3564626	21471	258355	532433	2752367
法律服务	111647		111647	2398	10054	14648	84547
律师及相关法律服务	87454		87454	2398		10848	74208

2-1-19 续表 29

单位：万元

行 业	合计	中央项目	地方项目	省属	地市属	县属	其他
公证服务	189		189				189
其他法律服务	24004		24004		10054	3800	10150
咨询与调查	1878921		1878921	1835	387820	68348	1420918
会计、审计及税务服务	127509		127509		12505		115004
市场调查	12983		12983			953	12030
社会经济咨询	471214		471214	415	9000	39488	422311
其他专业咨询	1267215		1267215	1420	366315	27907	871573
广告业	2029268		2029268	2850	98909	156472	1771037
知识产权服务	264107		264107	38483	2120	76041	147463
人力资源服务	1019746	2720	1017026	16158	83189	330937	586742
公共就业服务	314183		314183	690	4598	180716	128179
职业中介服务	88624	1400	87224		9205	8522	69497
劳务派遣服务	240660		240660		9363	10125	221172
其他人力资源服务	376279	1320	374959	15468	60023	131574	167894
旅行社及相关服务	7060757	1753	7059004	20707	317857	1306171	5414269
旅行社服务	566652		566652	308	4722	65066	496556
旅游管理服务	5972550	1753	5970797	20399	292382	1150351	4507665
其他旅行社相关服务	521555		521555		20753	90754	410048
安全保护服务	526056	15800	510256	68701	61103	106243	274209
安全服务	233920	12101	221819	60265	30672	41360	89522
安全系统监控服务	194291	2900	191391	8436	23427	43531	115997
其他安全保护服务	97845	799	97046		7004	21352	68690
其他商务服务业	31000994	99170	30901824	760785	3906344	3699808	22534887
市场管理	11167013	10414	11156599	309889	476148	1474296	8896266
会议及展览服务	6841300	10542	6830758	317725	1862578	751025	3899430
包装服务	384144		384144		26317	1515	356312
办公服务	1710191	39679	1670512	21868	191742	332951	1123951
信用服务	64051		64051		3000	35973	25078
担保服务	292592		292592		1900	8360	282332
其他未列明商务服务业	10541703	38535	10503168	111303	1344659	1095688	7951518
（十三）科学研究和技术服务业	**42190960**	**3501112**	**38689848**	**2406043**	**4437030**	**4928560**	**26918215**
研究和试验发展	13369911	2069270	11300641	1181362	1509676	1110016	7499587
自然科学研究和试验发展	1390749	378975	1011774	173515	220030	53527	564702
工程和技术研究和试验发展	8600746	1572924	7027822	714201	1051933	558690	4702998
农业科学研究和试验发展	1921613	57682	1863931	140218	79745	308947	1335021
医学研究和试验发展	1223374	43608	1179766	125157	121080	126444	807085
社会人文科学研究	233429	16081	217348	28271	36888	62408	89781
专业技术服务业	15662299	1210421	14451878	961249	1850096	1911665	9728868

2-1-19 续表 30

单位：万元

行　业	合计	中央项目	地方项目				
				省属	地市属	县属	其他
气象服务	425502	98790	326712	39081	97783	138695	51153
地震服务	127085	68189	58896	18042	4441	22801	13612
海洋服务	343625	54280	289345	1513	84078	28690	175064
测绘服务	275388	62041	213347	58469	9400	22563	122915
质检技术服务	2600557	113333	2487224	151425	242561	228528	1864710
环境与生态监测	676472	7797	668675	57036	54298	155853	401488
环境保护监测	600809	6965	593844	51996	50265	128612	362971
生态监测	75663	832	74831	5040	4033	27241	38517
地质勘查	2201125	405592	1795533	236306	76173	478638	1004416
能源矿产地质勘查	737743	323666	414077	22419	21997	104558	265103
固体矿产地质勘查	938322	13132	925190	69695	23783	235691	596021
水、二氧化碳等矿产地质勘查	24086		24086	2539		3000	18547
基础地质勘查	238053	8700	229353	76617	9357	64787	78592
地质勘查技术服务	262921	60094	202827	65036	21036	70602	46153
工程技术	4915726	252907	4662819	301608	821073	599438	2940700
工程管理服务	1582940	70118	1512822	125655	477423	89954	819790
工程勘察设计	1332304	182789	1149515	172499	85345	80017	811654
规划管理	2000482		2000482	3454	258305	429467	1309256
其他专业技术服务业	4096819	147492	3949327	97769	460289	236459	3154810
专业化设计服务	1275955		1275955	32773	242732	51014	949436
摄影扩印服务	198536		198536			1685	196851
兽医服务	48817		48817		1247	29546	18024
其他未列明专业技术服务业	2573511	147492	2426019	64996	216310	154214	1990499
科技推广和应用服务业	13158750	221421	12937329	263432	1077258	1906879	9689760
技术推广服务	8618598	123723	8494875	113907	298611	1097553	6984804
农业技术推广服务	3269479	8708	3260771	22636	100214	775715	2362206
生物技术推广服务	1018302		1018302	10000	61969	49196	897137
新材料技术推广服务	1124277	18947	1105330	15482	7548	77675	1004625
节能技术推广服务	1639381	7450	1631931	9916	12018	159786	1450211
其他技术推广服务	1567159	88618	1478541	55873	116862	35181	1270625
科技中介服务	1888732	48827	1839905	67962	422900	562242	786801
其他科技推广和应用服务业	2651420	48871	2602549	81563	355747	247084	1918155
(十四)水利、环境和公共设施管理业	**462244285**	**9043844**	**453200441**	**15995842**	**92156487**	**196039819**	**149008293**
水利管理业	59901280	2485552	57415728	5537815	8004008	31992214	11881691
防洪除涝设施管理	30430506	860638	29569868	2613319	4188800	16325357	6442392
水资源管理	8115768	215707	7900061	701943	1336916	4446738	1414464
天然水收集与分配	10572334	1311918	9260416	1362337	756994	5688391	1452694
水文服务	219208	18557	200651	16658	54486	92720	36787

2-1-19　续表 31　　　　　　　　　　　　　　　　　　　　　　　单位：万元

行　业	合计	中央项目	地方项目				
				省属	地市属	县属	其他
其他水利管理业	10563464	78732	10484732	843558	1666812	5439008	2535354
生态保护和环境治理业	18077110	221404	17855706	561482	2918658	6295427	8080139
生态保护	4797269	8771	4788498	128416	944167	1786400	1929515
自然保护区管理	1742742	7718	1735024	2680	532585	794995	404764
野生动物保护	657182		657182	31061	94992	52196	478933
野生植物保护	272287	550	271737	63252	56846	63165	88474
其他自然保护	2125058	503	2124555	31423	259744	876044	957344
环境治理业	13279841	212633	13067208	433066	1974491	4509027	6150624
水污染治理	7101617	28199	7073418	192394	1328732	2923646	2628646
大气污染治理	1157479	99849	1057630	28456	61498	200084	767592
固体废物治理	2087726	33943	2053783	99142	263067	512186	1179388
危险废物治理	327540		327540	44887	32901	46672	203080
放射性废物治理	21848		21848				21848
其他污染治理	2583631	50642	2532989	68187	288293	826439	1350070
公共设施管理业	384265895	6336888	377929007	9896545	81233821	157752178	129046463
市政设施管理	278183846	5328666	272855180	8153405	68016424	118346127	78339224
环境卫生管理	6560569	113016	6447553	661970	693758	2678649	2413176
城乡市容管理	15779536	108683	15670853	60491	1078648	7969330	6562384
绿化管理	17602219	345605	17256614	430253	5112658	7349229	4364474
公园和游览景区管理	66139725	440918	65698807	590426	6332333	21408843	37367205
公园管理	18689928	153048	18536880	201242	3152064	7512847	7670727
游览景区管理	47449797	287870	47161927	389184	3180269	13895996	29696478
（十五）居民服务、修理和其他服务业	**22755860**	**162563**	**22593297**	**289157**	**1067392**	**4090884**	**17145864**
居民服务业	13537572	82607	13454965	222774	757766	3179828	9294597
家庭服务	538528	31632	506896	6000	49380	226111	225405
托儿所服务	362668		362668		700	37027	324941
洗染服务	93578		93578		591	4334	88653
理发及美容服务	223351		223351		6818	6653	209880
洗浴服务	1553344	1284	1552060	73883	22360	155017	1300800
保健服务	363975		363975	13500	76090	63711	210674
婚姻服务	140274		140274		7552	1350	131372
殡葬服务	1643964	8130	1635834	27336	78946	586934	942618
其他居民服务业	8617890	41561	8576329	102055	515329	2098691	5860254
机动车、电子产品和日用产品修理业	5069743	37030	5032713	11433	103912	402096	4515272
汽车、摩托车修理与维护	4465445	5924	4459521	1680	60143	281880	4115818
汽车修理与维护	4441636	5924	4435712	1160	60143	281380	4093029
摩托车修理与维护	23809		23809	520		500	22789
计算机和办公设备维修	427100	28906	398194	9753	43769	119216	225456

2-1-19 续表 32

单位：万元

行业	合计	中央项目	地方项目				
				省属	地市属	县属	其他
计算机和辅助设备修理	156495	17975	138520	495	39681	21960	76384
通讯设备修理	129127		129127		4088	83910	41129
其他办公设备维修	141478	10931	130547	9258		13346	107943
家用电器修理	66688		66688				66688
家用电子产品修理	36054		36054				36054
日用电器修理	30634		30634				30634
其他日用产品修理业	110510	2200	108310			1000	107310
自行车修理	3283		3283				3283
鞋和皮革修理	6622		6622				6622
家具和相关物品修理	16878		16878				16878
其他未列明日用产品修理业	83727	2200	81527			1000	80527
其他服务业	4148545	42926	4105619	54950	205714	508960	3335995
清洁服务	417210		417210		1022	16821	399367
建筑物清洁服务	90432		90432		485	3349	86598
其他清洁服务	326778		326778		537	13472	312769
其他未列明服务业	3731335	42926	3688409	54950	204692	492139	2936628
（十六）教育	**67056224**	**3426736**	**63629488**	**6666938**	**10869721**	**23573953**	**22518876**
教育	67056224	3426736	63629488	6666938	10869721	23573953	22518876
学前教育	4959317	51503	4907814	74310	321332	2047996	2464176
初等教育	12698385	241744	12456641	47111	1300864	6707833	4400833
普通小学教育	12514966	241744	12273222	44062	1275009	6616229	4337922
成人小学教育	183419		183419	3049	25855	91604	62911
中等教育	23300452	371427	22929025	637890	4340521	11511722	6438892
普通初中教育	11303342	171876	11131466	106282	1430682	6148562	3445940
职业初中教育	523569	18410	505159	50494	99012	280454	75199
成人初中教育	132365		132365		4876	78812	48677
普通高中教育	6647214	67418	6579796	126869	1374196	3532467	1546264
成人高中教育	105471	2009	103462	6807	34510	41291	20854
中等职业学校教育	4588491	111714	4476777	347438	1397245	1430136	1301958
高等教育	16573428	2605092	13968336	5265756	3307517	1150436	4244627
普通高等教育	15222755	2452530	12770225	5010243	3118123	963230	3678629
成人高等教育	1350673	152562	1198111	255513	189394	187206	565998
特殊教育	402083	10556	391527	10017	101675	112183	167651
技能培训、教育辅助及其他教育	9122559	146414	8976145	631854	1497811	2043783	4802697
职业技能培训	5792742	110852	5681890	416717	779580	1062036	3423557
体校及体育培训	379895	517	379378	31164	65602	74763	207849
文化艺术培训	448516	5803	442713	25908	25177	71213	320415
教育辅助服务	535517		535517	7868	120730	208942	197977

2-1-19　续表 33　　　　单位：万元

行　　业	合计	中央项目	地方项目				
				省属	地市属	县属	其他
其他未列明教育	1965889	29242	1936647	150197	506722	626829	652899
(十七)卫生和社会工作	**39910390**	**1321367**	**38589023**	**4127113**	**7083831**	**12632648**	**14745431**
卫生	31983125	1203144	30779981	3942676	6441560	10180879	10214866
医院	26055262	1130702	24924560	3700015	5920630	7483511	7820404
综合医院	18910142	884792	18025350	2742490	4676252	5597804	5008804
中医医院	2238041	16576	2221465	330696	350640	1091667	448462
中西医结合医院	688855		688855	58019	119882	295393	215561
民族医院	79119	1020	78099	4750	7480	60509	5360
专科医院	3209326	155152	3054174	449583	709105	318168	1577318
疗养院	929779	73162	856617	114477	57271	119970	564899
社区医疗与卫生院	3327828	42211	3285617	30514	152394	1633075	1469634
社区卫生服务中心(站)	877272	15243	862029	14550	94038	256028	497413
街道卫生院	279736		279736	3500	23975	105618	146643
乡镇卫生院	2170820	26968	2143852	12464	34381	1271429	825578
门诊部(所)	272802		272802	500	4074	66880	201348
计划生育技术服务活动	234922		234922	40507	15550	65657	113208
妇幼保健院(所、站)	920917	22281	898636	89409	181152	441403	186672
专科疾病防治院(所、站)	131529		131529	2293	38639	42616	47981
疾病预防控制中心	357672	7030	350642	54161	62084	192436	41961
其他卫生活动	682193	920	681273	25277	67037	255301	333658
社会工作	7927265	118223	7809042	184437	642271	2451769	4530565
提供住宿社会工作	7277250	107348	7169902	170463	563661	2181046	4254732
干部休养所	162376	4830	157546	45607	39041	39117	33781
护理机构服务	843151	4980	838171	12785	72920	216118	536348
精神康复服务	81956	974	80982	7480	17459	33500	22543
老年人、残疾人养护服务	5521546	87664	5433882	90460	371567	1434429	3537426
孤残儿童收养和庇护服务	144369	8900	135469	580	39905	78338	16646
其他提供住宿社会救助	523852		523852	13551	22769	379544	107988
不提供住宿社会工作	650015	10875	639140	13974	78610	270723	275833
社会看护与帮助服务	355220	9375	345845	12774	23690	151243	158138
其他不提供住宿社会工作	294795	1500	293295	1200	54920	119480	117695
(十八)文化、体育和娱乐业	**61740607**	**874483**	**60866124**	**1796733**	**7467332**	**16119685**	**35482374**
新闻和出版业	1023548	60857	962691	250755	350884	85456	275596
新闻业	282964	38309	244655	48391	125611	58096	12557
出版业	740584	22548	718036	202364	225273	27360	263039
图书出版	251622	12283	239339	125508	18707	9936	85188
报纸出版	321060	10265	310795	71600	162116	6637	70442
期刊出版	20975		20975	4959	3284		12732

2-1-19 续表 34 单位：万元

行业	合计	中央项目	地方项目				
				省属	地市属	县属	其他
音像制品出版	11873		11873				11873
电子出版物出版	47637		47637	297	41166	2974	3200
其他出版业	87417		87417			7813	79604
广播、电视、电影和影视录音制作业	5650320	122582	5527738	425274	561611	1530864	3009989
广播	222907	16761	206146	72114	18574	89670	25788
电视	1070232	99074	971158	325664	200367	204010	241117
电影和影视节目制作	2582775	5262	2577513	8750	203461	727443	1637859
电影和影视节目发行	402401		402401	7672	46356	305348	43025
电影放映	1336221	1485	1334736	5103	92853	204393	1032387
录音制作	35784		35784	5971			29813
文化艺术业	27052640	354202	26698438	653912	4150951	8392115	13501460
文艺创作与表演	1093029	25876	1067153	117903	74815	161541	712894
艺术表演场馆	2376068	1300	2374768	146351	630790	463309	1134318
图书馆与档案馆	1326360	74837	1251523	72406	465701	417376	296040
图书馆	931374	61798	869576	62948	283866	273824	248938
档案馆	394986	13039	381947	9458	181835	143552	47102
文物及非物质文化遗产保护	5855164	27589	5827575	21197	1128811	2312266	2365301
博物馆	3670452	106241	3564211	171105	591948	1283616	1517542
烈士陵园、纪念馆	722066	4267	717799	3960	38898	495830	179111
群众文化活动	5985015	90322	5894693	87695	477953	2045045	3284000
其他文化艺术业	6024486	23770	6000716	33295	742035	1213132	4012254
体育	10416159	155097	10261062	168573	1761899	3346576	4984014
体育组织	181088	212	180876		43939	57105	79832
体育场馆	4927067	151985	4775082	129371	1212642	2021914	1411155
休闲健身活动	4725659	2900	4722759	33071	326187	1156609	3206892
其他体育	582345		582345	6131	179131	110948	286135
娱乐业	17597940	181745	17416195	298219	641987	2764674	13711315
室内娱乐活动	3083094	31051	3052043	181061	45324	318835	2506823
歌舞厅娱乐活动	1314481	30744	1283737	113504	16938	149396	1003899
电子游艺厅娱乐活动	74332		74332				74332
网吧活动	275766		275766			11585	264181
其他室内娱乐活动	1418515	307	1418208	67557	28386	157854	1164411
游乐园	8172799	75539	8097260	41344	302048	1111677	6642191
彩票活动	45356		45356	14678		8020	22658
文化、娱乐、体育经纪代理	107756		107756		9340	2047	96369
文化娱乐经纪人	35443		35443		9340		26103
体育经纪人	2500		2500				2500
其他文化艺术经纪代理	69813		69813			2047	67766

2-1-19　续表 35　　　　　　　　　　　　　　　　　　　　单位：万元

行　　业	合计	中央项目	地方项目				
				省属	地市属	县属	其他
其他娱乐业	6188935	75155	6113780	61136	285275	1324095	4443274
（十九）公共管理、社会保障和社会组织	**71985625**	**9147877**	**62837748**	**3218127**	**7682218**	**30798633**	**21138770**
中国共产党机关	267130	12780	254350	58175	25460	143469	27246
中国共产党机关	267130	12780	254350	58175	25460	143469	27246
国家机构	52469206	8864022	43605184	2856687	6554177	24977804	9216516
国家权力机构	760577	2627	757950	32922	167236	244697	313095
国家行政机构	49306914	8762464	40544450	2562476	5900921	23705867	8375186
综合事务管理机构	16029212	424688	15604524	635059	1467318	9233144	4269003
对外事务管理机构	174988	6167	168821	16218	47273	75253	30077
公共安全管理机构	13328911	7885917	5442994	1165604	1557159	2116741	603490
社会事务管理机构	8447685	184282	8263403	242096	1050072	5500154	1471081
经济事务管理机构	9867502	182223	9685279	162765	1580679	6020871	1920964
行政监督检查机构	1458616	79187	1379429	340734	198420	759704	80571
人民法院和人民检察院	1080988	17511	1063477	87290	276248	580688	119251
人民法院	725000	11541	713459	34878	177603	418672	82306
人民检察院	355988	5970	350018	52412	98645	162016	36945
其他国家机构	1320727	81420	1239307	173999	209772	446552	408984
人民政协、民主党派	129280	7216	122064	30552	8245	13490	69777
人民政协	50815		50815	26262	8245	13490	2818
民主党派	78465	7216	71249	4290			66959
社会保障	2514988	19603	2495385	47129	261621	1135842	1050793
社会保障	2514988	19603	2495385	47129	261621	1135842	1050793
群众团体、社会团体和其他成员组织	5631812	210557	5421255	208024	551753	1995760	2665718
群众团体	183100	10967	172133	13736	35828	77250	45319
工会	63475	3167	60308	7950	5564	38528	8266
妇联	17265	6350	10915	2849	3671	4395	
共青团	9387		9387	2937	740	5710	
其他群众团体	92973	1450	91523		25853	28617	37053
社会团体	3053523	195346	2858177	163708	406076	1337090	951303
专业性团体	2126959	180039	1946920	44205	298442	1122273	482000
行业性团体	665820	15307	650513	109428	80493	83754	376838
其他社会团体	260744		260744	10075	27141	131063	92465
基金会	7660		7660			7660	
宗教组织	2387529	4244	2383285	30580	109849	573760	1669096
基层群众自治组织	10973209	33699	10939510	17560	280962	2532268	8108720
社区自治组织	3796803	2240	3794563	3860	88509	722023	2980171
村民自治组织	7176406	31459	7144947	13700	192453	1810245	5128549

2-1-20 国民经济行业小类按建设性质分的固定资产投资(不含农户)

单位：万元

行　业	新建	扩建	改建和技术改造	单纯建造生活设施	迁建	恢复	单纯购置
全国总计	**3507827716**	**603913430**	**710614376**	**25982773**	**34981563**	**5505397**	**123823492**
(一)农、林、牧、渔业	**112343608**	**20855392**	**10248681**	**341887**	**212960**	**345304**	**1392242**
农业	43785410	6903320	2835995	89174	29079	55231	189094
谷物种植	4548808	546115	558883	43020	3800	23946	140597
稻谷种植	2111311	273047	315623	40546	3400	7641	98276
小麦种植	427570	92347	50932			3800	5021
玉米种植	1238293	137128	134581			3126	11623
其他谷物种植	771634	43593	57747	2474	400	9379	25677
豆类、油料和薯类种植	1719274	286841	77629		6000		702
豆类种植	448212	81818	28826		6000		
油料种植	731372	97649	21594				702
薯类种植	539690	107374	27209				
棉、麻、糖、烟草种植	682878	129196	172428				566
棉花种植	227960	19896	141487				
麻类种植	21728	3774	8003				
糖料种植	86207	22740	13463				566
烟草种植	346983	82786	9475				
蔬菜、食用菌及园艺作物种植	18572650	3394356	1089165	21514	15779	7070	38989
蔬菜种植	10305861	2041278	548924	12487	15779		16065
食用菌种植	2345588	456722	234276	5253		7070	12423
花卉种植	3754286	556527	202315	3774			4980
其他园艺作物种植	2166915	339829	103650				5521
水果种植	7740397	1249412	335033	17550		8000	6119
仁果类和核果类水果种植	2663708	443195	97470	7550			
葡萄种植	1461524	195081	53086	3600			833
柑橘类种植	590238	109610	56562				
香蕉等亚热带水果种植	259707	41775	2695				
其他水果种植	2765220	459751	125220	6400		8000	5286
坚果、含油果、香料和饮料作物种植	3238349	384509	157573	1600		8710	632
坚果种植	1723559	168949	66701	1600			632
含油果种植	288312	50084	6115				
香料作物种植	114392	10880	11122			4000	
茶及其他饮料作物种植	1112086	154596	73635			4710	
中药材种植	3074585	458198	145848		3500	3000	
其他农业	4208469	454693	299436	5490		4505	1489
林业	11769187	2867487	1053386	136901	16825	61112	19050
林木育种和育苗	5648277	1077020	280442	7522	5219	6983	13200
林木育种	1278946	263311	73572		200	6275	3950
林木育苗	4369331	813709	206870	7522	5019	708	9250
造林和更新	5194391	1486695	567365	123629	11020	48212	1200

2-1-20　续表 1

单位：万元

行　业	新建	扩建	改建和技术改造	单纯建造生活设施	迁建	恢复	单纯购置
森林经营和管护	715877	276992	180478	5750	586	5917	4050
木材和竹材采运	91181	12880	11239				600
木材采运	52347	12100	11239				600
竹材采运	38834	780					
林产品采集	119461	13900	13862				
木竹材林产品采集	42517	13900	13862				
非木竹材林产品采集	76944						
畜牧业	32766351	5640004	1777648	78592	99053	81451	107270
牲畜饲养	26294753	4308018	1317866	65166	71066	81451	59818
牛的饲养	9079742	1596902	400922	14088	12020	4691	34412
马的饲养	81173	9344	6562	19			
猪的饲养	10134278	1891411	666316	40616	45928	61030	19739
羊的饲养	5935317	690737	186422	5483	8790	13000	
骆驼饲养	5100						
其他牲畜饲养	1059143	119624	57644	4960	4328	2730	5667
家禽饲养	4360764	1031898	310841	10500	27313		26196
鸡的饲养	3387029	794422	245081	9100	24600		17076
鸭的饲养	433753	102660	29213	1400	2713		
鹅的饲养	110236	43496	2000				
其他家禽饲养	429746	91320	34547				9120
狩猎和捕捉动物	271874	30618	17274				
其他畜牧业	1838960	269470	131667	2926	674		21256
渔业	4818295	1249822	975744	22000	8870	21560	571657
水产养殖	4695294	1220155	940022	22000	8870	21560	53954
海水养殖	1602963	528704	662919	22000		2100	38980
内陆养殖	3092331	691451	277103		8870	19460	14974
水产捕捞	123001	29667	35722				517703
海水捕捞	112664	29667	17752				475465
内陆捕捞	10337		17970				42238
农、林、牧、渔服务业	19204365	4194759	3605908	15220	59133	125950	505171
农业服务业	16867592	3779939	3217538	9834	57503	121445	460771
农业机械服务	1561847	302946	195000			1863	329635
灌溉服务	3806730	1173914	1114044	2390		18898	15273
农产品初加工服务	2660231	574145	390069		16198	2548	17341
其他农业服务	8838784	1728934	1518425	7444	41305	98136	98522
林业服务业	938416	140720	110061	1260		2737	12549
林业有害生物防治服务	87909	5128	4917			2737	2360
森林防火服务	51789	1849	11006				
林产品初级加工服务	157134	36869	19344				3000
其他林业服务	641584	96874	74794	1260			7189

2-1-20 续表 2 单位：万元

行　业	新建	扩建	改建和技术改造	单纯建造生活设施	迁建	恢复	单纯购置
畜牧服务业	919501	213048	144586	4126		1768	13582
渔业服务业	478856	61052	133723		1630		18269
(二)采矿业	**72078811**	**24739299**	**46429591**	**218875**	**210650**	**354634**	**1339641**
煤炭开采和洗选业	22518787	7372983	16143844	170593	62290	63894	512278
烟煤和无烟煤开采洗选	19049405	6758638	15556144	165793	59580	22474	473722
褐煤开采洗选	2667097	310038	283748	4800	1730	41420	1120
其他煤炭采选	802285	304307	303952		980		37436
石油和天然气开采业	24442636	5362709	9643496	4200	5800		19817
石油开采	20604443	3598516	9358799	4200	5800		15006
天然气开采	3838193	1764193	284697				4811
黑色金属矿采选业	5397855	3956054	7076325	12400	69711	3879	96620
铁矿采选	4980169	3744245	6439685	12400	67911	3879	76951
锰矿、铬矿采选	224256	100789	429831		1800		8945
其他黑色金属矿采选	193430	111020	206809				10724
有色金属矿采选业	7247008	3299703	5406281	8768	11338	24356	260303
常用有色金属矿采选	4286746	1978406	2990591	937	11338	24356	223000
铜矿采选	1176004	726579	785459	937		2732	61428
铅锌矿采选	1874515	596660	1149064			18324	146235
镍钴矿采选	127793	18722	53245				
锡矿采选	32061	62748	341375				3400
锑矿采选	32401	47757	108159				
铝矿采选	482402	273553	91984				620
镁矿采选	81352	39420	25379				100
其他常用有色金属矿采选	480218	212967	435926		11338	3300	11217
贵金属矿采选	2181663	1089407	1628549	7831			33588
金矿采选	1941153	1010652	1487256	7831			29108
银矿采选	191610	21325	87715				2600
其他贵金属矿采选	48900	57430	53578				1880
稀有稀土金属矿采选	778599	231890	787141				3715
钨钼矿采选	576414	137752	560895				
稀土金属矿采选	60139	22920	79393				3715
放射性金属矿采选	35858	21255	13070				
其他稀有金属矿采选	106188	49963	133783				
非金属矿采选业	9173846	4185977	6663497	11112	39138	4820	412530
土砂石开采	6627722	2918301	5033613	10512	29657	4820	354404
石灰石、石膏开采	1619723	803925	1762132	9514	1500	1980	40352
建筑装饰用石开采	2181093	927792	1442975		8217	2840	114315
耐火土石开采	506042	330856	288502		6440		14468
粘土及其他土砂石开采	2320864	855728	1540004	998	13500		185269
化学矿开采	817435	511972	447084				18957

2-1-20 续表 3

单位：万元

行业	新建	扩建	改建和技术改造	单纯建造生活设施	迁建	恢复	单纯购置
采盐	183619	210656	259626	600	9481		28010
石棉及其他非金属矿采选	1545070	545048	923174				11159
石棉、云母矿采选	29273	16580	27467				
石墨、滑石采选	199199	101757	392756				
宝石、玉石采选	289472	13586	30958				2214
其他未列明非金属矿采选	1027126	413125	471993				8945
开采辅助活动	3010421	459273	1286986	11802	22373	257685	34474
煤炭开采和洗选辅助活动	990532	65058	605206	3500		257100	4700
石油和天然气开采辅助活动	1638069	318367	567357	8302	1073		12943
其他开采辅助活动	381820	75848	114423		21300	585	16831
其他采矿业	288258	102600	209162				3619
其他采矿业	288258	102600	209162				3619
(三)制造业	**855788710**	**309823226**	**423056512**	**673892**	**24075759**	**1130252**	**54429074**
农副食品加工业	55100678	19202565	23402948	18549	869087	27032	1319363
谷物磨制	8434581	3650708	4586404	5950	120018		232729
饲料加工	7004585	2566332	2922476	1600	80527		245361
植物油加工	5811673	1594999	2736907	2999	111999	500	89614
食用植物油加工	5209382	1470906	2517536	2999	107899	500	75086
非食用植物油加工	602291	124093	219371		4100		14528
制糖业	1084858	206385	435811		6861		11071
屠宰及肉类加工	9999880	3548819	3587400	8000	214630		193575
牲畜屠宰	2870905	978605	764180	8000	34531		52004
禽类屠宰	1631378	957010	770049		130339		44109
肉制品及副产品加工	5497597	1613204	2053171		49760		97462
水产品加工	3387640	1830081	2025619		37468	150	232872
水产品冷冻加工	2035638	1116278	1344864		9727	150	168043
鱼糜制品及水产品干腌制加工	456450	172423	291921		8756		44116
水产饲料制造	268256	143608	114886		11105		8897
鱼油提取及制品制造	56169	15473	13165				
其他水产品加工	571127	382299	260783		7880		11816
蔬菜、水果和坚果加工	9168182	2959035	3343824		128901	750	125610
蔬菜加工	5885923	2108239	2476566		97398		87632
水果和坚果加工	3282259	850796	867258		31503	750	37978
其他农副食品加工	10209279	2846206	3764507		168683	25632	188531
淀粉及淀粉制品制造	2537329	857402	1093695		16709	13600	23995
豆制品制造	1424731	417111	643350		22904	4520	38501
蛋品加工	274102	143946	204308				4250
其他未列明农副食品加工	5973117	1427747	1823154		129070	7512	121785
食品制造业	23895519	8152390	10774271	13824	624654	3090	1007378
焙烤食品制造	3539518	1281607	1495072	3000	150464	610	219263

2-1-20 续表 4

单位：万元

行业	新建	扩建	改建和技术改造	单纯建造生活设施	迁建	恢复	单纯购置
糕点、面包制造	1573928	636631	826631		88506		122979
饼干及其他焙烤食品制造	1965590	644976	668441	3000	61958	610	96284
糖果、巧克力及蜜饯制造	1384054	617966	710332		14390		45257
糖果、巧克力制造	865669	255112	430531		1734		37243
蜜饯制作	518385	362854	279801		12656		8014
方便食品制造	4858885	1199284	2006775		86254		98534
米、面制品制造	2510716	469912	1170853		34597		19303
速冻食品制造	1174882	323776	442899		17163		55746
方便面及其他方便食品制造	1173287	405596	393023		34494		23485
乳制品制造	1232074	674970	631327	4000	49941	1050	181179
罐头食品制造	1284736	671515	763655	6100	118897		45297
肉、禽类罐头制造	285039	112870	175111		17160		11704
水产品罐头制造	124397	34688	53262				3583
蔬菜、水果罐头制造	654543	459919	423732	6100	100642		24941
其他罐头食品制造	220757	64038	111550		1095		5069
调味品、发酵制品制造	2689557	1103056	1744456		82395	520	86967
味精制造	173397	267807	300255		41987		19200
酱油、食醋及类似制品制造	936338	289657	583859		7462	520	35547
其他调味品、发酵制品制造	1579822	545592	860342		32946		32220
其他食品制造	8906695	2603992	3422654	724	122313	910	330881
营养食品制造	1713269	301125	439903		18750		5884
保健食品制造	1664161	453885	869539		21241	610	85178
冷冻饮品及食用冰制造	598774	168950	189508		3480		50410
盐加工	339964	248340	100308	724	5640		9241
食品及饲料添加剂制造	1966678	718237	854136		1200	300	74462
其他未列明食品制造	2623849	713455	969260		72002		105706
酒、饮料和精制茶制造业	19458240	7772553	10223585	5200	1050591	7827	675295
酒的制造	7479226	3905478	5533720		849970	3627	173507
酒精制造	147871	205880	363678				18903
白酒制造	3445202	2607006	3661684		543875	3627	80364
啤酒制造	922192	206591	594538		222325		58516
黄酒制造	324928	127839	79713		20214		840
葡萄酒制造	1708918	518172	438506		3023		13149
其他酒制造	930115	239990	395601		60533		1735
饮料制造	8785119	2642809	2616689	2600	192413		500128
碳酸饮料制造	742868	212381	257415		11572		31252
瓶(罐)装饮用水制造	2139530	593372	667217	2600	81732		174698
果菜汁及果菜汁饮料制造	2252034	574207	673929		28826		77382
含乳饮料和植物蛋白饮料制造	1233786	525345	360692		53633		140132
固体饮料制造	338919	70043	125448				5690

2-1-20 续表 5

单位：万元

行　业	新建	扩建	改建和技术改造	单纯建造生活设施	迁建	恢复	单纯购置
茶饮料及其他饮料制造	2077982	667461	531988		16550		70974
精制茶加工	3193895	1224266	2073176	2600	8208	4200	1660
烟草制品业	1028713	422610	1042575		185505		160222
烟叶复烤	367536	52182	182387				18115
卷烟制造	448745	333063	777241		175380		139277
其他烟草制品制造	212432	37365	82947		10125		2830
纺织业	21281885	13596985	14964030	20042	1176948		2148580
棉纺织及印染精加工	10318417	5894489	7413621	6852	727429		1070555
棉纺纱加工	7476818	4142069	4521690	600	377116		434115
棉织造加工	1982050	1267943	1823236	6252	85705		294418
棉印染精加工	859549	484477	1068695		264608		342022
毛纺织及染整精加工	1621434	825647	648263		93688		135391
毛条和毛纱线加工	843171	498172	231033		71700		28251
毛织造加工	690417	251742	328057		13672		39001
毛染整精加工	87846	75733	89173		8316		68139
麻纺织及染整精加工	537386	222264	318525	580	2757		15600
麻纤维纺前加工和纺纱	281322	126125	195327	580			9300
麻织造加工	220358	84949	108681		2757		6300
麻染整精加工	35706	11190	14517				
丝绢纺织及印染精加工	589088	294083	638574		11363		35738
缫丝加工	215849	92622	305479		3424		3180
绢纺和丝织加工	317888	138417	251823		7939		16658
丝印染精加工	55351	63044	81272				15900
化纤织造及印染精加工	1723916	1412292	1031022		151095		269734
化纤织造加工	1518080	1212787	793871		137274		162657
化纤织物染整精加工	205836	199505	237151		13821		107077
针织或钩针编织物及其制品制造	1301446	1780165	1328636	12010	24346		369484
针织或钩针编织物织造	934753	1506165	1034460	12010	7448		300027
针织或钩针编织物印染精加工	79084	64033	138932		12571		26392
针织或钩针编织品制造	287609	209967	155244		4327		43065
家用纺织制成品制造	2995904	1483696	1959038		103447		124293
床上用品制造	1309156	826475	961561		34219		30713
毛巾类制品制造	397466	264988	325146				2893
窗帘、布艺类产品制造	237411	110699	115529		8180		19468
其他家用纺织制成品制造	1051871	281534	556802		61048		71219
非家用纺织制成品制造	2194294	1684349	1626351	600	62823		127785
非织造布制造	825890	895868	735930	600	42070		56413
绳、索、缆制造	159317	161619	193231				650
纺织带和帘子布制造	358575	164434	183722				15699
篷、帆布制造	200025	109275	197200		8873		19382

2-1-20 续表 6

单位：万元

行　业	新建	扩建	改建和技术改造	单纯建造生活设施	迁建	恢复	单纯购置
其他非家用纺织制成品制造	650487	353153	316268		11880		35641
纺织服装、服饰业	20962418	7394335	7465207	15579	205131	18938	1049194
机织服装制造	12938639	5090389	4557554	5880	103959	13895	632448
针织或钩针编织服装制造	2312314	974576	1321270	9699	62140	5043	244912
服饰制造	5711465	1329370	1586383		39032		171834
皮革、毛皮、羽毛及其制品和制鞋业	10963772	3994499	3845401	7900	303203		552676
皮革鞣制加工	682623	193138	237050		13384		19161
皮革制品制造	3562906	1076636	1306873		103682		131362
皮革服装制造	903480	229048	183244		84932		13093
皮箱、包(袋)制造	1567755	397780	462721		7000		71980
皮手套及皮装饰制品制造	367861	88746	339362		7668		11100
其他皮革制品制造	723810	361062	321546		4082		35189
毛皮鞣制及制品加工	1016331	966481	228643		76724		42429
毛皮鞣制加工	72346	119236	77220				7221
毛皮服装加工	466754	738833	87823		61338		14448
其他毛皮制品加工	477231	108412	63600		15386		20760
羽毛(绒)加工及制品制造	920604	183605	167775	1100	10478		2885
羽毛(绒)加工	495189	77448	90079	1100	7905		500
羽毛(绒)制品加工	425415	106157	77696		2573		2385
制鞋业	4781308	1574639	1905060	6800	98935		356839
纺织面料鞋制造	685828	255203	318107		4900		75215
皮鞋制造	2622144	785813	882908		24039		189395
塑料鞋制造	316991	154253	109475				7546
橡胶鞋制造	389946	126530	241220		6046		8895
其他制鞋业	766399	252840	353350	6800	63950		75788
木材加工和木、竹、藤、棕、草制品业	16531548	7954075	9182150	11413	285966	16389	526610
木材加工	4267828	1735372	2769593	11413	59170	11389	164018
锯材加工	948530	523800	818250		5516	2300	38964
木片加工	926717	452296	890497	1215	20706	9089	31348
单板加工	1032603	450636	503805	10198	18776		15809
其他木材加工	1359978	308640	557041		14172		77897
人造板制造	5571472	3066869	3175558		83135	5000	140943
胶合板制造	2170815	1636611	1580736		37365		76929
纤维板制造	1427583	618480	466693		20850		6694
刨花板制造	726678	173100	244626				23215
其他人造板制造	1246396	638678	883503		24920	5000	34105
木制品制造	5330205	2221891	2220260		118989		213571
建筑用木料及木材组件加工	1443366	455398	627706		97401		54688
木门窗、楼梯制造	1671949	652589	595965		6500		54548

2-1-20 续表 7

单位：万元

行 业	新建	扩建	改建和技术改造	单纯建造生活设施	迁建	恢复	单纯购置
地板制造	1078300	297050	249225		8800		48495
木制容器制造	233569	156426	112913				32954
软木制品及其他木制品制造	903021	660428	634451		6288		22886
竹、藤、棕、草等制品制造	1362043	929943	1016739		24672		8078
竹制品制造	1007895	813905	849098		24672		8078
藤制品制造	137206	46362	22697				
棕制品制造	54153	7050	23479				
草及其他制品制造	162789	62626	121465				
家具制造业	14097594	4739011	4922551		289757	4050	436493
木质家具制造	10766127	3286195	3727433		213198	4050	271724
竹、藤家具制造	162227	125155	121553		1213		
金属家具制造	1173366	648529	461384		37888		57165
塑料家具制造	279233	127233	66753				785
其他家具制造	1716641	551899	545428		37458		106819
造纸和纸制品业	12469871	6169807	7611376	8150	693272	11875	1054600
纸浆制造	464436	85308	248499		23875		37298
木竹浆制造	281502	37197	208845		23875		20978
非木竹浆制造	182934	48111	39654				16320
造纸	4373820	2571363	3776706	7850	410509	8550	461565
机制纸及纸板制造	3153724	2207539	3162663	7850	324299	8550	400037
手工纸制造	157905	68408	126819				7471
加工纸制造	1062191	295416	487224		86210		54057
纸制品制造	7631615	3513136	3586171	300	258888	3325	555737
纸和纸板容器制造	3296876	1782538	1824639		104606		189977
其他纸制品制造	4334739	1730598	1761532	300	154282	3325	365760
印刷和记录媒介复制业	6843366	3342637	4628389		80505		1169828
印刷	6440388	3112934	4241005		66505		1071366
书、报刊印刷	973176	353125	804060		18471		176181
本册印制	228756	65795	120405				101013
包装装潢及其他印刷	5238456	2694014	3316540		48034		794172
装订及印刷相关服务	385424	211665	330389		14000		94539
记录媒介复制	17554	18038	56995				3923
文教、工美、体育和娱乐用品制造业	8689805	4112562	4271734	4300	253639	2440	612658
文教办公用品制造	898219	422737	393430		23635		93858
文具制造	297727	231832	128969		6140		33208
笔的制造	154938	97844	142009		8118		21983
教学用模型及教具制造	214270	19287	29043				2990
墨水、墨汁制造	28567	17051	29989				

2-1-20 续表 8

单位：万元

行业	新建	扩建	改建和技术改造	单纯建造生活设施	迁建	恢复	单纯购置
其他文教办公用品制造	202717	56723	63420		9377		35677
乐器制造	333161	264156	119005		5200		17384
中乐器制造	104252	60537	20707		5200		
西乐器制造	71846	136129	37409				4006
电子乐器制造	43348	52737	30751				13378
其他乐器及零件制造	113715	14753	30138				
工艺美术品制造	4630163	2013924	2178079	4300	68597		276631
雕塑工艺品制造	756484	458514	436926		11060		33795
金属工艺品制造	411605	276356	292461		7211		51450
漆器工艺品制造	119371	38756	63319		1750		2750
花画工艺品制造	98491	24127	36969				2600
天然植物纤维编织工艺品制造	202500	119624	260095		12726		17236
抽纱刺绣工艺品制造	162365	121262	141863		5800		15766
地毯、挂毯制造	441141	286281	167511		12694		91839
珠宝首饰及有关物品制造	996017	203732	200770	4300			32404
其他工艺美术品制造	1442189	485272	578165		17356		28791
体育用品制造	1354283	696097	915139		40685	2440	121873
球类制造	73478	62121	77475		3695		4133
体育器材及配件制造	751488	304099	312411		2700		30641
训练健身器材制造	183689	141868	162080		10174	2440	34138
运动防护用具制造	51080	34420	58860		19716		4693
其他体育用品制造	294548	153589	304313		4400		48268
玩具制造	973017	617263	464316		105060		72007
游艺器材及娱乐用品制造	500962	98385	201765		10462		30905
露天游乐场所游乐设备制造	165585	62287	61546		5100		14721
游艺用品及室内游艺器材制造	174138	25688	31114		4362		6721
其他娱乐用品制造	161239	10410	109105				9463
石油加工、炼焦和核燃料加工业	18024037	5994923	7363299	7760	135733	12790	546381
精炼石油产品制造	13700362	4687080	5611661	7760	83533		526799
原油加工及石油制品制造	12839917	4439444	5272202	7760	83533		524301
人造原油制造	860445	247636	339459				2498
炼焦	4323675	1307843	1751638		47200	12790	19582
化学原料和化学制品制造业	73837610	24005370	41826532	69656	2922136	81518	2421110
基础化学原料制造	30310298	8232884	13468000		866043	40647	499877
无机酸制造	1814837	431962	908197		10677	2450	36324
无机碱制造	1109443	138428	896579		279197		3500
无机盐制造	1950852	563101	1599699		3425	891	27267
有机化学原料制造	18787642	5535063	8011151		414832	37306	233554
其他基础化学原料制造	6647524	1564330	2052374		157912		199232
肥料制造	9736311	2145742	4637725	1100	433275	3198	257909

2-1-20　续表　9

单位：万元

行　业	新建	扩建	改建和技术改造	单纯建造生活设施	迁建	恢复	单纯购置
氮肥制造	2287116	260240	1337063		302167		68848
磷肥制造	158801	137159	391160	1100	5887		4092
钾肥制造	559055	72565	81121				3152
复混肥料制造	2974341	801921	1423119		101696	3198	95689
有机肥料及微生物肥料制造	2934226	703254	1075969		14025		54783
其他肥料制造	822772	170603	329293		9500		31345
农药制造	2529668	930073	1541818		69771		74568
化学农药制造	1449929	785215	1103279		22065		49611
生物化学农药及微生物农药制造	1079739	144858	438539		47706		24957
涂料、油墨、颜料及类似产品制造	4675540	1755856	2596554	7945	232580	10000	307130
涂料制造	3437950	1069248	1635920	7945	96979		228055
油墨及类似产品制造	226484	115115	139447		3049		11867
颜料制造	391135	222540	431166		2888	10000	31900
染料制造	329992	171386	250378		113807		6475
密封用填料及类似品制造	289979	177567	139643		15857		28833
合成材料制造	9243034	3956971	5658288		588448	7573	441893
初级形态塑料及合成树脂制造	4864579	1907453	2527730		441481	7573	155072
合成橡胶制造	922481	586370	772238		9297		74916
合成纤维单(聚合)体制造	1399830	483670	1005100		50380		74438
其他合成材料制造	2056144	979478	1353220		87290		137467
专用化学产品制造	13716556	5091074	10754040	60611	615632	20100	642207
化学试剂和助剂制造	4950159	1661042	3858486	29644	255417		247241
专项化学用品制造	3699809	1871155	3382685	8307	182188	20100	138897
林产化学产品制造	359938	253097	277039	200	39295		6000
信息化学品制造	1370881	375776	876295	22460			153040
环境污染处理专用药剂材料制造	871652	223084	367547		54088		27005
动物胶制造	78737	17960	83033		1976		12550
其他专用化学产品制造	2385380	688960	1908955		82668		57474
炸药、火工及焰火产品制造	1039357	730135	1964620		92627		12433
焰火、鞭炮产品制造	1039357	730135	1964620		92627		12433
日用化学产品制造	2586846	1162635	1205487		23760		185093
肥皂及合成洗涤剂制造	605920	240408	308678		22763		25556
化妆品制造	603052	293665	254362		997		41472
口腔清洁用品制造	70583	6075	31207				23139
香料、香精制造	635921	303113	148029				37716
其他日用化学产品制造	671370	319374	463211				57210
医药制造业	26606015	9464503	13542420	20714	1092700	23418	1169556
化学药品原料药制造	3798639	2003098	2461345	17600	245154	20000	216093
化学药品制剂制造	3802814	1399342	2579971		297410		186989
中药饮片加工	4496744	897140	2188664		45381	1230	56334

2-1-20 续表 10

单位：万元

行 业	新建	扩建	改建和技术改造	单纯建造生活设施	迁建	恢复	单纯购置
中成药生产	5042323	1499690	2601216		341590	88	298998
兽用药品制造	824902	225913	558608		24601	2100	46986
生物药品制造	6209625	2103397	2202844	3114	81643		154004
卫生材料及医药用品制造	2430968	1335923	949772		56921		210152
化学纤维制造业	5196356	2762556	2460303	2645	235814		334356
纤维素纤维原料及纤维制造	743405	576666	724738				56638
化纤浆粕制造	167026	26968	109113				9855
人造纤维(纤维素纤维)制造	576379	549698	615625				46783
合成纤维制造	4452951	2185890	1735565	2645	235814		277718
锦纶纤维制造	1173289	358927	129032		28710		6783
涤纶纤维制造	919901	1269213	693361	2645	199396		152302
腈纶纤维制造	83918	12610	8630		2000		18000
维纶纤维制造	397401	3311	43919				7633
丙纶纤维制造	124831	76216	18050				1800
氨纶纤维制造	229108	135534	129753				
其他合成纤维制造	1524503	330079	712820		5708		91200
橡胶和塑料制品业	28024291	13761476	14344352	16884	852033	7310	2316680
橡胶制品业	6311609	4525444	4315045	3784	377124	704	689727
轮胎制造	2150197	1861140	2036081	2300	273153		350190
橡胶板、管、带制造	1248509	1472862	983417		12905		122693
橡胶零件制造	636564	391773	399630		32235		89506
再生橡胶制造	720549	187340	237005		18000		9919
日用及医用橡胶制品制造	387923	96854	75484		4435		8147
其他橡胶制品制造	1167867	515475	583428	1484	36396	704	109272
塑料制品业	21712682	9236032	10029307	13100	474909	6606	1626953
塑料薄膜制造	3077621	1153143	1428575		30613		157472
塑料板、管、型材制造	6427229	1997293	2307071	8000	179278		342126
塑料丝、绳及编织品制造	1958233	881671	997253		31965		92051
泡沫塑料制造	785519	402433	390096	4300	41613		47512
塑料人造革、合成革制造	380709	226043	323097				38856
塑料包装箱及容器制造	2349219	990709	1258833	800	71292	4050	223585
日用塑料制品制造	1986372	987616	929491		6656	2556	154865
塑料零件制造	813889	590534	598886		17920		167775
其他塑料制品制造	3933891	2006590	1796005		95572		402711
非金属矿物制品业	81670562	26325635	45332058	48827	1387513	394819	2696169
水泥、石灰和石膏制造	6731294	2015769	5564649	27000	122588	320949	300386
水泥制造	4774875	1401267	4244910		101072	320439	284536
石灰和石膏制造	1956419	614502	1319739	27000	21516	510	15850
石膏、水泥制品及类似制品制造	15928278	4698204	7171365	10100	383269		627519
水泥制品制造	8314967	2441167	3856071	5200	225421		387321

2-1-20　续表　11

单位：万元

行　　业	新建	扩建	改建和技术改造	单纯建造生活设施	迁建	恢复	单纯购置
砼结构构件制造	2486370	610832	1212777		58232		119528
石棉水泥制品制造	347735	69511	112062				11890
轻质建筑材料制造	2925226	1070007	1122970		90245		41157
其他水泥类似制品制造	1853980	506687	867485	4900	9371		67623
砖瓦、石材等建筑材料制造	30999985	10069927	16811273	7696	382574	24557	782163
粘土砖瓦及建筑砌块制造	6160276	2526553	5711442	4000	49632	16400	219498
建筑陶瓷制品制造	3637550	1725315	2470932		10523		61629
建筑用石加工	8485087	2396590	3870839		98869		64829
防水建筑材料制造	1462724	550338	805744		14566		51825
隔热和隔音材料制造	3428254	1002394	1194260		76409	8157	74305
其他建筑材料制造	7826094	1868737	2758056	3696	132575		310077
玻璃制造	3707441	1339737	2122932	2300	50865		204260
平板玻璃制造	1666918	362858	977655		34095		92892
其他玻璃制造	2040523	976879	1145277	2300	16770		111368
玻璃制品制造	5107018	1933318	2958288	1731	57287		335256
技术玻璃制品制造	1407681	484480	706394	1243	8000		72661
光学玻璃制造	456175	94525	231732		4960		79247
玻璃仪器制造	89621	54804	111376				30443
日用玻璃制品制造	1033814	337652	601350		3236		54356
玻璃包装容器制造	436577	134368	389613	488	31889		18265
玻璃保温容器制造	102902	25945	80756		2753		7900
制镜及类似品加工	213294	81469	67260				14643
其他玻璃制品制造	1366954	720075	769807		6449		57741
玻璃纤维和玻璃纤维增强塑料制品制造	1566966	770030	1124380		16867		148844
玻璃纤维及制品制造	808855	474446	693891		13662		113492
玻璃纤维增强塑料制品制造	758111	295584	430489		3205		35352
陶瓷制品制造	4158064	1265275	3986466		94292	6000	63893
卫生陶瓷制品制造	515623	259638	312597		67330		12927
特种陶瓷制品制造	963399	523725	1378175		12642		18768
日用陶瓷制品制造	1639293	331444	1810397		14320	6000	24731
园林、陈设艺术及其他陶瓷制品制造	1039749	150468	485297				7467
耐火材料制品制造	5530487	1606986	1970795		38673	41413	96892
石棉制品制造	367373	313969	171443		6432		49750
云母制品制造	247860	65108	108618		280		1532
耐火陶瓷制品及其他耐火材料制造	4915254	1227909	1690734		31961	41413	45610
石墨及其他非金属矿物制品制造	7941029	2626389	3621910		241198	1900	136956
石墨及碳素制品制造	2775623	928447	1693348		35423		53694
其他非金属矿物制品制造	5165406	1697942	1928562		205775	1900	83262
黑色金属冶炼和压延加工业	18959716	9601101	17136545	14461	1357567	20500	723145
炼铁	931763	495498	1007453				15765

2-1-20 续表 12

单位：万元

行　　业	新建	扩建	改建和技术改造	单纯建造生活设施	迁建	恢复	单纯购置
炼钢	3161339	2250356	2774422	2000	352574		32549
黑色金属铸造	2643161	1745845	2447459		270734		133316
钢压延加工	9986136	4539926	9237408	5961	583162		496399
铁合金冶炼	2237317	569476	1669803	6500	15[illegible]097	20500	45116
有色金属冶炼和压延加工业	36276551	7167509	13129483	10498	463786	260954	824194
常用有色金属冶炼	8008980	2303144	4460076	6030	122677	19761	61582
铜冶炼	1337474	394569	477380			990	15864
铅锌冶炼	497127	245329	920365		[illegible]199	16035	4737
镍钴冶炼	843521	230384	453326				1798
锡冶炼	111319	15679	105387		9[illegible]718		
锑冶炼	45560	36672	127230	30			
铝冶炼	2870141	1237065	1598577		[illegible]000		19623
镁冶炼	1068991	19860	161991				
其他常用有色金属冶炼	1234847	123586	615820	6000	1[illegible]760	2736	19560
贵金属冶炼	1036252	334443	670241		600		7230
金冶炼	171843	107283	167016		600		2650
银冶炼	625592	170291	431982				
其他贵金属冶炼	238817	56869	71243				4580
稀有稀土金属冶炼	1002397	252637	642418		91214	5003	23668
钨钼冶炼	275128	99175	239793		79298		5800
稀土金属冶炼	418520	110936	260241		11916		17868
其他稀有金属冶炼	308749	42526	142384			5003	
有色金属合金制造	4192529	1116415	1920525	4468	137420		114605
有色金属铸造	876782	186471	505164				44451
有色金属压延加工	21159611	2974399	4931059		116875	236190	572658
铜压延加工	3124350	661064	1055634		101316		100629
铝压延加工	16185947	1884171	2747769		7420	236190	124277
贵金属压延加工	363477	18542	70521				3582
稀有稀土金属压延加工	423169	77828	347141				48705
其他有色金属压延加工	1062668	332794	709994		7539		295465
金属制品业	42189791	17118933	22925482	15371	1090569	67244	2904095
结构性金属制品制造	19244607	6426466	8408733	7821	443[illegible]50		870343
金属结构制造	13176532	4882139	6039548	7821	272[illegible]45		675924
金属门窗制造	6068075	1544327	2369185		170[illegible]05		194419
金属工具制造	2721425	1628641	2102569	7550	104[illegible]50	32268	515036
切削工具制造	843114	320424	626254		15[illegible]26		276435
手工具制造	240323	324745	210678	7550	38[illegible]69		25166
农用及园林用金属工具制造	229932	121551	281415		13[illegible]85		12429
刀剪及类似日用金属工具制造	274653	155913	146344		36[illegible]00	32268	41102
其他金属工具制造	1133403	706008	837878		[illegible]70		159904

2-1-20　续表 13

单位：万元

行　　业	新建	扩建	改建和技术改造	单纯建造生活设施	迁建	恢复	单纯购置
集装箱及金属包装容器制造	2936500	1329104	1437774		145702		131348
集装箱制造	364160	94104	99337		23256		62299
金属压力容器制造	1149718	811351	641000		63602		30559
金属包装容器制造	1422622	423649	697437		58844		38490
金属丝绳及其制品制造	1744040	1206472	1220674		74169		135674
建筑、安全用金属制品制造	5188602	1869040	2336555		60856	1000	276868
建筑、家具用金属配件制造	1515057	682440	599719		24068	1000	74590
建筑装饰及水暖管道零件制造	1716836	626951	909033		23573		102214
安全、消防用金属制品制造	960781	321325	489303		115		70779
其他建筑、安全用金属制品制造	995928	238324	338500		13100		29285
金属表面处理及热处理加工	2037695	1001094	1200061		105322		209027
搪瓷制品制造	575861	112203	138888				9824
生产专用搪瓷制品制造	73219	13049	44400				1150
建筑装饰搪瓷制品制造	280775	23206	15500				
搪瓷卫生洁具制造	136173	41274	31573				1500
搪瓷日用品及其他搪瓷制品制造	85694	34674	47415				7174
金属制日用品制造	2639983	996880	1433071		25757	33976	158408
金属制厨房用器具制造	874356	246370	370181		11281		35400
金属制餐具和器皿制造	604171	246448	261042		1744	33976	30822
金属制卫生器具制造	270799	37321	46283		2305		3921
其他金属制日用品制造	890657	466741	755565		10427		88265
其他金属制品制造	5101078	2549033	4647157		131463		597567
锻件及粉末冶金制品制造	1854434	1013732	1550259		51914		118122
交通及公共管理用金属标牌制造	337310	83079	164227		8728		32152
其他未列明金属制品制造	2909334	1452222	2932671		70821		447293
通用设备制造业	57003985	24223189	32351385	28415	2219945	24368	5580622
锅炉及原动设备制造	4725345	2223131	3270028		264248		495579
锅炉及辅助设备制造	2449458	1144257	1382266		60562		340489
内燃机及配件制造	1181892	803457	1166236		165094		62299
汽轮机及辅机制造	377886	80421	245811		21972		23762
水轮机及辅机制造	109540	9275	107902		14190		3923
风能原动设备制造	256472	81383	275722		2430		29873
其他原动设备制造	350097	104338	92091				35233
金属加工机械制造	12551190	4874001	7550878	16915	491825	4990	1133468
金属切削机床制造	1900652	926845	1322261		83174		222338
金属成形机床制造	1487164	547460	750458	6215	70114		218358

2-1-20 续表 14

单位：万元

行　　业	新建	扩建	改建和技术改造	单纯建造生活设施	迁建	恢复	单纯购置
铸造机械制造	2448622	1064869	1812695		23217		184194
金属切割及焊接设备制造	1131454	341093	550160		19625		67240
机床附件制造	1185562	520913	719673		77969		152442
其他金属加工机械制造	4397736	1472821	2395631	10700	212726	4990	288896
物料搬运设备制造	7914512	2518784	2851320		341326		362927
轻小型起重设备制造	723832	261313	246126		5597		76165
起重机制造	2432369	514376	979517		33533		92796
生产专用车辆制造	1068940	385599	523280		21656		42978
连续搬运设备制造	556778	271042	169952		183341		17560
电梯、自动扶梯及升降机制造	2349770	853624	765162		94405		91246
其他物料搬运设备制造	782823	232830	167283		1794		42182
泵、阀门、压缩机及类似机械制造	7205575	3235200	4694770		397106		937600
泵及真空设备制造	2164891	885087	1346217		162881		382638
气体压缩机械制造	976219	443790	482088		10503		102040
阀门和旋塞制造	1645227	960129	1159331		17[illegible]298		282725
液压和气压动力机械及元件制造	2419238	946194	1707134		52424		170197
轴承、齿轮和传动部件制造	6877369	3056222	3292503		243429		451023
轴承制造	4239936	1588485	1335586		103516		238250
齿轮及齿轮减、变速箱制造	2054997	1107864	1572420		80725		141910
其他传动部件制造	582436	359873	384497		59188		70863
烘炉、风机、衡器、包装等设备制造	6027780	2219653	2742119	7750	258826	9990	481824
烘炉、熔炉及电炉制造	450128	119790	330793		36957		5583
风机、风扇制造	1115015	335800	517591	2760	32491		93516
气体、液体分离及纯净设备制造	561895	369981	353297		46634		87583
制冷、空调设备制造	2092457	779459	884371		96477		173475
风动和电动工具制造	846254	216041	176159		8210		52402
喷枪及类似器具制造	87337	19177	52218		35177		9509
衡器制造	165139	70726	110641	4990	2880	9990	23079
包装专用设备制造	709555	308679	317049				36677
文化、办公用机械制造	660641	207787	274260		28328		128642
电影机械制造	47493		14380				
幻灯及投影设备制造	119906	4000	43508				5735
照相机及器材制造	53869	27304	17527		2570		20803
复印和胶印设备制造	89685	79565	54236		16467		53659
计算器及货币专用设备制造	48358	30359	31644				32332

2-1-20 续表 15

单位：万元

行　　业	新建	扩建	改建和技术改造	单纯建造生活设施	迁建	恢复	单纯购置
其他文化、办公用机械制造	301330	66559	112965		9291		16113
通用零部件制造	7313379	4558443	5896704	2150	107589	9388	1200720
金属密封件制造	417822	279736	293397		16110		65978
紧固件制造	800404	739636	741904		25584		127631
弹簧制造	144982	233714	289732			9388	38298
机械零部件加工	4210163	2404923	3507273	2150	25835		754869
其他通用零部件制造	1740008	900434	1064398		40060		213944
其他通用设备制造业	3728194	1329968	1778803	1600	87268		388839
专用设备制造业	58165338	21928534	27327997	96271	1658915	32123	4640008
采矿、冶金、建筑专用设备制造	16805435	7742427	8865791	19340	539817	4990	1138975
矿山机械制造	6508107	2550020	2863779	9810	142371	4990	347105
石油钻采专用设备制造	4018458	1980613	1887874		158080		355046
建筑工程用机械制造	2880318	1201744	2028290	8900	146630		228938
海洋工程专用设备制造	826391	614148	381407		3800		47618
建筑材料生产专用机械制造	1507739	746607	775761		42923		79351
冶金专用设备制造	1064422	649295	928680	630	46013		80917
化工、木材、非金属加工专用设备制造	7665884	3365524	4222845	5000	115491	4990	903122
炼油、化工生产专用设备制造	1573093	765694	900472	5000	28640		78067
橡胶加工专用设备制造	383648	142476	189840				38320
塑料加工专用设备制造	1024209	473190	541246		17255		62821
木材加工机械制造	245612	215048	310918		6713		40874
模具制造	3310248	1502469	1866350		48845		595703
其他非金属加工专用设备制造	1129074	266647	414019		14038	4990	87337
食品、饮料、烟草及饲料生产专用设备制造	1692090	542491	946460	1900	56898		46684
食品、酒、饮料及茶生产专用设备制造	583079	151353	423371	1900	4530		24896
农副食品加工专用设备制造	908389	278309	367387		49388		8008
烟草生产专用设备制造	59487	40175	87661				12780
饲料生产专用设备制造	141135	72654	68041		2980		1000
印刷、制药、日化及日用品生产专用设备制造	3775616	941719	1526741		62436	7000	180541
制浆和造纸专用设备制造	430228	195398	269420		4764		33941
印刷专用设备制造	530669	143637	327380		14248		26349
日用化工专用设备制造	487797	195458	216170		12100		17986
制药专用设备制造	310371	57116	281502		2434		23621
照明器具生产专用设备制造	1442429	148547	163033		15500		41623
玻璃、陶瓷和搪瓷制品生产专用设备制造	266941	111085	154094		13390	7000	14119
其他日用品生产专用设备制造	307181	90478	115142				22902
纺织、服装和皮革加工专用设备制造	1660524	1113361	724285	23032	161963		210966
纺织专用设备制造	1242308	747905	498242	19600	118097		117521
皮革、毛皮及其制品加工专用设备制造	87252	175617	60784	3432	25693		54484
缝制机械制造	263879	180512	111020		18173		37690

2-1-20 续表 16

单位：万元

行　　业	新建	扩建	改建和技术改造	单纯建造生活设施	迁建	恢复	单纯购置
洗涤机械制造	67085	9327	54239				1271
电子和电工机械专用设备制造	5206357	1392469	2140173	44416	47924		645448
电工机械专用设备制造	1836026	699235	1018087	44416	43808		176992
电子工业专用设备制造	3370331	693234	1122086		4116		468456
农、林、牧、渔专用机械制造	5088625	1770256	2570978		297576	14543	266581
拖拉机制造	771258	199567	461672		67000	9460	39664
机械化农业及园艺机具制造	2297346	669719	878303		63637		138971
营林及木竹采伐机械制造	65461	21486	18586		2600	83	23595
畜牧机械制造	300315	219897	135508		6000	5000	12845
渔业机械制造	36281	24850	12737				
农林牧渔机械配件制造	631597	322932	653912		158339		23462
棉花加工机械制造	143496	8210	38847				
其他农、林、牧、渔业机械制造	842871	303595	371413				28044
医疗仪器设备及器械制造	4712653	1570861	1607295		77544		593450
医疗诊断、监护及治疗设备制造	1802992	338731	587154		7371		132817
口腔科用设备及器具制造	122221	15213	23349		5451		6857
医疗实验室及医用消毒设备和器具制造	309027	146188	190034		12887		65592
医疗、外科及兽医用器械制造	779300	341066	227150		9956		150084
机械治疗及病房护理设备制造	328369	205221	123937		26413		33287
假肢、人工器官及植(介)入器械制造	101633	39461	48569				41958
其他医疗设备及器械制造	1269111	484981	407102		15466		162855
环保、社会公共服务及其他专用设备制造	11558154	3489426	4723429	2583	299256	600	654241
环境保护专用设备制造	5646615	2005424	2574895	2583	135022	600	264280
地质勘查专用设备制造	300776	38535	115245		57050		23493
邮政专用机械及器材制造			14928				6570
商业、饮食、服务专用设备制造	88530	15135	34135		5400		2798
社会公共安全设备及器材制造	491265	223040	235420				24412
交通安全、管制及类似专用设备制造	240215	152373	100478		17400		49247
水资源专用机械制造	495668	202075	159622		27029		18259
其他专用设备制造	4295085	852844	1488706		57365		265182
汽车制造业	51917004	16692249	26053893	57369	1629113	11900	4572779
汽车整车制造	10227186	2976657	6322753		483439		945624
改装汽车制造	1458311	485003	654067	17500	1262		46443
低速载货汽车制造	790860	48980	92957				
电车制造	1545937	634844	361576		23236		24837
汽车车身、挂车制造	1475039	234487	801057	36374	20793		32215
汽车零部件及配件制造	36419671	12312278	17821483	3495	1100583	11900	3523660

2-1-20 续表 17

单位：万元

行业	新建	扩建	改建和技术改造	单纯建造生活设施	迁建	恢复	单纯购置
铁路、船舶、航空航天和其他运输设备制造业	16490481	4906964	7331912	61128	827652	280	1951110
铁路运输设备制造	2246436	875344	1768231		248032		357408
铁路机车车辆及动车组制造	530680	23410	240102		141452		31008
窄轨机车车辆制造	30076	29976	76785		3500		
铁路机车车辆配件制造	472280	207353	839530		45710		174253
铁路专用设备及器材、配件制造	972231	539158	477989		57370		132534
其他铁路运输设备制造	241169	75447	133825				19613
城市轨道交通设备制造	412330	227517	457235				47587
船舶及相关装置制造	3602842	1557158	2303156	45869	146772	280	385620
金属船舶制造	1347302	544762	792669	40690	135312	280	170825
非金属船舶制造	55173	152941	148406		1960		18104
娱乐船和运动船制造	633293	47216	661791				529
船用配套设备制造	1295637	338698	533098	5179	9500		149129
船舶改装与拆除	148275	342921	78488				47033
航标器材及其他相关装置制造	123162	130620	88704				
摩托车制造	2199703	547829	695528	2599	254558		109609
摩托车整车制造	849628	88693	181889		239603		29758
摩托车零部件及配件制造	1350075	459136	513639	2599	14955		79851
自行车制造	2557590	774104	681165		151288		189911
脚踏自行车及残疾人座车制造	345328	241396	193648		38497		91676
助动自行车制造	2212262	532708	487517		112791		98235
非公路休闲车及零配件制造	398243	98934	68847				47409
潜水救捞及其他未列明运输设备制造	5073337	826078	1357750	12660	27002		813566
其他未列明运输设备制造	5073337	826078	1357750	12660	27002		813566
电气机械和器材制造业	56282625	18836890	23406670	27017	1146761	52671	4282423
电机制造	6059000	2191963	2504476	6111	161010	4990	570242
发电机及发电机组制造	2614401	1026551	1003994		15432	4990	255500
电动机制造	1898889	473919	886828	3600	110378		134323
微电机及其他电机制造	1545710	691493	613654	2511	35200		180419
输配电及控制设备制造	17350481	6588261	7795966	4820	364627		1650121
变压器、整流器和电感器制造	3014838	1306794	1757512		174054		335263
电容器及其配套设备制造	1056188	300783	325652		6990		73271
配电开关控制设备制造	2520517	1178124	1809486		57049		278786
电力电子元器件制造	3635836	1236600	1764538	4820	5270		387498
光伏设备及元器件制造	4973891	1785771	1310481		83721		409110
其他输配电及控制设备制造	2149211	780189	828297		37543		166193
电线、电缆、光缆及电工器材制造	8226074	3206416	4994130		200212	6671	664461
电线、电缆制造	6207434	2363464	3859930		193395		427260
光纤、光缆制造	508072	340212	385799				52221

2-1-20 续表 18

单位：万元

行 业	新建	扩建	改建和技术改造	单纯建造生活设施	迁建	恢复	单纯购置
绝缘制品制造	460417	214655	492784		5283	6671	43616
其他电工器材制造	1050151	288085	255617		1534		141364
电池制造	6651559	1454749	2494576		110724	41010	310805
锂离子电池制造	3974397	558931	1303400		40715	2900	125510
镍氢电池制造	203686	82228	161933		1183		48462
其他电池制造	2473476	813590	1029243		63826	38110	136833
家用电力器具制造	5249602	1965877	2011524		169478		465755
家用制冷电器具制造	908358	432643	578222		11000		153725
家用空气调节器制造	706438	174436	265029		42830		41221
家用通风电器具制造	211089	114328	118109		16219		9857
家用厨房电器具制造	1402658	313474	274225		16600		93055
家用清洁卫生电器具制造	473463	98766	137667		55113		18941
家用美容、保健电器具制造	176704	69067	28438				18880
家用电力器具专用配件制造	510522	339854	200719		2812		41020
其他家用电力器具制造	860370	423309	409115		24904		89056
非电力家用器具制造	2416544	643276	1074387		67015		144842
燃气、太阳能及类似能源家用器具制造	2260084	589399	988607		67015		93352
其他非电力家用器具制造	156460	53877	85780				51490
照明器具制造	7838020	1782543	1599674	6300	47518		333187
电光源制造	2142881	611985	412000		19645		121440
照明灯具制造	4849224	951691	956867	6300	26274		156868
灯用电器附件及其他照明器具制造	845915	218867	230807		1599		54879
其他电气机械及器材制造	2491345	1003805	931937	9786	26177		143010
电气信号设备装置制造	663865	100913	100823		11853		50007
其他未列明电气机械及器材制造	1827480	902892	831114	9786	14324		93003
计算机、通信和其他电子设备制造业	45289061	11122870	15604176	6150	420768	41546	7243592
计算机制造	4508400	1086216	1794645	2855	70185	10974	859401
计算机整机制造	907624	147148	310553				485171
计算机零部件制造	2089289	339473	628392		7550	10974	217208
计算机外围设备制造	458599	354299	290990				114582
其他计算机制造	1052888	245296	564710	2855	62635		42440
通信设备制造	5784675	2018322	1675482		63151		1356344
通信系统设备制造	3013948	965183	964786		15970		240219
通信终端设备制造	2770727	1053139	710696		47181		1116125
广播电视设备制造	968539	262616	639404	197			136168
广播电视节目制作及发射设备制造	179231	73008	184169				28736
广播电视接收设备及器材制造	408061	90992	233530				59530
应用电视设备及其他广播电视设备制造	381247	98616	221705	197			47902
视听设备制造	1027366	250750	615705		529		386969
电视机制造	567021	99125	238691				125097

2-1-20　续表 19　　　　单位：万元

行　　业	新建	扩建	改建和技术改造	单纯建造生活设施	迁建	恢复	单纯购置
音响设备制造	263109	71670	139589		629		89759
影视录放设备制造	197236	79955	237425				172113
电子器件制造	17186379	3700181	4811778		50602	12000	2558407
电子真空器件制造	394827	166951	375830		6121		102762
半导体分立器件制造	361998	275670	250023		2188		184079
集成电路制造	3051753	726269	1241757		36000		1397095
光电子器件及其他电子器件制造	13377801	2531291	2944168		6293	12000	874471
电子元件制造	9097950	2689758	3855575	2094	144604	11550	1682619
电子元件及组件制造	7338726	2329031	3383460	2094	143957	11550	1287295
印制电路板制造	1759224	360727	472115		647		395324
其他电子设备制造	6715752	1115027	2211587	1004	91597	7022	263684
仪器仪表制造业	7465779	2656062	3836035	79993	203817	412	629031
通用仪器仪表制造	3657758	1322062	2157412	79993	145351		283095
工业自动控制系统装置制造	1756247	811132	1292344		60767		119603
电工仪器仪表制造	591409	229712	350887		48198		76302
绘图、计算及测量仪器制造	303026	93447	117504		19200		8079
实验分析仪器制造	283942	59638	107646	79993	16810		22542
试验机制造	124143	18810	50465				8600
供应用仪表及其他通用仪器制造	598991	109323	238566		376		47969
专用仪器仪表制造	1554313	568438	998011		29562		180084
环境监测专用仪器仪表制造	260417	64197	90264		1963		27380
运输设备及生产用计数仪表制造	146629	98449	287397				29084
农林牧渔专用仪器仪表制造	19000	28900	25338				9700
地质勘探和地震专用仪器制造	101681	42255	29061				13210
教学专用仪器制造	52510	29809	90961				8329
电子测量仪器制造	283918	78651	107206		10697		36788
其他专用仪器制造	690158	226177	367784		16902		55593
钟表与计时仪器制造	262348	54174	74428				11152
光学仪器及眼镜制造	791018	526805	211673				97189
光学仪器制造	577621	252372	152680				77052
眼镜制造	213397	274433	58993				20137
其他仪器仪表制造业	1200342	184583	394511		28904	412	57511
其他制造业	12614630	4150531	2961510	5776	89643	6758	512364
日用杂品制造	1070986	432311	459150		24224		89283
鬃毛加工、制刷及清扫工具制造	270790	101766	168075		750		20661
其他日用杂品制造	800196	330545	291075		23474		68622
煤制品制造	1432720	157940	269694		10000		7575
其他未列明制造业	10110924	3560280	2232666	5776	55419	6758	415506
废弃资源综合利用业	6826980	1620881	3045772		249499		156496
金属废料和碎屑加工处理	4127606	793468	1976250		139482		108390
非金属废料和碎屑加工处理	2699374	827413	1069522		110017		48106

2-1-20 续表 20

单位：万元

行 业	新建	扩建	改建和技术改造	单纯建造生活设施	迁建	恢复	单纯购置
金属制品、机械和设备修理业	1624489	629021	742471		63337		212066
金属制品修理	231434	99547	170907		10197		18550
通用设备修理	166191	79069	54960		624		15152
专用设备修理	340656	37221	145498		11972		41937
铁路、船舶、航空航天等运输设备修理	481325	288526	206246		16900		62055
铁路运输设备修理	23800		10346				3778
船舶修理	140715	202463	60738		8100		10365
航空航天器修理	97109	24846	88479				43774
其他运输设备修理	219701	61217	46683		8800		4138
电气设备修理	56389	19066	19042		10544		19261
仪器仪表修理	5136		4225				9000
其他机械和设备修理业	343358	105592	141593		13100		46111
(四)电力、热力、燃气及水生产和供应业	**150515247**	**35581800**	**37786363**	**561177**	**623814**	**382684**	**2798995**
电力、热力生产和供应业	114226890	27951252	28537887	262378	472465	330508	2543357
电力生产	79092638	16871794	14639506	32316	175900	253453	870086
火力发电	18039788	6622585	7472128	13580	8698		508667
水力发电	15800052	1650931	2244880	2076	23360	250253	28723
核力发电	5782635	2220117	1380959				33458
风力发电	19348737	3866782	1523086	8660	49380	3200	45651
太阳能发电	16114989	1519128	537439	8000	38292		142697
其他电力生产	4006437	992251	1481014		56170		110890
电力供应	25199604	8534422	11131874	62920	234564	59165	1488162
热力生产和供应	9934648	2545036	2766507	167142	62001	17890	185109
燃气生产和供应业	16079691	2884084	3085463	102647	90649	27773	145615
燃气生产和供应业	16079691	2884084	3085463	102647	90649	27773	145615
水的生产和供应业	20208666	4746464	6163013	196152	60700	24403	110023
自来水生产和供应	8799480	2510357	3096773	82205	22061	16950	24279
污水处理及其再生利用	9697233	2050940	2679520	112746	38638	3453	59160
其他水的处理、利用与分配	1711953	185167	386720	1201	1	4000	26584
(五)建筑业	**27911566**	**4068485**	**5057630**	**152863**	**145576**	**172747**	**2831609**
房屋建筑业	10501297	833149	663832	37593	67244	40871	1048395
房屋建筑业	10501297	833149	663832	37593	67244	40871	1048395
土木工程建筑业	14212360	2049228	2905569	89103	57513	78511	1009169
铁路、道路、隧道和桥梁工程建筑	9203000	1254375	1844345	50003	17852	57283	794622
铁路工程建筑	495904	2630	49998				145342
公路工程建筑	3442047	470819	931411	17004	2500	12216	125719
市政道路工程建筑	3650287	450580	582175	27999	500	43867	252664
其他道路、隧道和桥梁工程建筑	1614762	330346	280761	5000	14852	1200	270897
水利和内河港口工程建筑	1946604	274731	383869	19200	4694	15750	108021
水源及供水设施工程建筑	586815	102182	137523	11850			20758

2-1-20　续表 21

单位：万元

行　　业	新建	扩建	改建和技术改造	单纯建造生活设施	迁建	恢复	单纯购置
河湖治理及防洪设施工程建筑	1010084	144191	146398	7350	4694	15750	11786
港口及航运设施工程建筑	349705	28358	99948				75477
海洋工程建筑	335093	749			25960		17000
工矿工程建筑	96408	37734	230744			538	23428
架线和管道工程建筑	946627	143974	203804	13400	3007		22283
架线及设备工程建筑	466163	98965	76768		3007		9805
管道工程建筑	480464	45009	127036	13400			12478
其他土木工程建筑	1684628	337665	242807	6500	6000	4940	43815
建筑安装业	1047862	263544	414099	10307	6066		314796
电气安装	340535	72984	91502				70730
管道和设备安装	238318	93558	126964	7532			43849
其他建筑安装业	469009	97002	195633	2775	6066		200217
建筑装饰和其他建筑业	2150047	922564	1074130	15860	14753	53365	459249
建筑装饰业	715312	277067	501488	7000	3217	2225	186674
工程准备活动	300342	148944	82970	8640			76472
建筑物拆除活动	96253	10909	46323	8640			2398
其他工程准备活动	204089	138035	36647				74074
提供施工设备服务	148335	30561	57974				93269
其他未列明建筑业	986058	465992	431698	220	11536	51140	102834
（六）批发和零售业	**110262497**	**20642191**	**19595781**	**262834**	**804049**	**119115**	**3838988**
批发业	50295032	11119983	10516534	109956	561827	76102	2526973
农、林、牧产品批发	6291012	1049256	499709	9420	100466		81150
谷物、豆及薯类批发	1831935	343921	134972	4800	32042		19115
种子批发	462156	105067	74072				23018
饲料批发	124300	44733	35025		5000		8214
棉、麻批发	126839	18823	10362	2000			855
林业产品批发	735396	112420	33049		3799		1400
牲畜批发	361254	80659	28009				539
其他农牧产品批发	2649132	343633	184220	2620	59625		28009
食品、饮料及烟草制品批发	7924873	1341184	1306996	12780	200024	4155	217506
米、面制品及食用油批发	846926	133580	128579	6700	33440		81232
糕点、糖果及糖批发	109139	45372	31930				16655
果品、蔬菜批发	3608624	473810	375936		64825		6561
肉、禽、蛋、奶及水产品批发	1626591	282203	281986	80	77835	100	14891
盐及调味品批发	55315	20261	5490				17171
营养和保健品批发	33996	14779	44840		1815		5874
酒、饮料及茶叶批发	665930	113587	192015		10717		39070
烟草制品批发	198794	82166	23039	6000	3210	1736	9095
其他食品批发	779558	175426	223181		8182	2319	26957
纺织、服装及家庭用品批发	6122758	908776	1284449	28463		28016	184792

2-1-20 续表 22

单位：万元

行 业	新建	扩建	改建和技术改造	单纯建造生活设施	迁建	恢复	单纯购置
纺织品、针织品及原料批发	1707683	201452	397762	20613			30075
服装批发	1850675	280280	415354			28016	51041
鞋帽批发	206852	27723	23720				4635
化妆品及卫生用品批发	159029	20234	50705				22928
厨房、卫生间用具及日用杂货批发	339706	84293	46314				16448
灯具、装饰物品批发	452025	98801	52907				4780
家用电器批发	471894	89943	146327	7850			18734
其他家庭用品批发	934894	106050	151360				36151
文化、体育用品及器材批发	723867	376866	251889		19271		43398
文具用品批发	199478	39358	48021		2500		21665
体育用品及器材批发	66990	18289	15177				8030
图书批发	87318	3447	43964				5675
报刊批发		18577	4783				
音像制品及电子出版物批发	9792	29766	15008				
首饰、工艺品及收藏品批发	245594	212141	87331		12350		8028
其他文化用品批发	114695	55288	37605		4321		
医药及医疗器材批发	1215467	458448	480396		29108		117613
西药批发	474679	117358	148701		25553		29090
中药批发	343744	175594	116370				10049
医疗用品及器材批发	397044	165496	215325		3555		78474
矿产品、建材及化工产品批发	15467551	3688691	2996414	23466	152750	8708	824239
煤炭及制品批发	1606471	477484	307433	8050	22040		85019
石油及制品批发	1653568	653902	471841	7500	89438	5952	140378
非金属矿及制品批发	194041	85990	67505				17328
金属及金属矿批发	2218367	681686	476632		7015		157485
建材批发	8763239	1357137	1238075	4800	18533	2756	318106
化肥批发	319891	137797	72902				19126
农药批发	94766	35266	33668				
农用薄膜批发	13169	4200					9958
其他化工产品批发	604039	255229	328358	3116	15724		76839
机械设备、五金产品及电子产品批发	8280661	1865176	1918211	2827	27985	34823	622987
农业机械批发	758656	110067	130400	2827			32002
汽车批发	2026282	364404	72786		2080		7365
汽车零配件批发	1001137	282063	200466				28670
摩托车及零配件批发	153937	19873	12634		1650		2925
五金产品批发	1991632	396754	406807		2900	34823	90939
电气设备批发	461819	124601	210949		3280		123727
计算机、软件及辅助设备批发	257823	33189	162022		7528		49324
通讯及广播电视设备批发	69170	31692	57369				10156
其他机械设备及电子产品批发	1560205	502533	664778		10547		277879

2-1-20　续表 23　　　　单位：万元

行　　业	新建	扩建	改建和技术改造	单纯建造生活设施	迁建	恢复	单纯购置
贸易经纪与代理	1663893	638667	1211894		9000		269057
贸易代理	944745	431103	835455				123455
拍卖	15649	8687	16904				
其他贸易经纪与代理	703499	198877	359535		9000		145602
其他批发业	2604950	792919	566576	33000	23223	400	166231
再生物资回收与批发	896467	324145	203970		13544	400	20990
其他未列明批发业	1708483	468774	362606	33000	9679		145241
零售业	59967465	9522208	9079247	152878	242222	43013	1312015
综合零售	27402037	3367149	3038333	95316	93255	5772	259234
百货零售	14080652	1842285	1829243	81908	58903	2750	153614
超级市场零售	6760581	726414	655582	3500	30232	3022	92682
其他综合零售	6560804	798450	553508	9908	4120		12938
食品、饮料及烟草制品专门零售	2064364	603857	702892	3122	26549	1385	49165
粮油零售	186566	34678	80159	2950	12000		4088
糕点、面包零售	30663	9551	45119				15659
果品、蔬菜零售	509091	189760	114305	172			2300
肉、禽、蛋、奶及水产品零售	446621	113123	172682		4500	1385	3979
营养和保健品零售	62217	25131	11048				4708
酒、饮料及茶叶零售	259104	79982	137169				17381
烟草制品零售	15027	16419	9076				
其他食品零售	555075	135213	133334		10049		1050
纺织、服装及日用品专门零售	2084923	441170	864776	22920	1000	23289	76423
纺织品及针织品零售	317223	58928	57419	8120			24228
服装零售	1192115	235692	587749	8400	1000		39407
鞋帽零售	7500	22509	27933	6400			
化妆品及卫生用品零售	37684	13738	42483				4235
钟表、眼镜零售	45791	1995	46777				5007
箱、包零售	89080	9518					
厨房用具及日用杂品零售	51123	15100	19923			9900	1331
自行车零售	33000	9988	12660				
其他日用品零售	311407	73702	69832			13389	2215
文化、体育用品及器材专门零售	1242640	332505	368622		480		26401
文具用品零售	26263	7930	11537				2781
体育用品及器材零售	21915	31576	15825				5100
图书、报刊零售	55378	16358	22875		480		2844
音像制品及电子出版物零售	10458	875	2300				
珠宝首饰零售	577593	168715	221372				4762
工艺美术品及收藏品零售	423497	69784	34555				6493
乐器零售	10729	2738	5570				3687
照相器材零售		12200	42340				

2-1-20 续表 24

单位：万元

行　　业	新建	扩建	改建和技术改造	单纯建造生活设施	迁建	恢复	单纯购置
其他文化用品零售	116807	22329	12248				734
医药及医疗器材专门零售	563973	194452	333360				110757
药品零售	413955	140070	254567				56838
医疗用品及器材零售	150018	54382	78793				53919
汽车、摩托车、燃料及零配件专门零售	17073940	2317760	1581279	15820	91122	12567	316110
汽车零售	13465553	1596334	986579	6620	24721	7577	171318
汽车零配件零售	1454321	144879	102721	9200	23000		33550
摩托车及零配件零售	45001	16401	27980				
机动车燃料零售	2109065	560146	463999		43401	4990	111242
家用电器及电子产品专门零售	1262432	456204	635787	8800	6950		121474
家用视听设备零售	92050	104983	32621				8631
日用家电设备零售	393680	170478	177451				22073
计算机、软件及辅助设备零售	275096	48121	130280	300	450		9623
通信设备零售	113673	59749	162014				25804
其他电子产品零售	387933	72873	133421	8500	6500		55343
五金、家具及室内装饰材料专门零售	5842854	1158202	969982		7501		130943
五金零售	758108	199966	238491		7500		22102
灯具零售	222957	20256	42141				4776
家具零售	3333774	468008	297188		1		41186
涂料零售	39585	30711	19782				2002
卫生洁具零售	43800	20640	12761				1990
木质装饰材料零售	209612	70870	48353				
陶瓷、石材装饰材料零售	582767	182290	101532				31499
其他室内装饰材料零售	652251	165461	209734				27388
货摊、无店铺及其他零售业	2430302	650909	584216	6900	15365		221508
货摊食品零售	53139	12981	21295	4950			
货摊纺织、服装及鞋零售	29670	7215	9800				
货摊日用品零售	56200	7107					
互联网零售	600762	21064	31167				63540
邮购及电视、电话零售	13611						2127
旧货零售	22506	9909					
生活用燃料零售	369657	165234	64730	1950	5005		9590
其他未列明零售业	1284757	427399	457224		10360		146251
（七）交通运输、仓储和邮政业	**307136136**	**42198302**	**45736521**	**894826**	**782730**	**833496**	**31313204**
铁路运输业	55101245	4131500	2807920	6930	76511	58000	14889588
铁路旅客运输	38523687	811214	822542		38746	58000	25866
铁路货物运输	11387377	2842075	1084593	6050	21301		14756105
铁路运输辅助活动	5190181	478211	900785	880	16454		107617
客运火车站	1210712	222886	138238		3397		
货运火车站	274952	25313	18882		11059		

2-1-20　续表 25　　　　单位：万元

行　　业	新建	扩建	改建和技术改造	单纯建造生活设施	迁建	恢复	单纯购置
其他铁路运输辅助活动	3704517	230012	743665	880	1998		107617
道路运输业	176926178	25174690	36109537	680462	368283	760567	5111913
城市公共交通运输	35859372	1612464	1082397	13562	19229	19860	2205668
公共电汽车客运	2838945	313438	334951	7171	17235	3580	1786733
城市轨道交通	29647301	629431	156091				43556
出租车客运	101757	32556	56421				272738
其他城市公共交通运输	3271369	637039	534934	6391	1994	16280	102641
公路旅客运输	67132542	7210097	12094277	381337	45990	350782	557833
道路货物运输	37116975	7793780	10708015	213730	127644	196076	1995824
道路运输辅助活动	36817289	8558349	12224848	71833	175420	193849	352588
客运汽车站	1743298	199283	253662	1143	105838		212304
公路管理与养护	26463023	6473161	10215966	57599	11804	101038	76333
其他道路运输辅助活动	8610968	1885905	1755220	13091	57778	92811	63951
水上运输业	16118981	2624595	1862056	138301	56497	5226	3540122
水上旅客运输	463034	93931	32059	70414		3920	77339
海洋旅客运输	92745	28760	17700	70414			34008
内河旅客运输	294241	24248	12551			3920	16768
客运轮渡运输	76048	40923	1808				26563
水上货物运输	1997106	431260	558525	10440	4705	506	3029969
远洋货物运输	187156	11555	4879		400		1047445
沿海货物运输	941874	183711	435039				1109837
内河货物运输	868076	235994	118607	10440	4305	506	872687
水上运输辅助活动	13658841	2099404	1271472	57447	51792	800	432814
客运港口	416585	18849	7840				582
货运港口	11326037	1748003	631737	57447	6785		260671
其他水上运输辅助活动	1916219	332552	631895		45007	800	171561
航空运输业	4842523	1806017	753317		90315		6812039
航空客货运输	438206	264801	524755				6500862
航空旅客运输	369803	264801	516770				6232406
航空货物运输	68403		7985				268456
通用航空服务	340428	10690	23031				107824
航空运输辅助活动	4063889	1530526	205531		90315		203353
机场	3153494	1448128	195047		90315		144300
空中交通管理	6256	16109					
其他航空运输辅助活动	904139	66289	10484				59053
管道运输业	2656112	220940	223689	31657			22346
管道运输业	2656112	220940	223689	31657			22346
装卸搬运和运输代理业	9717808	1238427	606647		69948	6100	380881
装卸搬运	1221404	267206	140334		9100		140416
运输代理业	8496404	971221	466313		60848	6100	240465

2-1-20 续表 26

单位：万元

行业	新建	扩建	改建和技术改造	单纯建造生活设施	迁建	恢复	单纯购置
货物运输代理	6528198	750764	292743		60848	6100	215934
旅客票务代理	37302	1910	7000				
其他运输代理业	1930904	218547	166570				24531
仓储业	40892132	6810301	3234520	37476	119777	3603	485022
谷物、棉花等农产品仓储	8504476	1713921	851199		65258	2603	28907
谷物仓储	4334438	1049118	298814		62392	2603	12375
棉花仓储	384313	223869	20948				2840
其他农产品仓储	3785725	440934	531437		2866		13692
其他仓储业	32387656	5096380	2383321	37476	54519	1000	456115
邮政业	881157	191832	138835		1399		71293
邮政基本服务	251574	22147	83778		1049		14076
快递服务	629583	169685	55057		350		57217
(八)住宿和餐饮业	**47145197**	**7666091**	**6011245**	**208478**	**74696**	**40914**	**740809**
住宿业	36757324	4924424	3449950	96577	62796	40414	423722
旅游饭店	29278195	3367283	2300973	51211	29540	15486	278956
一般旅馆	3954448	939434	952999	43366	11496	24928	113571
其他住宿业	3524681	617707	195978	2000	21760		31195
餐饮业	10387873	2741667	2561295	111901	11900	500	317087
正餐服务	7861944	2226054	2006851	91451	2040	500	242760
快餐服务	497382	70673	297378	8250			39334
饮料及冷饮服务	402718	127350	122639				19000
茶馆服务	106213	48994	23300				5745
咖啡馆服务	80597	10030	39720				550
酒吧服务	139969	49616	33069				7728
其他饮料及冷饮服务	75939	18710	26550				4977
其他餐饮业	1625829	317590	134427	12200	9860		15993
小吃服务	316823	39979	17365				7650
餐饮配送服务	182074	29700	16616				
其他未列明餐饮业	1126932	247911	100446	12200	9860		8343
(九)信息传输、软件和信息技术服务业	**23194710**	**6787663**	**6707759**	**31051**	**32325**	**10200**	**4266054**
电信、广播电视和卫星传输服务	9672265	4484732	4379886	5895	7972	10200	2092318
电信	8841168	4379547	4136593	1800		9300	2012507
固定电信服务	1047436	1344102	952942				140760
移动电信服务	7222949	2850646	2901005	1800		9300	1829335
其他电信服务	570783	184799	282646				42412
广播电视传输服务	771245	101603	234503	4095	5070	900	79811
有线广播电视传输服务	576539	87443	172631	4095	2428	900	65291
无线广播电视传输服务	194706	14160	61872		2642		14520
卫星传输服务	59852	3582	8790		2902		
互联网和相关服务	2319317	522053	706548	10156	2300		539618

2-1-20 续表 27

单位：万元

行　　业	新建	扩建	改建和技术改造	单纯建造生活设施	迁建	恢复	单纯购置
互联网接入及相关服务	888181	113527	376798	4156			66052
互联网信息服务	1091533	252260	221246	6000			463115
其他互联网服务	339603	156266	108504		2300		10451
软件和信息技术服务业	11203128	1780878	1621325	15000	22053		1634118
软件开发	5050203	760081	696494	11000			859583
信息系统集成服务	1661842	97761	302159		9900		247301
信息技术咨询服务	1011456	179916	157100				84441
数据处理和存储服务	1413574	304140	167463				280826
集成电路设计	306640	87154	33443				9560
其他信息技术服务业	1759413	351826	264666	4000	12153		152407
数字内容服务	160528	25264	19016				78539
呼叫中心	296021	33520	47836	4000			7808
其他未列明信息技术服务业	1302864	293042	197814		12153		66060
(十)金融业	**9344840**	**1347972**	**1580711**	**17826**	**49537**	**5431**	**1283406**
货币金融服务	4297616	767154	957784	17826	34607	5431	927987
中央银行服务	547258	159685	54335	17690	799		37506
货币银行服务	3465590	497695	796162	136	24265	5431	781443
非货币银行服务	264523	109774	104542		9543		109038
金融租赁服务	83808				9543		90526
财务公司	26680	6375	11319				2960
典当	14229	31842	12487				4511
其他非货币银行服务	139806	71557	80736				11041
银行监管服务	20245		2745				
资本市场服务	2800318	332173	355149		1000		271345
证券市场服务	515350	9517	29022				117479
证券市场管理服务	104369		9738				100000
证券经纪交易服务	395437	4917	14334				17479
基金管理服务	15544	4600	4950				
期货市场服务	56227	2006	7332		1000		100000
期货市场管理服务	48974	2006	4450		1000		100000
其他期货市场服务	7253		2882				
证券期货监管服务	26188						
资本投资服务	1878209	267621	270689				35374
其他资本市场服务	324344	53029	48106				18492
保险业	823205	94397	161044				66404
人身保险	610885	38476	111401				1422
人寿保险	607515	38476	111401				1422
健康和意外保险	3370						
财产保险	189382	47812	22589				62613
再保险							

2-1-20 续表 28

单位：万元

行　　业	新建	扩建	改建和技术改造	单纯建造生活设施	迁建	恢复	单纯购置
养老金		3650					
保险经纪与代理服务	6045	3180	21564				
保险监管服务	5285						
其他保险活动	11608	1279	5490				2369
风险和损失评估		1279	2680				
其他未列明保险活动	11608		2810				2369
其他金融业	1423701	154248	106734		13930		17670
金融信托与管理服务	526847	33423	27833				4200
控股公司服务	189980	65096	8150				659
非金融机构支付服务	29786	850	3193				
金融信息服务	192029	22126	38953				1100
其他未列明金融业	485059	32753	28605		13930		11711
(十一)房地产业	**1177420062**	**21191964**	**17382638**	**17455312**	**1503750**	**275436**	**353265**
房地产业	1177420062	21191964	17382638	17455312	1503750	275436	353265
房地产开发经营	995601365	2740003	2592766	1034333	126325	6797	15430
物业管理	2271104	316728	1162140	94317	16276		229813
房地产中介服务	90824	23710	51751	20900			12952
自有房地产经营活动	18386856	1131952	1515698	356759	75542	35077	12527
其他房地产业	161069913	16979571	12060283	15949003	1285607	233562	82543
(十二)租赁和商务服务业	**57951253**	**8154665**	**5984505**	**386060**	**223578**	**67901**	**6767266**
租赁业	1074778	291864	303597	32518	3987		5429372
机械设备租赁	947860	261619	297469	32518	3987		5426104
汽车租赁	133271	76247	72566				284953
农业机械租赁	62830	1560	1967				12390
建筑工程机械与设备租赁	506766	115119	106197		3987		336346
计算机及通讯设备租赁	20885	650					1000
其他机械与设备租赁	224108	68043	116739	32518			4791415
文化及日用品出租	126918	30245	6128				3268
娱乐及体育设备出租	89592	27145	3313				3268
图书出租	2866						
音像制品出租							
其他文化及日用品出租	34460	3100	2815				
商务服务业	56876475	7862801	5680908	353542	219591	67901	1337894
企业管理服务	23443347	2546226	1710532	182327	125376	18381	481427
企业总部管理	7483685	555588	481282	11656	42180	3829	204760
投资与资产管理	12696783	1325561	926264	107750	79565	6000	222455
单位后勤管理服务	499205	202232	47146	27099		590	13486
其他企业管理服务	2763674	462845	255840	35822	3631	7962	40726
法律服务	64161	30160	11179				6147
律师及相关法律服务	40957	30160	10190				6147

2-1-20　续表 29　　单位：万元

行　　业	新建	扩建	改建和技术改造	单纯建造生活设施	迁建	恢复	单纯购置
公证服务			189				
其他法律服务	23204		800				
咨询与调查	1051523	288210	414872	7239			117077
会计、审计及税务服务	42266	38512	45854				877
市场调查	7130	5853					
社会经济咨询	268418	61245	118113				23438
其他专业咨询	733709	182600	250905	7239			92762
广告业	986000	259772	535983				247513
知识产权服务	236043	17731	8737				1596
人力资源服务	721276	118484	96101	4700	41634		37551
公共就业服务	278227	15086	15260		4710		900
职业中介服务	50178	12135	16642		4539		5130
劳务派遣服务	98877	67216	45883	4700			23984
其他人力资源服务	293994	24047	18316		32385		7537
旅行社及相关服务	5719246	754503	516748				70260
旅行社服务	361202	102124	75199				28127
旅游管理服务	4936116	611679	395074				29681
其他旅行社相关服务	421928	40700	46475				12452
安全保护服务	340284	49763	75676	1200			59133
安全服务	172358	20377	22334				18851
安全系统监控服务	106330	20112	37038	1200			29611
其他安全保护服务	61596	9274	16304				10671
其他商务服务业	24314595	3797952	2311080	158076	52581	49520	317190
市场管理	8644331	1299808	898219	109694	34053	49000	131908
会议及展览服务	5227637	1420127	162530	1988	4200		24818
包装服务	188811	62890	103661				28782
办公服务	1457672	121245	129241	519	428		1086
信用服务	44748	4176	12160				2967
担保服务	240339	18754	30362		1900		1237
其他未列明商务服务业	8511057	870952	974907	45875	12000	520	126392
(十三)科学研究和技术服务业	**27282989**	**4720339**	**5899594**	**85933**	**186894**	**40156**	**3975055**
研究和试验发展	9726441	1376019	1271467	43104	52350	5985	894545
自然科学研究和试验发展	1043581	70981	131040				145147
工程和技术研究和试验发展	6263782	987998	721999	1600	28776	5985	590606
农业科学研究和试验发展	1436781	158527	270015		4172		52118
医学研究和试验发展	843810	153551	114483		7852		103678
社会人文科学研究	138487	4962	33930	41504	11550		2996
专业技术服务业	9125285	1972524	2257079	9927	118577	29401	2149506

2-1-20 续表 30

单位：万元

行　业	新建	扩建	改建和技术改造	单纯建造生活设施	迁建	恢复	单纯购置
气象服务	274493	55439	57466		13727		24377
地震服务	36369	7319	16008				67389
海洋服务	193149	59862	43222			6146	41246
测绘服务	99913	49878	48964	1106			75527
质检技术服务	1469078	197951	236721		70332	12102	614373
环境与生态监测	357207	100189	112044	1051	1827	650	103504
环境保护监测	309029	98709	106154	1051	1827	650	83389
生态监测	48178	1480	5890				20115
地质勘查	1301256	369978	197755		16759		315377
能源矿产地质勘查	525818	118939	31190				61796
固体矿产地质勘查	604674	166893	129168				37587
水、二氧化碳等矿产地质勘查	15449	3667	4970				
基础地质勘查	87318	59214	10612		1991		78918
地质勘查技术服务	67997	21265	21815		14768		137076
工程技术	3074289	413303	1011764	5000	1800	10503	399067
工程管理服务	1193363	86854	206977	500		5628	89618
工程勘察设计	626079	160337	236226	4500		4875	300287
规划管理	1254847	166112	568561		1800		9162
其他专业技术服务业	2319531	718605	533135	2770	14132		508646
专业化设计服务	846949	139195	195129		10444		84238
摄影扩印服务	61136	24609	48437				64354
兽医服务	21982	9200	16985	650			
其他未列明专业技术服务业	1389464	545601	272584	2120	3688		360054
科技推广和应用服务业	8431263	1371796	2371048	32902	15967	4770	931004
技术推广服务	5307405	774841	1791640	3574	8705	4770	727663
农业技术推广服务	2446087	339784	399961	3574		4770	75303
生物技术推广服务	541461	77125	259368		3825		136523
新材料技术推广服务	622141	102353	236493				163290
节能技术推广服务	645417	118119	700373				175472
其他技术推广服务	1052299	137460	195445		4880		177075
科技中介服务	1237756	373614	250700				26662
其他科技推广和应用服务业	1886102	223341	328708	29328	7262		176679
(十四)水利、环境和公共设施管理业	**340662347**	**60185740**	**55876321**	**2959589**	**581961**	**1187717**	**790610**
水利管理业	39381312	9341402	10152651	532725	47917	377106	68167
防洪除涝设施管理	19293112	4676769	6092346	99524	15001	230329	23425
水资源管理	5605337	1009157	1035192	340535	25310	88669	11568
天然水收集与分配	7521684	1859062	1163062	13366	1167	9942	4051
水文服务	130818	57267	20340				10783

2-1-20　续表 31

单位：万元

行　　业	新建	扩建	改建和技术改造	单纯建造生活设施	迁建	恢复	单纯购置
其他水利管理业	6830361	1739147	1841711	79300	6439	48166	18340
生态保护和环境治理业	11985887	2244410	3448994	32672	12315	234066	118766
生态保护	3746680	681207	328380			33399	7603
自然保护区管理	1301507	353721	68762			18752	
野生动物保护	530642	94922	30832				786
野生植物保护	220246	13853	31908				6280
其他自然保护	1694285	218711	196878			14647	537
环境治理业	8239207	1563203	3120614	32672	12315	200667	111163
水污染治理	4505822	909799	1559767	19069	3202	65874	38084
大气污染治理	595457	78360	441121	8726			33815
固体废物治理	1503859	291643	263864	3830	5627	10903	8000
危险废物治理	208943	28612	63382		3486		23117
放射性废物治理	6500		15348				
其他污染治理	1418626	254789	777132	1047		123890	8147
公共设施管理业	289295148	48599928	42274676	2394192	521729	576545	603677
市政设施管理	209654531	35282306	30787079	1548610	436745	268019	206556
环境卫生管理	4401211	751842	1130789	85758	7279	51067	132623
城乡市容管理	10200517	2160349	2934850	388358	4505	58568	32389
绿化管理	12633510	2227124	2306806	230384	45060	1400	157935
公园和游览景区管理	52405379	8178307	5115152	141082	28140	197491	74174
公园管理	14580516	2165741	1837815	50888	3817	26579	24572
游览景区管理	37824863	6012566	3277337	90194	24323	170912	49602
（十五）居民服务、修理和其他服务业	**15988284**	**2662326**	**3240614**	**164659**	**139931**	**48687**	**511359**
居民服务业	9854421	1567519	1761549	122424	79552	48687	103420
家庭服务	346847	112328	28913	45091	4200		1149
托儿所服务	117765	26965	215745	990			1203
洗染服务	40460	12667	24891			50	15510
理发及美容服务	77176	43814	79037	15795			7529
洗浴服务	823828	487286	213530	16790			11910
保健服务	260062	26736	71745				5432
婚姻服务	88963	12288	33482	2998			2543
殡葬服务	1216781	279039	87228	11732	38641		10543
其他居民服务业	6882539	566396	1006978	29028	36711	48637	47601
机动车、电子产品和日用产品修理业	3152202	703806	794126	36435	38579		344595
汽车、摩托车修理与维护	2877586	611226	650708		38579		287346
汽车修理与维护	2875946	589057	650708		38579		287346
摩托车修理与维护	1640	22169					
计算机和办公设备维修	248263	54311	70537	36435			17554

2-1-20 续表 32

单位：万元

行　　业	新建	扩建	改建和技术改造	单纯建造生活设施	迁建	恢复	单纯购置
计算机和辅助设备修理	100779	31718	23998				
通讯设备修理	64629	4673	23390	36435			
其他办公设备维修	82855	17920	23149				17554
家用电器修理	7534	20928	28886				9340
家用电子产品修理	1512	14848	10354				9340
日用电器修理	6022	6080	18532				
其他日用产品修理业	18819	17341	43995				30355
自行车修理	2433		850				
鞋和皮革修理		6050					572
家具和相关物品修理		745	16133				
其他未列明日用产品修理业	16386	10546	27012				29783
其他服务业	2981661	391001	684939	5800	21800		63344
清洁服务	166166	73500	108729		21800		47015
建筑物清洁服务	22404	20158	45070				2800
其他清洁服务	143762	53342	63659		21800		44215
其他未列明服务业	2815495	317501	576210	5800			16329
（十六）教育	**47217293**	**11090858**	**4586796**	**287381**	**2332705**	**38501**	**1502690**
教育	47217293	11090858	4586796	287381	2332705	38501	1502690
学前教育	3721555	681867	450835	30777	42270	2000	30013
初等教育	8394181	2465513	1229964	71343	376638	8764	151982
普通小学教育	8258679	2439263	1210724	71343	376106	8764	150087
成人小学教育	135502	26250	19240		532		1895
中等教育	16126556	3992808	1702396	94929	1058911	18514	306338
普通初中教育	7564426	2186556	1026480	45018	298284	11418	171160
职业初中教育	431854	49446	14869		27400		
成人初中教育	90445	21335	13685				6900
普通高中教育	4759463	1042067	339607	24702	393822	2985	84568
成人高中教育	72874	20543	1634		10420		
中等职业学校教育	3207494	672861	306121	25209	328985	4111	43710
高等教育	12078537	2687703	448682	64259	569781	9223	715243
普通高等教育	11132938	2474160	408231	64259	441274	9223	692670
成人高等教育	945599	213543	40451		128507		22573
特殊教育	262460	53609	36316		46050		3648
技能培训、教育辅助及其他教育	6634004	1209358	718603	26073	239055		295466
职业技能培训	4317773	786405	372669	12127	121386		182382
体校及体育培训	256387	54519	21990		40232		6717
文化艺术培训	276611	68864	71062	12946	5890		13143
教育辅助服务	283763	86187	88517	1000	18150		57900

2-1-20　续表 33　　　　单位：万元

行　　业	新建	扩建	改建和技术改造	单纯建造生活设施	迁建	恢复	单纯购置
其他未列明教育	1499470	213383	164365		53347		35324
(十七)卫生和社会工作	**24157910**	**6430048**	**3511860**	**146090**	**1967301**	**35720**	**3661461**
卫生	17738909	5638921	2957365	112197	1900745	35270	3599718
医院	14345606	4611105	2174522	96211	1633566	30627	3163625
综合医院	10807953	3293144	1314836	73918	993930	690	2425671
中医医院	1137014	376646	196683	17883	379236		130579
中西医结合医院	323821	170931	79618		41189		73296
民族医院	56698	13985	3486				4950
专科医院	1383233	578699	539100	2450	204597	4950	496297
疗养院	636887	177700	40799	1960	14614	24987	32832
社区医疗与卫生院	1855640	694452	489994	15986	139494	4643	127619
社区卫生服务中心(站)	476286	101308	200484		52722		46472
街道卫生院	127847	69273	41473	455	26336		14352
乡镇卫生院	1251507	523871	248037	15531	60436	4643	66795
门诊部(所)	101850	59870	63764		520		46798
计划生育技术服务活动	188770	6865	18970		5007		15310
妇幼保健院(所、站)	534163	146941	70294		72909		96610
专科疾病防治院(所、站)	64036	31588	13074		13039		9792
疾病预防控制中心	175142	32445	51717		22704		75664
其他卫生活动	473702	55655	75030		13506		64300
社会工作	6419001	791127	554495	33893	66556	450	61743
提供住宿社会工作	5892786	737219	520017	33893	63973		29362
干部休养所	113331	21434	21637		5974		
护理机构服务	663286	84330	70019	13425	65		12026
精神康复服务	48491	16272	15293		1900		
老年人、残疾人养护服务	4575410	574096	318126	12157	24941		16816
孤残儿童收养和庇护服务	123002	15424	505		4918		520
其他提供住宿社会救助	369266	25663	94437	8311	26175		
不提供住宿社会工作	526215	53908	34478		2583	450	32381
社会看护与帮助服务	260088	34043	26558		1700	450	32381
其他不提供住宿社会工作	266127	19865	7920		883		
(十八)文化、体育和娱乐业	**48761439**	**6529963**	**5049184**	**218913**	**173422**	**234991**	**772695**
新闻和出版业	832702	97035	65125				28686
新闻业	223708	59256					
出版业	608994	37779	65125				28686
图书出版	208557	14169	13181				15715
报纸出版	262035	13732	40414				4879
期刊出版	8171	3284	4561				4959

2-1-20 续表 34

单位：万元

行业	新建	扩建	改建和技术改造	单纯建造生活设施	迁建	恢复	单纯购置
音像制品出版	11873						
电子出版物出版	44663	2974					
其他出版业	73695	3620	6969				3133
广播、电视、电影和影视录音制作业	4308972	311088	633845	49210	13754		333451
广播	111765	69443	24711		7701		9287
电视	572461	46992	292073		4553		154153
电影和影视节目制作	2423143	54864	48450				56318
电影和影视节目发行	332634	6189	18453				45125
电影放映	863969	132918	234502	49210	1500		54122
录音制作	5000	682	15656				14446
文化艺术业	20401403	3437459	2556392	106856	128717	226246	195567
文艺创作与表演	892942	92847	56207	708		25803	24522
艺术表演场馆	1987643	201734	161613			140	24938
图书馆与档案馆	1060235	112823	86858	24150	15058		27236
图书馆	714122	96421	68348	24150	1097		27236
档案馆	346113	16402	18510		13961		
文物及非物质文化遗产保护	3408406	1190555	1003005	699	58415	189304	4780
博物馆	2917001	489252	183011		31505	4480	45203
烈士陵园、纪念馆	454345	171320	88992	210	6095	344	760
群众文化活动	4744409	615519	504502	56689	17644	5151	41101
其他文化艺术业	4936422	563409	472204	24400		1024	27027
体育	8668985	1141497	514693	28157	19953	7464	35410
体育组织	174949	3589					2550
体育场馆	4159930	526561	202093	9139	9382	5100	14862
休闲健身活动	3831723	562669	285619	19018	10571	2364	13695
其他体育	502383	48678	26981				4303
娱乐业	14549377	1542884	1279129	34690	10998	1281	179581
室内娱乐活动	1932074	358303	656411	22690			113616
歌舞厅娱乐活动	713893	191690	343694	8180			57024
电子游艺厅娱乐活动	26600	3058	40229				4445
网吧活动	53399	45860	140768	3210			32529
其他室内娱乐活动	1138182	117695	131720	11300			19618
游乐园	7454889	450583	239881				27446
彩票活动	24398	17477					3481
文化、娱乐、体育经纪代理	13640	43511	22376				28229
文化娱乐经纪人	8710		11740				14993
体育经纪人	2500						
其他文化艺术经纪代理	2430	43511	10636				13236

2-1-20 续表 35

单位：万元

行业	新建	扩建	改建和技术改造	单纯建造生活设施	迁建	恢复	单纯购置
其他娱乐业	5124376	673010	360461	12000	10998	1281	6809
（十九）公共管理、社会保障和社会组织	**52664817**	**9237106**	**6872070**	**915127**	**859925**	**181511**	**1255069**
中国共产党机关	158745	33868	64573	2664	7280		
中国共产党机关	158745	33868	64573	2664	7280		
国家机构	39370475	6078301	4708458	439720	595831	131032	1145389
国家权力机构	495652	159243	48233	17949	24430	4660	10410
国家行政机构	37110924	5731813	4367278	414263	457321	126372	1098943
综合事务管理机构	12066010	1862815	1423963	300973	102735	82546	190170
对外事务管理机构	149184	11193	9656				4955
公共安全管理机构	11572452	791756	310494	9493	292167	5300	347249
社会事务管理机构	5444350	1635571	999457	66663	32585	11720	257339
经济事务管理机构	7051211	1280671	1293387	31439	15208	25482	170104
行政监督检查机构	827717	149807	330321	5695	14626	1324	129126
人民法院和人民检察院	841388	122841	39571	5391	39390		32407
人民法院	559776	87754	18991	3200	31543		23736
人民检察院	281612	35087	20580	2191	7847		8671
其他国家机构	922511	64404	253376	2117	74690		3629
人民政协、民主党派	80716	20584	27430		550		
人民政协	40080	8045	2140		550		
民主党派	40636	12539	25290				
社会保障	1876365	373656	255200	6512	2829	426	
社会保障	1876365	373656	255200	6512	2829	426	
群众团体、社会团体和其他成员组织	3580444	1331248	492037	46679	52609	35827	92968
群众团体	140137	10723	4123	9000	6700	2980	9437
工会	61165	210	600		1500		
妇联	10745	3671	2849				
共青团	6450						2937
其他群众团体	61777	6842	674	9000	5200	2980	6500
社会团体	2186919	397978	347630	37172	6043		77781
专业性团体	1530960	293334	218524	37172	5607		41362
行业性团体	533550	8854	120106				3310
其他社会团体	122409	95790	9000		436		33109
基金会	7660						
宗教组织	1245728	922547	140284	507	39866	32847	5750
基层群众自治组织	7598072	1399449	1324372	419552	200826	14226	16712
社区自治组织	2774479	386875	395001	132193	107755		500
村民自治组织	4823593	1012574	929371	287359	93071	14226	16212

2-1-21 各地区按隶属关系分新增固定资产

单位：万元

地　区	合计	中央项目	地方项目				
				省属	地市属	县属	其他
全国总计	**3333389932**	**168471921**	**3164918011**	**120072741**	**254042191**	**596186041**	**2194617038**
北　京	36800822	5644402	31156420	7842498	8922737		14391185
天　津	68225764	5230831	62994933	4033758	13516015	3984228	41460932
河　北	190292241	5561323	184730918	5554998	10237793	28407686	140530441
山　西	88257466	6007758	82249708	10403425	6481215	20337375	45027693
内蒙古	127637574	4954105	122683469	5602543	16622195	49515482	50943249
辽　宁	172340734	8103439	164237295	2297404	14341369	18250310	129348212
吉　林	96022989	5560954	90462035	2134229	7782009	16113089	64432708
黑龙江	71620936	4372972	67247964	2731954	8384768	18586825	37544417
上　海	27575640	2802579	24773061	5270188	3698033	371203	15433637
江　苏	319526631	4799176	314727455	3864243	20824065	23542873	266496274
浙　江	140880871	1776735	139104136	2143164	7665831	22434679	106860462
安　徽	139639510	2471976	137167534	4123648	12235280	19927167	100881439
福　建	109771749	2581085	107190664	4047762	7451136	18374240	77317526
江　西	96941726	1031747	95909979	2331597	4503020	20232164	68843198
山　东	282615380	6868719	275746661	3772618	10087938	26840416	235045689
河　南	196734545	1849836	194884709	3166357	11104544	29856282	150757526
湖　北	133848136	4393842	129454294	2170496	5464920	17372364	104446514
湖　南	138068914	1975701	136093213	2802161	8449666	33147457	91693929
广　东	177061385	13271145	163790240	4376819	17304768	25802553	116306100
广　西	83140181	1212699	81927482	1942660	4532470	14562386	60889966
海　南	13271480	653963	12617517	1961525	3055419	2647482	4953091
重　庆	75461757	3014836	72446921	5040391	11171069	12507209	43728252
四　川	152052346	10758357	141293989	4586971	11934491	46115647	78656880
贵　州	44034516	1726191	42308325	4346310	3307366	14976189	19678460
云　南	62200597	7067048	55133549	5452325	3064706	20324823	26291695
西　藏	7304493	2018542	5285951	602240	1126825	1741277	1815609
陕　西	103626241	2920176	100706065	5809602	10444582	38794734	45657147
甘　肃	53177884	2164285	51013599	3326907	3020093	23913258	20753341
青　海	13433195	946404	12486791	675584	1920359	5166674	4724174
宁　夏	21730690	1591395	20139295	2864220	1270506	3747821	12256748
新　疆	57599118	12645279	44953839	4794144	4117003	18592148	17450544
不分地区	32494421	32494421					

2-1-22　各地区按建设性质分新增固定资产

单位：万元

地　　区	新建	扩建	改建和技术改造	单纯建造生活设施	迁建	恢复	单纯购置
全国总计	**2119640095**	**475749194**	**584664832**	**22405358**	**29131904**	**4092246**	**97706303**
北　　京	25375872	4239785	2549784	1337528	201300	133562	2962991
天　　津	46594757	6399220	6751211	46398	52488	17571	8364119
河　　北	106800401	33859566	38836046	1097807	6745928	438415	2514078
山　　西	57224000	14441318	10631955	5257764	196368	66166	439895
内 蒙 古	87569414	14683549	21761938	355432	204313	142153	2920775
辽　　宁	136372302	19904587	10688607	58246	287587	70476	4958929
吉　　林	41174306	16222405	32411847	38414	2680574	97746	3397697
黑 龙 江	39624702	10634373	15787164	501730	225427	44132	4803408
上　　海	22065565	1696770	2109662	17600	121946		1564097
江　　苏	184215352	71811499	47752947	1185848	2279980	58800	12222205
浙　　江	79060529	31809186	21683475	680808	3292187	60598	4294088
安　　徽	90802519	23089357	23184885	306295	674723	60510	1521221
福　　建	57748909	26613037	18272395	198963	1314939	112386	5511120
江　　西	66925309	10250013	16035581	1157847	468387	6442	2098147
山　　东	122860178	56333321	93770647	3023353	2390267	230109	4007505
河　　南	167501398	14538861	11112912	473977	675119	201403	2230875
湖　　北	93856418	13012241	24277401	97669	730933	344621	1528853
湖　　南	67728733	12097398	57239915	189839	419238	226585	167206
广　　东	120264027	22569923	25754876	158235	745698	190250	7378376
广　　西	40066196	10868446	28724145	215686	343603	93312	2828793
海　　南	12488363	447873	272377	36572	4826	3075	18394
重　　庆	59285226	6121615	8086645	218453	1477668	82456	189694
四　　川	101469840	12179211	34477696	590438	1310816	595640	1428705
贵　　州	38121454	2634638	2458316	42874	771600	5634	
云　　南	41270687	10796004	7868412	355326	533229	156214	1220725
西　　藏	6094417	282263	292852	426569	8153	18676	181563
陕　　西	82768126	7662080	8228443	862070	673937	172713	3258872
甘　　肃	46039576	3705822	2224091	682814	103039	202576	219966
青　　海	10671294	1014178	1291910	101170	74032	193176	87435
宁　　夏	17352205	1250420	3011407	5018	35873	2785	72982
新　　疆	35785592	12932073	5368447	2684615	87726	64064	676601
不分地区	14462428	1648162	1746843				14636988

2-1-23 各地区按行业门类分新增固定资产

单位：万元

地　区	合　计	农、林、牧、渔业	采矿业	制造业	电力、热力、燃气及水的生产和供应业
全国总计	**3333389932**	**118920027**	**103418150**	**1249920193**	**160327264**
北　京	36800822	797196	136157	4765355	2444964
天　津	68225764	2165193	3402368	18544721	1259122
河　北	190292241	9232912	5936544	91109432	6999186
山　西	88257466	8097872	10902220	19017210	6798740
内蒙古	127637574	9408965	9876645	34447535	13553057
辽　宁	172340734	4647370	4662319	70509997	7136736
吉　林	96022989	3995115	4020331	46718278	5013803
黑龙江	71620936	5632218	4409298	19851455	2990039
上　海	27575640	70745	473743	4461452	906215
江　苏	319526631	2284468	848551	163163966	9242599
浙　江	140880871	2132657	401280	53015766	7183971
安　徽	139639510	4284091	2269025	60216332	3679604
福　建	109771749	3812050	2132823	42773310	5736787
江　西	96941726	2943527	2388058	50159564	2978787
山　东	282615380	7256701	5435138	132936956	7768149
河　南	196734545	9536972	4128559	97954481	4168699
湖　北	133848136	4058527	2552614	63483875	4326801
湖　南	138068914	5273254	5640406	55317180	4776753
广　东	177061385	2708186	1212799	57897025	8099688
广　西	83140181	4173760	2660549	34419733	3612459
海　南	13271480	99831	95149	904963	282189
重　庆	75461757	3455756	1931627	22187000	3540595
四　川	152052346	4369945	3223319	38504324	11112064
贵　州	44034516	507947	1896126	7224194	2536875
云　南	62200597	3418515	2266310	10636576	7410227
西　藏	7304493	360797	541806	518670	1476856
陕　西	103626241	7095800	7603129	20998394	3670872
甘　肃	53177884	3214561	2516748	8880540	7474920
青　海	13433195	1039909	162828	1834671	2360109
宁　夏	21730690	1007998	1503919	5802063	3044704
新　疆	57599118	1837189	6220899	11665175	8042735
不分地区	32494421		1966863		698959

2-1-23 续表 1

单位：万元

地 区	建筑业	批发和零售业	交通运输、仓储和邮政业	住宿和餐饮业	信息传输、软件和信息技术服务业
全国总计	**[illegible]**	**116951959**	**250886783**	**48286642**	**30448578**
北 京	[illegible]	163526	2758768	586920	1359776
天 津	[illegible]	2874089	3450222	494025	906003
河 北	[illegible]	7455453	16558535	1827537	1157907
山 西	[illegible]	1914141	7688913	454721	507369
内蒙古	[illegible]	5923583	11376559	1426219	1943330
辽 宁	[illegible]	8454415	12493077	3304060	1510192
吉 林	[illegible]	4565355	4196737	964631	837117
黑龙江	[illegible]	4087159	3749190	1842694	831189
上 海	[illegible]	270275	2471940	11304	578065
江 苏	[illegible]	8401628	17714882	3620856	4759686
浙 江	[illegible]	2780573	8987485	1782299	864270
安 徽	[illegible]	6466022	5789594	1842631	1096378
福 建	[illegible]	2830984	8790231	1888756	951015
江 西	[illegible]	4688110	3760768	1886014	468739
山 东	[illegible]	14869390	14461615	2692768	1068734
河 南	[illegible]	5346968	8570794	2091512	586343
湖 北	[illegible]	3997507	11470730	2123458	475997
湖 南	[illegible]	5407934	6426941	2007257	777536
广 东	[illegible]	7346163	12535908	4470863	4135368
广 西	[illegible]	3568672	5549363	1578565	1121458
海 南	[illegible]	31599	428290	575395	156633
重 庆	[illegible]	1759772	6020357	1183520	189311
四 川	[illegible]	3602774	20198695	3061929	690380
贵 州		552063	4868745	542630	79717
云 南	[illegible]	1723045	6092841	1558241	752124
西 藏		77560	809248	421535	52752
陕 西	[illegible]	4590033	5167887	2731212	989755
甘 肃	[illegible]	2071100	4834887	729372	405588
青 海	[illegible]	115080	1278956	105927	86714
宁 夏	[illegible]	380355	1313576	61627	180454
新 疆	[illegible]	636631	3796287	418164	928678
不分地区			27274762		

2-1-23 续表 2

单位：万元

地 区	金融业	房地产业	租赁和商务服务业	科学研究和技术服务业	水利、环境和公共设施管理业
全国总计	**8653160**	**618745578**	**52070762**	**30726393**	**323901633**
北 京	238285	17018506	588258	378615	2773099
天 津	523573	14580151	8842909	1335961	5554066
河 北	203623	25390153	2304938	1703364	12843113
山 西	25302	18086883	646247	320493	9938699
内蒙古	379856	11484470	1118347	1329955	16412228
辽 宁	642717	27145485	4133268	2161256	16579941
吉 林	512703	7014007	823726	1101955	9946593
黑龙江	298830	11540268	1191339	828241	6639669
上 海	95697	15845703	181039	263588	1328868
江 苏	1258803	55460669	5762346	4540307	27802118
浙 江	315246	40618059	2344918	667535	12708479
安 徽	741912	26851303	2473781	1454070	13688578
福 建	225213	18118556	1134758	388712	12423040
江 西	230829	11203732	1208961	391359	9221190
山 东	614907	43002401	4068502	5283913	15891916
河 南	109264	37072652	1328042	793174	15897044
湖 北	457637	19276246	2367474	510562	10081862
湖 南	564933	18630094	2944786	1636074	17096412
广 东	240396	47926578	1526720	1248695	17987072
广 西	318492	8526913	1708336	518975	8459000
海 南	59486	8489139	219424	30283	743462
重 庆	26495	20156597	709723	261738	10970183
四 川	183595	38168114	1121527	404236	18906381
贵 州	50000	11761346	207935	50140	11749782
云 南	53047	14060821	280423	372697	8583445
西 藏	48488	1042069	147454	51910	460572
陕 西	66296	24725553	1282953	1903361	14448137
甘 肃	142785	5837772	626403	573833	3696618
青 海	4450	2483122	343886	43083	1733438
宁 夏		4851118	181627	28797	2150840
新 疆	20300	12377098	250712	94511	7185788
不分地区					

2-1-23 续表 3

单位：万元

地 区	居民服务、修理和其他服务业	教育	卫生、和社会工作	文化、体育和娱乐业	公共管理社会保障和社会组织
全国总计	**1929375[illegible]**	**50957112**	**28146457**	**38064737**	**53517760**
北 京	4530[illegible]	914970	872921	404166	521400
天 津	111877[illegible]	692079	498321	600281	586278
河 北	47838[illegible]	2249249	1532525	1881773	1397238
山 西	27230[illegible]	1254377	454197	1370028	446737
内蒙古	72596[illegible]	1510967	831825	1476582	3024056
辽 宁	178163[illegible]	2023162	1036298	1898740	1192347
吉 林	6899[illegible]	1097073	801160	717607	1198649
黑龙江	5214[illegible]	1096388	1337486	646542	1841781
上 海	158[illegible]	356837	139023	81261	16015
江 苏	13615[illegible]	4215468	1667335	3775728	3171824
浙 江	3082[illegible]	1951808	1170813	1554932	1803020
安 徽	7601[illegible]8	1757670	1181700	1475229	2647812
福 建	4775[illegible]2	1369079	794918	1841055	2665116
江 西	4240[illegible]7	1220227	631881	1012044	1733120
山 东	28856[illegible]7	3950532	2288877	4924612	7095861
河 南	23728[illegible]2	2570800	1445221	2206524	526143
湖 北	1205[illegible]3	1614245	1350009	1502405	2502479
湖 南	6210[illegible]7	2455664	1639766	1543177	3941820
广 东	470[illegible]6	3913824	1740461	2190081	1054269
广 西	580[illegible]5	2108033	1068973	936424	1723704
海 南	13[illegible]3	160640	29765	190251	112556
重 庆	207[illegible]03	1230081	583506	322644	705279
四 川	343[illegible]98	3223390	1635641	1293958	1917935
贵 州	71[illegible]0	1044055	168116	475087	248758
云 南	362[illegible]11	2106440	556380	900937	1062137
西 藏	61[illegible]14	289894	72367	81753	788948
陕 西	435[illegible]16	1783418	1498638	1264029	2357545
甘 肃	39[illegible]71	886816	584763	835782	2157546
青 海	101[illegible]88	532652	83438	100990	716426
宁 夏	6[illegible]33	303200	181326	167072	373267
新 疆	1[illegible]43	1074074	268807	393043	1433857
不分地区					2553837

2-1-24 各地区按工业行业大类分新增固定资产

单位：万元

地　区	工业合计	煤炭开采和洗选业	石油和天然气开采业	黑色金属矿采选业	有色金属矿采选业	非金属矿采选业	开采辅助活动
全国总计	**1513665607**	**31839996**	**23135537**	**13223903**	**12535215**	**17662436**	**4465599**
北　京	7346476	21485		114672			
天　津	23206211		3264529	14940	3800	11684	95656
河　北	104045162	1291405	434289	2850399	368020	842231	150200
山　西	36718170	8718068	452263	722472	225024	328053	441340
内蒙古	57877237	3872679	579750	2000048	1856920	1136533	423215
辽　宁	82309052	498645	406757	1832405	448881	1277000	168576
吉　林	55752412	431964	1716196	322225	706801	702758	134087
黑龙江	27250792	649927	3035800	103997	41620	352340	225314
上　海	5841410						473743
江　苏	173255116	109900	202867	112295	146890	247877	21592
浙　江	60601017	3424		4007	43003	345867	4029
安　徽	66164961	343498	31100	795042	384834	665924	23566
福　建	50642920	571317	56500	273861	360150	855898	10180
江　西	55526409	360595		311330	268736	1356821	39143
山　东	146140243	523972	2870035	408637	493915	1042730	62336
河　南	106251739	1176905	486372	77069	1664818	627471	95924
湖　北	70363290	364798	5055	430713	126648	1490926	74518
湖　南	65734339	2279128		442340	1106019	1674001	93181
广　东	67209512	6000	306370	124238	89601	588717	84522
广　西	40692741	75179	21778	443347	631215	1321322	37512
海　南	1282301	20000	9905	3600	1	14041	47602
重　庆	27659222	599194	660499	87084	27400	348233	209217
四　川	52839707	1439226	68391	526058	247129	854673	27623
贵　州	11657195	1126933		4459	264012	420182	69782
云　南	20313113	771146		253222	876798	365144	
西　藏	2537332	700		5500	502586	11796	585
陕　西	32272395	2504027	3209429	149038	682856	284823	769356
甘　肃	18872208	427834	787520	268208	470728	282383	262985
青　海	4357608	53053	10000	24470	40944	17947	16414
宁　夏	10350686	1365146	41207			36181	61385
新　疆	25928809	2233848	2512062	518227	455866	158880	342016
不分地区	2665822		1966863				

2-1-24　续表 1

单位：万元

地　区	其他采矿业	农副食品加工业	食品制造业	酒、饮料和精制茶制造业	烟草制品业	纺织业	纺织服装、服饰业
全国总计	**555464**	**[illegible]7927158**	**32879780**	**29276468**	**1991405**	**43024765**	**29249760**
北　京		25011	79697	10984		2609	8630
天　津	11759	599406	466714	167169		218609	356708
河　北		4294721	2013002	1967882		3956307	1012912
山　西	15000	1487000	404052	338932	5710	77550	42240
内蒙古	7500	3344045	1173370	533024	39341	329792	147490
辽　宁	30055	5995115	1640554	1292372	36232	734144	1096807
吉　林	6300	5214972	2017330	1787221	28758	301592	452220
黑龙江	300	4984722	514861	1014597	41204	133879	19601
上　海		42263	93926	54883	11751	22949	28651
江　苏	7130	4001054	1866962	1383922	106802	8897524	3960335
浙　江	950	973275	528435	291600	38464	4394420	1365628
安　徽	25061	3514732	1477462	912949	157441	1462166	2404314
福　建	4917	2636230	1416926	2193391	43789	2293507	1576165
江　西	51433	2671209	1129018	912104	31100	1465045	2946561
山　东	33513	8952328	3180023	1473859	40475	5217401	2892992
河　南		6482367	3943522	2848305	116150	3945507	3782019
湖　北	59956	5205827	2248455	2321506	105083	3019600	1571214
湖　南	45737	4328096	2157011	1481772	217499	965845	1002425
广　东	13351	1579926	1466422	920659	33862	2241045	2894612
广　西	130196	2420122	997505	1151589	23603	672677	641249
海　南		5910	1845	14736	39801		
重　庆		995702	465477	216969	25840	240760	145531
四　川	60219	2438469	1243635	2728037	40318	847084	463402
贵　州	10758	497664	65000	673439		97683	119093
云　南		1265151	286142	811263	668525	15667	7807
西　藏	20639	19036	39231	79348		982	
陕　西	3600	1404461	930508	1048767	78819	551907	92391
甘　肃	17090	1356734	347646	301460	60838	80757	54877
青　海		110147	56388	13366		7700	13700
宁　夏		248963	293102	72975		391941	88654
新　疆		832500	335559	257388		438116	61532
不分地区							

2-1-24 续表 2

单位：万元

地　区	皮革、毛皮、羽毛及其制品和制鞋业	木材加工及木竹藤棕、草制品业	家具制造业	造纸及纸制品业	印刷业和记录媒介复制业	文教、工美、体育和娱乐用品制造业	石油加工炼焦及核燃料加工业
全国总计	**15305823**	**28688188**	**18701524**	**21958297**	**12180308**	**14317879**	**23970508**
北　京			14237	9494	19291	4187	15708
天　津	39275	149670	453543	356757	99348	387220	277056
河　北	1998010	1362861	1993257	1593268	649583	1047172	2887662
山　西	4235	207394	78497	347415	74933	54161	1145594
内蒙古	127405	304466	218458	831422	123950	66707	1327573
辽　宁	361433	1653463	963454	733863	347760	493619	3911537
吉　林	83970	1891535	594979	889782	453431	311784	185499
黑龙江	403910	1697318	346325	382277	265700	111206	249841
上　海	8327	6728	12377	14444	80486	3105	37626
江　苏	943366	2674790	1680805	1919902	1208473	1707637	642147
浙　江	953306	404483	764951	1456383	575677	1044625	240492
安　徽	686517	1524147	865270	867315	815130	750894	195145
福　建	1654243	2299934	930186	1338158	311431	1133992	1759953
江　西	1385509	1155812	758675	821272	626349	532371	167118
山　东	1059630	2349952	1461298	2082203	1568177	1875833	3186542
河　南	1783942	1549803	1668607	1806503	614978	678821	533779
湖　北	519926	936533	1059148	1283186	936746	573140	295144
湖　南	1038341	1628180	883918	990987	790705	648496	139778
广　东	1119870	1012783	1467870	1136108	1086987	1788932	2797544
广　西	433442	3911059	798811	801202	465149	526339	104195
海　南				13400			108359
重　庆	87850	401845	473157	236191	172172	123735	60040
四　川	375724	707276	698144	1056003	568660	100947	315504
贵　州	151656	181792	62100	164128	2000	21500	
云　南	10200	290881	108321	101796	34012	46472	84029
西　藏	1776	3340	5670		3520	10051	11500
陕　西	30230	99543	198796	437241	195918	96380	1344415
甘　肃	18578	188762	37970	162700	42210	126506	234593
青　海		1000	72170		3500	13945	97920
宁　夏	15255	8485	8320	47216	17180	22065	195328
新　疆	9897	84353	22210	77681	26852	16037	1418887
不分地区							

2-1-24 续表 3

单位：万元

地 区	化学原料及化学制品制造业	医药制造业	化学纤维制造业	橡胶和塑料制品业	非金属矿物制品业	黑色金属冶炼和压延加工业	有色金属冶炼和压延加工业
全国总计	**98018816**	**36138402**	**7512488**	**46591118**	**125698733**	**37627354**	**35795932**
北 京	182404	226363	95	10178	82826	4021	6260
天 津	482144	359448	40300	983236	1213647	689629	259365
河 北	6141018	1994891	443854	4872361	9149129	5103570	1429708
山 西	1585149	643398	5800	632105	3273952	1969464	1908891
内 蒙 古	4229111	584223	20000	814597	3444438	2512115	2587597
辽 宁	4717633	1372802	351529	2106116	6829081	2624754	1089841
吉 林	3553488	2772252	72121	1234387	5272262	608950	244846
黑 龙 江	849213	569210	40085	560676	1813293	156560	95542
上 海	461361	203347	7896	107696	24322	496413	7533
江 苏	15616561	3950275	2561949	5657678	8752317	4941825	2708408
浙 江	3928738	1496896	1334487	2622918	2207819	996183	1077595
安 徽	2604196	1307435	161080	3398707	5726896	1834747	1387922
福 建	1769652	501558	866599	1686167	4067603	2485728	349508
江 西	4097732	1751712	162784	1362525	6451239	823470	2964802
山 东	15891296	3936935	429062	6017289	11891248	2421316	4007838
河 南	6471032	3772259	328451	2983764	11219610	1487018	3561377
湖 北	4639652	2251896	128055	2012514	7334812	1071210	984123
湖 南	4060905	1420370	66567	1703762	7993175	1056965	2212616
广 东	2902544	1320052	64378	3266193	6250667	693854	1211710
广 西	2078271	899959	91672	918753	5950834	597060	686023
海 南	530957	97055		582	48889	3500	
重 庆	830982	631902	38843	596121	1808820	252254	1279392
四 川	2637838	1909821	184990	1118174	4607023	1882516	466843
贵 州	309202	309235		155700	1689269	205136	320453
云 南	565677	373329		330939	1652785	315659	1237837
西 藏	24639	25824		1646	127009	20000	107999
陕 西	1826421	646581	66185	623051	2495871	531003	878072
甘 肃	464906	632989	4480	273027	1995155	211712	420611
青 海	221492	10686		13719	232566	423994	288590
宁 夏	1426483	67928		119909	566980	597490	758220
新 疆	2918119	97771	41226	406628	1525196	609238	1256410
不分地区							

2-1-24 续表 4

单位：万元

地 区	金 属 制品业	通用设备 制 造 业	专用设备 制 造 业	汽 车 制造业	铁路、船舶、航空航天和其他运输设备制造业	电气机械和 器材制造业	计算机、通信和其他电子设备制造业
全国总计	**68266099**	**97136145**	**85466658**	**75536544**	**22214146**	**76675703**	**52764293**
北 京	80457	44077	132116	1187907	69787	37973	2454519
天 津	1630378	1771398	1540501	1214673	586109	925139	1097930
河 北	7550108	9264569	6278519	4195975	1074081	5827471	833576
山 西	610087	523626	648756	1028424	258037	877151	264402
内蒙古	1554825	1384543	3443244	2193565	195060	1488663	981262
辽 宁	3932774	10137547	5972064	3740168	1507307	3740913	1133784
吉 林	1337932	2269087	3030513	8789444	531107	1409730	514414
黑龙江	733294	1751157	943018	567488	148853	729708	309385
上 海	98527	291306	258825	542102	99214	184801	781682
江 苏	10077025	18441705	15434128	8964739	4729653	14363564	11282039
浙 江	3041915	5731850	3123224	4527083	1232490	4812836	1866851
安 徽	3455249	5474324	4117733	3735817	521726	5799886	3429836
福 建	1862545	1518416	1350861	881670	673503	1896935	2205629
江 西	2339200	2308248	2334925	2135219	554220	3781307	2789038
山 东	9188536	13299849	10471749	6036454	2738558	6482658	2390313
河 南	4688012	6368576	7278176	6300471	1514288	6757526	4046748
湖 北	3327256	2939426	4255384	5984920	757604	3912365	2281541
湖 南	3138821	4001459	3571652	1477204	1118392	2683225	3044788
广 东	3653369	2009698	2416353	2943586	551295	4174888	5337223
广 西	1364606	1305389	1912011	1953888	326170	1478706	973454
海 南	5982		4207	6200	13839	9701	
重 庆	1006894	1717817	913447	3504631	1339822	1429085	1827850
四 川	1558574	2451906	2236052	2429092	817625	1715321	2091868
贵 州	179720	170095	311592	355217	148076	204567	160955
云 南	258073	148100	153274	81449	37870	256548	14909
西 藏	200	330	32967			2411	
陕 西	744317	1269438	2504782	558228	620967	776393	456597
甘 肃	368681	142786	342621	43760	35300	419274	81309
青 海	28870	33098	56913			75979	4600
宁 夏	160094	164796	153595	105028	1000	218166	324
新 疆	289778	201529	243456	52142	12193	202813	107467
不分地区							

2-1-24 续表 5

单位：万元

地 区	仪器仪表制造业	其他制造业	废弃资源综合利用业	金属制品机械和设备修理业	电力、热力生产和供应业	燃气生产和供应业	水的生产和供应业
全国总计	**11039328**	**11412867**	**9632896**	**2920808**	**121237184**	**15357157**	**23732923**
北 京	29768	20940		5816	2007910	223695	213359
天 津	202111	1121666	793697	61875	847388	166410	245324
河 北	454689	588521	819353	311402	4636719	883384	1479083
山 西	181868	34009	298178	6200	5508462	983937	306341
内蒙古	54305	156299	181256	55389	10644142	896096	2012819
辽 宁	695247	256969	681704	359411	5249830	847777	1039129
吉 林	335825	290832	193628	44387	3868625	730068	415110
黑龙江	74806	236622	66704	40400	2169625	441040	379374
上 海	33412	438838	1661	5000	741099	105519	59597
江 苏	2892617	1272774	387278	135712	6890385	487518	1864696
浙 江	633264	501619	590047	258212	4790910	860540	1532521
安 徽	569436	378795	490511	188554	2341880	447379	890345
福 建	189440	690567	118263	70761	3976312	695180	1065295
江 西	493831	432783	613276	161110	1885187	214255	879345
山 东	1097361	529581	455698	310502	5903995	757351	1106803
河 南	753034	136854	474282	58700	2186401	746691	1235607
湖 北	374527	569291	427898	155893	2842953	556930	926918
湖 南	484300	539414	407788	62724	2746863	453104	1576786
广 东	479198	318137	504588	252672	6426276	537569	1135843
广 西	96195	151621	589903	98276	2338551	403395	870513
海 南					166015	7613	108561
重 庆	338435	412098	502329	111009	2540760	467112	532723
四 川	301469	148529	342440	21040	8924033	848478	1339553
贵 州	7955	535422	125545		2158979	188064	189832
云 南	1600	1375036	103225		6834199	183033	392995
西 藏	140	1		1050	996520	448048	32288
陕 西	243061	37681	106073	104297	1986849	1006337	677686
甘 肃	19374	123014	267010	20900	6614362	355508	505050
青 海		37800	14643	1885	2210246	56632	93231
宁 夏		38851	5085	8630	2722621	176657	145426
新 疆	2060	38303	70833	9001	7380128	181837	480770
不分地区					698959		

2-1-25　国民经济行业大类按隶属关系分新增固定资产

单位：万元

行　业	合计	中央项目	地方项目				
				省属	地市属	县属	其他
全国总计	**3333389932**	**168471921**	**3164918011**	**120072741**	**254042191**	**596186041**	**2194617038**
(一)农、林、牧、渔业	**118920027**	**1435936**	**117484091**	**1074327**	**2515220**	**29314478**	**84580066**
农业	42672490	393534	42278956	469031	913081	8120371	32776473
林业	12904589	84939	12819650	249847	975980	5262141	6331682
畜牧业	33629769	473133	33156636	84646	194222	4813182	28064586
渔业	6650952		6650952	5906	24833	569381	6050832
农、林、牧、渔服务业	23062227	484330	22577897	264897	407104	10549403	11356493
(二)采矿业	**103418150**	**18918053**	**84500097**	**10490770**	**2451406**	**14030044**	**57527877**
煤炭开采和洗选业	31839996	1296219	30543777	7596925	751736	5001473	17193643
石油和天然气开采业	23135537	16361310	6774227	872926	578984	3612052	1710265
黑色金属矿采选业	13223903	103747	13120156	540040	330789	925335	11323992
有色金属矿采选业	12535215	495867	12039348	826253	112778	2216984	8883333
非金属矿采选业	17662436	123835	17538601	121800	110272	1267274	16039255
开采辅助活动	4465599	521110	3944489	532826	566847	991712	1853104
其他采矿业	555464	15965	539499			15214	524285
(三)制造业	**1249920193**	**21666616**	**1228253577**	**18767954**	**35112709**	**93065111**	**1081307803**
农副食品加工业	77927158	317829	77609329	253055	1127009	6924442	69304823
食品制造业	32879780	106915	32772865	175460	698995	2876853	29021557
酒、饮料和精制茶制造业	29276468	54059	29222409	84213	924297	2867028	25346871
烟草制品业	1991405	849743	1141662	345106	156310	271874	368372
纺织业	43024765	63304	42961461	60860	522603	2551463	39826535
纺织服装、服饰业	29249760	6414	29243346	6000	194384	1539341	27503621
皮革、毛皮、羽毛及其制品和制鞋业	15305823	700	15305123	6000	186871	1067667	14044585
木材加工和木、竹、藤、棕、草制品业	28688188	7180	28681008	92603	277531	2265041	26045833
家具制造业	18701524		18701524		143647	1208754	17349123
造纸和纸制品业	21958297	7350	21950947	65281	576497	2250874	19058295
印刷和记录媒介复制业	12180308	162072	12018236	129876	353567	992686	10542107
文教、工美、体育和娱乐用品制造业	14317879	27427	14290452	42016	221483	910615	13116338
石油加工、炼焦和核燃料加工业	23970508	5777485	18193023	754814	801723	2600134	14036352
化学原料及化学制品制造业	98018816	2592833	95425983	2358938	3167545	8562923	81336577
医药制造业	36138402	219488	35918914	633854	1145054	4529430	29610576
化学纤维制造业	7512488	9207	7503281	132838	160509	268790	6941144
橡胶和塑料制品业	46591118	39498	46551620	226181	593992	2966915	42764532
非金属矿物制品业	125698733	956581	124742152	866846	1751378	9937240	112186688
黑色金属冶炼和压延加工业	37627354	1021585	36605769	3492722	1468584	2428684	29215779
有色金属冶炼和压延加工业	35795932	866313	34929619	2075701	525803	4552132	27775983
金属制品业	68266099	248314	68017785	497446	872045	3987881	62660413
通用设备制造业	97136145	469513	96666632	510546	1281592	3675909	91198585
专用设备制造业	85466658	973714	84492944	832197	4514004	5841683	73305060

2-1-25　续 1

单位：万元

行　业	合计	中央项目	地方项目	省属	地市属	县属	其他
汽车制造业	75536544	3392976	72143568	2267358	4213258	4225399	61437553
铁路、船舶、航空航天和其他运输设备制造业	22214146	2079131	20135015	498460	869885	1208557	17558113
电气机械和器材制造业	76675703	412582	76263121	376087	3070309	5044092	67772633
计算机、通信和其他电子设备制造业	52764293	529031	52235262	1395024	3879085	3788709	43172444
仪器仪表制造业	11039328	128391	10910937	80152	446427	636278	9748080
其他制造业	11412867	171677	11241190	218853	415867	2045324	8561146
废弃资源综合利用业	9632896	23062	9609834	171331	410252	811699	8216552
金属制品、机械和设备修理业	2920808	152242	2768566	118136	142203	226694	2281533
(四)电力、热力、燃气及水的生产和供应业	**160327264**	**34990744**	**125336520**	**19765548**	**11957699**	**33172897**	**60440376**
电力、热力生产和供应业	121237184	33484134	87753050	18212132	7246680	20032154	42262084
燃气生产和供应业	15357157	1083769	14273388	1010090	1500983	3155114	8607201
水的生产和供应业	23732923	422841	23310082	543326	3210036	9985629	9571091
(五)建筑业	**30152989**	**1426915**	**28726074**	**902628**	**1900944**	**11876451**	**14046051**
房屋建筑业	9985837	121266	9864571	336943	342071	3936544	5249013
土木工程建筑业	14977378	1211597	13765781	502228	1306581	6897072	5059900
建筑安装业	1573594	81153	1492441	41534	73835	223567	1153505
建筑装饰和其他建筑业	3616180	12899	3603281	21923	178457	819268	2583633
(六)批发和零售业	**116951959**	**1116936**	**115835023**	**1101467**	**4386103**	**12847855**	**97499598**
批发业	56616512	416613	56199899	446333	1791783	5622262	48339521
零售业	60335447	700323	59635124	655134	2594320	7225593	49160077
(七)交通运输、仓储和邮政业	**250886783**	**50356055**	**200530728**	**24025230**	**35585498**	**59363785**	**81556215**
铁路运输业	42836672	38066052	4770620	746910	765065	1311701	1946944
道路运输业	136562487	4215538	132346949	19419810	29018116	50016325	33892698
水上运输业	16505401	1354952	15150449	841029	2614969	2349136	9345315
航空运输业	9906264	4555247	5351017	1734498	523621	515465	2577433
管道运输业	2655413	703276	1952137	356827	637058	283410	674842
装卸搬运和运输代理业	8357038	19050	8337988	131561	269908	794434	7142085
仓储业	33251421	1350655	31900766	740454	1730550	3985283	25444479
邮政业	812087	91285	720802	54141	26211	108031	532419
(八)住宿和餐饮业	**48286642**	**635688**	**47650954**	**1134162**	**2437037**	**5155209**	**38924546**
住宿业	34593286	620288	33972998	1070928	2020632	4018413	26863025
餐饮业	13693356	15400	13677956	63234	416405	1136796	12061521
(九)信息传输、软件和信息技术服务业	**30448578**	**6328084**	**24120494**	**3837859**	**3640458**	**2354886**	**14287291**
电信、广播电视和卫星传输服务	15917334	5831443	10085891	3419174	1934434	936178	3796105
互联网和相关服务	2524331	257922	2266409	185441	451099	225352	1404517
软件和信息技术服务业	12006913	238719	11768194	233244	1254925	1193356	9086669
(十)金融业	**8653160**	**831893**	**7821267**	**991334**	**991170**	**1387288**	**4451475**
货币金融服务	4853803	703664	4150139	854752	568995	829112	1897280
资本市场服务	2195790	4751	2191039	9560	272106	342386	1566987

2-1-25 续 2

单位：万元

行业	合计	中央项目	地方项目				
				省属	地市属	县属	其他
保险业	532571	41513	491058	119881	35344	75359	260474
其他金融业	1070996	81965	989031	7141	114725	140431	726734
(十一)房地产业	**618745578**	**13349210**	**605396368**	**17862208**	**67669799**	**106705039**	**413159322**
房地产业	618745578	13349210	605396368	17862208	67669799	106705039	413159322
(十二)租赁和商务服务业	**52070762**	**391547**	**51679215**	**565435**	**7675512**	**6791018**	**36647250**
租赁业	6638967		6638967	14868	1988182	283420	4352497
商务服务业	45431795	391547	45040248	550567	5687330	6507598	32294753
(十三)科学研究和技术服务业	**30726393**	**1986560**	**28739833**	**1685425**	**2921360**	**3583727**	**20549321**
研究和试验发展	9188934	993908	8195026	848754	1008914	1077190	5260168
专业技术服务业	11842130	767562	11074568	786395	1207589	1431446	7649138
科技推广和应用服务业	9695329	225090	9470239	50276	704857	1075091	7640015
(十四)水利、环境和公共设施管理业	**323901633**	**6982740**	**316918893**	**6653510**	**52322660**	**147895411**	**110047312**
水利管理业	38965352	1145746	37819606	2659378	3455975	22813077	8891176
生态保护和环境治理业	13853986	261675	13592311	398311	1762142	4852574	6579284
公共设施管理业	271082295	5575319	265506976	3595821	47104543	120229760	94576852
(十五)居民服务、修理和其他服务业	**19293755**	**144986**	**19148769**	**108796**	**746687**	**3561667**	**14731619**
居民服务业	11661386	79066	11582320	64023	546946	2661521	8309830
机动车、电子产品和日用产品修理业	4141412	54530	4086882	6686	51732	412329	3616135
其他服务业	3490957	11390	3479567	38087	148009	487817	2805654
(十六)教育	**50957112**	**1929610**	**49027502**	**4640290**	**7821126**	**19483466**	**17082620**
教育	50957112	1929610	49027502	4640290	7821126	19483466	17082620
(十七)卫生和社会工作	**28146457**	**1212110**	**26934347**	**3048369**	**4613663**	**9428917**	**9843398**
卫生	22527150	1153351	21373799	2855609	4125597	7527062	6865531
社会工作	5619307	58759	5560548	192760	488066	1901855	2977867
(十八)文化、体育和娱乐业	**38064737**	**852780**	**37211957**	**1218899**	**3836311**	**11179952**	**20976795**
新闻和出版业	647523	53808	593715	236194	117345	46500	193676
广播、电视、电影和影视录音制作业	2520998	113912	2407086	255831	305593	629902	1215760
文化艺术业	17844187	215778	17628409	498584	2163365	6314531	8651929
体育	7389037	92482	7296555	178125	906518	2623870	3588042
娱乐业	9662992	376800	9286192	50165	343490	1565149	7327388
(十九)公共管理、社会保障和社会组织	**53517760**	**3915458**	**49602302**	**2198530**	**5456829**	**24988840**	**16958103**
中国共产党机关	323414	130549	192865	23470	16999	151454	942
国家机构	37596352	3467439	34128913	1991010	4448583	20476718	7212602
人民政协、民主党派	155740	5209	150531	79679	3578	8520	58754
社会保障	1919546	14051	1905495	21922	104482	921808	857283
群众团体、社会团体和其他成员组织	4933835	279127	4654708	78589	787335	1625274	2163510
基层群众自治组织	8588873	19083	8569790	3860	95852	1805066	6665012

2-1-26 国民经济行业大类按建设性质分新增固定资产

单位：万元

行　　业	新建	扩建	改建和技术改造	单纯建造生活设施	迁建	恢复	单纯购置
全 国 总 计	**2119640095**	**475749194**	**584664832**	**22405358**	**29131904**	**4092246**	**97706303**
(一)农、林、牧、渔业	**90366073**	**17758480**	**8778356**	**323356**	**193721**	**347534**	**1152507**
农业	34261613	5667122	2439228	63973	28379	56821	155354
林业	9600497	2203376	867509	133503	16826	63828	19050
畜牧业	26966545	4804081	1530424	90961	78294	78547	80917
渔业	4024943	1231589	789230	22000	10800	27875	544515
农、林、牧、渔服务业	15512475	3852312	3151965	12919	59422	120463	352671
(二)采矿业	**41889805**	**18867046**	**41103218**	**208836**	**186891**	**164285**	**998069**
煤炭开采和洗选业	9832861	6574025	14700408	172006	56245	143124	361327
石油和天然气开采业	12421637	2410907	8273176	4200	5800		19817
黑色金属矿采选业	4133309	3021753	5930708	12500	50514	5979	69140
有色金属矿采选业	5416227	2233521	4648692	5468	36338	7617	187352
非金属矿采选业	7638059	3655395	5987748	11112	36921	6980	326221
开采辅助活动	2222064	886444	1321290	3550	1073	585	30593
其他采矿业	225648	85001	241196				3619
(三)制造业	**586759974**	**253858627**	**347078996**	**537405**	**20078742**	**535080**	**41071369**
农副食品加工业	40954308	15695871	19387563	14600	723489	28002	1123325
食品制造业	16259872	6782907	8759848	7724	351755	3090	714584
酒、饮料和精制茶制造业	13764960	5669808	8487629	5200	806827	8200	533844
烟草制品业	496760	269755	1072088		45075		107727
纺织业	16265793	11809782	12294697	15390	1041247		1597856
纺织服装、服饰业	15083287	6541519	6546784	15579	207806	13895	840890
皮革、毛皮、羽毛及其制品和制鞋业	7975562	3296129	3299560	6800	297490		430282
木材加工和木、竹、藤、棕、草制品业	12864860	7024953	8177582	18813	170333	15089	416558
家具制造业	10046358	3739457	4283553		262828		369328
造纸和纸制品业	8880314	5185869	5907495	8150	1116943	8165	851361
印刷和记录媒介复制业	4459914	2941405	3732412		57343		989234
文教、工美、体育和娱乐用品制造业	6122245	3765502	3767482	4300	198562		459788
石油加工、炼焦和核燃料加工业	11863853	5166486	6589273	7760	72681		270455
化学原料及化学制品制造业	43755492	18619536	31496309	61279	2173331	55384	1857485
医药制造业	16646098	6877272	11153150	17600	750686	20488	673108
化学纤维制造业	3141071	2005778	1851057	2645	280780		231157
橡胶和塑料制品业	20287743	11536295	12293163	21131	604232	7690	1840864
非金属矿物制品业	61313958	21927859	39091506	50310	1183141	104560	2027399
黑色金属冶炼和压延加工业	12686276	7844370	15673755	16500	819815	16500	570138
有色金属冶炼和压延加工业	18223749	6058681	9768704	4468	1040185	91928	608217
金属制品业	30256452	14917269	19700612	15371	990839	28773	2356783
通用设备制造业	42007494	21289093	27730259	25655	1840933	16260	4226451
专用设备制造业	40650837	17789173	22110331	102138	1141796	19483	3652900

2-1-26 续 1

单位：万元

行　　业	新建	扩建	改建和技术改造	单纯建造生活设施	迁建	恢复	单纯购置
汽车制造业	36915346	14059066	19427568	56674	1666462		3411428
铁路、船舶、航空航天和其他运输设备制造业	10934589	4345482	5311709	20438	293730	280	1307918
电气机械和器材制造业	39215000	14941759	18418657	30357	1105678	59551	2904701
计算机、通信和其他电子设备制造业	26392573	8058815	12362801	5953	375237	30572	5538342
仪器仪表制造业	5171124	2262517	2955956		167293	412	482026
其他制造业	6720528	1842745	2337547	2570	77158	6758	425561
废弃资源综合利用业	5727568	1168583	2509500		127447		99798
金属制品、机械和设备修理业	1675990	424891	580446		87620		151861
(四)电力、热力、燃气及水的生产和供应业	**101905826**	**22503996**	**32322050**	**474158**	**872193**	**356516**	**1892525**
电力、热力生产和供应业	76972279	16209562	24991290	240139	801667	322071	1700176
燃气生产和供应业	10237405	2516900	2374601	89616	20930	7873	109832
水的生产和供应业	14696142	3777534	4956159	144403	49596	26572	82517
(五)建筑业	**20068905**	**3537765**	**3805819**	**165436**	**152497**	**187993**	**2234574**
房屋建筑业	7817367	607015	570348	71076	78441	50655	790935
土木工程建筑业	9965327	1858854	2177548	68193	52611	73571	781274
建筑安装业	759062	228528	325794	10307	9123		240780
建筑装饰和其他建筑业	1527149	843368	732129	15860	12322	63767	421585
(六)批发和零售业	**79152946**	**16903071**	**16781045**	**193583**	**823857**	**69010**	**3028447**
批发业	35403070	9353539	9109385	68956	599153	36574	2045835
零售业	43749876	7549532	7671660	124627	224704	32436	982612
(七)交通运输、仓储和邮政业	**158680307**	**28960385**	**34930776**	**405971**	**519639**	**522363**	**26867342**
铁路运输业	24961372	2244537	815527	8090	7523		14799623
道路运输业	87118104	17100919	27304380	341301	269709	485964	3942110
水上运输业	10454016	1946199	1236464	14930	37960	6641	2809191
航空运输业	1431198	1637536	2200527		1802		4635201
管道运输业	2357551	157386	93256	24874			22346
装卸搬运和运输代理业	6513805	829048	556314		100793	25100	331978
仓储业	25362997	4883120	2618171	16776	97754	4658	267945
邮政业	481264	161640	106137		4098		58948
(八)住宿和餐饮业	**35533680**	**6767343**	**5125332**	**184358**	**52520**	**46148**	**577261**
住宿业	26973640	4315012	2813928	82467	40240	45648	322351
餐饮业	8560040	2452331	2311404	101891	12280	500	254910
(九)信息传输、软件和信息技术服务业	**16759206**	**4849245**	**5550743**	**27416**	**39220**	**2100**	**3220648**
电信、广播电视和卫星传输服务	7458865	3190927	3521361	3944	10230	2100	1729907
互联网和相关服务	1546183	324526	447345	8472	8000		189805
软件和信息技术服务业	7754158	1333792	1582037	15000	20990		1300936
(十)金融业	**5007233**	**1155634**	**1346857**	**19290**	**35570**	**2996**	**1084580**
货币金融服务	2603054	669038	781743	19290	34298	2996	743384
资本市场服务	1353411	250695	321539		2272		267873

2-1-26 续 2

单位：万元

行　　业	新建	扩建	改建和技术改造	单纯建造生活设施	迁建	恢复	单纯购置
保险业	181640	120624	167643				62664
其他金融业	869128	115277	75932				10659
（十一）房地产业	**569950496**	**16063651**	**14935161**	**15881753**	**1434849**	**208816**	**270852**
房地产业	569950496	16063651	14935161	15881753	1434849	208816	270852
（十二）租赁和商务服务业	**34527449**	**5578480**	**5095516**	**391619**	**203494**	**12371**	**6261833**
租赁业	827902	257174	251880		3800		5298211
商务服务业	33699547	5321306	4843636	391619	199694	12371	963622
（十三）科学研究和技术服务业	**18291830**	**4075137**	**5289971**	**53774**	**122636**	**45039**	**2848006**
研究和试验发展	6203305	1306184	1002121	8604	52017	5985	610718
专业技术服务业	6332343	1729394	2078735	7542	53639	34284	1606193
科技推广和应用服务业	5756182	1039559	2209115	37628	16980	4770	631095
（十四）水利、环境和公共设施管理业	**231711439**	**44670859**	**43588711**	**1796028**	**494395**	**1045768**	**594433**
水利管理业	24574530	6030893	7635966	210068	58294	408685	46916
生态保护和环境治理业	9166166	1726139	2616826	24449	6771	209372	104263
公共设施管理业	197970743	36913827	33335919	1561511	429330	427711	443254
（十五）居民服务、修理和其他服务业	**13287466**	**2772142**	**2557508**	**126090**	**87110**	**85703**	**377736**
居民服务业	8400481	1648079	1305527	87355	37591	85703	96650
机动车、电子产品和日用产品修理业	2463940	654414	723486	36435	27719		235418
其他服务业	2423045	469649	528495	2300	21800		45668
（十六）教育	**34427270**	**9368108**	**4045476**	**370803**	**1517653**	**56985**	**1170817**
教育	34427270	9368108	4045476	370803	1517653	56985	1170817
（十七）卫生和社会工作	**15624159**	**5451259**	**2700577**	**95833**	**1551153**	**146895**	**2576581**
卫生	11212549	4795687	2288024	64508	1485213	145445	2535724
社会工作	4411610	655572	412553	31325	65940	1450	40857
（十八）文化、体育和娱乐业	**27389288**	**5084987**	**4555313**	**177396**	**101867**	**139084**	**616802**
新闻和出版业	454184	113038	56290				24011
广播、电视、电影和影视录音制作业	1434994	243735	575000	4210	676		262383
文化艺术业	12467670	2582402	2338310	115278	33795	134989	171743
体育	5891909	932443	452531	23218	56398	2814	29724
娱乐业	7140531	1213369	1133182	34690	10998	1281	128941
（十九）公共管理、社会保障和社会组织	**38306743**	**7522979**	**5073407**	**972253**	**662897**	**117560**	**861921**
中国共产党机关	237739	33386	49625	2664			
国家机构	27422712	4908157	3486051	416767	486259	69868	806538
人民政协、民主党派	90564	15039	46559		3578		
社会保障	1541588	198808	169135	6100	2829	1086	
群众团体、社会团体和其他成员组织	3161559	1256223	363700	46789	23913	32380	49271
基层群众自治组织	5852581	1111366	958337	499933	146318	14226	6112

2-1-27 各地区固定资产投资(不含农户)项目个数

单位：个

地　　区	施工项目个数	新开工项目个数	全部建成投产项目个数	项目建成投产率(%)
全国总计	**585093**	**413004**	**399808**	**68.3**
北　　京	3598	1261	1376	38.2
天　　津	8044	6279	5498	68.3
河　　北	19149	13050	13830	72.2
山　　西	12818	8444	9173	71.6
内 蒙 古	18507	14916	14837	80.2
辽　　宁	16335	11610	12173	74.5
吉　　林	12705	11198	10944	86.1
黑 龙 江	12864	9672	9229	71.7
上　　海	3882	1708	1078	27.8
江　　苏	44449	35783	35733	80.4
浙　　江	44062	27651	26171	59.4
安　　徽	30373	22409	22079	72.7
福　　建	25396	17541	16554	65.2
江　　西	18871	12917	13280	70.4
山　　东	39212	30703	29211	74.5
河　　南	24602	14687	13996	56.9
湖　　北	19732	12901	11774	59.7
湖　　南	31618	22859	22234	70.3
广　　东	33342	22341	22760	68.3
广　　西	37615	28649	26000	69.1
海　　南	1909	948	841	44.1
重　　庆	12743	9102	8503	66.7
四　　川	33630	20393	20255	60.2
贵　　州	2472	1079	844	34.1
云　　南	19766	14879	13028	65.9
西　　藏	2835	1791	1678	59.2
陕　　西	18607	12854	12820	68.9
甘　　肃	13981	10351	9521	68.1
青　　海	4315	2666	2564	59.4
宁　　夏	4222	2787	3035	71.9
新　　疆	13358	9571	8789	65.8
不分地区	81	4		

注:本表不含房地产开发投资。

2-1-28　国民经济行业大类固定资产投资(不含农户)项目个数

单位：个

行　　业	施工项目个数	新开工项目个数	全部建成投产项目个数	项目建成投产率(%)
全国总计	**585093**	**413004**	**399808**	**68.3**
(一)农、林、牧、渔业	**38847**	**30403**	**28709**	**73.9**
农业	13555	10554	9709	71.6
林业	4140	3339	3177	76.7
畜牧业	10601	8259	7884	74.4
渔业	1807	1383	1405	77.8
农、林、牧、渔服务业	8744	6868	6534	74.7
(二)采矿业	**15099**	**10587**	**10783**	**71.4**
煤炭开采和洗选业	4714	2893	3042	64.5
石油和天然气开采业	584	456	387	66.3
黑色金属矿采选业	2315	1692	1740	75.2
有色金属矿采选业	2393	1741	1765	73.8
非金属矿采选业	4424	3328	3370	76.2
开采辅助活动	514	374	360	70.0
其他采矿业	155	103	119	76.8
(三)制造业	**228053**	**164543**	**162735**	**71.4**
农副食品加工业	17296	12703	12405	71.7
食品制造业	6878	4991	4781	69.5
酒、饮料和精制茶制造业	6056	4197	4164	68.8
烟草制品业	267	161	155	58.1
纺织业	9254	7101	7103	76.8
纺织服装、服饰业	7318	5506	5499	75.1
皮革、毛皮、羽毛及其制品和制鞋业	3742	2758	2795	74.7
木材加工和木、竹、藤、棕、草制品业	7937	6106	6037	76.1
家具制造业	4221	3130	3062	72.5
造纸和纸制品业	3836	2760	2776	72.4
印刷和记录媒介复制业	2898	2223	2179	75.2
文教、工美、体育和娱乐用品制造业	3872	2868	2870	74.1
石油加工、炼焦和核燃料加工业	1650	987	1034	62.7
化学原料和化学制品制造业	14547	10311	10172	69.9
医药制造业	6132	3931	3802	62.0
化学纤维制造业	948	659	633	66.8
橡胶和塑料制品业	9928	7439	7366	74.2
非金属矿物制品业	25424	18917	18740	73.7
黑色金属冶炼和压延加工业	4872	3279	3394	69.7
有色金属冶炼和压延加工业	4270	2882	2863	67.1
金属制品业	13217	9886	9786	74.0
通用设备制造业	17798	13291	12978	72.9
专用设备制造业	14656	10447	10359	70.7

2-1-28 续表 1

单位：个

行业	施工项目个数	新开工项目个数	全部建成投产项目个数	项目建成投产率(%)
汽车制造业	10070	6800	6595	65.5
铁路、船舶、航空航天和其他运输设备制造业	3153	2154	2171	68.9
电气机械和器材制造业	13718	9548	9554	69.7
计算机、通信和其他电子设备制造业	7457	4876	4930	66.1
仪器仪表制造业	2196	1528	1493	68.0
其他制造业	2439	1686	1638	67.2
废弃资源综合利用业	1525	1077	1065	69.8
金属制品、机械和设备修理业	478	341	336	70.3
(四)电力、热力、燃气及水生产和供应业	**25698**	**16960**	**16076**	**62.6**
电力、热力生产和供应业	15012	9810	9338	62.2
燃气生产和供应业	2947	1954	1851	62.8
水的生产和供应业	7739	5196	4887	63.2
(五)建筑业	**8545**	**6906**	**5820**	**68.1**
房屋建筑业	3042	2363	2012	66.1
土木工程建筑业	4138	3377	2805	67.8
建筑安装业	411	364	311	75.7
建筑装饰和其他建筑业	954	802	692	72.5
(六)批发和零售业	**24621**	**19015**	**18172**	**73.8**
批发业	11872	9471	8842	74.5
零售业	12749	9544	9330	73.2
(七)交通运输、仓储和邮政业	**38796**	**25659**	**24366**	**62.8**
铁路运输业	799	344	278	34.8
道路运输业	28925	19461	18611	64.3
水上运输业	1347	723	672	49.9
航空运输业	293	153	136	46.4
管道运输业	321	201	190	59.2
装卸搬运和运输代理业	1218	816	763	62.6
仓储业	5648	3763	3556	63.0
邮政业	245	198	160	65.3
(八)住宿和餐饮业	**9874**	**6810**	**6942**	**70.3**
住宿业	6322	3971	4058	64.2
餐饮业	3552	2839	2884	81.2
(九)信息传输、软件和信息技术服务业	**5720**	**4585**	**4175**	**73.0**
电信、广播电视和卫星传输服务	3254	2729	2527	77.7
互联网和相关服务	542	453	373	68.8
软件和信息技术服务业	1924	1403	1275	66.3
(十)金融业	**1674**	**1123**	**1096**	**65.5**
货币金融服务	1025	652	682	66.5
资本市场服务	364	281	251	69.0

2-1-28 续表 2

单位：个

行　业	施工项目个数	新开工项目个数	全部建成投产项目个数	项目建成投产率(%)
保险业	104	66	66	63.5
其他金融业	181	124	97	53.6
(十一)房地产业	**36799**	**22003**	**22610**	**61.4**
房地产业	36799	22003	22610	61.4
(十二)租赁和商务服务业	**8327**	**5933**	**5320**	**63.9**
租赁业	390	332	305	78.2
商务服务业	7937	5601	5015	63.2
(十三)科学研究和技术服务业	**5934**	**4398**	**4107**	**69.2**
研究和试验发展	1465	986	873	59.6
专业技术服务业	2489	1874	1768	71.0
科技推广和应用服务业	1980	1538	1466	74.0
(十四)水利、环境和公共设施管理业	**81497**	**56554**	**52598**	**64.5**
水利管理业	14410	10244	9702	67.3
生态保护和环境治理业	3714	2707	2425	65.3
公共设施管理业	63373	43603	40471	63.9
(十五)居民服务、修理和其他服务业	**4283**	**3273**	**3077**	**71.8**
居民服务业	2535	1903	1725	68.1
机动车、电子产品和日用产品修理业	1075	875	841	78.2
其他服务业	673	495	511	75.9
(十六)教育	**17876**	**12007**	**11611**	**65.0**
教育	17876	12007	11611	65.0
(十七)卫生和社会工作	**8367**	**5434**	**5001**	**59.8**
卫生	6162	3828	3592	58.3
社会工作	2205	1606	1409	63.9
(十八)文化、体育和娱乐业	**8934**	**5829**	**5663**	**63.4**
新闻和出版业	132	65	72	54.6
广播、电视、电影和影视录音制作业	601	417	405	67.4
文化艺术业	4553	2859	2743	60.3
体育	1713	1098	1107	64.6
娱乐业	1935	1390	1336	69.0
(十九)公共管理、社会保障和社会组织	**16149**	**10982**	**10947**	**67.8**
中国共产党机关	95	48	64	67.4
国家机构	11471	7494	7627	66.5
人民政协、民主党派	30	22	20	66.7
社会保障	573	415	356	62.1
群众团体、社会团体和其他成员组织	1385	952	940	67.9
基层群众自治组织	2595	2051	1940	74.8

2-1-29 各地区固定资产投资(不含农户)财务拨款

单位：万元

地　区	本年实际到位资金合计	上年末结余资金	本年实际到位资金小计	本年各项应付款合计
全国总计	**5802806447**	**475558717**	**5327247730**	**557565102**
北　京	130403718	34425854	95977864	7832756
天　津	127336036	11274425	116061611	15588004
河　北	266839224	8871661	257967563	30016354
山　西	109783009	6326983	103456026	23055382
内蒙古	174244509	3089816	171154693	12278199
辽　宁	282313248	20862555	261450693	19049885
吉　林	114963257	2347807	112615450	5761413
黑龙江	106306546	5549108	100757438	5052441
上　海	105206417	25624836	79581581	13296519
江　苏	506600959	39482338	467118621	51433383
浙　江	303670808	45005510	258665298	29464522
安　徽	244773354	19201212	225572142	19460554
福　建	204878109	16536609	188341500	16669055
江　西	174114691	10541260	163573431	8437035
山　东	466316745	27956864	438359881	39487485
河　南	311801225	10172886	301628339	11950499
湖　北	251880737	15673670	236207067	24076100
湖　南	233589592	13679351	219910241	15763523
广　东	355647794	55293882	300353912	33415518
广　西	152473425	8665084	143808341	10867959
海　南	41639254	6856241	34783013	6935269
重　庆	160256056	16088219	144167837	21833839
四　川	268546505	22795370	245751135	35176443
贵　州	104415660	10239090	94176570	17967897
云　南	109348958	10904179	98444779	26539226
西　藏	13134815	648051	12486764	846251
陕　西	180595684	12562825	168032859	16883999
甘　肃	78122764	3373554	74749210	7383649
青　海	29475786	2388485	27087301	2832273
宁　夏	30149880	1331555	28818325	6358257
新　疆	98670399	7649071	91021328	9163428
不分地区	65307283	140366	65166917	12687985

2-1-30 各地区固定资产投资(不含农户)本年实际到位资金构成

单位：万元

地　区	本年实际到位资金小计	国家预算资金	国内贷款	债　券
全国总计	**53[illegible]7[illegible]47730**	**267454219**	**645122204**	**15384450**
北　京	[illegible]5[illegible]77864	8591774	27328741	79709
天　津	[illegible]6[illegible]61611	1698073	20162586	
河　北	[illegible]7[illegible]67563	6847366	18811925	111877
山　西	[illegible]03[illegible]56026	6251812	7988429	227000
内蒙古	71[illegible]54693	8485864	19020678	414550
辽　宁	[illegible]6[illegible]450693	11115301	36446206	3936
吉　林	[illegible]1[illegible]615450	2907747	5307347	53443
黑龙江	[illegible]0[illegible]757438	3700932	2132675	264109
上　海	7[illegible]581581	4178904	20680759	
江　苏	[illegible]6[illegible]118621	6272571	53605733	144000
浙　江	2[illegible]665298	14036202	35974553	90497
安　徽	2[illegible]572142	11675513	13861008	103704
福　建	1[illegible]8341500	13346217	19971221	9267
江　西	1[illegible]3573431	5506552	11827594	509595
山　东	4[illegible]8359881	8187920	42971201	26532
河　南	3[illegible]1628339	8611706	39956327	6890
湖　北	2[illegible]6207067	9091259	27378373	
湖　南	2[illegible]9910241	11498417	18858129	174149
广　东	[illegible]0353912	13664904	43863067	1135852
广　西	[illegible]43808341	9294335	18723520	90389
海　南	[illegible]34783013	1735529	7446729	35459
重　庆	44167837	7736576	25609984	51227
四　川	[illegible]45751135	13576383	23957172	742100
贵　州	94176570	4918481	16080351	412343
云　南	98444779	9867861	12222239	132600
西　藏	12486764	8140978	57611	
陕　西	168032859	10645914	12581138	14250
甘　肃	74749210	8444859	9485605	203954
青　海	27087301	5304605	5867647	164178
宁　夏	28818325	2373388	7258311	11900
新　疆	91021328	13609713	12770614	277371
不分地区	65166917	16136563	26914731	9893569

2-1-30 续表 单位：万元

地　区	利用外资	外商直接投资	自筹资金	企事业单位自有资金	其他资金
全国总计	**40528610**	**22011774**	**3699646896**	**1023887745**	**659111351**
北　京	287963	190399	31620277	12227339	28069400
天　津	925124	355888	77257320	19677653	16018508
河　北	1048625	596111	212477993	50833454	18669777
山　西	435884	331100	80484640	24750625	8068261
内蒙古	146838	10000	135568722	26360089	7518041
辽　宁	1805947	1166571	192671976	83451183	19407327
吉　林	114302	48385	96532601	31341676	7700010
黑龙江	314466	274126	88263164	20395324	6082092
上　海	2050481	1741635	32400913	17704251	20270524
江　苏	11520484	5800681	333253706	126869652	62322127
浙　江	2145272	1787198	161445639	45144144	44973135
安　徽	828211	300824	167781620	40406314	31322086
福　建	1873424	902564	123531852	34067177	29609519
江　西	858071	320324	126727871	24501060	18143748
山　东	3428721	1288160	345224096	85557261	38521411
河　南	946882	227752	230268002	47652522	21838532
湖　北	776369	565092	177501409	28887027	21459657
湖　南	554168	248414	164484226	26040949	24341152
广　东	4050111	2247504	176136550	54447039	61503428
广　西	140253	98595	96289641	43643580	19270203
海　南	152848	150431	17675342	5329404	7737106
重　庆	2824440	1324063	78383250	16883315	29562360
四　川	950681	619589	162402868	72349536	44121931
贵　州	343753	208080	57465796	10284297	14955846
云　南	259304	186570	61390758	13836142	14572017
西　藏	14000	14000	3676342	1610183	597833
陕　西	1102600	958253	126577467	22853069	17111490
甘　肃	344823	11700	48564540	4469812	7705429
青　海	42156	15684	13000935	2617197	2707780
宁　夏	28522	10000	15412951	2466145	3733253
新　疆	31328	12081	55107962	20920239	9224340
不分地区	182559		10066467	6310037	1973028

2-1-31　国民经济行业大类固定资产投资(不含农户)财务拨款

单位：万元

行　业	本年实际到位资金合计	上年末结余资金	本年实际到位资金小计	本年各项应付款合计
全国总计	**5802806447**	**475558717**	**5327247730**	**557565102**
(一)农、林、牧、渔业	**148739146**	**2473853**	**146265293**	**8345140**
农业	55338830	740028	54598802	2993835
林业	15649961	201829	15448132	1382754
畜牧业	41416691	765877	40650814	2124475
渔业	7875551	161720	7713831	343065
农、林、牧、渔服务业	28458113	604399	27853714	1501011
(二)采矿业	**146415651**	**3999040**	**142416611**	**8493309**
煤炭开采和洗选业	47006369	1263988	45742381	3808049
石油和天然气开采业	38627253	1199244	37428009	1989400
黑色金属矿采选业	17164787	812417	16352370	794671
有色金属矿采选业	16650246	358211	16292035	529566
非金属矿采选业	21004562	318201	20686361	1211530
开采辅助活动	5344436	42383	5302053	139691
其他采矿业	617998	4596	613402	20402
(三)制造业	**1750366581**	**43327291**	**1707039290**	**87295540**
农副食品加工业	103923439	1917254	102006185	4169876
食品制造业	46120141	794406	45325735	2069021
酒、饮料和精制茶制造业	40828651	818002	40010649	1953558
烟草制品业	3221132	319922	2901210	268544
纺织业	54770412	782017	53988395	2163129
纺织服装、服饰业	38499426	733965	37765461	1175426
皮革、毛皮、羽毛及其制品和制鞋业	20162592	140491	20022101	733300
木材加工和木、竹、藤、棕、草制品业	35581096	476682	35104414	1535653
家具制造业	25467090	488527	24978563	1016243
造纸和纸制品业	29095528	655875	28439653	1605167
印刷和记录媒介复制业	16873598	417663	16455935	537426
文教、工美、体育和娱乐用品制造业	18965326	332105	18633221	878356
石油加工、炼焦和核燃料加工业	34617455	1744834	32872621	2949341
化学原料及化学制品制造业	151324021	2986986	148337035	11030631
医药制造业	54955779	1299697	53656082	2379100
化学纤维制造业	11598553	205609	11392944	434607
橡胶和塑料制品业	62552765	1358985	61193780	2437481
非金属矿物制品业	163681249	3495913	160185336	7849416
黑色金属冶炼和压延加工业	49318948	1926898	47392050	3714599
有色金属冶炼和压延加工业	59702508	1466341	58236167	3202225
金属制品业	90734545	1461802	89272743	5042776
通用设备制造业	127633513	3146533	124486980	5569465
专用设备制造业	119061153	2336109	116725044	5493063

2-1-31 续 1

单位：万元

行业	本年实际到位资金合计	上年末结余资金	本年实际到位资金小计	本年各项应付款合计
汽车制造业	109741775	5513392	104228383	4569225
铁路、船舶、航空航天和其他运输设备制造业	32940642	1232355	31708287	1758491
电气机械和器材制造业	109268402	2133888	107134514	5173295
计算机、通信和其他电子设备制造业	87005224	3982266	83022958	4506436
仪器仪表制造业	16404321	420076	15984245	626802
其他制造业	20549137	269764	20279373	1526432
废弃资源综合利用业	12418056	407988	12010068	631698
金属制品、机械和设备修理业	3350104	60946	3289158	294758
(四)电力、热力、燃气及水的生产和供应业	**239185270**	**8989139**	**230196131**	**18788914**
电力、热力生产和供应业	184248253	7249837	176998416	13823359
燃气生产和供应业	22586562	507258	22079304	2035693
水的生产和供应业	32350455	1232044	31118411	2929862
(五)建筑业	**41986303**	**546317**	**41439986**	**2147729**
房屋建筑业	13453389	135058	13318331	775993
土木工程建筑业	21302566	366115	20936451	1250694
建筑安装业	2150766	19085	2131681	42050
建筑装饰和其他建筑业	5079582	26059	5053523	78992
(六)批发和零售业	**162314377**	**3772465**	**158541912**	**8261642**
批发业	78610731	1637513	76973218	3679441
零售业	83703646	2134952	81568694	4582201
(七)交通运输、仓储和邮政业	**436660731**	**13376127**	**423284604**	**64180249**
铁路运输业	81298388	708283	80590105	14222780
道路运输业	242800122	8757558	234042564	41931049
水上运输业	25254981	1020490	24234491	3342302
航空运输业	15659926	469127	15190799	479392
管道运输业	3277981	99535	3178446	206879
装卸搬运和运输代理业	12516022	202030	12313992	819973
仓储业	54528713	2083140	52445573	3080176
邮政业	1324598	35964	1288634	97698
(八)住宿和餐饮业	**66086841**	**2411621**	**63675220**	**4149208**
住宿业	49307574	2104194	47203380	3393508
餐饮业	16779267	307427	16471840	755700
(九)信息传输、软件和信息技术服务业	**44343980**	**1807277**	**42536703**	**2331157**
电信、广播电视和卫星传输服务	21891117	346839	21544278	1016810
互联网和相关服务	4179216	87771	4091445	230255
软件和信息技术服务业	18273647	1372667	16900980	1084092
(十)金融业	**15591803**	**896582**	**14695221**	**619237**
货币金融服务	7814651	654434	7160217	217620
资本市场服务	4059814	181671	3878143	242471

2-1-31　续 2　　　　单位：万元

行　　业	本年实际到位资金合计	上 年 末结余资金	本年实际到位资金小计	本年各项应付款合计
保险业	1827452	6851	1820601	66143
其他金融业	1889886	53626	1836260	93003
（十一）房地产业	**1866771637**	**359464191**	**1507307446**	**279489884**
房地产业	1866771637	359464191	1507307446	279489884
（十二）租赁和商务服务业	**85667957**	**3639266**	**82028691**	**4417478**
租赁业	7218223	73125	7145098	93062
商务服务业	78449734	3566141	74883593	4324416
（十三）科学研究和技术服务业	**44956690**	**1782522**	**43174168**	**1653149**
研究和试验发展	14518735	824726	13694009	600591
专业技术服务业	16412865	618501	15794364	653077
科技推广和应用服务业	14025090	339295	13685795	399481
（十四）水利、环境和公共设施管理业	**479287490**	**19034627**	**460252863**	**44596243**
水利管理业	62226400	3549381	58677019	6354350
生态保护和环境治理业	18792602	434222	18358380	1533156
公共设施管理业	398268488	15051024	383217464	36708737
（十五）居民服务、修理和其他服务业	**23039234**	**544438**	**22494796**	**1573899**
居民服务业	13558018	350124	13207894	1087987
机动车、电子产品和日用产品修理业	5163384	69022	5094362	284628
其他服务业	4317832	125292	4192540	201284
（十六）教育	**70311117**	**2661581**	**67649536**	**6531110**
教育	70311117	2661581	67649536	6531110
（十七）卫生和社会工作	**42665253**	**1702861**	**40962392**	**2989123**
卫生	34455071	1482787	32972284	2331581
社会工作	8210182	220074	7990108	657542
（十八）文化、体育和娱乐业	**66748855**	**2844474**	**63904381**	**4533276**
新闻和出版业	1183642	120923	1062719	41840
广播、电视、电影和影视录音制作业	6212283	343943	5868340	355591
文化艺术业	28886540	658948	28227592	1793397
体育	10622534	372877	10249657	1088820
娱乐业	19843856	1347783	18496073	1253628
（十九）公共管理、社会保障和社会组织	**71667531**	**2285045**	**69382486**	**7168815**
中国共产党机关	315032	51293	263739	17630
国家机构	51218605	1570677	49647928	5914259
人民政协、民主党派	124816	43559	81257	9765
社会保障	2647620	59280	2588340	111848
群众团体、社会团体和其他成员组织	6111109	358912	5752197	441535
基层群众自治组织	11250349	201324	11049025	673778

2-1-32 国民经济行业大类固定资产投资(不含农户)实际到位资金构成

单位：万元

行　业	本年实际到位资金小计	国家预算资金	国内贷款	债券
全国总计	**5327247730**	**267454219**	**645122204**	**15384450**
(一)农、林、牧、渔业	**146265293**	**12530656**	**7540341**	**2192**
农业	54598802	2679870	2878138	155
林业	15448132	2929610	532836	
畜牧业	40650814	741987	2649883	2037
渔业	7713831	55514	520991	
农、林、牧、渔服务业	27853714	6123675	958493	
(二)采矿业	**142416611**	**1399457**	**13737549**	**500**
煤炭开采和洗选业	45742381	553012	5251474	
石油和天然气开采业	37428009	506720	4983312	
黑色金属矿采选业	16352370	36818	1218612	
有色金属矿采选业	16292035	74194	596660	
非金属矿采选业	20686361	44995	1272799	500
开采辅助活动	5302053	181188	390138	
其他采矿业	613402	2530	24554	
(三)制造业	**1707039290**	**6059842**	**141166022**	**499228**
农副食品加工业	102006185	393517	6964600	18340
食品制造业	45325735	108342	3429232	
酒、饮料和精制茶制造业	40010649	192361	2372283	300
烟草制品业	2901210	91790	136615	
纺织业	53988395	137228	3944874	
纺织服装、服饰业	37765461	198224	2634645	
皮革、毛皮、羽毛及其制品和制鞋业	20022101	33304	1118898	
木材加工和木、竹、藤、棕、草制品业	35104414	56237	2300468	2695
家具制造业	24978563	16520	1739654	
造纸和纸制品业	28439653	52556	2812902	1059
印刷和记录媒介复制业	16455935	14673	1214786	
文教、工美、体育和娱乐用品制造业	18633221	25235	970754	5000
石油加工、炼焦和核燃料加工业	32872621	542563	3805494	
化学原料和化学制品制造业	148337035	336844	18462781	1690
医药制造业	53656082	104025	4145687	65158
化学纤维制造业	11392944	74764	743688	
橡胶和塑料制品业	61193780	63875	5494212	3870
非金属矿物制品业	160185336	370923	12991157	5012
黑色金属冶炼和压延加工业	47392050	64181	4038123	1510
有色金属冶炼和压延加工业	58236167	50585	6541828	350001
金属制品业	89272743	77054	6150679	6158
通用设备制造业	124486980	245026	10324524	1142
专用设备制造业	116725044	273430	9017310	9247

2-1-32　续表 1　　　　单位：万元

行　业	本年实际到位资金小计	国家预算资金	国内贷款	债券
汽车制造业	104228383	136642	8096832	2000
铁路、船舶、航空航天和其他运输设备制造业	31708287	650930	2045436	5159
电气机械和器材制造业	107134514	304870	7983790	3800
计算机、通信和其他电子设备制造业	83022958	685986	6000599	15964
仪器仪表制造业	15984245	83680	1063365	
其他制造业	20279373	438802	3218177	
废弃资源综合利用业	12010068	150380	1161936	1123
金属制品、机械和设备修理业	3289158	85295	240693	
（四）电力、热力、燃气及水生产和供应业	**230196131**	**17759066**	**52577981**	**391081**
电力、热力生产和供应业	176998416	11156533	47887989	364652
燃气生产和供应业	22079304	636226	1996736	3981
水的生产和供应业	31118411	5966307	2693256	22448
（五）建筑业	**41439986**	**4814910**	**2134930**	**3255**
房屋建筑业	13318331	1465404	470611	
土木工程建筑业	20936451	3074297	1215673	2841
建筑安装业	2131681	124891	57889	
建筑装饰和其他建筑业	5053523	150318	390757	414
（六）批发和零售业	**158541912**	**1015825**	**10073185**	**16875**
批发业	76973218	473674	4176892	9339
零售业	81568694	542151	5896293	7536
（七）交通运输、仓储和邮政业	**423284604**	**63345741**	**111070674**	**13530781**
铁路运输业	80590105	16917362	31591144	12372119
道路运输业	234042564	43587826	61407905	1004843
水上运输业	24234491	1036917	5921046	8949
航空运输业	15190799	495422	5088604	144000
管道运输业	3178446	255408	392610	
装卸搬运和运输代理业	12313992	118038	1121224	870
仓储业	52445573	904183	5509829	
邮政业	1288634	30585	38312	
（八）住宿和餐饮业	**63675220**	**570946**	**4473898**	**7821**
住宿业	47203380	492870	3318676	1727
餐饮业	16471840	78076	1155222	6094
（九）信息传输、软件和信息技术服务业	**42536703**	**1209290**	**1819327**	**10100**
电信、广播电视和卫星传输服务	21544278	585904	514264	
互联网和相关服务	4091445	78408	64617	
软件和信息技术服务业	16900980	544978	1240446	10100
（十）金融业	**14695221**	**252873**	**620336**	**22967**
货币金融服务	7160217	152475	189780	2881
资本市场服务	3878143	34045	197995	20086

2-1-32 续表 2

单位：万元

行　　业	本年实际到位资金小计	国家预算资金	国内贷款	债券
保险业	1820601	18475	500	
其他金融业	1836260	47878	232061	
(十一)房地产业	**1507307446**	**24827934**	**233711053**	**595540**
房地产业	1507307446	24827934	233711053	595540
(十二)租赁和商务服务业	**82028691**	**1456884**	**7202254**	**10875**
租赁业	7145098	3675	593275	
商务服务业	74883593	1453209	6608979	10875
(十三)科学研究和技术服务业	**43174168**	**2299152**	**2803104**	**4609**
研究和试验发展	13694009	905656	682265	3789
专业技术服务业	15794364	988800	908680	820
科技推广和应用服务业	13685795	404696	1212159	
(十四)水利、环境和公共设施管理业	**460252863**	**82201735**	**41349502**	**241625**
水利管理业	58677019	20128297	4257690	58357
生态保护和环境治理业	18358380	3028917	1292767	2216
公共设施管理业	383217464	59044521	35799045	181052
(十五)居民服务、修理和其他服务业	**22494796**	**1170424**	**1448435**	**228**
居民服务业	13207894	886182	785105	
机动车、电子产品和日用产品修理业	5094362	78409	293347	228
其他服务业	4192540	205833	369983	
(十六)教育	**67649536**	**16849944**	**3896074**	**10489**
教育	67649536	16849944	3896074	10489
(十七)卫生和社会工作	**40962392**	**6134881**	**2476885**	**12000**
卫生	32972284	4915570	2154966	12000
社会工作	7990108	1219311	321919	
(十八)文化、体育和娱乐业	**63904381**	**5266144**	**4771425**	**9888**
新闻和出版业	1062719	52364	91969	
广播、电视、电影和影视录音制作业	5868340	202691	649783	600
文化艺术业	28227592	3294139	1986410	5120
体育	10249657	1472018	623924	168
娱乐业	18496073	244932	1419339	4000
(十九)公共管理、社会保障和社会组织	**69382486**	**18288515**	**2249229**	**14396**
中国共产党机关	263739	91454	6480	
国家机构	49647928	16286455	1426469	14024
人民政协、民主党派	81257	9906	350	
社会保障	2588340	542292	197400	
群众团体、社会团体和其他成员组织	5752197	738084	231682	
基层群众自治组织	11049025	620324	386848	372

2-1-32　续表 3

单位：万元

行　　业	利用外资	外商直接投　资	自筹资金	企事业单位自有资金	其他资金
全国总计	**40528610**	**22011774**	**3699646896**	**1023887745**	**659111351**
（一）农、林、牧、渔业	**423554**	**197185**	**117748149**	**23679918**	**8020401**
农业	174519	47127	45825008	8845206	3041112
林业	14623	10796	10680357	2184012	1290706
畜牧业	152649	92579	35770678	7875759	1333580
渔业	14669	14669	6788931	1420548	333726
农、林、牧、渔服务业	67094	32014	18683175	3354393	2021277
（二）采矿业	**871847**	**447923**	**122542788**	**42951077**	**3864470**
煤炭开采和洗选业	22097	22097	39044430	10079274	871368
石油和天然气开采业	227892	88983	30455644	17476007	1254441
黑色金属矿采选业	69038	13438	14802772	5560320	225130
有色金属矿采选业	210476	4000	14886030	3967961	524675
非金属矿采选业	44904	25203	18566286	5003962	756877
开采辅助活动	295040	294202	4256679	691647	179008
其他采矿业	2400		530947	171906	52971
（三）制造业	**24818406**	**12301817**	**1503207190**	**415030787**	**31288602**
农副食品加工业	883181	370992	90790385	23363559	2956162
食品制造业	387063	238236	40529829	10140570	871269
酒、饮料和精制茶制造业	375903	247296	36263675	9511408	806127
烟草制品业	30035	30035	2593810	1255427	48960
纺织业	636429	293792	48221324	14977259	1048540
纺织服装、服饰业	483703	217289	33764212	9863306	684677
皮革、毛皮、羽毛及其制品和制鞋业	298207	124362	18027572	5183582	544120
木材加工和木、竹、藤、棕、草制品业	179782	82616	31595608	8646593	969624
家具制造业	184002	100801	22507351	5545062	531036
造纸和纸制品业	618101	218636	24448384	6613028	506651
印刷和记录媒介复制业	82014	59952	14693686	4090148	450776
文教、工美、体育和娱乐用品制造业	368443	207195	16943027	4617588	320762
石油加工、炼焦和核燃料加工业	1640631	450914	26078691	7842728	805242
化学原料和化学制品制造业	2463898	1536917	123974876	32866052	3096946
医药制造业	523460	381906	47898687	11666689	919065
化学纤维制造业	239480	126590	10285275	2769388	49737
橡胶和塑料制品业	765737	371257	53795163	15913514	1070923
非金属矿物制品业	842919	278505	142357137	36822491	3618188
黑色金属冶炼和压延加工业	307097	199927	42414245	12067639	566894
有色金属冶炼和压延加工业	326008	219143	50065002	10707128	902743
金属制品业	592909	243130	81027597	23068949	1418346
通用设备制造业	1515934	658874	110380954	34946388	2019400
专用设备制造业	1402362	521299	104508530	28795168	1514165

2-1-32 续表 4

单位：万元

行　　业	利用外资	外商直接投　资	自筹资金	企事业单位自有资金	其他资金
汽车制造业	2454087	1121279	92028929	29091077	1509893
铁路、船舶、航空航天和其他运输设备制造业	316634	117116	28404402	7251582	285726
电气机械和器材制造业	1211658	734057	96234850	26170719	1395546
计算机、通信和其他电子设备制造业	5107588	2870002	69957002	19714721	1255819
仪器仪表制造业	330462	159228	14300071	4496118	206667
其他制造业	155852	116225	15828703	3205940	637839
废弃资源综合利用业	90627	4246	10414674	3119503	191328
金属制品、机械和设备修理业	4200		2873539	707463	85431
(四)电力、热力、燃气及水生产和供应业	**826075**	**408039**	**148726299**	**36475461**	**9915629**
电力、热力生产和供应业	560399	316683	109637396	27544606	7391447
燃气生产和供应业	159410	75120	18664082	4566974	618869
水的生产和供应业	106266	16236	20424821	4363881	1905313
(五)建筑业	**134918**	**6100**	**32361048**	**5628545**	**1990925**
房屋建筑业	121133	6100	10825597	1676171	435586
土木工程建筑业	11819		15410383	2333929	1221438
建筑安装业	1966		1843550	392954	103385
建筑装饰和其他建筑业			4281518	1225491	230516
(六)批发和零售业	**889205**	**380651**	**141891384**	**36501524**	**4655438**
批发业	339965	55867	70006499	18238984	1966849
零售业	549240	324784	71884885	18262540	2688589
(七)交通运输、仓储和邮政业	**2137470**	**459974**	**210446159**	**51422876**	**22753779**
铁路运输业	229979		16981727	4267536	2497774
道路运输业	583259	200000	109895319	25211944	17563412
水上运输业	47613	2250	16412065	4524513	807901
航空运输业	799443	35800	8318044	2359353	345286
管道运输业	27467	13157	2374536	548322	128425
装卸搬运和运输代理业	14400	1400	10793783	2755968	265677
仓储业	435309	207367	44466132	11322086	1130120
邮政业			1204553	433154	15184
(八)住宿和餐饮业	**618934**	**428452**	**56335849**	**12952155**	**1667772**
住宿业	474301	311718	41629401	9393691	1286405
餐饮业	144633	116734	14706448	3558464	381367
(九)信息传输、软件和信息技术服务业	**108768**	**70008**	**38783281**	**15936700**	**605937**
电信、广播电视和卫星传输服务	63084	29924	20157809	9761228	223217
互联网和相关服务	5500	500	3914596	1285794	28324
软件和信息技术服务业	40184	39584	14710876	4889678	354396
(十)金融业	**4300**		**13620446**	**4479857**	**174299**
货币金融服务			6727699	2229224	87382
资本市场服务	4300		3588681	738417	33036

2-1-32 续表 5

单位：万元

行业	利用外资	外商直接投资	自筹资金	企事业单位自有资金	其他资金
保险业			1777045	1198953	24581
其他金融业			1527021	313263	29300
(十一)房地产业	**6760401**	**6230448**	**722021059**	**251783609**	**519391459**
房地产业	6760401	6230448	722021059	251783609	519391459
(十二)租赁和商务服务业	**262410**	**65760**	**67656971**	**19051311**	**5439297**
租赁业			3862724	2097920	2685424
商务服务业	262410	65760	63794247	16953391	2753873
(十三)科学研究和技术服务业	**299793**	**248021**	**36589592**	**9771986**	**1177918**
研究和试验发展	170733	160591	11483520	2997964	448046
专业技术服务业	60538	39718	13444563	3633744	390963
科技推广和应用服务业	68522	47712	11661509	3140278	338909
(十四)水利、环境和公共设施管理业	**1180303**	**207702**	**303031072**	**57759036**	**32248626**
水利管理业	107946	35733	28054349	4712740	6070380
生态保护和环境治理业	32233	9800	12726598	2443862	1275649
公共设施管理业	1040124	162169	262250125	50602434	24902597
(十五)居民服务、修理和其他服务业	**103783**	**14303**	**18734026**	**4068949**	**1037900**
居民服务业	72774	11038	10648646	2079464	815187
机动车、电子产品和日用产品修理业	5200	2600	4588073	1104211	129105
其他服务业	25809	665	3497307	885274	93608
(十六)教育	**246267**	**42872**	**42134380**	**10506905**	**4512382**
教育	246267	42872	42134380	10506905	4512382
(十七)卫生和社会工作	**95550**	**6139**	**30443748**	**8109934**	**1799328**
卫生	94650	6139	24447980	6749554	1347118
社会工作	900		5995768	1360380	452210
(十八)文化、体育和娱乐业	**654313**	**457202**	**50358225**	**10702711**	**2844386**
新闻和出版业			890642	208238	27744
广播、电视、电影和影视录音制作业	25384	20034	4927946	1190177	61936
文化艺术业	134319	15572	21040299	3809407	1767305
体育	95703	39048	7618382	1524529	439462
娱乐业	398907	382548	15880956	3970360	547939
(十九)公共管理、社会保障和社会组织	**92313**	**39178**	**43015230**	**7074404**	**5722803**
中国共产党机关			153965	46650	11840
国家机构	72495	29300	28099686	4463616	3748799
人民政协、民主党派			70101	40354	900
社会保障			1552116	186726	296532
群众团体、社会团体和其他成员组织	700		4078941	791655	702790
基层群众自治组织	19118	9878	9060421	1545403	961942

2-1-33 各地区固定资产投资(不含农户)房屋建筑面积和造价

地　　区	房屋施工面积(万平方米)	房屋竣工面积(万平方米)	房屋建筑面积竣工率(%)	房屋竣工价值(万元)	房屋竣工造价(元/平方米)
全国总计	**1251887**	**264781**	**21.2**	**579874713**	**2190**
北　京	20143	4492	22.3	12443303	2770
天　津	22810	5367	23.5	12567183	2341
河　北	61198	12008	19.6	25736885	2143
山　西	29772	5740	19.3	13496192	2351
内蒙古	24639	4768	19.4	10987455	2304
辽　宁	64533	13247	20.5	33407410	2522
吉　林	17916	4616	25.8	13798243	2989
黑龙江	19762	5388	27.3	13093670	2430
上　海	17992	2668	14.8	11254648	4219
江　苏	109354	34562	31.6	68991857	1996
浙　江	88664	19231	21.7	40946202	2129
安　徽	58503	13001	22.2	26444389	2034
福　建	54202	11195	20.7	18184693	1624
江　西	33301	8962	26.9	15565833	1737
山　东	100173	18397	18.4	35245560	1916
河　南	79979	16037	20.1	38105465	2376
湖　北	50840	14156	27.8	25517734	1803
湖　南	37135	5400	14.5	12779606	2366
广　东	81680	17295	21.2	43875453	2537
广　西	25532	3797	14.9	7848287	2067
海　南	8826	1298	14.7	7058400	5440
重　庆	34167	4853	14.2	14233725	2933
四　川	64142	11286	17.6	24006257	2127
贵　州	28150	4643	16.5	9628377	2074
云　南	31487	5168	16.4	10789877	2088
西　藏	972	344	35.4	508235	1478
陕　西	32302	5081	15.7	12396037	2440
甘　肃	14986	2536	16.9	4325964	1707
青　海	4748	1000	21.1	2144020	2143
宁　夏	9142	1550	17.0	3635936	2346
新　疆	24450	6568	26.9	10370108	1579
不分地区	387	128	33.0	486709	3812

2-1-34　各地区固定资产投资(不含农户)住宅建筑面积和造价

地　区	住宅施工面积(万平方米)	住宅竣工面积(万平方米)	住宅建筑面积竣工率(%)	住宅竣工价值(万元)	住宅竣工造价(元/平方米)
全国总计	**594325**	**108775**	**18.3**	**265486426**	**2441**
北　京	8229	2143	26.0	5899074	2752
天　津	8089	2398	29.6	6149897	2565
河　北	26554	3971	15.0	9948425	2506
山　西	17063	3415	20.0	8610657	2521
内蒙古	14011	2366	16.9	5610708	2372
辽　宁	28953	5070	17.5	12241427	2414
吉　林	9623	1665	17.3	3084577	1852
黑龙江	11143	2722	24.4	6010373	2208
上　海	8555	1536	17.9	6445346	4197
江　苏	44641	8426	18.9	24300762	2884
浙　江	31877	5382	16.9	17737616	3296
安　徽	27373	5157	18.8	11867937	2302
福　建	20682	2916	14.1	6752943	2316
江　西	14096	3752	26.6	6394335	1704
山　东	45579	8296	18.2	17026687	2052
河　南	35889	8004	22.3	12813541	1601
湖　北	22143	3773	17.0	9338143	2475
湖　南	22257	3553	16.0	8340830	2348
广　东	40553	6304	15.5	21019040	3334
广　西	14183	1958	13.8	3981642	2033
海　南	6403	1123	17.5	6080441	5415
重　庆	21813	3369	15.4	9838598	2920
四　川	32939	6103	18.5	13896006	2277
贵　州	15100	2360	15.6	4754951	2015
云　南	17236	2471	14.3	5514534	2232
西　藏	581	294	50.6	367744	1252
陕　西	20032	3419	17.0	8392934	2455
甘　肃	7825	1336	17.1	2486719	1861
青　海	2656	702	26.4	1534222	2187
宁　夏	5146	930	18.1	2122155	2283
新　疆	12971	3854	29.7	6924162	1797
不分地区	10	9	88.0		

2-1-35 国民经济行业大类固定资产(不含农户)房屋建筑面积和造价

行业	房屋施工面积(万平方米)	房屋竣工面积(万平方米)	房屋建筑面积竣工率(%)	房屋竣工价值(万元)	房屋竣工造价(元/平方米)
全国总计	**1251887**	**264781**	**21.2**	**579874713**	**2190**
(一)农、林、牧、渔业	**23311**	**6287**	**27.0**	**7762652**	**1235**
农业	11712	1850	15.8	2171365	1174
林业	1265	222	17.5	330753	1493
畜牧业	7383	2668	36.1	3864042	1448
渔业	549	252	45.9	378329	1500
农、林、牧、渔服务业	2401	1294	53.9	1018163	787
(二)采矿业	**2423**	**1019**	**42.1**	**2142953**	**2104**
煤炭开采和洗选业	842	225	26.8	429748	1907
石油和天然气开采业	44	14	31.3	10028	727
黑色金属矿采选业	330	142	43.1	339221	2387
有色金属矿采选业	345	205	59.5	483013	2355
非金属矿采选业	782	391	50.0	774579	1981
开采辅助活动	65	32	49.7	82727	2580
其他采矿业	15	9	59.8	23637	2560
(三)制造业	**198174**	**70280**	**35.5**	**126315223**	**1797**
农副食品加工业	12070	4915	40.7	9529573	1939
食品制造业	9637	2123	22.0	3967720	1869
酒、饮料和精制茶制造业	4313	1520	35.2	2888517	1900
烟草制品业	565	193	34.1	157158	816
纺织业	7529	3376	44.8	5570969	1650
纺织服装、服饰业	7062	2675	37.9	4382339	1638
皮革、毛皮、羽毛及其制品和制鞋业	3267	1115	34.1	1928614	1730
木材加工和木、竹、藤、棕、草制品业	3910	1931	49.4	3090618	1600
家具制造业	4172	1425	34.2	2543278	1784
造纸和纸制品业	3345	1346	40.3	2238731	1663
印刷和记录媒介复制业	1923	654	34.0	1277833	1954
文教、工美、体育和娱乐用品制造业	3329	1156	34.7	1854905	1604
石油加工、炼焦和核燃料加工业	804	198	24.6	377344	1905
化学原料及化学制品制造业	10121	3743	37.0	6721088	1795
医药制造业	6957	1952	28.1	3670650	1880
化学纤维制造业	1616	562	34.8	816580	1454
橡胶和塑料制品业	7533	3079	40.9	5469525	1776
非金属矿物制品业	16071	5951	37.0	11155961	1874
黑色金属冶炼和压延加工业	3481	1414	40.6	2470489	1747
有色金属冶炼和压延加工业	4327	1116	25.8	1991192	1784
金属制品业	10269	4156	40.5	7730884	1860
通用设备制造业	15033	6109	40.6	11567759	1894
专用设备制造业	14358	4964	34.6	9064342	1826

2-1-35　续表 1

行　　业	房屋施工面　　积（万平方米）	房屋竣工面　　积（万平方米）	房屋建筑面积竣工率(%)	房屋竣工价　　值（万元）	房屋竣工造　　价（元/平方米）
汽车制造业	11870	3716	31.3	7202136	1938
铁路、船舶、航空航天和其他运输设备制造业	3303	1220	36.9	1936012	1588
电气机械和器材制造业	14547	4811	33.1	8667984	1802
计算机、通信和其他电子设备制造业	10075	2464	24.5	4205971	1707
仪器仪表制造业	2095	770	36.8	1222256	1587
其他制造业	3018	872	28.9	1323404	1518
废弃资源综合利用业	1274	657	51.6	1098275	1672
金属制品、机械和设备修理业	298	96	32.1	193116	2018
(四)电力、热力、燃气及水生产和供应业	**4482**	**1120**	**25.0**	**2936160**	**2622**
电力、热力生产和供应业	2940	672	22.9	1783175	2652
燃气生产和供应业	811	194	23.9	519189	2683
水的生产和供应业	731	254	34.7	633796	2495
(五)建筑业	**4522**	**918**	**20.3**	**1288655**	**1404**
房屋建筑业	2292	597	26.1	773839	1296
土木工程建筑业	602	136	22.6	197024	1448
建筑安装业	244	55	22.7	116902	2116
建筑装饰和其他建筑业	1384	129	9.3	200890	1556
(六)批发和零售业	**25510**	**8225**	**32.2**	**16463841**	**2002**
批发业	11256	3669	32.6	6946562	1893
零售业	14254	4556	32.0	9517279	2089
(七)交通运输、仓储和邮政业	**17155**	**4044**	**23.6**	**7973263**	**1972**
铁路运输业	880	252	28.7	1019308	4042
道路运输业	3821	790	20.7	1522006	1925
水上运输业	457	94	20.5	178673	1910
航空运输业	468	113	24.1	245656	2179
管道运输业	44	2	4.0	11352	6469
装卸搬运和运输代理业	1906	453	23.8	792515	1751
仓储业	9425	2287	24.3	4072405	1781
邮政业	154	54	34.9	131348	2443
(八)住宿和餐饮业	**10364**	**2664**	**25.7**	**5619100**	**2110**
住宿业	8347	1834	22.0	4008344	2185
餐饮业	2017	829	41.1	1610756	1942
(九)信息传输、软件和信息技术服务业	**10627**	**745**	**7.0**	**1433530**	**1925**
电信、广播电视和卫星传输服务	314	61	19.6	183937	2995
互联网和相关服务	356	66	18.6	125080	1891
软件和信息技术服务业	9958	617	6.2	1124513	1822
(十)金融业	**2723**	**337**	**12.4**	**910287**	**2701**
货币金融服务	1006	194	19.3	420381	2170
资本市场服务	981	77	7.9	305434	3958

2-1-35 续表 2

行　　业	房屋施工面积(万平方米)	房屋竣工面积(万平方米)	房屋建筑面积竣工率(%)	房屋竣工价值(万元)	房屋竣工造价(元/平方米)
保险业	295	28	9.6	73072	2578
其他金融业	442	38	8.6	111400	2944
(十一)房地产业	**849558**	**143252**	**16.9**	**365564528**	**2552**
房地产业	849558	143252	16.9	365564528	2552
(十二)租赁和商务服务业	**15775**	**4192**	**26.6**	**5483282**	**1308**
租赁业	165	82	49.3	153313	1878
商务服务业	15610	4110	26.3	5329969	1297
(十三)科学研究和技术服务业	**6566**	**1217**	**18.5**	**2204609**	**1811**
研究和试验发展	2154	421	19.5	653666	1554
专业技术服务业	1870	466	24.9	824199	1768
科技推广和应用服务业	2542	331	13.0	726744	2198
(十四)水利、环境和公共设施管理业	**18963**	**5831**	**30.8**	**7805226**	**1339**
水利管理业	1041	304	29.2	391270	1286
生态保护和环境治理业	480	120	25.0	303680	2538
公共设施管理业	17442	5407	31.0	7110276	1315
(十五)居民服务、修理和其他服务业	**3782**	**1093**	**28.9**	**2013557**	**1842**
居民服务业	2413	737	30.5	1313528	1782
机动车、电子产品和日用产品修理业	451	176	39.0	408227	2320
其他服务业	917	180	19.7	291802	1618
(十六)教育	**21613**	**5891**	**27.3**	**10159309**	**1724**
教育	21613	5891	27.3	10159309	1724
(十七)卫生和社会工作	**11493**	**2392**	**20.8**	**4498626**	**1881**
卫生	9425	1840	19.5	3452710	1877
社会工作	2067	553	26.7	1045916	1893
(十八)文化、体育和娱乐业	**8363**	**1642**	**19.6**	**3648580**	**2221**
新闻和出版业	336	47	14.0	82610	1762
广播、电视、电影和影视录音制作业	553	85	15.4	207737	2434
文化艺术业	3772	803	21.3	1628404	2027
体育	1406	288	20.5	717025	2489
娱乐业	2296	419	18.2	1012804	2419
(十九)公共管理、社会保障和社会组织	**16483**	**3631**	**22.0**	**5651332**	**1556**
中国共产党机关	69	33	47.6	52351	1604
国家机构	11691	2205	18.9	3603756	1634
人民政协、民主党派	25	18	72.6	5956	331
社会保障	749	120	16.0	162448	1358
群众团体、社会团体和其他成员组织	763	312	40.9	464030	1487
基层群众自治组织	3187	944	29.6	1362791	1444

2-1-36　国民经济行业大类固定资产(不含农户)住宅建筑面积和造价

行业	住宅施工面积(万平方米)	住宅竣工面积(万平方米)	住宅建筑面积竣工率(%)	住宅竣工价值(万元)	住宅竣工造价(元/平方米)
全国总计	**594325**	**108775**	**18.3**	**265486426**	**2441**
(一)农、林、牧、渔业	**599**	**312**	**52.1**	**326395**	**1045**
农业	285	210	73.7	150423	715
林业	45	24	53.9	21966	912
畜牧业	59	30	50.9	72622	2422
渔业	5	5	88.1	10659	2324
农、林、牧、渔服务业	205	43	21.1	70725	1632
(二)采矿业	**324**	**40**	**12.4**	**81946**	**2045**
煤炭开采和洗选业	279	13	4.6	16874	1310
石油和天然气开采业					
黑色金属矿采选业	12	6	50.6	17551	2845
有色金属矿采选业	9	3	29.7	7341	2853
非金属矿采选业	13	9	67.3	14826	1688
开采辅助活动	11	10	89.3	25225	2634
其他采矿业			58.1	129	1365
(三)制造业	**1424**	**756**	**53.1**	**1051086**	**1390**
农副食品加工业	96	42	44.0	96995	2284
食品制造业	54	15	27.4	34808	2359
酒、饮料和精制茶制造业	28	15	55.5	28658	1853
烟草制品业	21				
纺织业	39	26	68.2	52097	1979
纺织服装、服饰业	50	18	35.9	31905	1796
皮革、毛皮、羽毛及其制品和制鞋业	13	8	61.3	23317	3041
木材加工和木、竹、藤、棕、草制品业	73	52	70.9	40587	783
家具制造业	46	9	20.6	16460	1743
造纸和纸制品业	7	5	72.7	6499	1218
印刷和记录媒介复制业	19	18	91.4	39066	2202
文教、工美、体育和娱乐用品制造业	36	28	76.6	40505	1471
石油加工、炼焦和核燃料加工业	7		2.3	226	1477
化学原料及化学制品制造业	56	21	37.7	55470	2617
医药制造业	21	12	54.4	24921	2136
化学纤维制造业	1	1	88.1	2578	2312
橡胶和塑料制品业	39	22	56.0	40556	1870
非金属矿物制品业	135	83	61.1	127767	1544
黑色金属冶炼和压延加工业	24	22	91.3	15548	709
有色金属冶炼和压延加工业	93	87	93.0	43447	500
金属制品业	33	12	34.9	27139	2348
通用设备制造业	62	18	28.6	27597	1545
专用设备制造业	59	32	53.6	40015	1264

2-1-36 续表 1

行　　　业	住宅施工面　积(万平方米)	住宅竣工面　积(万平方米)	住宅建筑面积竣工率(%)	住宅竣工价　值(万元)	住宅竣工造　价(元/平方米)
汽车制造业	24	4	14.7	7426	2088
铁路、船舶、航空航天和其他运输设备制造业	44	10	22.0	29217	3008
电气机械和器材制造业	76	49	64.5	76264	1555
计算机、通信和其他电子设备制造业	154	107	69.6	74498	694
仪器仪表制造业	3	1	44.3	2349	1638
其他制造业	83	36	43.4	43160	1191
废弃资源综合利用业	24	4	18.0	1958	450
金属制品、机械和设备修理业	1		2.0	53	2000
(四)电力、热力、燃气及水生产和供应业	**51**	**39**	**76.5**	**90344**	**2302**
电力、热力生产和供应业	22	16	71.6	49515	3163
燃气生产和供应业	5	4	95.8	15362	3517
水的生产和供应业	25	19	77.3	25467	1325
(五)建筑业	**1148**	**382**	**33.3**	**361059**	**945**
房屋建筑业	961	329	34.2	340000	1034
土木工程建筑业	82	6	7.6	6578	1055
建筑安装业	20	17	83.0	3514	208
建筑装饰和其他建筑业	85	30	35.7	10967	363
(六)批发和零售业	**607**	**228**	**37.6**	**426725**	**1868**
批发业	224	67	29.8	118380	1772
零售业	383	162	42.1	308345	1908
(七)交通运输、仓储和邮政业	**219**	**126**	**57.6**	**111710**	**886**
铁路运输业	78	78	100.0	36580	466
道路运输业	80	23	29.2	20769	889
水上运输业	9	6	68.4	11537	1908
航空运输业			100.0	250	833
管道运输业				20	4000
装卸搬运和运输代理业	11	8	73.5	15449	2000
仓储业	38	8	20.9	20605	2585
邮政业	3	2	87.4	6500	2878
(八)住宿和餐饮业	**600**	**156**	**25.9**	**393051**	**2527**
住宿业	541	120	22.2	305408	2547
餐饮业	59	36	60.4	87643	2459
(九)信息传输、软件和信息技术服务业	**18**	**6**	**31.9**	**9886**	**1691**
电信、广播电视和卫星传输服务	1	1	94.7	2458	1835
互联网和相关服务					
软件和信息技术服务业	17	5	26.6	7428	1649
(十)金融业	**64**	**1**	**1.8**	**3845**	**3243**
货币金融服务	29	1	2.9	2595	3142
资本市场服务	24		1.5	1250	3472

2-1-36　续表 2

行　　业	住宅施工面积(万平方米)	住宅竣工面积(万平方米)	住宅建筑面积竣工率(%)	住宅竣工价值(万元)	住宅竣工造价(元/平方米)
保险业	12				
其他金融业					
(十一)房地产业	**579799**	**103578**	**17.9**	**258185753**	**2493**
房地产业	579799	103578	17.9	258185753	2493
(十二)租赁和商务服务业	**893**	**272**	**30.5**	**429347**	**1579**
租赁业	2	2	85.0	1778	1154
商务服务业	891	270	30.3	427569	1581
(十三)科学研究和技术服务业	**220**	**107**	**48.6**	**57184**	**534**
研究和试验发展	15	2	10.2	2965	1955
专业技术服务业	167	100	59.8	45291	453
科技推广和应用服务业	38	6	14.6	8928	1602
(十四)水利、环境和公共设施管理业	**2712**	**861**	**31.7**	**1158422**	**1346**
水利管理业	129	19	14.8	17761	929
生态保护和环境治理业	28	12	43.6	27508	2223
公共设施管理业	2555	829	32.5	1113153	1343
(十五)居民服务、修理和其他服务业	**750**	**267**	**35.6**	**368455**	**1379**
居民服务业	662	223	33.6	302630	1360
机动车、电子产品和日用产品修理业	25	22	88.8	28564	1290
其他服务业	64	23	35.5	37261	1652
(十六)教育	**732**	**272**	**37.1**	**435398**	**1603**
教育	732	272	37.1	435398	1603
(十七)卫生和社会工作	**367**	**144**	**39.4**	**211178**	**1463**
卫生	159	66	41.6	104630	1585
社会工作	208	78	37.6	106548	1360
(十八)文化、体育和娱乐业	**376**	**64**	**16.9**	**94920**	**1490**
新闻和出版业	20	20	100.0	18263	922
广播、电视、电影和影视录音制作业					
文化艺术业	164	29	17.6	24505	849
体育	145	12	8.1	47372	4029
娱乐业	47	3	7.0	4780	1458
(十九)公共管理、社会保障和社会组织	**3420**	**1164**	**34.0**	**1689722**	**1452**
中国共产党机关	11	10	96.1	17668	1725
国家机构	1838	710	38.7	1129952	1590
人民政协、民主党派	2	2	100.0	1126	500
社会保障	196	38	19.4	50557	1323
群众团体、社会团体和其他成员组织	110	88	79.8	25256	288
基层群众自治组织	1263	315	25.0	465163	1476

(二)房地产开发

2-2-1 房地产开发投资主要指标

指标	2014年	2013年	2014年比2013年增减	
			绝对数	%
一、投资总额(亿元)	**95035.61**	**86013.38**	**9022.23**	**10.5**
1.按构成分				
建筑安装工程	70561.11	63919.25	6641.87	10.4
设备、工具、器具投资	1306.91	1250.03	56.88	4.6
其他费用	23167.59	20844.10	2323.49	11.1
2.按工程用途分				
住宅	64352.15	58950.76	5401.39	9.2
办公楼	5641.19	4652.45	988.74	21.3
商业营业用房	14346.25	11944.83	2401.42	20.1
其他	10696.02	10465.34	230.68	2.2
二、全部建设规模(亿元)				
建设总规模	493066.50	430922.15	62144.34	14.4
自开始建设至本年底累计完成投资	330830.08	275881.28	54948.80	19.9
在建总规模	419254.75	378516.65	40738.10	10.8
在建净规模	171988.88	161235.64	10753.24	6.7
三、新增固定资产(亿元)	**41251.03**	**37400.56**	**3850.47**	**10.3**
四、房屋建筑面积(万平方米)				
施工面积	726482.34	665571.89	60910.45	9.2
其中:住宅	515096.45	486347.33	28749.12	5.9
竣工面积	107459.05	101434.99	6024.05	5.9
其中:住宅	80868.00	78740.62	2127.38	2.7
五、投资实际到位资金小计(亿元)	**121991.48**	**122122.47**	**-130.99**	**-0.1**
国内贷款	21242.61	19672.66	1569.95	8.0
利用外资	639.26	534.17	105.10	19.7
其中:外商直接投资	598.91	467.12	131.79	28.2
自筹资金	50419.80	47424.95	2994.86	6.3
其他资金	49689.81	54490.70	-4800.89	-8.8
其中:定金及预收款	30237.51	34498.97	-4261.46	-12.4

2-2-2　各地区按登记注册类型分的房地产开发单位个数

单位：个

地　区	合　计	内　资					
			国有	集体	股份合作	国有联营	集体联营
全国总计	**94197**	**89218**	**1476**	**457**	**81**	**8**	**4**
北　京	2811	2560	61	19	1		
天　津	1246	1142	59	7		2	
河　北	3387	3332	16		1		
山　西	2452	2434	71	8			
内蒙古	2079	2073	10	1	1		
辽　宁	4021	3617	24	6	6		
吉　林	1681	1653	6	1	1		
黑龙江	2154	2119	47	1	1		
上　海	2938	2486	68	17	1	2	1
江　苏	6829	6215	79	33	4	1	
浙　江	6383	6037	56	18	5	2	
安　徽	3731	3634	58	6			
福　建	3280	2857	74	19			
江　西	2077	1985	42	5	1		1
山　东	6373	6150	112	64	11		
河　南	5662	5559	73	11	6		1
湖　北	4214	4104	84	17			
湖　南	3808	3707	72	6	4		
广　东	7138	6232	113	164	9		1
广　西	2491	2383	59	12	6		
海　南	1180	1099	28		1		
重　庆	2695	2560	35	2	2		
四　川	4061	3919	47	11	8		
贵　州	2591	2552	29	3	1		
云　南	2783	2745	44	4	2		
西　藏	45	45	1				
陕　西	1941	1904	61	8	5		
甘　肃	1479	1460	31	13	2		
青　海	325	322	3		1	1	
宁　夏	534	530	1				
新　疆	1808	1803	12	1	1		

2-2-2 续表 1

单位：个

地 区	内资						
	国有与集体联营	其他联营	国有独资公司	其他有限责任公司	股份有限公司	私营独资	私营合伙
全国总计	**4**	**5**	**1640**	**41121**	**3426**	**180**	**41**
北 京			54	1790	62		
天 津			75	591	51	1	1
河 北			18	1655	147	8	2
山 西			31	385	26		
内蒙古			17	909	85	4	1
辽 宁			42	1487	134	10	
吉 林			18	832	89	5	1
黑龙江			27	1045	124	2	1
上 海	1		142	1145	52	4	1
江 苏			123	2145	265	19	3
浙 江	1		136	2716	88	7	2
安 徽			70	1587	111	10	3
福 建	1		102	1380	60	1	
江 西			33	908	135	3	2
山 东			110	2961	356	10	1
河 南		1	36	3306	332	13	3
湖 北			54	1785	208	9	2
湖 南		1	68	1670	226	13	2
广 东		1	72	3366	136	15	2
广 西		1	34	854	112	9	7
海 南	1		27	730	59	3	
重 庆			80	972	52	3	
四 川			60	1815	187	11	2
贵 州			48	1332	66	2	3
云 南			44	1176	106	8	
西 藏		1	3	11	2		
陕 西			52	978	85	4	
甘 肃			15	720	44	2	
青 海			10	81	13		
宁 夏			12	118	3	3	
新 疆			27	671	10	1	2

2-2-2　续表 2　　　　　　　　　　　　　　　　单位：个

地　区	内资			港澳台投资			
	私营有限责任公司	私营股份有限公司	其他内资企业		合资经营	合作经营	独资
全国总计	**38169**	**2479**	**127**	**3414**	**1217**	**327**	**1810**
北　京	550	23		149	54	56	39
天　津	336	16	3	59	29	1	26
河　北	1372	104	9	35	16		19
山　西	1850	62	1	12	8		4
内蒙古	995	47	3	3	3		
辽　宁	1820	82	6	263	112	9	138
吉　林	660	39	1	21	8	1	10
黑龙江	788	81	2	24	11	1	10
上　海	1005	46	1	303	111	15	175
江　苏	3321	217	5	408	143	13	246
浙　江	2945	59	2	222	94	1	120
安　徽	1639	138	12	62	30	1	28
福　建	1162	56	2	315	95	10	202
江　西	770	81	4	69	29	1	39
山　东	2336	176	13	154	71	11	71
河　南	1606	165	6	67	27	5	33
湖　北	1827	115	3	82	35	3	42
湖　南	1437	201	7	73	31	2	40
广　东	2247	97	9	697	146	183	359
广　西	1203	81	5	64	29	6	29
海　南	229	16	5	61	18		38
重　庆	1323	90	1	96	32	3	61
四　川	1660	108	10	76	25	2	45
贵　州	968	99	1	30	19	1	10
云　南	1253	97	11	31	19	1	11
西　藏	27						
陕　西	636	73	2	18	6	1	11
甘　肃	594	38	1	13	11		2
青　海	196	17		2	1		1
宁　夏	372	21		1	1		
新　疆	1042	34	2	4	3		1

2-2-2 续表 3

单位：个

地　　区	港澳台		外商投资					
	股份有限	其他		合资经营	合作经营	独资	股份有限	其他
全国总计	**53**	**7**	**1565**	**623**	**144**	**732**	**50**	**16**
北　　京			102	40	37	22	3	
天　　津	3		45	21	3	17	3	1
河　　北			20	7	1	11	1	
山　　西			6	3		3		
内 蒙 古			3	1		1		1
辽　　宁	4		141	71	6	60	4	
吉　　林	1	1	7	6	1			
黑 龙 江	2		11	5	1	5		
上　　海	2		149	50	9	85	5	
江　　苏	6		206	87	9	109		1
浙　　江	7		124	60	3	57	3	1
安　　徽	3		35	11	1	21	1	1
福　　建	8		108	32	1	68	4	3
江　　西			23	12		10	1	
山　　东	1		69	34	9	25		
河　　南	1	1	36	15	1	19	1	
湖　　北	2		28	15		10	1	2
湖　　南			28	16		10	2	
广　　东	7	2	209	52	46	97	11	3
广　　西			44	17	4	20	2	1
海　　南	3	2	20	4	2	13	1	
重　　庆			39	15	2	16	4	2
四　　川	3	1	66	26	3	36	1	
贵　　州			9	5	2	2		
云　　南			7	3	1	2	1	
西　　藏								
陕　　西			19	7	2	9	1	
甘　　肃			6	4		2		
青　　海			1	1				
宁　　夏			3	2		1		
新　　疆			1	1				

2-2-3　各地区房地产开发固定资产投资建设规模

单位：万元

地　　区	建设总规模	自开始建设累计完成投资	在建总规模	在建净规模
全国总计	**493[illegible]950**	**3308300821**	**4192547514**	**1719888810**
北　　京	21[illegible]3690	163818478	197071594	54515377
天　　津	13[illegible]916	79142783	119547153	54807089
河　　北	163[illegible]552	111090227	137729435	59665056
山　　西	6[illegible]982	44494262	58056548	26539464
内 蒙 古	7[illegible]769	50567883	70041123	29508290
辽　　宁	2[illegible]2757	193134053	203734789	73578212
吉　　林	6[illegible]2686	41528239	54912545	22427266
黑 龙 江	6[illegible]3657	45766253	51669490	20250988
上　　海	2[illegible]78190	147286864	187490209	59781352
江　　苏	4[illegible]6960	306068197	414446856	170124786
浙　　江	3[illegible]0740	237577399	267050841	97269278
安　　徽	2[illegible]34561	147624509	193140829	83222520
福　　建	2[illegible]12364	151390720	155676042	55334130
江　　西	7[illegible]75310	46898100	61872726	27781366
山　　东	32[illegible]80408	208556642	277715473	117000186
河　　南	2[illegible]52858	124713715	182115650	93758387
湖　　北	1[illegible]105284	117692424	142364114	62836812
湖　　南	[illegible]817213	102915976	138352402	62384543
广　　东	4[illegible]958675	306272757	374380255	145235239
广　　西	1[illegible]2846814	70444803	84917812	37005641
海　　南	31696667	48882139	72080058	35244628
重　　庆	[illegible]2913963	133532714	165691715	64095457
四　　川	[illegible]6212218	130591855	151811919	62213832
贵　　州	[illegible]16827045	69917838	100558761	49801419
云　　南	[illegible]20544769	75394619	100451867	47868150
西　　藏	1432290	732599	1381147	718986
陕　　西	128622165	76801148	113161256	53534001
甘　　肃	34902853	21916104	29785215	13278661
青　　海	13345513	8492794	11525697	5074597
宁　　夏	33150543	19854460	31139915	13525984
新　　疆	46281538	25200267	42674078	21507113

2-2-4 各地区房地产开发投资和新增固定资产

单位：万元

地　区	投资额	新增固定资产	固定资产交付使用率 (%)
全国总计	**950356144**	**412510312**	**43.4**
北　京	37153341	14783822	39.8
天　津	16996496	10613125	62.4
河　北	40597194	16762659	41.3
山　西	14035549	7165446	51.1
内蒙古	13708803	6540590	47.7
辽　宁	53013051	24549766	46.3
吉　林	10301285	5140347	49.9
黑龙江	13240875	9527092	72.0
上　海	32064773	15839309	49.4
江　苏	82402166	42720723	51.8
浙　江	72623829	31016103	42.7
安　徽	43389603	19250298	44.4
福　建	45674028	12506288	27.4
江　西	13224909	6043879	45.7
山　东	58179538	24245256	41.7
河　南	43757143	20083660	45.9
湖　北	39837900	12681621	31.8
湖　南	28835662	13171670	45.7
广　东	76384530	33838569	44.3
广　西	18384942	5888753	32.0
海　南	14316515	7680151	53.6
重　庆	36302331	15604016	43.0
四　川	43800919	19446207	44.4
贵　州	21876698	8675815	39.7
云　南	28466541	7939731	27.9
西　藏	529087	153525	29.0
陕　西	24264914	7268348	30.0
甘　肃	7214717	2391904	33.2
青　海	3082702	1773035	57.5
宁　夏	6547995	3661703	55.9
新　疆	10148108	5546901	54.7

2-2-5　各地区房地产开发投资各种购置费用

单位：万元

地　区	旧建筑物购置费	土地购置费
全国总计	**3157944**	**174585288**
北　京	76934	13789448
天　津	11430	2813748
河　北	316656	5113949
山　西	63370	1604992
内蒙古	56320	1544806
辽　宁	71755	5351452
吉　林	58820	1552022
黑龙江	55835	1671406
上　海		8736124
江　苏	68657	17459295
浙　江	7963	26805913
安　徽	78968	8328848
福　建	82266	11704938
江　西	61512	1796430
山　东	94837	8895522
河　南	396595	3527989
湖　北	265925	5092811
湖　南	154180	3385088
广　东	216148	15913482
广　西	35396	2553674
海　南	95368	1856302
重　庆	57978	6496387
四　川	110858	8235392
贵　州	240901	1403286
云　南	192235	5084638
西　藏	1706	79580
陕　西	109048	1853103
甘　肃	18425	396302
青　海	38229	270228
宁　夏	43209	398788
新　疆	76420	869345

2-2-6 各地区按登记注册类型分的房地产开发投资

单位：万元

地　区	合计	内资	国有	集体	股份合作	国有联营	集体联营
全国总计	**950356144**	**865928850**	**14096552**	**1720747**	**478960**	**80589**	**78207**
北　京	37153341	35190945	641488	224075			
天　津	16996496	15118350	359594	22492		30102	
河　北	40597194	39854098	132804		13476		
山　西	14035549	13862621	409170	32860			
内蒙古	13708803	13651568	110385		120		
辽　宁	53013051	42429179	696714	98723	6716		
吉　林	10301285	9703186	5831		300		
黑龙江	13240875	13079643	186845	50	4000		
上　海	32064773	25986854	160231	109017			4000
江　苏	82402166	70705829	1899425	80921	14352	20006	
浙　江	72623829	64948175	416056	30133	17550	28558	
安　徽	43389603	41363895	673626	11287			
福　建	45674028	40808678	876058	101606			
江　西	13224909	12564120	156925	2503			
山　东	58179538	54606532	900403	91453	55932		
河　南	43757143	42851276	1725922	59852	98636		
湖　北	39837900	37054181	409782	139407			
湖　南	28835662	27552701	507026	17214	4767		
广　东	76384530	64046615	390707	605972	29435		74207
广　西	18384942	17106534	354275	2314	8100		
海　南	14316515	12496182	321218		5600		
重　庆	36302331	31540375	338520		2479		
四　川	43800919	40396963	313377	48508	115583		
贵　州	21876698	21411238	142046		1490		
云　南	28466541	27185951	516535				
西　藏	529087	529087	40400				
陕　西	24264914	23026222	774237	28090	92257		
甘　肃	7214717	7205724	297516	14270	1000		
青　海	3082702	3082702	98849		4167	1923	
宁　夏	6547995	6468068	101776				
新　疆	10148108	10101358	138811		3000		

2-2-6　续表 1

单位：万元

地　区	内资						
	国有与集体联营	其他联营	国有独资公司	其他有限责任公司	股份有限公司	私营独资	私营合伙
全国总计	**5750**	**36910**	**32118208**	**484530716**	**33447500**	**1319057**	**245485**
北　京			568931	30035181	1406606		
天　津			1259507	10382770	591234		
河　北			401425	21200294	1746776	66844	14300
山　西			389635	4158386	105194		
内蒙古			692090	5771362	468404	31948	1000
辽　宁			1143182	21939818	2035906	66436	
吉　林			213410	5474431	550056	17591	160
黑龙江			390397	8000418	608987		6000
上　海			1885090	15305148	520198	31654	
江　苏			2532408	31789585	2591839	163757	6775
浙　江	3060		3238635	35541822	765024	24144	25768
安　徽			1980230	23016011	1261934	45819	4505
福　建			2555117	25456149	846426	2850	
江　西			367158	6815756	716593	4343	2110
山　东			2960234	31123226	2899569	50170	7995
河　南			377930	27570559	2345680	79663	4693
湖　北			846695	20831133	2534925	47204	500
湖　南		36910	716181	15396070	1232929	53410	6595
广　东			1168915	38332093	2591907	300475	15237
广　西			590134	7912765	752364	53701	139141
海　南	2690		1067467	8309355	691790	52518	
重　庆			2225322	14293094	1433649	20980	
四　川			656868	23146350	1483512	53148	
贵　州			332489	14818492	412865	16612	5420
云　南			834649	15006768	1102685	25737	
西　藏			4731	128397	100		
陕　西			1010553	12342322	1399328	41002	
甘　肃			416933	3741079	116530	5680	
青　海			381040	714600	72777		
宁　夏			440315	1343114	27672	59671	
新　疆			470537	4634168	134041	3700	5286

2-2-6 续表 2

单位：万元

地　　区	内　　资			港澳台投资			
	私营有限责任公司	私营股份有限公司	其他内资企　业		合资经营	合作经营	独资
全国总计	**280569153**	**16077626**	**1123390**	**60279020**	**22052819**	**2561809**	**34300709**
北　京	2285841	28823		1427481	412479	166374	848628
天　津	2292231	176100	4320	1103719	482892		459624
河　北	15093428	1149732	35019	501928	134643		367285
山　西	8580622	173654	13100	104622	81890		22732
内蒙古	6365285	208644	2330				
辽　宁	15601307	799479	40898	8114038	3318742	184682	4537166
吉　林	3260545	172562	8300	564053	353023		208030
黑龙江	3676701	205027	1218	139132	95362	19317	24453
上　海	7652242	319274		4304987	1811810	46423	2436098
江　苏	30092637	1478564	35560	8211381	2424079	135810	5518434
浙　江	24559653	276565	21207	5830742	2072092		3615584
安　徽	13262891	818699	288893	1472380	509759		778624
福　建	10325788	584813	59871	3335382	1902989	25927	1312428
江　西	4195217	289730	13785	510498	305662		204836
山　东	15415891	1055320	46339	2667680	1324908	86195	1252329
河　南	9510222	1051934	26185	587129	245278	170	320181
湖　北	11702449	537586	4500	2165154	559517	82848	1492147
湖　南	8729283	823603	28713	1032183	281461		750722
广　东	19579061	938321	20285	8306557	2477016	1339474	4327852
广　西	6711878	441364	140498	1006120	270249	77046	658825
海　南	1867272	150559	27713	1413005	528358		622970
重　庆	12488049	737482	800	3545463	1110368	350317	2084778
四　川	13576655	853327	149635	1732032	554530		1096567
贵　州	5192801	477023	12000	434785	211119	27700	195966
云　南	8606367	982857	110353	998368	426109		572259
西　藏	355459						
陕　西	6786634	548799	3000	654109	42514	19526	592069
甘　肃	2540875	44093	27748	5002	5002		
青　海	1721149	88197					
宁　夏	3967590	527930		70150	70150		
新　疆	4573130	137565	1120	40940	40818		122

2-2-6　续表 3

单位：万元

地　区	港澳台商投资		外商投资					
	股份有限	其他		合资经营	合作经营	独资	股份有限	其他
全国总计	**1292571**	**71112**	**24148274**	**7565458**	**2586537**	**12622837**	**725491**	**647951**
北　京			534915	105030	206391	220655	2839	
天　津	161203		774427	167066		499043	90818	17500
河　北			241168	19330		221838		
山　西			68306	1000		67306		
内蒙古			57235	10284		550		46401
辽　宁	73448		2469834	1026954	384682	973253	84945	
吉　林	3000		34046	34046				
黑龙江			22100			22100		
上　海	10656		1772932	757189	384544	616099	15100	
江　苏	133058		3484956	1473082	116305	1895569		
浙　江	143066		1844912	448347	41257	1355308		
安　徽	183997		553328	57382	37073	398662	9970	50241
福　建	94038		1529968	93556		1323119	92693	20600
江　西			150291	100392		45799	4100	
山　东	4248		905326	335657	177839	391830		
河　南	18100	3400	318738	56882	37537	218168	6151	
湖　北	30642		618565	177660		226050	900	213955
湖　南			250778	110330		138248	2200	
广　东	106228	55987	4031358	1493168	379128	1723213	163795	272054
广　西			272288	58842	2340	210150	956	
海　南	251677	10000	407328	52942	85337	269049		
重　庆			1216493	253973	291241	607963	36116	27200
四　川	79210	1725	1671924	576164	212953	882807		
贵　州			30675	7302	23373			
云　南			282222	5380	109935	5868	161039	
西　藏								
陕　西			584583	128078	96602	306034	53869	
甘　肃			3991	3754		237		
青　海								
宁　夏			9777	5858		3919		
新　疆			5810	5810				

2-2-7 各地区按资质等级分的房地产开发投资

单位：万元

地区	投资额	一级	二级	三级
全国总计	**950356144**	**38469600**	**143119479**	**156556351**
北京	37153341	4422768	3804986	1927387
天津	16996496	532120	1593724	1433210
河北	40597194	2245561	5712725	5973694
山西	14035549	415436	2040167	2209073
内蒙古	13708803	374518	1617163	2013617
辽宁	53013051	1071705	4455215	8247797
吉林	10301285	138065	2275695	1899897
黑龙江	13240875	354545	2759115	6424232
上海	32064773	508561	2526829	1787934
江苏	82402166	3765278	25198991	4326389
浙江	72623829	2372022	6497053	11342358
安徽	43389603	788079	5304363	8526214
福建	45674028	1351294	3793820	8867192
江西	13224909	193196	1529375	2612456
山东	58179538	2378815	6365726	7163527
河南	43757143	1519345	6816591	3720626
湖北	39837900	1694519	7251364	5625439
湖南	28835662	1136315	3787619	10419852
广东	76384530	4598970	4925962	14665173
广西	18384942	805788	2550750	3037538
海南	14316515	8349	752633	1887249
重庆	36302331	2163939	13356067	3502176
四川	43800919	1693856	6883891	23262978
贵州	21876698	95360	6369625	2799444
云南	28466541	1047902	4861998	2534222
西藏	529087		77567	291422
陕西	24264914	1182447	3858167	4586407
甘肃	7214717	102164	1422541	2238239
青海	3082702	203853	1139780	537408
宁夏	6547995	873330	2082590	1248903
新疆	10148108	431500	1507387	1444298

2-2-7　续表

单位：万元

地　区	四　级	暂　定	其　他
全国总计	**97329152**	**456065016**	**58816546**
北　京	9670940	15946969	1380291
天　津	8589190	4492389	355863
河　北	9879567	15867464	918183
山　西	5789305	3365556	216012
内蒙古	6152351	2692257	858897
辽　宁	331160	33921902	4985272
吉　林	1338574	4629516	19538
黑龙江	334501	2874870	493612
上　海	110676	24109096	3021677
江　苏	154791	40865120	8091597
浙　江	3021287	40288383	9102726
安　徽	1135079	25552392	2083476
福　建	3878984	26483123	1299615
江　西	943249	7512732	433901
山　东	5276132	33118258	3877080
河　南	2229623	27475028	1995930
湖　北	3328500	20579209	1358869
湖　南	2739890	10174286	577700
广　东	10865477	34909791	6419157
广　西	893671	9800636	1296559
海　南	809589	9342938	1515757
重　庆	172264	16639431	468454
四　川	345410	9789636	1825148
贵　州	2137935	9759601	714733
云　南	7102620	11046177	1873622
西　藏	4790	135308	20000
陕　西	6365745	5370500	2901648
甘　肃	1229224	2148139	74410
青　海	434340	743928	23393
宁　夏	684295	1485936	172941
新　疆	1379993	4944445	440485

2-2-8 各地区按构成分的房地产开发投资

单位：万元

地区	投资额	建筑安装工程	设备工器具购置	其他费用
全国总计	**950356144**	**705611141**	**13069081**	**231675922**
北京	37153341	16011781	473386	20668174
天津	16996496	11808766	108781	5078949
河北	40597194	32657425	903655	7036114
山西	14035549	11429051	228140	2378358
内蒙古	13708803	11678510	173258	1857035
辽宁	53013051	45249782	1103095	6660174
吉林	10301285	8219491	128112	1953682
黑龙江	13240875	11013966	249453	1977456
上海	32064773	20765930	170492	11128351
江苏	82402166	60258782	1294105	20849279
浙江	72623829	39350742	679946	32593141
安徽	43389603	33167098	516025	9706480
福建	45674028	31955624	348266	13370138
江西	13224909	10652346	176563	2396000
山东	58179538	46637205	649280	10893053
河南	43757143	37045662	870486	5840995
湖北	39837900	30924945	677813	8235142
湖南	28835662	22839232	507291	5489139
广东	76384530	54271765	780292	21332473
广西	18384942	14655282	414220	3315440
海南	14316515	10877055	214189	3225271
重庆	36302331	26002405	407396	9892530
四川	43800919	32958452	783548	10058919
贵州	21876698	18324612	191541	3360545
云南	28466541	21838665	321455	6306421
西藏	529087	416762	15581	96744
陕西	24264914	20953056	292058	3019800
甘肃	7214717	6478428	123034	613255
青海	3082702	2661403	32679	388620
宁夏	6547995	5794441	50825	702729
新疆	10148108	8712477	184116	1251515

2-2-9 各地区按用途分的房地产开发投资

单位：万元

地 区	投资额	住宅	办公楼	商业营业用房	其他
全国总计	**950356144**	**643521513**	**56411890**	**143462517**	**106960224**
北 京	37153341	18460805	7129843	3808433	7754260
天 津	16996496	11222553	1235819	2179330	2358794
河 北	40597194	30103548	1538486	5020161	3934999
山 西	14035549	10106901	692123	1913124	1323401
内蒙古	13708803	9367598	510090	2544407	1286708
辽 宁	53013051	38442622	1792155	9507965	3270309
吉 林	10301285	7324687	301565	1867173	807860
黑龙江	13240875	9460270	252529	2368761	1159315
上 海	32064773	17246467	5347709	4579197	4891400
江 苏	82402166	59245083	3784732	12867085	6505266
浙 江	72623829	45941730	4876203	9493384	12312512
安 徽	43389603	28476344	1689593	9305558	3918108
福 建	45674028	29171687	3585835	6548765	6367741
江 西	13224909	9719227	539721	1986456	979505
山 东	58179538	41843316	3585761	8050743	4699718
河 南	43757143	32891963	1988379	5312195	3564606
湖 北	39837900	27554186	1716497	6391974	4175243
湖 南	28835662	19985121	1106505	4273885	3470151
广 东	76384530	51873184	4894379	9584250	10032717
广 西	18384942	12926348	708981	2540032	2209581
海 南	14316515	11221374	105140	1375700	1614301
重 庆	36302331	24513660	1769621	5340012	4679038
四 川	43800919	28478207	1951111	7770626	5600975
贵 州	21876698	13503388	1519696	4439789	2413825
云 南	28466541	18300705	1337792	5331371	3496673
西 藏	529087	294421	34903	101288	98475
陕 西	24264914	18696850	1051474	2857338	1659252
甘 肃	7214717	4963706	266463	1346607	637941
青 海	3082702	1906743	273158	642797	260004
宁 夏	6547995	4115773	211681	1441999	778542
新 疆	10148108	6163046	613946	2672112	699004

2-2-10 各地区按隶属关系分的房地产开发投资

单位：万元

地区	投资额	中央项目	地方项目	省属	地市属	县属	其他
全国总计	**950356144**	**17865484**	**932490660**	**29526302**	**111574869**	**82222601**	**709166888**
北京	37153341	2081645	35071696	6536683	5349478	364827	22820708
天津	16996496	882479	16114017	2424202	4073921	1312804	8303090
河北	40597194	521920	40075274	307763	4163484	3817862	31786165
山西	14035549	682135	13353414	439246	1168350	370220	11375598
内蒙古	13708803	133113	13575690	115158	1591979	1475456	10393097
辽宁	53013051	790344	52222707	226240	4884562	3558496	43553409
吉林	10301285	67532	10233753	103870	1211570	708794	8209519
黑龙江	13240875	159451	13081424	476175	2370211	2062758	8172280
上海	32064773	729982	31334791	2255194	3957050	440985	24681562
江苏	82402166	726754	81675412	633753	4815028	5945782	70280849
浙江	72623829	194813	72429016	485258	3144195	3360561	65439002
安徽	43389603	404196	42985407	2001345	6713658	3620991	30649413
福建	45674028	72363	45601665	540149	7046362	6168263	31846891
江西	13224909	265023	12959886	454131	1166038	1653491	9686226
山东	58179538	1247528	56932010	1992007	6267830	8621121	40051052
河南	43757143	120069	43637074	624836	7334146	4489045	31189047
湖北	39837900	919781	38918119	692102	6363208	3461865	28400944
湖南	28835662	569369	28266293	822300	3747651	2307225	21389117
广东	76384530	1990833	74393697	310195	11269208	4971977	57842317
广西	18384942	576424	17808518	344854	3035015	866875	13561774
海南	14316515	232026	14084489	832896	2842684	2555638	7853271
重庆	36302331	1169215	35133116	3077443	4454723	1080719	26520231
四川	43800919	621608	43179311	425745	3426550	5922605	33404411
贵州	21876698	731962	21144736	230278	1070395	2424673	17419390
云南	28466541	339195	28127346	1315777	2064825	5553311	19193433
西藏	529087		529087	17500	62824		448763
陕西	24264914	816858	23448056	1009057	5210271	2117580	15111148
甘肃	7214717	157656	7057061	286632	1023454	1041473	4705502
青海	3082702		3082702	106804	451370	371666	2152862
宁夏	6547995	97609	6450386	306873	348292	220428	5574793
新疆	10148108	563601	9584507	131836	946537	1355110	7151024

2-2-11 各地区房地产开发投资财务拨款

单位：万元

地 区	本年实际到位资金合计	上年末结余资金	本年实际到位资金小计	本年各项应付款合计
全国总计	**1567312262**	**347397419**	**1219914843**	**255841260**
北 京	94079874	27859725	66220149	2577604
天 津	37284408	9049601	28234807	8693338
河 北	50942678	6557860	44384818	9719307
山 西	17631940	3697059	13934881	3819579
内蒙古	16462736	2071049	14391687	3403069
辽 宁	72853090	13943352	58909738	13736772
吉 林	14514985	2220760	12294225	2638519
黑龙江	16956270	2872261	14084009	2491895
上 海	74221873	21522848	52699025	9630580
江 苏	157128683	36127041	121001642	29662229
浙 江	126320097	36756995	89563102	15472028
安 徽	65742052	13430373	52311679	12518873
福 建	71140522	13879192	57261330	7099627
江 西	26038375	6579895	19458480	4342864
山 东	86586118	16674286	69911832	14173607
河 南	56235453	9345743	46889710	9340931
湖 北	54857175	11634784	43222391	10474512
湖 南	45724498	10064588	35659910	10008436
广 东	152784857	39518835	113266022	22169261
广 西	29353920	5246449	24107471	5137492
海 南	24420260	5111604	19308656	5338464
重 庆	67627353	14177520	53449833	13866787
四 川	72505071	13873969	58631102	11440282
贵 州	28077801	4711619	23366182	5388049
云 南	36563659	7389354	29174305	8518339
西 藏	586444	107414	479030	220402
陕 西	33703493	6855693	26847800	6188153
甘 肃	11015283	2468809	8546474	2415880
青 海	4288484	777789	3510695	829050
宁 夏	8549377	1120322	7429055	1904880
新 疆	13115433	1750630	11364803	2620451

2-2-12 各地区房地产开发投资本年实际到位资金构成

单位：万元

地区	本年实际到位资金小计	国内贷款	利用外资	外商直接投资	自筹资金	其他资金
全国总计	**1219914843**	**212426108**	**6392613**	**5989082**	**504198031**	**496898091**
北京	66220149	21580291	77763	77763	18154136	26407959
天津	28234807	8171550	71887	13782	8752250	11239120
河北	44384818	3124712	263350	234300	28195336	12801420
山西	13934881	1236311			7433185	5265385
内蒙古	14391687	1456220			10223861	2711606
辽宁	58909738	7207044	706300	618171	33685015	17311379
吉林	12294225	1261902	5000		6589198	4438125
黑龙江	14084009	978225	27000	27000	9099429	3979355
上海	52699025	16388433	696144	677332	15608290	20006158
江苏	121001642	22496812	807874	793289	41548646	56148310
浙江	89563102	18177735	716767	716092	32023064	38645536
安徽	52311679	5679346	27810	27810	22038512	24566011
福建	57261330	7526197	233194	233194	24791897	24710042
江西	19458480	2559744	3885	3885	6065001	10829850
山东	69911832	9958261	141320	138016	31050030	28762221
河南	46889710	5270148	6700	6700	26015500	15597362
湖北	43222391	7375424	196279	196279	19716253	15934435
湖南	35659910	5842797	47802	14802	13504202	16265109
广东	113266022	24326141	636491	570652	37055697	51247693
广西	24107471	3400275	2056	2056	9016015	11689125
海南	19308656	3859090	6150	5550	8866557	6576859
重庆	53449833	11907732	1131313	1130813	18244123	22166665
四川	58631102	8178753	393355	317528	25136809	24922185
贵州	23366182	2426237	34130	30530	9648609	11257206
云南	29174305	4149022	160043	153538	15494568	9370672
西藏	479030	8000			350322	120708
陕西	26847800	3912758			12745677	10189365
甘肃	8546474	1205125			4114519	3226830
青海	3510695	515589			1393612	1601494
宁夏	7429055	1200423			2754745	3473887
新疆	11364803	1045811			4882973	5436019

2-2-13 各地区房地产土地开发情况

地 区	本年购置土地面积（平方米）	本年土地成交价款（万元）
全国总计	**333830332**	**100198754**
北 京	5807629	7636722
天 津	1227444	1210859
河 北	10817208	2329237
山 西	4317085	654614
内 蒙 古	5344826	871948
辽 宁	16708480	4112281
吉 林	9284006	1887529
黑 龙 江	4165769	688884
上 海	3131804	3956299
江 苏	34542666	10945523
浙 江	18879208	9644945
安 徽	30295843	7110157
福 建	12941606	4760465
江 西	9181964	2088656
山 东	22254998	5247291
河 南	11161606	2339382
湖 北	12449934	3348710
湖 南	11119826	2114284
广 东	19569868	8565839
广 西	6100127	1609370
海 南	2884735	577471
重 庆	18645896	6799874
四 川	15354299	4759654
贵 州	9363634	1110482
云 南	12182297	2145782
西 藏	581011	69805
陕 西	4875203	1573073
甘 肃	5674866	584814
青 海	998678	133768
宁 夏	3327653	349975
新 疆	10640163	971061

2-2-14 各地区房地产开发房屋建筑面积和造价

地　区	房屋施工面　积(万平方米)	房屋竣工面　积(万平方米)	房屋建筑面积竣工率(%)	房屋竣工价　值(万元)	房屋竣工造　价(元/平方米)
全国总计	**726482**	**107459**	**14.8**	**302619873**	**2816**
北　京	13588	3054	22.5	9839955	3222
天　津	10652	2925	27.5	7594222	2596
河　北	31628	4038	12.8	11384128	2820
山　西	15477	2182	14.1	6553049	3003
内蒙古	18474	2012	10.9	5387879	2678
辽　宁	38617	6147	15.9	15484701	2519
吉　林	12268	1574	12.8	3275365	2081
黑龙江	14218	3001	21.1	7300060	2433
上　海	14690	2313	15.7	10584155	4575
江　苏	57638	9620	16.7	29781718	3096
浙　江	42144	6390	15.2	22915578	3586
安　徽	33479	5196	15.5	14161897	2725
福　建	30052	3584	11.9	8836296	2466
江　西	13333	1872	14.0	4475375	2391
山　东	54508	7787	14.3	17860203	2294
河　南	38858	7324	18.8	14175164	1935
湖　北	26322	3431	13.0	9581092	2792
湖　南	27748	4023	14.5	10062313	2501
广　东	53977	7328	13.6	26344077	3595
广　西	17472	1866	10.7	4560135	2444
海　南	7557	1204	15.9	6826916	5671
重　庆	28624	3718	13.0	12433320	3344
四　川	36499	5334	14.6	14391678	2698
贵　州	20369	2842	14.0	6254807	2201
云　南	20035	1789	8.9	5206189	2911
西　藏	273	52	19.2	149595	2851
陕　西	19466	2189	11.2	5958825	2722
甘　肃	7660	813	10.6	1747961	2149
青　海	2546	559	22.0	1601984	2863
宁　夏	7019	1204	17.1	2993267	2487
新　疆	11289	2086	18.5	4897969	2348

2-2-15　各地区房地产开发住宅建筑面积和造价

地　区	住宅施工面　积（万平方米）	住宅竣工面　积（万平方米）	住宅建筑面积竣工率(%)	住宅竣工价　值（万元）	住宅竣工造　价（元/平方米）
全国总计	**515[illegible]96**	**80868**	**15.7**	**220791656**	**2730**
北　京	6978	1804	25.9	5006293	2775
天　津	7204	2130	29.6	5566491	2613
河　北	24456	3195	13.1	8412843	2633
山　西	11472	1702	14.8	5077121	2984
内蒙古	12[illegible]87	1497	12.1	3959797	2646
辽　宁	28525	4940	17.3	11979457	2425
吉　林	9067	1309	14.4	2668129	2038
黑龙江	10424	2296	22.0	5249423	2287
上　海	[illegible]526	1536	18.0	6444691	4197
江　苏	41580	7259	17.5	22612565	3115
浙　江	25874	4158	16.1	15031735	3615
安　徽	23194	3830	16.5	10185423	2660
福　建	15718	2568	13.0	6229527	2426
江　西	9976	1511	15.1	3595359	2379
山　东	40649	6091	15.0	13739569	2256
河　南	29831	5767	19.3	10961813	1901
湖　北	19610	2812	14.3	7776066	2765
湖　南	20568	3177	15.4	7722854	2431
广　东	38290	5442	14.2	19361480	3557
广　西	13066	1442	11.0	3388647	2350
海　南	6009	1052	17.5	5903613	5612
重　庆	20294	2772	13.7	8962150	3234
四　川	24732	3871	15.7	9988903	2580
贵　州	13793	2046	14.8	4351530	2126
云　南	13608	1255	9.2	3523890	2807
西　藏	178	29	16.6	78632	2670
陕　西	15475	1863	12.0	4914016	2638
甘　肃	5644	652	11.6	1394535	2139
青　海	1712	448	26.1	1248140	2789
宁　夏	4623	819	17.7	1920676	2346
新　疆	7633	1594	20.9	3536288	2218

2-2-16 各地区房地产开发房屋施工面积

单位：万平方米

地　区	房屋施工面积合计	住宅	办公楼	商业营业用房	其他
全国总计	**726482**	**515096**	**29928**	**94320**	**87138**
北　京	13588	6978	2254	1279	3078
天　津	10652	7204	865	1217	1366
河　北	31628	24456	677	3422	3073
山　西	15477	11472	462	1872	1671
内蒙古	18474	12387	642	3478	1967
辽　宁	38617	28525	816	6096	3180
吉　林	12268	9067	350	1759	1092
黑龙江	14218	10424	251	2086	1457
上　海	14690	8526	1779	1752	2633
江　苏	57638	41580	2311	7929	5818
浙　江	42144	25874	2925	5073	8271
安　徽	33479	23194	1085	5963	3237
福　建	30052	19718	1810	3622	4901
江　西	13333	9976	472	1707	1178
山　东	54508	40649	1978	6811	5071
河　南	38858	29831	1489	4220	3317
湖　北	26322	19610	787	3347	2578
湖　南	27748	20568	703	3253	3224
广　东	53977	38290	2137	5442	8109
广　西	17472	13066	446	1914	2047
海　南	7557	6009	133	673	742
重　庆	28624	20294	1072	3317	3941
四　川	36499	24732	1301	4881	5585
贵　州	20369	13793	722	3123	2731
云　南	20035	13608	736	3006	2685
西　藏	273	178	18	44	34
陕　西	19466	15475	705	1935	1351
甘　肃	7660	5644	179	1115	722
青　海	2546	1712	122	435	277
宁　夏	7019	4623	248	1344	804
新　疆	11289	7633	454	2204	998

2-2-17 各地区房地产开发房屋新开工面积

单位：万平方米

地 区	房屋施工面积合计	住宅	办公楼	商业营业用房	其他
全国总计	**179592**	**124877**	**7349**	**25048**	**22319**
北 京	2449	1282	421	208	538
天 津	2815	1987	132	275	421
河 北	8239	6361	160	960	757
山 西	3888	2740	170	484	494
内蒙古	3114	2151	72	483	407
辽 宁	[illegible]192	6138	154	1268	633
吉 林	258	2284	79	534	361
黑龙江	[illegible]281	2327	70	524	360
上 海	2782	1547	365	388	481
江 苏	14220	10378	503	1873	1466
浙 江	9676	5603	777	1359	1938
安 徽	8737	5929	198	1738	871
福 建	6754	4194	495	864	1201
江 西	3348	2560	77	438	273
山 东	3328	9821	457	1661	1389
河 南	0587	8079	342	1291	874
湖 北	7599	5818	179	959	643
湖 南	8067	5736	193	1142	996
广 东	13384	9174	636	1400	2174
广 西	4138	2958	151	580	449
海 南	1584	1201	9	234	140
重 庆	6254	4276	264	775	939
四 川	11328	7336	453	1743	1796
贵 州	4616	2829	188	850	750
云 南	5458	3654	184	827	794
西 藏	191	118	10	36	27
陕 西	3943	2934	209	483	318
甘 肃	2050	1487	52	363	149
青 海	695	407	53	149	86
宁 夏	2054	1396	78	316	263
新 疆	3561	2171	217	842	332

2-2-18 各地区房地产开发房屋竣工面积

单位：万平方米

地 区	房屋竣工面积合计	住宅	办公楼	商业营业用房	其他
全国总计	**107459**	**80868**	**3144**	**12084**	**11363**
北 京	3054	1804	387	216	646
天 津	2925	2130	117	268	410
河 北	4038	3195	63	439	340
山 西	2182	1702	30	258	193
内蒙古	2012	1497	34	311	170
辽 宁	6147	4940	74	741	391
吉 林	1574	1309	11	173	81
黑龙江	3001	2296	53	361	291
上 海	2313	1536	165	208	404
江 苏	9620	7259	270	1213	879
浙 江	6390	4158	371	708	1153
安 徽	5196	3830	121	835	411
福 建	3584	2568	146	309	561
江 西	1872	1511	25	249	86
山 东	7787	6091	183	838	676
河 南	7324	5767	228	653	676
湖 北	3431	2812	36	390	193
湖 南	4023	3177	71	435	339
广 东	7328	5442	211	684	990
广 西	1866	1442	41	205	179
海 南	1204	1052	7	64	81
重 庆	3718	2772	115	341	491
四 川	5334	3871	144	654	665
贵 州	2842	2046	74	364	358
云 南	1789	1255	37	283	213
西 藏	52	29	7	6	10
陕 西	2189	1863	23	184	119
甘 肃	813	652	11	100	49
青 海	559	448	14	66	32
宁 夏	1204	819	28	215	142
新 疆	2086	1594	45	314	133

2-2-19　各地区房地产开发商品房屋销售面积

单位：万平方米

地　区	商品房销售面积	住宅	办公楼	商业营业用房	其他
全国总计	**120648**	**105188**	**2505**	**9077**	**3878**
北　京	1454	1137	137	79	101
天　津	1614	1484	21	68	41
河　北	5706	5015	76	444	171
山　西	1575	1434	24	81	37
内蒙古	2457	1996	43	270	149
辽　宁	5755	4932	71	523	229
吉　林	1582	1388	12	138	44
黑龙江	2476	2131	15	240	89
上　海	2085	1781	120	103	81
江　苏	9847	8801	211	688	147
浙　江	4677	3941	185	334	216
安　徽	6202	5365	111	648	78
福　建	4119	3324	181	287	327
江　西	3067	2775	43	196	53
山　东	9180	7972	186	675	347
河　南	7880	7009	182	555	134
湖　北	5602	5003	66	423	110
湖　南	5440	4852	49	423	114
广　东	9316	8164	230	491	431
广　西	3157	2869	30	181	76
海　南	1004	943	5	48	8
重　庆	5100	4424	98	348	230
四　川	7142	6177	141	561	263
贵　州	3178	2707	84	338	49
云　南	3194	2618	66	329	181
西　藏	59	54	2	4	
陕　西	3094	2837	47	137	72
甘　肃	1326	1213	13	81	19
青　海	416	363	8	40	5
宁　夏	1129	939	9	132	49
新　疆	1816	1541	39	210	25

2-2-20 各地区房地产开发商品房屋待售面积

单位：万平方米

地区	商品房待售面积	住宅	办公楼	商业营业用房	其他
全国总计	**62169**	**40684**	**2627**	**11773**	**7084**
北京	2065	864	307	435	459
天津	1125	783	118	134	90
河北	2043	1607	38	272	126
山西	1408	1040	23	241	105
内蒙古	1064	702	40	239	83
辽宁	4812	3584	101	783	344
吉林	1504	1072	20	300	112
黑龙江	2042	1444	36	374	187
上海	2040	958	262	372	447
江苏	5653	3593	318	1318	424
浙江	3496	2006	302	789	400
安徽	1637	984	46	488	119
福建	1313	616	48	293	356
江西	1180	861	15	253	50
山东	3398	2383	92	674	249
河南	3694	2875	78	531	209
湖北	2746	1934	84	532	196
湖南	2951	2019	96	522	314
广东	5468	3546	199	818	905
广西	1507	1024	20	256	207
海南	956	818	12	65	61
重庆	1815	802	90	428	494
四川	2308	1246	79	437	546
贵州	1087	620	64	250	152
云南	1427	919	62	270	175
西藏	71	61	1	6	3
陕西	539	403	5	88	43
甘肃	659	488	7	126	39
青海	206	161	4	26	16
宁夏	967	627	26	231	82
新疆	989	644	34	221	90

2-2-21　各地区房地产开发商品房屋销售额

单位：万元

地　　区	商品房销售　额	住宅	办公楼	商业营业用　房	其他
全国总计	**762924097**	**624109534**	**29629279**	**89106215**	**20079069**
北　　京	27387371	21024647	3593214	2020333	749177
天　　津	14869373	13097031	358194	1059549	354599
河　　北	29280006	25016246	487798	3191335	584627
山　　西	7461404	6398253	315800	612291	135060
内 蒙 古	10648151	7650415	271641	1955034	771061
辽　　宁	30920972	25188711	414546	4173247	1144468
吉　　林	8085844	6676190	82995	1083099	243560
黑 龙 江	12085441	9626924	119604	1919667	419246
上　　海	34995289	29234429	3004300	2264416	492144
江　　苏	68984158	59695955	1853592	6833870	600741
浙　　江	49229999	41725801	2059220	4495880	949098
安　　徽	33451894	26917964	758422	5516254	259254
福　　建	37635183	29395788	2014817	3735116	2489462
江　　西	16217649	13794952	388425	1764317	269955
山　　东	48796627	40094832	1796947	5548848	1356000
河　　南	34405811	27397066	1644013	4376385	988347
湖　　北	30883061	25437588	690070	4197054	558349
湖　　南	22991111	18585771	488823	3432831	483686
广　　东	84618358	69602590	4287529	7455664	3272575
广　　西	15320544	12745691	294751	1834663	445439
海　　南	9352137	8732200	126624	443623	49690
重　　庆	28149910	22532816	1094100	3737467	785527
四　　川	39973726	31450212	1095149	6376514	1051851
贵　　州	13703112	10000070	570212	2922540	210290
云　　南	15963711	11653878	789850	2910197	609786
西　　藏	342528	285541	21751	35236	
陕　　西	15980360	13681219	437401	1477739	384001
甘　　肃	6023393	5134670	111317	681697	95709
青　　海	2112694	1558318	66418	470249	17709
宁　　夏	4649623	3520283	64071	889894	175375
新　　疆	8404657	6253483	327685	1691206	132283

第三部分

农户固定资产投资

3-1　各地区农村农户固定资产投资增长情况

单位：万元

地　区	2014年	2013年	2014年比2013年增减	
			绝对数	%
全国总计	**107557780**	**105466644**	**2091137**	**2.0**
北　京	507938	495199	12739	2.6
天　津	278234	272377	5857	2.2
河　北	5247229	5644603	-397374	-7.0
山　西	3190738	2865426	325313	11.4
内蒙古	1539794	1449900	89894	6.2
辽　宁	3039691	3162550	-122858	-3.9
吉　林	2316802	2535015	-218213	-8.6
黑龙江	2911168	3317971	-406803	-12.3
上　海	34623	36599	-1976	-5.4
江　苏	3858678	3908067	-49390	-1.3
浙　江	7080064	5880353	1199711	20.4
安　徽	6192840	5306923	885917	16.7
福　建	3081077	2816330	264747	9.4
江　西	4329473	4153033	176440	4.2
山　东	8964155	9132152	-167997	-1.8
河　南	7698843	8993980	-1295137	-14.4
湖　北	4736285	5104785	-368499	-7.2
湖　南	6943691	6162113	781578	12.7
广　东	4508766	5128706	-619941	-12.1
广　西	5556107	5237375	318732	6.1
海　南	727765	723361	4403	0.6
重　庆	1445818	1442841	2977	0.2
四　川	6564402	5708214	856189	15.0
贵　州	2473485	2708242	-234757	-8.7
云　南	4247223	3464679	782543	22.6
西　藏				
陕　西	3516510	3506322	10187	0.3
甘　肃	1244994	1207402	37592	3.1
青　海	723164	757903	-34739	-4.6
宁　夏	798717	733539	65178	8.9
新　疆	3799507	3610686	188821	5.2

3-2 各地区按构成分农村农户投资

单位：万元

地　区	投资额	建筑安装工程	设备工器具购置	其他费用
全国总计	**107557780**	**86341380**	**16177155**	**5039245**
北　京	507938	486776	11478	9684
天　津	278234	199210	62184	16841
河　北	5247229	4580715	561022	105492
山　西	3190738	2230968	805335	154435
内蒙古	1539794	901848	533779	104167
辽　宁	3039691	2163119	590053	286519
吉　林	2316802	685885	1437024	193892
黑龙江	2911168	1125558	1648968	136642
上　海	34623	34552	71	
江　苏	3858678	3413053	284654	160970
浙　江	7080064	6501178	547638	31248
安　徽	6192840	4757583	1069376	365881
福　建	3081077	2648199	382100	50778
江　西	4329473	3829896	308750	190827
山　东	8964155	6384579	2286889	292687
河　南	7698843	6919044	707069	72730
湖　北	4736285	4040932	466488	228866
湖　南	6943691	5992562	686164	264965
广　东	4508766	4339886	95822	73058
广　西	5556107	4033284	888417	634406
海　南	727765	673174	46884	7707
重　庆	1445818	1219754	94798	131265
四　川	6564402	5736631	421434	406337
贵　州	2473485	1981257	218401	273827
云　南	4247223	3419233	392787	435204
西　藏				
陕　西	3516510	2955903	449789	110817
甘　肃	1244994	872434	292767	79793
青　海	723164	588937	110855	23372
宁　夏	798717	512246	255675	30796
新　疆	3799507	3112984	520483	166040

3-3　各地区按项目分农村农户投资

单位：万元

地　区	投资额	房　屋	道　路	桥　梁	设　备	水　利	其　它
全国总计	**107557780**	**82858620**	**3781**		**15890449**	**384432**	**8420499**
北　京	507938	485894			11478		10566
天　津	278234	89047			62184		127004
河　北	5247229	4508425			561022	25889	151894
山　西	3190738	2189912			805335	1938	193554
内蒙古	1539794	786153			533779	71295	148566
辽　宁	3039691	2162256			590053	864	286519
吉　林	2316802	595725			1437024	33450	250603
黑龙江	2911168	047548			1362262	12351	489007
上　海	34623	34552			71		
江　苏	3858678	3101632			284654	26768	445624
浙　江	7080064	5477591			547638	1425	53411
安　徽	6192840	4723937			1069376	3026	396501
福　建	3081077	2487795			382100	2065	209117
江　西	4329473	3815197			308750	607	204920
山　东	8964155	5178026			2286889	103150	1396090
河　南	7698843	6326769	3781		707069	5817	655407
湖　北	4736285	4006314			466488	12972	250512
湖　南	6943691	5956720			686164	4383	296424
广　东	4508766	4326432			95822	100	86413
广　西	5556107	3911176			888417	4451	752064
海　南	727765	672538			46884	309	8033
重　庆	1445818	1197132			94798	3257	150630
四　川	6564402	5676238			421434	5915	460814
贵　州	2473485	1963496			218401		291588
云　南	4247223	3334576			392787	18708	501152
西　藏							
陕　西	3516510	2918259			449789	4338	144123
甘　肃	1244994	715592			292767	302	236333
青　海	723164	587338			110855	1025	23946
宁　夏	798717	512246			255675		30796
新　疆	3799507	3070108			520483	40030	168887

3-4 各地区按主要行业分农村农户投资

单位：万元

地　区	合计	农、林、牧、渔业	采矿业	制造业	电力、燃气及水的生产和供应业	建筑业	批发和零售业
全国总计	**107557780**	**19998013**	**17413**	**1275449**	**47213**	**917089**	**2476071**
北　京	507938	32912		138		2713	5570
天　津	278234	26192		133142		354	8371
河　北	5247229	833876		450			38715
山　西	3190738	589729		2830		7555	50114
内蒙古	1539794	826228					31810
辽　宁	3039691	897505		27544		123817	223829
吉　林	2316802	1765191		21	1068	575	1304
黑龙江	2911168	1586884				6215	189492
上　海	34623	928					
江　苏	3858678	698833		360730		6431	19293
浙　江	7080064	415011		59712		328582	53011
安　徽	6192840	1249725		54302	45	19836	43429
福　建	3081077	305722	1502	27698	1376	36940	137630
江　西	4329473	433750		5921		38464	102342
山　东	8964155	2727324		477758	7525	17768	787931
河　南	7698843	783825		60450	6617	48081	39798
湖　北	4736285	761849		2701	7366	4747	2455
湖　南	6943691	806925		4484		84497	228609
广　东	4508766	265735		208	9182	160	45619
广　西	5556107	1106898	15048	31696		5017	24313
海　南	727765	47356		1646		19074	14962
重　庆	1445818	211699	35	39	964	8918	41882
四　川	6564402	658607		12669	10109	15492	31772
贵　州	2473485	365162		2040		66470	95871
云　南	4247223	722272		317	1820	1574	55910
西　藏							
陕　西	3516510	631593		3773		11549	9100
甘　肃	1244994	213233	827		1142	32577	65218
青　海	723164	61494				22637	45959
宁　夏	798717	155177		5179			
新　疆	3799507	816383				7047	81765

3-4　续表 1　　　　单位：万元

地　区	交通运输、仓储和邮业	住宿和餐饮业	信息传输、计算机服务和软件业	金融业	房地产业	租赁和商务服务业	科学研究、技术服务和地质勘查业
全国总计	**3261490**	**413434**	**70697**		**77899186**	**116491**	**190**
北　京	4501	2645			459037		
天　津	10718	597			83343	11180	
河　北	218635	573			4144600	919	
山　西	311201	22393			2135592	21269	
内蒙古		91	15		675051		
辽　宁	76298				1607939		
吉　林	9485	361			535673	29	
黑龙江	257019	399			870062	691	
上　海					33695		
江　苏	7367				2754899	8360	
浙　江	73779	8068			6128220	5175	
安　徽	380019	2751			4396959		
福　建		63621	9772		2479225	9788	
江　西		14846	1591		3717231	493	
山　东		44142	34263		4725261	7925	
河　南	332508	2761			6122039	26775	
湖　北	301949	246			3652642	41	
湖　南		160445	17179		5626457		
广　东		1098			4178066		
广　西	259242	3207			3881818	4322	
海　南		686	172		643587	104	
重　庆	26828	2227			1131725	9000	190
四　川	450712	1079			5320005	7385	
贵　州		33692	3517		1894424		
云　南	254376	11686			3185045	2753	
西　藏							
陕　西	150497	11030			2690415	186	
甘　肃		241	2600		873690		
青　海		474	1010		587338	67	
宁　夏	136358				502003		
新　疆		24077	577		2863147	28	

3-4 续表 2

单位：万元

地区	水利、环境和公共设施管理业	居民服务和其他服务业	教育	卫生、社会保障和社会福利业	文化、体育和娱乐业	公共管理和社会组织
全国总计	**6128**	**961241**	**30694**	**4672**	**42945**	**19366**
北京		424				
天津		4337				
河北		9422	41			
山西		28985	13846	4123	1440	1661
内蒙古		6599				
辽宁		79927			2832	
吉林		3094				
黑龙江		376	29			
上海						
江苏		2765				
浙江		5598			2909	
安徽		28308				17466
福建		3358		69	4376	
江西		14771			64	
山东		96212	15040		23007	
河南	5817	270173				
湖北		2292				
湖南		13618	1477			
广东		8700				
广西		224547				
海南		179				
重庆	311	9910	261	480	1109	239
四川		56573				
贵州		12309				
云南		11472				
西藏						
陕西		6476			1891	
甘肃		51002			4464	
青海		4185				
宁夏						
新疆		5631			853	

3-5　各地区农村农户投资实际到位资金

单位：万元

地　区	合　计	国内贷款	自筹资金	其他资金
全国总计	**107557780**	**7088115**	**97731086**	**2738579**
北　京	507938		507938	
天　津	278234		278234	
河　北	5247229	851058	4396172	
山　西	3190738	348506	2813633	28600
内蒙古	1539794	118274	1421500	20
辽　宁	3039691	11043	3020724	7924
吉　林	2316802	46753	2205111	64938
黑龙江	2911168	66091	2830672	14406
上　海	34623		34623	
江　苏	3858678	216450	3615240	26987
浙　江	7080064	1688126	5218716	173222
安　徽	6192840	1761166	3896914	534760
福　建	3081077	42432	2942626	96020
江　西	4329473	241489	4068979	19006
山　东	8964155	20767	8918912	24476
河　南	7698843	52759	7576030	70054
湖　北	4736285		4728061	8225
湖　南	6943691	225898	6575702	142091
广　东	4508766	8258	4407901	92607
广　西	5556107	150470	5320621	85017
海　南	727765	743	711491	15531
重　庆	1445818	11338	1424727	9753
四　川	6564402	117503	6077323	369576
贵　州	2473485	119364	2171628	182493
云　南	4247223	40476	3997531	209216
西　藏				
陕　西	3516510	341847	3121882	52781
甘　肃	1244994	59357	1150431	35206
青　海	723164	92480	537103	93581
宁　夏	798717	81431	674175	43111
新　疆	3799507	374040	3086488	338980

3-6 各地区农村农户房屋建筑面积和投资

地 区	房屋施工面积(万平方米)	房屋竣工面积(万平方米)	房屋建筑面积竣工率(%)	房屋竣工价值(万元)
全国总计	**103673**	**90287**	**87.1**	**73874955**
北 京	428	406	94.9	460290
天 津	219	182	82.9	270959
河 北	4871	4437	91.1	4235542
山 西	2873	2588	90.1	2061461
内蒙古	903	872	96.5	881044
辽 宁	4114	3684	89.6	2077345
吉 林	510	504	98.9	587921
黑龙江	785	748	95.2	753543
上 海	18	15	80.2	25427
江 苏	3080	2680	87.0	2698811
浙 江	5242	3876	73.9	4974497
安 徽	5483	4454	81.2	4077385
福 建	2947	1892	64.2	1891866
江 西	5819	4783	82.2	3221891
山 东	10095	9900	98.1	5100331
河 南	9279	8014	86.4	6033045
湖 北	4544	3671	80.8	3517856
湖 南	5989	5309	88.7	5426726
广 东	3664	3061	83.5	3274332
广 西	5995	5461	91.1	3299877
海 南	693	552	79.6	605694
重 庆	1382	1176	85.1	982249
四 川	5912	5795	98.0	5376323
贵 州	2427	2251	92.7	1840404
云 南	7961	6380	80.1	3346743
西 藏				
陕 西	2774	2296	82.7	2350981
甘 肃	1268	1220	96.2	715592
青 海	751	724	96.4	574652
宁 夏	353	353	100.0	512246
新 疆	3295	3005	91.2	2699922

3-7　各地区农村农户住宅建筑面积和投资

地　区	住宅施工面积（万平方米）	住宅竣工面积（万平方米）	住宅建筑面积竣工率(%)	住宅竣工价值（万元）
全国总计	**94716**	**83770**	**88.4**	**68430081**
北　京	401	380	94.9	436124
天　津	194	155	80.3	236190
河　北	4409	4032	91.5	3938773
山　西	2756	2505	90.9	2019725
内蒙古	713	710	99.6	781886
辽　宁	3364	3107	92.4	1819201
吉　林	414	411	99.2	520546
黑龙江	598	579	96.9	647272
上　海	18	14	79.7	24871
江　苏	2770	2474	89.3	2371587
浙　江	4670	3649	78.1	4602420
安　徽	5053	4251	84.1	3781813
福　建	2876	1862	64.7	1858861
江　西	5642	4642	82.3	3126757
山　东	8176	8520	104.2	4216080
河　南	8727	7663	87.8	5763524
湖　北	3852	3388	88.0	3296406
湖　南	5648	5046	89.3	5176329
广　东	3539	2958	83.6	3139965
广　西	5711	5257	92.1	3235844
海　南	628	529	84.3	587917
重　庆	1269	1102	86.8	904630
四　川	5481	5140	93.8	4903899
贵　州	2321	2145	92.4	1773794
云　南	7521	6080	80.8	2900878
西　藏				
陕　西	2683	2229	83.1	2077107
甘　肃	1173	1105	94.2	644572
青　海	682	655	96.0	539811
宁　夏	329	329	100.0	502003
新　疆	3099	2854	92.1	2601295